当代齐鲁文库·山东社会科学院文库
THE LIBRARY OF
CONTEMPORARY SHANDONG
SELECTED WORKS OF SHANDONG
ACADEMY OF SOCIAL SCIENCES

山东社会科学院◎编纂

信息传播全球化与
中国企业经营国际化战略

卢新德◎著

中国社会科学出版社

图书在版编目(CIP)数据

信息传播全球化与中国企业经营国际化战略 / 卢新德著 . —北京：
中国社会科学出版社，2015. 12
ISBN 978 - 7 - 5161 - 7160 - 8

Ⅰ.①信…　Ⅱ.①卢…　Ⅲ.①跨国公司—企业管理—研究—中国
Ⅳ.①F279.247

中国版本图书馆 CIP 数据核字(2015)第 283852 号

出 版 人	赵剑英
责任编辑	冯春凤
责任校对	张爱华
责任印制	张雪娇

出　　　版	中国社会科学出版社
社　　　址	北京鼓楼西大街甲 158 号
邮　　　编	100720
网　　　址	http://www.csspw.cn
发 行 部	010 - 84083685
门 市 部	010 - 84029450
经　　　销	新华书店及其他书店

印刷装订	环球东方（北京）印务有限公司
版　　　次	2015 年 12 月第 1 版
印　　　次	2015 年 12 月第 1 次印刷

开　　　本	710 × 1000　1/16
印　　　张	25
插　　　页	2
字　　　数	410 千字
定　　　价	105.00 元

凡购买中国社会科学出版社图书,如有质量问题请与本社营销中心联系调换
电话:010 - 84083683

《山东社会科学院文库》
出版说明

　　党的十八大以来，以习近平同志为总书记的党中央，从推动科学民主依法决策、推进国家治理体系和治理能力现代化、增强国家软实力的战略高度，对中国智库发展进行顶层设计，为中国特色新型智库建设提供了重要指导和基本遵循。2014 年 11 月，中办、国办印发《关于加强中国特色新型智库建设的意见》，标志着我国新型智库建设进入了加快发展的新阶段。2015 年，在中共山东省委、山东省人民政府的正确领导和大力支持下，山东社会科学院认真学习借鉴中国社会科学院改革经验，大胆探索实施"社会科学创新工程"，成为全国社科院系统率先全面实施哲学社会科学创新工程的地方社科院之一。近一年来，山东社会科学院在科研体制机制、人事管理、科研经费管理等方面大胆改革创新，相继实施了一系列重大创新措施，为山东新型智库建设勇探新路，并取得了明显成效。

　　《山东社会科学院文库》（以下简称《文库》）是山东社会科学院"创新工程"重大项目，是山东社会科学院着力打造的《当代齐鲁文库》的重要组成部分。该《文库》收录的是我院建院以来荣获山东省社会科学优秀成果一等奖及以上的科研成果。首批出版的《文库》收录了孙祚民、戚其章、马传栋、路遇、韩民青、郑贵斌等全国知名专家的研究专著15 部。这些成果涉猎历史学、哲学、经济学、人口学等领域，以马克思主义世界观、方法论为指导，深入研究哲学社会科学领域的基础理论问题，积极探索建设中国特色社会主义的重大理论和现实问题，为推动哲学社会科学繁荣发展发挥了重要作用。这些成果皆为作者经过长期的学术积累而打造的精品力作，充分体现了哲学社会科学研究的使命担当，展现了潜心治学、勇于创新的优良学风。这种使命担当、严谨的科研态度和科研作风值得我们认真学习和发扬，这是山东社会科学院深入推进创新工程和新型智库建设的不竭动力。

实践没有止境，理论创新也没有止境。我们要突破前人，后人也必然会突破我们。《文库》收录的成果，也将因时代的变化、实践的发展、理论的创新，不断得到修正、丰富、完善，但它们对当时经济社会发展的推动作用，将同这些文字一起被人们铭记。《文库》出版的原则是尊重原著的历史价值，内容不作大幅修订，因而，大家在《文库》中所看到的是那个时代专家们潜心探索研究的原汁原味的成果。

《文库》是一个动态的开放的系统，以后，我们还会推出第二批、第三批成果……《文库》的出版在编委会的直接领导下进行，得到了作者及其亲属们的大力支持，也得到了院相关研究单位同志们的大力支持。同时，中国社会科学出版社的领导高度重视，给予大力支持帮助，尤其是责任编辑冯春凤主任为此付出了艰辛努力，在此一并表示最诚挚的谢意。

本书出版的组织、联络等事宜，由山东社会科学院科研组织处负责。因水平所限，出版工作难免会有不足乃至失误之处，恳请读者及有关专家学者批评指正。

《山东社会科学院文库》编委会
2015 年 11 月 16 日

目　　录

第 2 篇　企业经营国际化

第 3 篇　信息传播全球化是企业实施
经营国际化战略的强大动力

第4篇　中国利用信息传播全球化促进业经营国际化的战略设想

前　　言

本书是国家社会科学基金项目《信息传播全球化与中国企业经营国际化战略》研究的最终成果。该项目 2000 年 5 月 12 日批准立项（批准号：OOBGJ015，学科分类：国际问题研究），2001 年 10 月 8 日定稿并交付鉴定，2001 年 11 月 26 日通过鉴定（平均分：93.7 分，鉴定等级：优秀）。

一　主要思想、主要观点和主要内容

该书从分析信息技术产业化和信息传播全球化的内涵和特点入手，在研究企业经营国际化理论和实践的基础上，全面系统地分析研究信息传播全球化与企业经营国际化战略问题，提出了利用信息传播全球化促进中国企业经营国际化发展的战略设想。全文共 4 篇，17 章。

第 1 篇（第一章至第四章），信息技术产业化与信息传播全球化。在对信息和信息技术、信息技术产业化进行科学分析的基础上，总结、升华、抽象出了信息技术产业增长的理论，从四个方面论述了信息技术产业的优先增长会带动整个经济的高速、高效增长。同时，对信息传播全球化的内涵、主要表现及顺利进行的关键进行了系统分析。

第 2 篇（第五章至第八章），企业经营国际化。在评介众多不同观点的基础上，论述了企业经营国际化的内涵、特点和动力，研究分析了跨国公司、中国的企业经营国际化和企业经营国际化的测评指标体系及衡量标准。重点研究论证：跨国公司，既是企业经营国际化的高级形式和核心组织，又是信息传播全球化的重要主体和发展"龙头"，主导着世界经济、新技术革命和企业经营国际化的新潮流。21 世纪，是信息传播全球化迅猛发展的世纪，是企业经营国际化不断腾飞的世纪，是跨国公司遍及全球的世纪。我们应该顺应历史潮流，创建和发展具有中国特色的跨国公司。

第 3 篇（第九章至第十二章），信息传播全球化是企业实施经营国际化战略的强大动力。对"信息传播全球化是企业实施经营国际化战略的强大动力"问题作了系统描述、分析和概括，总结出了规律性的认识。着重指出：信息传播全球化打破了时间和空间对经济活动的限制，成为引领经济社会发展的决定性因素，为企业实施经营国际化战略创造了新的强大的动力，从而大大加快了企业经营国际化的发展，提高了企业经营国际化的质量和水平，促使跨国公司的目标设置、组织管理、发展模式、运行机制、行为逻辑等都获得了创新和发展；信息化是企业实施经营国际化战略的可靠基础，电子商务是实现企业经营国际化战略目标的最佳途径。

第 4 篇（第十三至第十七章），中国利用信息传播全球化促企业经营国际化的战略设想。中国利用信息传播全球化促企业经营国际化的战略模式可以是"政府调控与企业为主"模式。在不同的历史阶段，这一战略模式的具体内涵和基本思路也有所不同。第十三章，根据"政府调控与企业为主"模式，设计了中国利用信息传播全球化促企业经营国际化战略的基本思路。第十四至第十七章，分别论述按照"政府调控与企业为主"模式，利用信息传播全球化促企业经营国际化，必须发展企业的信息化，必须制定和实施具有中国特色的电子商务战略、信息安全战略，搞好信息化人才资源的开发与管理，并设计了具体方案。

二　鉴定专家的评价

该项目的最终研究成果（即本书），由全国哲学社会科学规划办公室委托山东省社会科学规划办公室组织专家鉴定。参加鉴定的各位专家，在通读并认真审议书稿的基础上，作出了客观公正的评价。

中国社会科学院学术委员会委员、博士生导师、原中国社会科学院世界经济与政治研究所所长谷源洋研究员认为："在当今世界，信息传播全球化与企业经营国际化的两股潮流互相影响，互相渗透，互相促进，共同推动世界经济的发展。关于信息传播全球化的研究，发达国家和新兴工业化国家 20 世纪 80 年代已经起步，出了许多颇有水平的成果。我国部分专家学者，最近才开始研究。关于企业经营国际化研究，国内外都已掀起高潮，涌现出了一批知名专家，出版发表了大量高水平的研究成果。但是，国内外还很少有人把信息传播全球化与企业经营国际化战略作为一个整体进行全面系统地研究。本项目……全面系统地分析研究信息传播全球化与企业经营国际化战略问题，提出了利用信息传播全球化促进中国企业经营国际化发展的战略设想，观点新颖、内容丰富、论证深刻，具有前瞻性、战略性、科学性、学术性、实用性之特点，……达到了优秀科研成果水平。"山东经济学院副院长、教授王乃静博士和山东省财政科学研究所所长、研究员孟繁金先生认为，专著"达到了国内同类研究成果的领先水平"。

中共山东省委党校副校长冯硕余教授认为：专著"理论阐述全面、资料引证准确丰富、论证逻辑严密、知识结构体系完整"，"无论在理论研究方面还是在理论描述方面都有新意。把信息技术产业化、信息传播全球化与中国企业经营国际化联系起来研究，这本身就是创新。……利用信息传播全球化促企业经营国际化的战略模式和基本思路、战略措施、战略实施的理论，丰富和发展了中国企业经营国际化战略学说。""本课题成果不仅对企业经营国际化理论的丰富和发展有重要意义，而且对中国企业实施国际化战略，尽快走向世界有重大的实践意义和推动作用。"

王乃静教授认为，研究成果"从分析信息技术产业化与信息传播全球化的内涵、特点与发展趋势入手，在研究企业经营国际化理论和实践的基础上，全面系统地分析研究信息传播全球化与企业经营国际化战略问题，探索利用信息传播全球化促进中国企业经营国际化发展战略的最佳方案，为丰富和发展信息化理论做出了贡献。"

孟繁金研究员认为："专著在评介几种利用信息传播全球化促企业经营国际化发展典型战略模式的基础上，把中国利用信息传播全球化促企业经营国际化的战略模式概括为'政府调控与企业为主'模式，并作了系统论证，使研究取得突破性进展。提出的具体战略设想，对我国利用信息传播全球化促企业经营国际化有重大指导意义。"

谷源洋教授还认为：项目的"研究方法也有特色，主要表现是：综合运用国际战略论、信息论、控制论和跨国经营、战略管理等理论及计算机技术，全面系统地研究信息传播全球化与企业经营国际化问题，创建自己的理论体系；综合运用规范分析与实证分析相结合、定性分析与定量分析相结合、分析现状与预测未来相结合的方法及计算机技术，分析研究信息传播全球化对我国企业经营国际化的影响，并提出相应的战略对策；选择有代表性的几个中国企业和外国企业作为案例，进行具体、客观、公正的研究，增强了说服力；采用归纳法、演绎法、综合法、因素分析法等研究方法，增强了成果的逻辑性。"

山东社会科学院科研处处长董建才研究员认为：研究成果"具有理论的创新性，战略的前瞻性，现实的应用性及指导性，具有很高的学术价值和实用价值。……表现于：第一，依据信息产业技术含量高、附加值高，渗透力、关联性强，能够带动传统产业改造和产业结构高级化的事实，提出了信息产业优先增长的理论，丰富发展了信息经济学和产业经济学；第二，从信息传播全球化打破了企业活动的空间限制，提供了企业经营的全新的物质技术基础，扩大了企业经营时间，促进了国际资本的快速流动，推动了网络营销，提高了企业经营国际化的质量、水平等方面，揭示了'信息传播全球化是企业实施经营国际化战略的强大动力'的客观规律性；第三，提出了'政府调控与企业为主'这一以信息传播全球化促企业经营国际化的战略模式，并指出，在战略实施中要制定有中国特色的企业信息化、电子商务、信息安全等战略，具有前瞻性、开创性和战略指导意义；第四，对跨国公司在企业经营国际化中的地位、作用及其在信息传播全球化条件下，在目标设置、组织结构、发展模式、运行机制等方面的创新发展进行了深刻和系统的研究论述，丰富发展了跨国公司理论。"

总之，鉴定专家一致认为：该书既有理论创新和突破，又有实践经验的概括和总结，还有战略的设计和实施方案，学术价值和应用价值高，论证深刻、说理透彻，达到了优秀科研成果水平，同意通过鉴定。

同时，鉴定专家也指出了该项研究成果的不足之处，提出了很好的建议。主要是，相对于"信息传播全球化是企业实施经营国际化战略的强大动力"的深刻分析，在对"企业经营国际化对信息传播全球化带动作用"的分析上略显不足。笔者将尽更大努力，继续进行研究，争取在专家提出的不足之处有所创新、有所发展，发挥出更多更好的成果。

　　在研究写作过程中，笔者参阅了与本项目有关的一些最新研究成果（附书正文后），得到了诸多单位和人士的热情帮助。在此，一并表示最诚挚的感谢！

卢新德

2001 年 11 月于济南

内容提要

20 世纪 80 年代以来，以信息技术产生和发展为主要标志的新一轮科技革命迅速席卷全球，把企业经营国际化推向了新阶段。美国专家学者首先对信息技术、信息传播全球化等问题进行精心研究，为其信息技术及其企业经营国际化发展做出了贡献。之后，日本、英国、法国、德国等西方国家及部分发展中国家（地区）也都纷纷效仿，组织专家学者进行研究，出版发表了许多颇有水平的成果。中国部分专家学者，最近几年才开始研究。国际上对企业经营国际化战略的研究，大体经历了三个阶段：第一是起步阶段（第二次世界大战前）；第二是缓慢发展阶段（第二次世界大战后）；第三是蓬勃发展阶段。进入 20 世纪 80 年代后，许多国家和地区都组织精干力量专门进行研究，出现了百花齐放、百家争鸣的大好形势，涌现出了像威尔金斯、彼得·德鲁克、理查德·罗宾逊、阿伯伦、龟井正义等一批知名专家，出版发表了大量高水平的成果。中国对企业经营国际化战略的研究，起步于 20 世纪 80 年代中后期，进入 90 年代后发展较快，发表成果较多。但是，国内还很少有人把信息传播全球化与企业经营国际化战略作为一个整体进行全面系统地研究。本课题力图从分析信息技术产业化与信息传播全球化的内涵、特点、发展趋势等问题入手；在研究企业经营国际化理论和实践的基础上，全面系统地分析研究信息传播全球化与企业经营国际化战略问题，探索利用信息传播全球化促进中国企业经营国际化发展战略的最佳方案，为丰富和发展信息化理论做贡献，为中国企业利用信息传播全球化促企业经营国际化献计献策。全文共 4 篇 17 章：第 1 篇（第一至四章），信息技术产业化与信息传播全球化；第 2 篇（第五至八章），企业经营国际化；第 3 篇（第九至十二章），信息传播全球化是企业实施经营国际化战略的强大动力；第 4 篇（第十三章至十七章），中国利用信息传播全球化促企业经营国际化的战略设想。

第 1 篇

21 世纪，人类将全面进入信息时代。整个社会的基础将发生改变，传统经济将迅速向信息经济过渡，信息将成为最重要的战略资源。信息作为一种战略性资源，除了具有一般物质资源的共性外，还有其鲜明的特点。一般物质资源，如石油、煤炭、水等随着人类开发利用的发展而逐渐减少，具有稀缺性。而信息资源，却始终处于不断扩张之中，不因人类的开发利用而减少，似乎取之不尽、用之不竭，具有富有性。

开发利用信息资源要靠信息技术。在不同的历史时期，信息技术的内涵也有所不同。在现代，如何界定信息技术的内涵，人们的认识还不尽一致。笔者认为，所谓信息技术（Information Technology，IT），就是以计算机、通信、电子、光电等技术为基础，获取、传输、处理、储存、显示、再生和利用信息的所有现代高技术的总称。信息技术具有高收益、高投入、高风险、高竞争、高智力、高渗透、高速更新等特点。

信息技术从研究开发到成为现实生产力，必须经历一个产业化的过程。信息技术产业范围广阔，主要包括信息工业、信息服务业和信息开发业。信息技术产业具有知识密集性、效益倍增性、高渗透性、产业关联性、带动性、全球性等特点。信息技术产业化的形成和发展需要具备一系列条件，其中最重要的是必要的资金投入、高素质的人才、商品化大生产、政府的支持等。20 世纪 80 年代以来，许多国家和地区在组织精干力量研究开发信息技术的同时，采取多种措施，加快信息技术产业化的进程，使世界信息技术产业以高于国民生产总值 2 倍的速度发展。在信息技术产业化的实践中，涌现出了美国模式、日本模式、韩国模式、印度模式等典型模式。这些典型模式的成功经验值得学习借鉴。

信息技术及其产业的发展，导致了一场信息技术革命。著名的信息技术大师戈登·摩尔测定：信息技术革命使集成电路的集成度每 18 个月翻一番，每一代新产品（主要指"新芯片"）的工厂生产成本降低 1 倍，从而使信息产业创造的产值成几何级数增长，不但能促进经济高速增长，而且会降低失业率和通货膨胀率。这就是闻名全球的摩尔定律或称摩尔法则。近十多年来，美国经济发展"一高两低"的实践证明了摩尔定律的正确性。自1991年以来，美国在经济总量已达7万亿美元的庞大基数基础上，出现4%的高增长率、4%的低失业率和2%的低通货膨胀率的良性发展局势，到2000年底已持续120个月。传统的经济学理论，很难对此现象作出圆满的解释和回答。实践呼唤着新理论的产生。从1997年起，不少专家学者发表论著，把美国"一高两低"的经济称之为新经济。综合国内外专家学者的观点，这种"新经济"的主要特点是：①信息技术革命是"新经济"发展的最强大动力；②新经济是以全球市场为导向的经济；③新经济是建立在知识和信息的生产、分配和使用基础之上的经济，是和农业经济、工业经济相对应的一种经济形态；④新经济是以经济周期淡化为特征的经济，周期的扩张期较长，传统周期特征已不明显。

信息技术产业的优先增长，带动了其他产业的增长，从而带动整个经济的持续、稳定、高速增长，这是美国新经济产生"一高两低"成效的最重要原因。为什么信息技术产业的优先增长会带动整个经济的持续、稳定、高速增长呢？原因有四：第一，信息技术产业是反映当代技术进步的新兴产业，增长率高，效益高，有强大的带动力；第二，信息技术产业的优先增长，可增加产业结构的技术含量，促进产业结构的高级化；第三，信息技术产业具有很强的诱导作用和产业关联度，其增长可带动其他产业的发展；第四，信息技术产业具有极强的渗透性和扩散性，能改造传统产业，带动产业结构的升级优化，从而带动整个国民经济的发展。

20世纪90年代以来，我国积极实践信息技术产业优先增长的理论，取得了举世瞩目的成就。但和发达国家相比，还有较大差距，而且存在一些不容忽视的问题。应该学习借鉴国外的成功经验，从中国实际出发，制定和实施科学的战略和策略，积极发展信息技术产业，带动经济社会的可持续发展。中国信息技术产业21世纪前10年发展战略的基本思路和战略目标可以是：紧紧围绕发展社会生产力、增强综合国力、提高人民生活水平这个根本任务，根据现代化发展第三步战略目标的要求，实现信息技术及其产业的跨越式发展，综合实力与国际竞争力实现新的飞跃。"十五"期间，信息技术产业增长速度超过20%，产业规模比2000年翻一番，产业增加值占国内生产总值的比重超过7%，为信息化提供技术装备和网络服务的综合能力显著增强，成为带动国民经济增长、结构升级的支柱产业和增强综合国力的战略性产业。到 2010 年，建设好规模宏大、先进高效的信息基础设施，信息高速公路四通八达，把全国经济运行与社会发展构筑在网络之上，信息技术产业总规模再翻一番，基础网络、科研生产、信息服务充分满足国民经济、社会发展和国防建设的需求，整体水平进入世界先进行列，为改革开放和现代化建设提供全面而高质量的信息技术装备支持与基础网络保障。

信息技术特别是国际互联网的产生和发展，使信息的生产、扩散和利用日益在全球范围内进行，地球上任何一个角落的人瞬间就可以与全世界任何其他地方的人进行沟通和交流；鼠标一点瞬间就可获取几千里甚至几万里以外的信息；资金借助互联网可以以"光的速度"从地球的一方流入另一方；各民族文化、管理经验等，不停地迅速向世界各地传播；跨国公司的领导者，坐在办公室里，就可利用国际互联网指挥、管理、组织、协调分布在世界各地的子公司和分支机构；小小的厂商也可利用互联网络向遥远的市场提供商品和服务……这都是信息传播全球化的真实写照。

信息传播全球化能否顺利进行，关键是全球信息基础设施建设。如果没有全球信息基础设施，信息传播全球化就不可能实现。全球信息基础设施，虽然具有全球化特征，但最终实现，还要依靠世界大多数国家的国家信息基础设施项目的建设与完善。全球信息基础设施的设想，是由美国提出的，很快就引起了其他许多国家的积极响应。一个从信息高速公路→国际互联网→国家空间数据基础设施→宽带网和第二代国际互联网→高分辨率对地观测系统→数字地球的全球信息基础设施建设掀起高潮，为信息传播全球化奠定了可靠的物质技术基础。我们中国也从 1993 年 12 月起，开始建设信息高速公路，取得了重大成就，为全球信息基础设施建设和信息传播全球化做出了应有的贡献。

第 2 篇

研究信息传播全球化与中国企业经营国际化战略，必须研究企业经营国际化。

什么是企业经营国际化？实业家和理论家、经济学家和企业家、西方专家和东方专家等，众说纷纭，认识很不一致。笔者认为，企业经营国际化就是企业在两国、多国、洲际甚至全球范围内，从事经营活动，追求最大限度的比较利益。企业经营国际化的一般特点主要是：根据国际市场需要，确定经营方向；按照国际经济规律和国际惯例进行经营管理；广泛利用国内外资源，尤其是国际资源；把国内经营活动和国外经营活动紧密结合起来……

从宏观和微观看，经济国际化可分为国民经济国际化和企业经营国际化。二者关系密切，不可分割。企业经营国际化是国民经济国际化的基础，国民经济国际化是企业经营国际化的主导。没有企业经营国际化，就没有国民经济国际化；没有国民经济国际化，企业经营国际化就会迷失方向，陷入混乱状态，达不到预期的目的。

企业经营国际化产生和发展的动力很多，是一个庞大的系统，其中科技进步是根本的动力。科技进步，是企业经营国际化产生的物质基础；企业经营国际化随着科技进步的发展而发展，逐步冲破被资本主义国家垄断的格局，不再受国家的政治制度、经济体制、地理位置、国土面积大小等的限制，发展成为一股世界性历史潮流。

企业经营国际化的高级形式是跨国公司。对于跨国公司的内涵，至今众说纷纭，观点很不一致。笔者认为：跨国公司是指，自觉参与国际分工和国际市场，广泛利用本国和国际资源，在两个以上国家设立子公司，进行跨国生产和经营活动，国外经营额占公司总经营额 25% 以上的企业。

随着跨国公司的产生和发展，跨国公司的生产经营理论也应运而生并不断发展，已成为当代企业经营国际化理论的主流，其众多的论著形成一个庞大的理论体系，主要包括以比较成本学说为基石的国际贸易理论，以垄断优势和市场不完全理论为基石的对外直接投资理论，比较全面的论述对外直接投资方向、结构、服务业跨国化、国际资源转移、地缘商务模型、合理化全球计划模型等的国际生产理论……

跨国公司在 19 世纪 60 年代开始出现。随着科学技术的发展、国际分工的深化和资本输出的增长而不断发展。据联合国贸发会议发表的《2000 年世界投资报告》统计，到 2000 年 12 月份，全球有近 6.3 万家跨国公司（母公司），海外子公司 70 万家，它们控制了全世界三分之一的生产，掌握了全世界 70% 的对外直接投资，三分之二的世界贸易，70%以上的专利和其他技术转让，成为世界经济国际化的主体和"龙头"。21

世纪，是信息技术以爆炸式速度发展的世纪，是互联网实现不断腾飞的世纪。因而，世界各国（地区）之间的联系必将日益紧密，国际市场竞争必将日趋激烈，跨国公司将在合作与竞争中更加朝气蓬勃的发展，迅速遍及全球，主导世界经济、技术革命和对外投资的新潮流。我们可以毫不夸张地说：21 世纪就是跨国公司遍及全球的世纪。

中国的企业经营国际化，是顺应世界经济国际化的历史潮流，随着改革开放的发展而逐步展开的。进入 20 世纪 90 年代，发展迅速。到 2000 年底，全国兴办的境外企业已超过 6000 家，总投资额突破 112 亿美元，中方投资额约 70 亿美元。投资涉及的行业，从初期集中在贸易方面发展到资源开发、生产加工、交通运输、工程承包、医疗卫生、旅游餐饮、咨询服务等领域；投资地区，不仅有诸多发展中国家和地区，而且在欧、美、日等发达国家也占有相当的比重。中国从事经营国际化的企业大体上可分为四类，即专业外贸公司和大型贸易集团；大型生产性企业或企业集团；大型金融保险、多功能服务公司；中小型企业。

中国企业实施经营国际化战略，既按国际经济规律办事，又体现中国特色，在贯彻"对外开放"基本国策和经济社会发展中发挥了积极作用。虽然取得了一定成绩，但仍处在初级阶段，而且存在许多不容忽视的困难和问题。主要如体制不合理、对外投资项目审批程序烦琐低效；对外投资规模小、质量不高、管理不力、布局分散、结构失调；境外企业体制改革滞后、科技进步慢、竞争力弱、效益低……

进入 21 世纪后，我们应认真分析世界企业经营国际化潮流的发展趋势，总结自身的经验教训，遵循客观规律，制定和实施中国企业经营国际化进一步发展的战略和策略。基本思路可以是：以邓小平的对外开放思想为指导，以科学发展观统领全局，认真学习贯彻党和国家关于"走出去"的战略决策，学习掌握 WTO 的宗旨、法律框架和基本原则，提高认识，更新观念，强化国际化意识；深化政府改革，转变政府职能，强化对企业经营国际化的宏观调控；深化企业特别是境外企业改革，尽快建立现代企业制度，遵循国际通行规则和国际惯例开展生产经营活动；建立健全和完善政策法规体系，支持、鼓励和维护企业经营国际化；分清轻重缓急，抓重点，带一般，创建具有中国特色的跨国公司；搞好人才的培养、引进和使用，依靠高素质的人才开创企业经营国际化的新局面。

为了衡量、监测、分析研究企业经营国际化的程度和水平，必须设计企业经营国际化的测评指标体系和衡量标准。这个指标体系是个庞大的系统，对所有的指标都进行测评，一是难度大；二是没有必要。只要对骨干指标进行测评，就能反映经营国际化的水平。所以，我们设计了骨干指标的衡量标准和测评方法。

第3篇

在信息传播全球化蓬勃发展的21世纪，信息、知识、智力越来越成为引领经济社会发展的决定性因素。从而进一步打破了时间和空间对经济活动的限制，为企业实施经营国际化战略创造了新的强大的动力，从而大大加快了企业经营国际化的发展，提高了企业经营国际化的质量和水平。

信息技术和信息传播全球化的发展，形成了新的产业群，改造了传统产业，引起了全球产业结构的调整和优化，促使产业结构由资源、资本、劳动密集型向信息、知识、技术密集型转变，信息、知识、技术等要素的地位日显重要，而物质资源、能源的地位则相对下降。通过互联网可使信息、知识、技术以数字化形式在全球快速流动，成为人人可以开发利用的社会性资源，从而为企业在全球内有效配置资源大大缩小了空间和时间的距离。同时，现代通讯和网络技术的普遍应用，打破了金融交易中的地域和时间界限，使国际金融市场真正融为一体，形成了全球性金融市场，国际资本可大规模快速流动，为企业在全球范围内大规模快速融资奠定了基础。所有这些，都大大促进了企业经营国际化的发展。

信息传播全球化使网络营销成为可能。所谓网络营销，就是利用信息技术和现代通讯技术，按照规定的原则和管理规范，在信息网络上进行的营销活动。信息网络是无边无际的，所以，网络营销不再局限于一个地区、一个国家，而是借助于国际互联网，把市场营销扩展到全世界。产品信息可以24小时全天候地放在网站上供人浏览。所以，网络营销打破了时间的限制，每时每刻都可进行营销活动。所有这些，都有助于企业包括无力在国外投资建立分支机构的中小企业，顺利实施经营国际化战略。

信息传播全球化在大大促进企业经营国际化发展的同时，还大大提高了企业经营国际化的质量和水平。主要表现有三：第一，信息技术革命推动了企业的生产柔性化，使企业的生产从市场分析、产品设计、生产计划与加工、质量保证和监测等全过程实现信息化和智能化，可以在任何时间、全球任何一个地方获得信息，进行订货、设计、生产管理、产品调度和销售，实现全球性生产和服务。第二，信息网络促进了企业组织结构的创新和发展，产生了扁平化的"动态网络"结构，使企业组织管理更加优化、更加灵活。第三，企业经营管理日趋信息化，可大大提高企业经营管理的效率和质量，提高企业的整体素质，从而更有利于实施经营国际化战略。

在信息传播全球化的历史潮流中，实施经营国际化战略主要是通过经营国际国内信息资源，获取最大限度的经济效益。经营信息资源，就必须搞好企业信息化建设。企业信息化是指，企业充分挖掘人力资源潜能，利用现代信息技术，开发运用国内外各种信息资源，并进行相应改革和调整，不断提高企业整体素质，进而提高经济效益和竞争力的过程。信息化，是现代企业生存之本与发展之道，是优化企业"智商"的决定性因素，是促进企业文化变革的重要动力，是全面创新、获取竞争优势的最优选择，是企业充满生机和活力的关键所在，是实施经营国际化战略的可靠基础。进入 20 世纪 90 年代以来，诸多国家和地区都在积极推行企业信息化，涌现出了多种企业信息化模式，典型模式主要有民间主导型、政府主导型、多元型三种。

在信息传播全球化的历史潮流中，产生了一种全新的商务模式——电子商务。电子商务是在互联网上进行的商务活动。电子商务的主体主要是消费者和企业。根据参与主体的不同，电子商务可分为四种不同类型的交易方式，即企业对消费者（BtoC 或 B2C）、消费者对企业（CtoB 或 C2B）、消费者对消费者（CtoC 或 C2C）、企业对企业（BtoB 或 B2B），其中企业对消费者和企业对企业两种类型活动最广泛。发展电子商务，可促进管理组织模式的深刻变革，帮助企业进行业务流程再造，促进企业开展营销管理创新，使企业迅速获得全球性广阔的商务空间和时间，创造新的国际竞争优势，全面改造传统物流，最大限度地提高生产效率和经营效益，全面实现企业经营国际化的战略目标。因此，电子商务是实现企业经营国际化战略目标的最佳途径，实施经营国际化战略必须发展电子商务。电子商务从简单到复杂有多种模式，企业可遵循"高度重视、积极参与、把握时机、循序渐进、提高效益"的原则，从自身实际出发，选择最合适的模式。政府应顺其自然，为所应为，有效规范和促进电子商务的发展。

在信息传播全球化和企业经营国际化蓬勃发展的当今世界，作为企业经营国际化高级形式和核心组织的跨国公司也获得了创新和发展。信息传播全球化有利于跨国公司实施经营国际化战略的目标面向全世界，无论在哪个国家生产经营，它们都是"世界公民"。跨国公司的思维和行为逻辑发生了重大变化，其地点的选择更趋自由化，决策更趋集中化，决策执行更加分散化。跨国并购的浪潮一浪高一浪，跨国性战略联盟纷纷出现，全球性联合公司悄然兴起，一批新型组织管理模式应运而生，商场如战场的战争型竞争逐步转化为协作型竞争，自然资源的重要地位逐步让位于信息资源，信息化管理跃居统治地位，综合效益稳步提高，真正主导世界经济和新技术革命的新潮流。

随着信息技术革命的迅猛发展，信息传播全球化对中国企业经营国际化的影响日益深刻和广泛。有利于改变经营国际化的传统观念和格局，实施"走出去"战略；促进了经营国际化战略管理的变革，有利于实现管理信息化和现代化；有利于创造新的竞争优势，提高企业综合实力；激发了企业全面创新，提高了综合效益。同时，也会带来风险和负面影响，必须高度警惕，采取有效措施，防范和化解，保证经营国际化战略的顺利实施。

第 4 篇

我国利用信息传播全球化促企业经营国际化，起步较晚，但发展快，成效显著，涌现出了中国普天信息产业集团公司、青岛海尔集团公司、联想集团等先进典型。但是，与国际先进水平比，还有较大差距，而且存在许多不容忽视的问题。我们应该认真总结经验教训，学习借鉴国外的成功经验，从实际出发，制定和实施既符合国际通行规则又具有中国特色的战略和策略。

利用信息传播全球化促企业经营国际化发展的战略模式有多种，具有代表性的典型模式主要是美国模式和日本模式。美国模式以宏观间接调控和自然发展为基本特征，可概括为"间接调控与自由发展"模式。日本模式以国家中观产业干预为基本特征，可概括为"政府干预"模式。

中国利用信息传播全球化促企业经营国际化的战略模式可以是"政府调控与企业为主"模式。"政府调控"，主要是通过宏观政策法规和经济手段，调控信息基础设施的建设，促进信息传播体系的健康发展，为企业利用信息传播全球化促经营国际化发展创造良好的环境和条件。"企业为主"，是指企业是利用信息传播全球化促经营国际化的主要主体，政府不能直接干预企业的具体经营活动，要充分发挥企业的主体作用，依靠企业的主动性、积极性和创造性，自觉、自主地实施战略和策略。

在不同的历史阶段，"政府调控与企业为主"战略模式的具体内涵和基本思路也有所不同。其长期战略可以是：优先发展信息技术及其产业，带动国民经济和社会的全面信息化和现代化。利用市场调节、政策扶植、宏观引导、有序竞争等，推动企业积极主动地利用信息传播全球化促经营国际化，使信息化和国际化都产生质的飞跃，2050年前后达到世界中等发达国家的水平。2010年之前，以邓小平的对外开放思想和高科技理论为指导，认真学习贯彻党和国家关于发展信息产业和经济国际化的指示精神，更新观念，解放思想，制定和实施科学合理的战略规划；遵循客观规律，政府引导、企业为主、统筹规划、全面安排、市场牵引，初步建立规模宏大、先进高效的信息化基础设施，信息高速公路四通八达，把企业经营国际化构筑在信息网络之上；培育核心竞争力，搞好跨文化管理，全面创新，提高企业整体素质；建立健全利用信息传播全球化促企业经营国际化的长效机制，采取有效措施，组织好战略规划的实施，不断提高信息技术对企业经营国际化发展的贡献度，为实现21世纪前10年的战略目标而努力。

信息化，是信息时代企业经营国际化的命脉。按照"政府调控与企业为主"的战略模式，利用信息传播全球化促企业经营国际化，就必须发展企业的信息化。我国企业的信息化，自20世纪70年代起步，取得了显著成绩，涌现出了一批先进典型。但是，与先进国家比，还有较大差距，面临许多必须解决而又很难解决的问题。我们应该学习借鉴国外的成功经验，从我国国情出发，制定和实施科学的企业信息化发展战略，创建既符合国际通行规则，又具有中国特色的企业信息化模式。所有企业都应

从自身实际出发，采取积极可行的对策；国家政府应遵循客观规律，围绕
为企业服务这个核心，制定和执行科学合理的宏观政策法规体系；上下左
右、方方面面齐努力，共同促进企业信息化的健康发展。

电子商务代表着国际贸易的未来。发展电子商务，是按照"政府调
控与企业为主"模式利用信息传播全球化促进企业经营国际化的重要途
径，是迎接加入 WTO 的重要举措。我们应该学习借鉴国外的成功经验，
创建具有中国特色的电子商务战略。其基本思路可以是：以邓小平的对外
开放思想和高科技理论为指导，认真学习贯彻党中央关于发展电子商务和
经济国际化的指示精神；既要走自己的发展道路，又要同国际电子商务接
轨；坚持国家利益、集体利益、个人利益的协调统一，坚持国营、集体、
私营经济协调发展；充分发挥政府的规划、指导和协调作用，支持和鼓励
企业积极主动地发展或应用电子商务；大力宣传发展电子商务的必要性和
紧迫性，尽快普及电子商务知识和技能；加强电子商务的基础设施建设，
重点抓好商业电子化和金融电子化；积极参与国际间的电子商务合作，构
建国际社会普遍接受的电子商务国际框架，促进企业经营国际化的发展；
正确认识和处理电子商务与传统商贸的关系，抓点带面、重点突破、多方
位应用和全社会推广相结合，依托大中城市、辐射全国，带动经济和社会
的全面信息化。

信息传播全球化在给企业经营国际化带来良好机遇的同时，也带来了
激烈的信息战。在信息战中，有的企业会越战越强，有的企业则会遭受重
大损失甚至破产倒闭。我们可以毫不夸张地说，信息传播全球化是一个汹
涌的浪潮，如果你没有冲浪的本领，就可能被淹没。因此，我们必须制定
和实施既符合国际通行规则又具有中国特色的信息安全战略和策略。其总
体框架可以是：加强领导，抓好学习，提高认识，解放思想，培育和树立
信息安全意识；遵循客观规律，从中国实际出发，建立健全信息风险预警
机制、信息安全防范机制、信息安全管理机制、信息安全法规体系，确保
信息的安全性，为企业实施经营国际化战略创造良好的安全环境。

人才是企业生存和发展之本，是企业的第一资源。利用信息传播全球
化促企业经营国际化发展，能否取得令人瞩目的成效，关键取决于企业信
息化人才的数量、质量和发挥潜能的程度，特别取决于企业家的素质和才
能的发挥。因此，我们必须明确信息化人才应有的素质，学习借鉴国外的

成功经验，从实际出发，制定和实施正确的信息化人才资源开发与管理战略和策略，培养造就又多又好的信息化人才，重点培养高素质的知识型企业家，依靠他们组织带领广大职工群众，走向世界，参与国际竞争与合作，为伟大祖国争日益提高的国际地位。

第 1 篇

信息技术产业化
与信息传播全球化

第一章　信息和信息技术

21 世纪，人类将全面进入信息时代。整个社会的基础将发生改变，传统经济将迅速向信息经济过渡。作为信息经济的基础和核心内动力的信息技术将更加蓬勃发展。因此，研究信息技术产业化与信息传播全球化，必须首先探讨信息和信息技术的内涵、特点及 21 世纪信息技术的发展趋势。

一　信息的内涵和特点

（一）信息和信息资源

信息，一般指信号、音信、消息。作为科学术语，可简单理解为消息接受者预先不知道的报道。从不同的角度分析，信息的涵义也有所不同。信息论的奠基人、美国数学家申农（C. E. Shannon）认为：信息是组织程度，能使物质系统有序性增强，减少破坏、混乱和噪声。控制论的创始人维纳（Norbcrt Wiener）认为："信息是有秩序的量度"。一个系统的组织程度越高，它所提供的信息量越大。不同的事物有不同的特征，会给人们带来不同的信息。人们正是通过获得和识别不同的信息来区别不同事物，才能够认识世界和改造世界。

笔者认为，信息包括两层涵义：一是信息本身所表达的意义，即信息自身的内容；二是信息的工具，即信息载体。符号、声音、文字、图形、图像等都是信息的载体，通过机器处理和传输信息而产生的各种编码也是信息的载体。信息作为人类认识世界、改造世界的一种基本资源，伴随着人类发展的全过程。但是，人类对信息的认识却有一个由不知到知之，由知之太少向知之较多的过程。目前，信息概念已被广泛应用于各个领域，除了电信通讯以外，遗传密码是一种生物信息，计算机程序是一种技术信息，价格和供求变化是一种市场信息……在信息时代，信息将成为最重要的战略性资源。

自然信息和社会信息是多种多样、层出不穷的。有些信息本身就具有使用价值而且便于获得，是宝贵的资源；有些信息不能自发的成为资源（可称之为原始信息），必须经过加工处理或研究开发，使其具有可获得性和可利用性，才能成为一种宝贵资源。这里所说的加工处理和研究开发，包括对原始信息的识别、采集、鉴定、分析、筛选、组织、集成、整合，并与人们的思维、学习、决策和行动结合起来。然而，开发利用信息资源并不是轻而易举的，需要有科学理论的指导和正确政策的引导，还需要一定的投资、先进适用的技术和良好的社会环境。

（二）信息资源的特点

信息资源除了具有一般物质资源的共性外，还有自己的特点。在当代，信息资源的鲜明特点主要表现在以下两个方面：

第一，信息资源具有不断扩张性

许多物质资源，例如石油、煤炭、水等随着人类开发利用的发展而逐渐减少，具有稀缺性。而信息作为一种资源，却是不断扩张的，这是因为：1. 其总量始终处于不断扩张中，每天都有新信息产生，似乎供人们取之不尽、用之不竭；2. 以国际互联网等为核心的先进通信传输方式的广泛运用使企业获取信息的成本大幅度降低（垄断信息除外），从而使信息成为一种获取相对便利的生产要素；3. 尽管信息的使用价值有一定时效性，但信息本身的部分非消耗性使之作为一种资源可以在一定条件下多次重复使用，各种不同的信息存量的组合都可能发展成为新的产品和服务；4. 作为一种资源，信息不仅是生产性的，而且是消费性的，它能够形成一个广阔的市场。信息及信息流正不断诞生着新的价值机遇，引导着新市场的产生并以极快的速度向消费的各个方向拓展。

传统物质资源的占有与使用方式，决定了竞争中一方增加的同时意味着另一方的减少与被剥夺，而信息资源则有可能使大家都同时获得新增资源。正是这一特性为企业以合作的方式，而不仅仅是靠单纯的竞争获得收益提供了广阔的空间。

第二，信息资源的开发利用需要合作

信息资源使"知识"在经济中的含量不断上升，从而带来经济增长方式的变革。它使合作与竞争艺术化地水乳交融：1. 在信息社会中，技术以惊人的速度发展着，各学科不断地交叉融合，知识的非线性扩张和协同效应，使企业单靠自身的积累很难跟上技术变化的步伐，必须不断地学习，甚至只有通过合作才能获得竞争所需要的资源；2. 知识价值的实现在于被使用，就像一本书读的人越多价值越大一样，封闭知识必然影响其价值的实现，因而需要采取开放和合作的方式；3. 产品的生命周期日益缩短，而新产品开发研究的费用和风险却在不断增加，"蝴蝶效应"时有发生，特别是在新市场没有完全出现之时。较之竞争压力而言，巨额的研究发展费用及失败风险逐渐成为企业的第一位压力，为了分担风险，合作利益常常会超过竞争利益；4. 建立在知识与智能密集基础上的产业有可能摆脱 U 形成本曲线的困扰，实现边际及规模收益的递增，从而改变竞争的落脚点。以软件产业为例，一旦某一软件程序取得足够的市场份额，兼容的重要性使其他程序的使用者改而用之执行同类功能，从而激发出新的用户，企业将由此实现持续的增长。其他企业若要进入该企业的市场，在兼容基础上革新将较之另起炉灶更为有利。也就是说，大家都默认一个共同的合作基础而不是一味地自立山头。

（三） 信息资源的开发利用

在当今社会，原始信息是层出不穷、不断扩张的，但开发利用量却不多。我国目前拥有的可待开发利用的原始信息总量相当可观。据有关部门统计，近年来我国每年出版新书 10 万多种，期刊近 8000 种，有统一刊号的报纸 2149 种，专利申请 10 万多项。图书情报机构 4000 多个，收藏图书 1500 多万种，科技期刊 2 万多种，研究报告 430 万件，专利文件 220 万件。[①] 在信息基础设施建设方面，建成各种普通的联机信息网络 10000 多个，用户 2 亿多；基于卫星通信的信息网 100 余个，用户数万个；上网计算机数已达 1902 多万台，网民已突破 2650 万；[②] 电话信息服务几乎遍

---

① 《新闻出版报》2000 年 3 月 8 日第 1 版。

② 《国际商报》2001 年 7 月 27 日第 5 版。

及各个大中城市。然而，我国已经开发利用的信息资源却不多，与国民经济和社会发展的需要很不适应。因此，必须采取有效措施，搞好信息资源的开发利用。

第一，加强领导，做好规划。党中央和国务院十分重视信息资源开发利用工作，于2000年2月9日以中央办公厅名义发布了《关于进一步加强信息工作的意见》。各级党组织和人民政府，应认真贯彻落实这一《工作意见》，主要负责人亲自抓，加强领导，制定和实施"关于信息资源开发利用"的长远规划，确定21世纪信息资源开发利用的战略思想、方向、方针和任务，明确各个时期特别是近10年的战略目标、战略重点、战略措施等，动员广大干部群众支持和参与信息资源的开发利用。

第二，重构国民经济和社会发展的信息指标体系。我国长期采用物质生产指标体系（MPS），后来改用国民经济核算指标体系（SNA），现在又推行新版SNA指标体系。新版SNA指标体系主要反映宏观经济活动，反映微观特别是市场活动的指标体系还没有健全。应该重构国民经济和社会发展的信息指标体系，既要同国际接轨，又要体现中国特色；既要为宏观服务，又要为微观服务。

第三，加强国家经济信息系统在信息资源开发利用中的枢纽地位。我国已基本建立健全由国家信息中心和各地信息中心组成的国家经济信息系统。为了迎接信息时代，应通过深化改革，使国家经济信息系统成为名副其实的国民经济、社会信息交换的枢纽，成为经济、社会信息的重要集散地，成为收集、筛选、加工、分析、传输、交流信息的枢纽和重要基地。

第四，继续推进政府信息上网，促进信息资源共享。政府信息资源上网公开，向社会提供服务是国家机关的义务，是经济社会生活中的一件大事，必须认真总结国内外的经验教训，尽快制定有关"政府信息资源管理和信息公开"的法规，采取有效措施使信息资源共享工作走上法制化、规范化轨道。

第五，大力发展现代信息服务业。现代信息服务业的发展应依托于传统信息服务业，并带动传统信息服务业的现代化。宜围绕着政府、企业和公众的需要，突出抓信息内容和信息质量，同时要坚持改革开放，鼓励竞争，提倡合作。信息服务企业的规模，应大中小并举，既要组建大型企业集团，以利于参与国际竞争；又要创办大批中小型企业，以利于活跃市场，并同大型企业集团相配套。

第六，积极开发利用互联网的信息资源。互联网上信息量大、面广、种类多，是世界上最丰富的信息资源宝库。我们应组织精干队伍，积极开发利用互联网的信息资源，为我国的现代化建设服务。同时，把我国非保密的信息搬到互联网上去，向世界宣传中国，让世界了解中国。

第七，促进现代信息网络的健康发展。电子信息网络是收集、加工、传送、使用信息资源的现代化渠道，也是沟通信息提供者与信息需求者的重要传媒。随着我国信息化建设的推进，公用网和专用网大量涌现。网络的生命在于扩大用户。应从丰富网上信息内容、降低网络资费、提高网络速度、改进网络服务等方面来吸引和发展用户，促进现代信息网络的健康发展。

第八，尊重和保护信息领域的知识产权。信息产品与信息技术一样，也有知识产权问题。影响信息资源交流与共享的原因之一，就是不尊重知识产权，损害信息产品原始提供者的利益。应遵循 WTO《知识产权协定》的原则，学习借鉴国外先进经验，制定切实有效的措施，尊重和保护信息领域的知识产权。

第九，切实加强信息安全和信息保密工作。信息安全十分重要，绝不能有丝毫疏忽和懈怠。在信息战日趋激烈的当今世界，必须从国家安全的高度来认识和对待信息安全问题，采取有效措施，严防兵不血刃而受制于敌。信息保密也很重要，应在认真总结过去经验教训的基础上，群策群力，共谋良策，切实搞好信息保密工作。

二　信息技术的内涵和特点

（一）信息技术的内涵

人类社会在经历了数千年的农业时代、数百年的工业时代之后，正发生着一场由物质型经济向信息经济的深刻转变，人类开始步入一个崭新的时代——信息时代。

在迄今为止人类所经历的三次重大技术革命中，农业革命使人类社会从游牧社会过渡到农业社会，工业革命又使人类社会实现了从农业社会向工业社会的成功跨越，而目前正在进行的信息技术革命正日益广泛和深刻的影响着经济增长方式、产业结构、市场结构、就业结构、消费结构乃至人们的生活方式与社会文化的各个方面，将把人类社会从工业社会推向信息社会。这在发达国家及新兴工业化国家表现得尤为明显。

那么，什么是信息技术？在不同的历史时期，信息技术的内涵也有所不同。在现代，如何界定它的内涵呢？人们的认识还不尽一致。综合国内外多数专家学者的观点，所谓信息技术（Information Technology，IT），就是以计算机、通信、电子、光电等技术为基础，获取、传输、处理、储存、显示、再生和利用信息的所有现代高技术的总称。它包括遥感、遥测技术；通信、广播、电视技术；计算机技术；光盘、磁盘、半导体存储技术；各种显示终端、显示屏技术；针对企业的各种信息系统集成技术、针对家庭或个人的各种教育游戏软件技术；各种信息服务技术等以及由它们分解出来的其他相关技术。

信息技术的应用，已经从简单的通话和数学计算，发展成多门类、多用途的信息产业，广泛地渗透到社会、经济和生活的各个方面。计算机辅助设计、计算机辅助制造、计算机集成制造系统等先进制造技术，正在彻底地改变着传统工业的面貌；管理信息系统、电子数据交换、企业信息系统集成、电子商务等商贸自动化技术，成为提高企业竞争力的必要手段；遥感技术、地理信息系统和全球定位系统等信息获取与处理技术，为人类活动提供了精确的、数字化的地理信息；信息技术进入消费电子领域，形成巨大的消费市场，加速了社会信息化的进程，也改变着人们的生活方式；互联网的兴起，更是空前地加速了信息技术的应用和渗透，掀起了全球的信息化热潮。面向个人、面向家庭的多样化的信息技术产品、多媒体技术、各种新的智能化应用系统和服务软件以及传统信息服务的多样化趋势，则创造了大量的产业发展机会。

（二）信息技术的特点

第一，高收益

信息技术的成功可以给创业者带来巨大的效益。例如，美国微软公司开发的电脑软件，由于迅速打开了美国和世界电脑的软件市场，从而创造了上百亿美元的效益，在短短二十年里，使公司产值达数千亿美元，远远超出波音、通用等老牌工业巨头，其总裁比尔·盖茨多年位居世界首富。

与互联网一起成长的思科系统公司，依靠信息技术不断创新，同时有条不紊地购并了 50 多家公司，使自身实力呈几何级数倍数增长，于 2000 年 3 月超过微软，成为世界头号公司。信息技术的成功还使硅谷扬名于全球，并掀起了所谓"硅谷浪潮"，引发了世界硅谷效应。21 世纪前 10 年，硅谷的产值将达到世界电子工业产值的一半以上。高技术的投入可以实现高的回报率。

第二，高投入

高投入，是信息技术充分发展的支撑条件，也是信息技术得以崭露头角的显著特征之一。要促使信息技术的启动、发展和扩大成产业形态，就必须投入大量资金。例如，微软公司为了开发 Windows NT 操作系统，投资就达 2 亿美元；又如美国的半导体工业，其研究开发费用占销售额的 8%—12%，而设备投资的比例占到 15%—25%。

第三，高竞争

高竞争，是信息技术发展热度的表现。竞争从来都是技术和经济发展的一种动力，以高度竞争开路的信息技术发展更是一种世界性的大趋势。美国的"NII 技术"、中国的"三金工程"、马来西亚的"多媒体走廊计划"等，都是争夺高技术制高点白炽化的一种表现；实质上，是在世界范围内展开的一场技术—经济之战。这场"大战"突出的特点在于最高层次的竞争方式和最广泛的竞争内容，在于宏观竞争与微观竞争统一于信息技术的竞相发展之中；谁能在这场大竞争、大较量中领先，谁就将在未来经济时代中取胜。信息技术的竞争不但以国家甚至一个大区域的方式出现，而且牵动了经济、科学、国防、教育以及文化等一切领域。可以说，信息技术的竞争是人类有史以来最深刻的一场竞争。

第四，高智力

高智力，是信息技术发展的根本属性。信息技术竞争在第一层次上表现为市场的竞争，在第二层次上表现为经济实力竞争，在第三层次上则表现为科技知识水平和文化观念的竞争，而在第四层次上也是最根本的层次最终归结为人才竞争、智力的较量。综观世界范围内高技术的发展和兴盛，都与专家和学者创业、发明家和企业家的巧妙结合、金融家和投资家的精明判断和决策密切相关。离开了这些，就没有高技术的发展，就没有高技术的兴旺繁荣。

第五，高渗透

信息技术具有极强的渗透性，它犹如"水银泻地，无孔不入"，不仅渗透到金融、贸易、交通运输、传统工业等经济领域，而且广泛影响到教育、文化、卫生、医疗、国防、国际关系等，比如：新的信息技术广泛地运用于生产过程的管理，使传统的机械工业得到改造，从数控机床、智能机器人发展到柔性生产系统和自动化无人工厂，从而大大提高了劳动生产率和产品质量，节约了材料和能源。

第六，高速更新性

近几十年来，世界各国都非常重视信息技术的发展，使得信息技术的发展速度大大加快。而且注意将新的信息技术成果向现实生产力转化，从而使得信息技术从原理探索到最后形成产品的周期不断缩短。如美国贝尔实验室研制的点接触晶体三极管，从理论探索到实际应用，仅花了3年时间。由于集成电路的集成度以每3年增长4倍的速度迅猛发展，促进了电子计算机更新换代的日新月异，从1946年全世界第一台计算机面世，到第五代高性能计算机投入应用，只花了40年的时间，但性能却提高了100万倍。进入21世纪后，世界范围的信息技术更新换代更是大幅度地加速进行。

三 信息技术的 21 世纪发展趋势

回顾过去，信息技术的发展日新月异，精彩纷呈。展望21世纪，信息技术将以爆炸式速度增长，并产生质的飞跃。随着信息技术的蓬勃发展，争夺信息经济主导权的国际竞争将全面展开，并且越来越激烈。

（一）信息技术的蓬勃发展

第一，信息技术升级换代速度显著加快

20世纪人类最伟大的发明是计算机，计算机技术是信息技术的典型代表。从第一台通用电子计算机诞生以来，其升级换代的速度极其惊人。第一代电子计算机的运算速度只有每秒5万至6万次。1997年，美国宣布已制造出第一台每秒万亿次（即千兆级）并行高性能计算机，其峰值计算速度为每秒1.8万亿次。目前，已有高达每秒几万亿次运算速度的计算机。另一方面，计算机的体积却在大大缩小。今天，人们可以把30年前那种有一个房间那么大的超级计算机压缩为一台小小的台式计算机，其功劳应归功于飞速发展的半导体芯片制造技术。著名的信息技术大师戈登·摩尔测定：集成电路在芯片上的微型二极管数量（简称"集成电路的集成度"）每 18 个月翻一番；每一代新芯片的工厂生产成本也降低一倍。这就是闻名全球的摩尔定律或称摩尔法则。这一定律像上了发条的时钟一样应验。其节奏似乎还成为信息时代的"心跳"节奏。它使计算机不断地获得新的强大的功能，并且使获得这些功能的成本也越来越低。以目前很通用的 64 兆位存储芯为例，在一块指甲大小的芯片上已集成了1.4 亿个微型晶体管，而连接它们的电路线宽只有 0.4 微米，是头发丝直径的千分之四。采用这种芯片的微处理器速度将会更快，体积更小，更省电，应用更广泛。除应用于信号处理系统外，还可以用来制造可直接植入耳内的助听器，可增加数据和视频处理功能的无线电话，可提供即时访问互联网的异步数字用户线调制解调器，每秒可读出千兆位数据的硬盘驱动器，可实现视频会议功能的工作站和 PC 机。

第二，信息技术应用与普及的速度超常

信息社会和信息经济的到来，唤醒了人们庞大的信息需求。信息技术产品价格不断降低，功能不断增强，为信息技术的广泛应用和普及创造了良好条件。以我国为例，近年来，电子计算机、电信和电视三大行业的总产值和销量均保持高速增长。1996 年，微机产量 155 万台，比上年增长90%；1997 年微机销量 340 万台；1999 年微机产量 318 万台；2000 年突破 600 万台。通信能力也大大加强，通信业务量高速增长，1991—2000年间电信业务总量平均年增长 56.5%。城乡电话装机总量由 1980 年的143 万门发展到 2001 年 6 月的 1.89 亿门。全国电话用户由 1980 年的1867 万户，增加到 2001 年 6 月的 2.8 亿户。电话普及率由 1980 年的0.43% 提高到 2001 年 6 月的 24.4%。采用的通信技术设备也发生了质的变化。近十年来，电信公众网相继完成了从人工网到自动网，从机电制到程控制，从模拟技术到数字技术的三大转变。长途传输数字化和电话交换程控化的比重分别达 96.2% 和 99.4%。初步形成了一个以光缆为主，微波和卫星为辅的大容量、数字化的基础传送网，以及在此基础上建立的公用电话网、公用数据网和移动通信网。其规模和容量已居世界前列。电视广播人口覆盖率分别达 86.7% 和 89.1%。如有线电视台 1370 座，2000 年入户数达 9700 万以上。国民经济各部门、各行业和社会生活各领域都在广泛地应用信息技术。

第三，技术融合产生许多新的信息技术产品

电脑、电信和电视技术三大技术的结合将产生出各种更诱人的信息技术产品和市场，给人们的工作和生活带来更大的便利。例如，有线电视公司推出的视频点播技术（VOD）就是把交互式的计算机信息查询技术应用于原有的单向电视广播技术，是一种很有市场潜力的新技术。电信公司推出的一种叫"非对称式数字化用户环路"（Asymmetrical Digital Subscriber Line）是用来高速传送全运动视频图像的设备，可从远程计算机上下载到电话线上，最后传送到电视机上。其他先进国家也开发出一些颇引人注目的新产品，如数字式口述记录机（可把录音加入其语音识别软件中）、网络车（可通过卫星访问互联网，并把地图和车辆指示信息投射到挡风板上）、网络可视电话（集电话、摄像机、触屏和拉出式键盘于一体，用户可利用互联网通话、网上冲浪和进行金融交易）。在诸多的新产品中，家庭网络产品成为跨世纪的热点，如：用一条电话线和一个账号就能让家中多台设备上网的产品，用 PC 无线控制所有家用电器的产品，以及 CableModem 和数字用户环路 Modem。便携设备更是热闹非凡，涌现出许多小巧、功能全、个性化、能连接互联网的个人数字工具，如掌上 PC、PDA、HandWeb、HandFax、HandMail、Palmpilot（掌上导航器），以及把便携机与全球定位系统（GPS）、汽车导航系统结合在一起的设备。

第四，信息技术成为世界经济增长的引擎

进入 20 世纪 90 年代以来，信息技术的蓬勃发展和广泛应用，尤其是电子商务、网络经济的高速扩张，大大促进了世界经济的发展。数字信息、电子技术、航空航天、海洋工程、生物工程、自动化、新材料和新能源等 8 大新兴高科技及其产业已经成为世界经济的新增长点。这 8 大高科技及其产业有的本身就是信息技术发展的产物，有的信息技术渗透其中。它们对世界经济发展的贡献越来越大，已由 1995 年第三季度的 51.9% 上升到 1999 年第三季度的 74.8%，2000 年第三季度又突破 78%，2001 年第三季度达到 80%。信息技术对世界经济的深刻影响，使世界经济迅速走出"谷底"（20 世纪 80 年代末世界经济曾跌入谷底），进入上升期，并呈持续稳定增长趋势。据此，西方八国首脑日本冲绳会议于 2000 年 7

月 22 日通过了《关于全球化信息社会的冲绳宪章》。该《宪章》将信息技术定位为："世界经济增长不可或缺的引擎"。

从 1991 年 3 月开始,美国经济在信息技术革命的推动下持续扩张,到 2000 年底已打破第二次世界大战后(从 1961 年 2 月到 1969 年 12 月)经济连续保持 106 个月的景气最长纪录,连续 120 个月年均增长率 4% 以上、失业率为 4%、消费物价指数只有 1.9%,创历史最好成绩。这种以高增长、低通胀、低失业为特征的"新经济"已使美国进入一个刚刚开始的"新财富时代"。20 世纪 90 年代初,日本泡沫经济破裂,一路下滑。经过数年艰苦努力,1999 年第一季度开始复苏,实现正增长,2000 年增长率突破 1.5%,其中信息技术的推动功不可灭。信息技术使欧盟经济摆脱了多年的徘徊,1999 年增长率达 2.1%,2000 年达 2.8%。经历了两年金融危机冲击后的东亚各国(地区)经济进入了新的增长期,1999 年平均增长率达 4.4%,其中韩国高达 10.2%;2000 年平均增长率已突破 5%。信息技术的发展和应用,也为中国经济的发展增添了新的动力。据国际数据公司统计,中国信息技术市场价值 1999 年超过 110 亿美元,2000 年突破 180 亿美元。

(二) 21 世纪信息技术发展趋势

信息技术的发展导致了一场信息革命,而信息革命正在开启一个新时代,即信息时代。可以肯定,21 世纪是信息技术以爆炸式速度发展的世纪,互联网将产生质的飞跃,信息技术将主导整个经济社会。

第一,信息技术以爆炸式速度发展

21 世纪,信息技术将遵循摩尔定律以爆炸式速度发展,促使人类进入"后 PC 机时代"。在"后 PC 机时代",电子信息技术将应用于社会生产生活的各方面,可谓"无所不在,无时不有"。电子货币、电子支票、电子银行的普遍应用将促使金融信息化,所有金融业务都可通过互联网进行。届时,凭着一张银行存取款卡,便可走遍世界各地。网上商店、网上交易、网络服务,将促使商业信息化。管理信息化在普及的基础上,将实现质的飞跃。逐步由信息管理走向知识管理,由信息资源开发走向知识资源开发,管理体系由客户服务器结构走向互联网结构。政府信息化将向五个方向发展,即政府信息服务,电子商务用于政府采购,电子化政府,促进公众参与,政府机构再造。农业信息化、工业信息化、服务业信息化、各行各业信息化，就连人民群众的日常生产生活也逐步信息化。聋哑人戴上带微电脑的助听器，就能听懂别人说的话。用电脑控制的机器人可取代人类的大部分劳动，可能在田野里、工厂里到处都有机器人在工作，甚至分不清谁是真人，谁是机器人。信息技术将在广泛应用中蓬勃发展，给人们的生产方式和生活方式带来革命性变化。

21 世纪前 10 年，信息技术的发展主要与其他有关技术相结合，其方向是生物计算机的突破。同时，生物工程技术正在酝酿一场革命，有些已接近突破和完成。例如，人类基因图谱绘制……到 2010 年，生物工程技术产业将进入发展的高峰，与信息技术产业一起成为世界经济发展的两大"龙头"产业。

第二，互联网将实现质的飞跃

20 世纪最伟大的发明是计算机。计算机与通信两大信息技术有机结合在一起，产生了网络技术。网络技术最伟大的应用是互联网，互联网的推广应用改变着整个世界。许多美国专家认为，互联网带来的变革之大，犹如 10 次工业革命和基督教改革加在一起发生在一代人之内。

21 世纪，互联网将以每年翻一番的速度发展。量变的积累将产生质的飞跃。质的飞跃将实现计算机网络、电视网络、电话网络三网合一。三网合一实质上是一场"数字化革命"和"多媒体网络革命"的成功，是信息技术的革命性突破。这种革命性突破，将使现代经济的增长方式发生深刻变化。资源集约型、资本集约型、技术和知识集约型增长方式同时涌现，其中以技术和知识集约型增长方式效益最佳。在这种增长方式中，信息技术使知识和信息变成数字，然后通过计算机网络的扩散创造众多的产品和服务。诸多的体力劳动可由工业机器人、智能机器人所代替，生产制造工业向着自动化、电脑化、柔性化、控制集成化的方向发展。创造价值不再依靠简单扩大再生产方式，而是以具有高附加值的高科技含量为特色，以巧夺天工的方式来创造财富，推动经济发展。由于 CAD、CAE、CAP、CAM 以及网络技术等的高度发展，人们从事技术创新工作未必到工厂车间、办公楼去进行，完全可以在家里进行。从设计到生产制造，只需通过电子信息网络进行信息传输，无须再通过绘制大量的图纸资料才进行加工生产……这些飞跃，有的已在"硅谷"变为现实。在美国的硅谷，平均每天有 62 人成为百万富翁，普通从业人员的工资是美国平均工资的

2 倍多。更为重要的是，互联网的飞跃将促使人们的认识产生飞跃，提高人们的创新能力，启发人们对经济、社会、生活方式进行科学的变革。

第三，知识资本将成为主导资本

据有关部门估算，人类知识总量翻一番的时间，1950 年以前大约需要 50 年，1980 年前后大约需要 10 年，1990 年前后大约需要 5 年，2000 年前后大约需要 3 年，到 2020 年只需要 73 天。一个人如果不能及时更新自己的知识，就会成为 21 世纪的新文盲。所谓新文盲，就是不能很好地学习新知识或者不能很好地利用新知识去实践的人。信息技术的发展要求我们重新认识知识。世界著名的哲学家培根说过："知识就是力量"。在当代，怎样表述知识就是力量呢？还是用邓小平同志的"科学技术是第一生产力"表述最好。在这里，"第一"非常关键。只有在今天，科学技术才成为第一或居主导地位的生产力。在 21 世纪，经济社会的发展主要依靠以科学技术为内涵的知识来推动，其中信息技术知识是未来知识的核心。知识资本将成为经济社会发展的主导资本，其核心是掌握知识的人即人力资本和技术组合所拥有的创造能力。在知识资本中，人力资本又是最重要的因素。知识的生产和再生产将渗透和决定着生产力水平、综合国力和人民群众的生活水平。只有拥有以信息技术为核心的知识的人，才能在日趋激烈的竞争中立于不败之地。正是从这一意义上，有人把 21 世纪称之为"知本家"世纪。

第四，争夺信息经济主导权的国际竞争将全面展开

信息技术以爆炸式速度发展，互联网实现新飞跃，人类知识积累总量的迅速翻番，知识资本成为主导资本，使信息经济的浪潮汹涌澎湃，奋勇向前，势不可当。一场争夺 21 世纪信息经济主导权的国际竞争将全面展开。这是一场科技战、商业战，更是一场文化战。美国一马当先，在发展电子商务和网络经济中铸造了美国"新经济"，扭转了其在世界经济中地位相对下降的趋势，再次成为世界经济发展的主要动力，维护了其世界经济霸权地位。有人说，有电脑的美国与有原子弹的美国同样是 21 世纪的强国。日本凭借其自身先进的半导体材料、光纤通信技术，正制订计划赶超美国。有人预言，下一次互联网革命可能在日本爆发。欧盟互联网比美国起步晚 18 个月，也略逊于日本。但是，他们已认识到"谁起步晚，谁将受到生活惩罚"的道理，正以空前的热情奋起直追。估计在 21 世纪

初，欧洲上网人数将达到 1 亿左右。东亚国家和地区不甘落后，正纷纷采取有效的政策和措施，大力发展电子商务和信息经济。新加坡提出了一项"国家信息基础结构"的总体计划，目标是将新加坡建成一个"智能岛"。马来西亚正在兴建"多媒体超级走廊"，预计用 10 年时间，建设一个长 50 公里、宽 10 公里的高科技开发地带。韩国强调"把建设网络经济作为最优先课题"，提出跻身世界十大信息强国的具体目标。跨国公司对电子商务和网络经济更是虎视眈眈。它们相互间大兼并使人清晰地看到跨国公司巨头联手出击电子商务和网络经济的金戈铁马。总之，电子商务和网络经济将在国际竞争中大发展，正像石油、汽车等在 20 世纪促进商业繁荣那样，推动 21 世纪全球贸易的高速增长，进而促进世界经济的高速增长。

第二章　信息技术产业化

　　信息技术从研究开发到成为现实生产力，必须经历一个产业化的过程。信息技术产业化有其科学的内涵、广阔的范围和鲜明的特点。20世纪80年代以来，许多国家和地区不断分析信息技术产业化的必要因素和发展趋势，在组织精干力量研究开发信息技术的同时，采取有效措施，加快信息技术产业化的进程，涌现出了美国模式、日本模式、韩国模式、印度模式等典型模式。我们应该认真探讨信息技术产业化的内涵和特点，研究信息技术产业化的典型模式，为我国的信息技术产业化和企业经营国际化服务。

一　内涵和特点

（一）信息技术产业化的内涵

　　信息技术产业化过程也是社会总产品的大循环过程。信息技术要从理论变为现实，从研制转为实用，必须经历一个产业化的过程，这就是从信息技术的研制、开发到市场运用的商品化、市场化过程。

　　信息技术的发展，势必带动信息技术产业化的兴起，这是一种历史的必然。主要表现在三个方面：首先，信息技术产业化是生产力发展的客观要求，生产力的向前发展是不以人的意志为转移的，信息作为现实生产力的重要因素，必然要通过信息技术产业化大规模地转为社会生产力。其次，信息技术的革命，使社会、政治、经济、军事、文化、生活等各个领域都发生了巨大的变化，尤其是构成当代高新技术核心的信息技术广泛应用，在市场经济发展中，带来明显的经济效益和社会效益。在这种社会经济利益的驱使下，各国竞相研究掌握当今最新信息技术，并努力实现信息技术的产业化、商品化。最后，随着世界经济向全球一体化的迈进，国际国内的竞争将愈演愈烈。由信息技术构成的现代信息商品，将不再受国界的限制，谁最先掌握和运用了信息技术，谁就能在竞争中立于不败之地。各国为自身利益与生存，势必大力发展信息技术，使之产业化、商品化。因此，信息技术产业化实质上，就是信息技术的开发运用和市场检验的转移过程，即信息技术产业化像其他商品生产过程一样，经历一个社会总产品的大循环。

信息技术产业化，一方面会导致市场的不断扩大；另一方面会提高市场的效率，使得市场变得越来越依靠信息流通和信息处理的加速变化。同时，也加强了市场内部竞争，包括企业之间的竞争，以及银行与企业之间控制与反控制的斗争，信息技术产业化成了企业开拓市场的主要动力。

（二）信息技术产业的范围

信息技术（以下简称 IT）产业到底包含哪些范围？应该如何界定？从概念上弄清这个最基础的问题，是研究 IT 产业演进规律和内部运行机制的前提。笔者认为，为了准确地界定 IT 产业的范围，至少应该考虑如下几方面的因素：（1）坚持历史唯物主义的观点，尊重 IT 产业发展的历史背景；（2）坚持实事求是的态度，考虑到各国发展 IT 产业的实际；（3）坚持面向未来，适应 IT 产业的发展趋势；（4）坚持理论的科学性、严密性。我们知道，对于产业按出现的历史顺序，可划分为农业、工业、服务业、IT 产业、航天产业或生物产业……（参见表 2—1）。

表 2—1　　　　　　　　　　产业的分类方法

按产业的 历史顺序分	第一产业	第二产业	第三产业	第四产业
	农业	工业	服务业	IT 产业、生物和航天业

根据以上思路，我们将 IT 产业的范围界定为以下三个方面：IT 工业、IT 服务业、IT 开发业，并且认为，IT 产业是继农业、工业、服务业之后顺序出现的有重大影响的第四（个）产业。

笔者认为，根据上面的研讨可以归纳出产业的范围，并在此基础上对 IT 产业给出一个符合逻辑的参考性定义——IT 产业是继农业、工业、服务业之后的第四产业。它由这样一些企业组成，它们的产品主要包括 IT

设备、IT 服务、IT 内容及 IT 软件。

其中"IT 内容"是知识密集型产品，如电子出版物等；"IT 软件"是智力密集型产品，如 Windows 操作系统。

若将 IT 产业作为一个系统，要想使其充分发挥作用，就必须实现 IT 工业、IT 服务业和 IT 开发业的合理配置。其中 IT 工业是硬件基础，是这个系统的骨骼；IT 开发业则是附加值最高的部分，是这个系统的"软件"基础；IT 服务业是应用，通过它使 IT 工业与 IT 开发业协调地发挥作用。

对 IT 产业进行明确界定的最大好处是为 IT 产业的发展留出了定义上的接口，因为产业的支撑技术在不断地发展、创新，并对 IT 产业格局起到进一步促进和完善的作用。所以，只有从产业层次的高度来对 IT 产业进行分类和界定，才有可能将未来新兴的 IT 子行业包容进来。另外，这种界定方法还能为 IT 产业的发展指明合理化和高级化的方向。

第一，IT 工业

IT 工业包括计算机设备制造业（包括集成电路制造业）、通信与网络设备制造业以及其他信息设备制造业。

第二，IT 服务业

IT 服务业包括系统集成、软件、数据库等行业。除此之外，由于信息技术已广泛渗透到信息咨询、邮政、电信等传统信息服务业，与现代 IT 服务业融为一体，所以 IT 服务业也包括传统信息服务业。

第三，IT 开发业

这里指的 IT 开发业包括两大部分，即软件业和信息内容业。它们的一个共同特征是：其产品都是知识和智力密集型的。

软件属于智力密集型产品，将软件业划归到 IT 开发业好理解。然而，什么是信息内容业呢？如果信息高速公路好比道路的话，那么信息内容就如同道路上的车，各种信息软件就好比交通岗上的交警和红绿灯，信息服务就好比出租车司机，将出租车开到用户指定的目的地。那么，信息高速公路上到底有哪些车呢？一是数据库；二是电子出版物；三是网上其他信息内容。因此，信息内容业也应该包括上述三部分，即数据库制作业、电子出版业、网上其他信息业。信息内容属于知识密集型产品，信息内容业属于知识密集型产业，是知识产业的基础部分之一。

信息内容业的出现是历史发展的必然。随着信息基础设施建设的推进和信息服务质量的提高，信息内容已成为越来越受世人瞩目的热点，信息内容的开发就成为未来一个十分重要的产业。

IT 开发业的出现是社会分工的必然。随着信息需求的增长，软件业和信息内容业将迅速发展，成为最具魅力的产业之一。

应该指出的是，原来人们曾将上述 IT 开发业划归到 IT 服务业中，随着 IT 开发业的发展壮大，从 IT 服务业中分离出来是十分明智的。这样一来，既分清了 IT 开发业与 IT 服务业的层次、界限，又为 IT 产业的进一步发展指明了方向。

笔者认为，分离出 IT 开发业是用面向未来的发展的观点看待 IT 产业，为我国现阶段重视"信息资源"开发和将软件产业作为经济新的增长点提供理论依据。

（三）信息技术产业的特点

第一，知识密集性

信息技术产业是知识、技术和智力密集型产业。信息技术产业本身如教育业、数据库业、咨询业、软件业、情报业、出版业、图书馆业、广播业等，是以知识、文化、智力的开发、研究、传播为职能的产业。信息技术产业的核心技术，如微电子、计算机、通信、人工智能、专家系统、知识工程等技术，既是产业本身的装备技术，又是服务于社会的应用技术，充分体现出知识的密集性。当今世界，知识已越来越成为占主导地位的资源或生产要素，经济效益将在越来越大的程度上依靠技术创新创造出来。为此，内生增长理论的主要缔造者之一，美国经济学家保罗·罗默（Paul Romer）将知识作为一个重要的生产要素是极有见地的。他的格言是：点子加技术发明等于经济发展的推动力。经济发展中知识含量的增加，提高了增长的质量，转变了增长方式，进而改变了经济发展的面貌。比如，作为知识密集型的软件产业，近年来美国在这一产业的产值一直超过计算机业的产值。以 2000 年为例，软件产业产值为 3833 亿美元，计算机为 2802 亿美元，软件产业产值已超出后者 36%以上。

第二，效益倍增性

信息技术产业的核心是信息技术，信息技术以其特有的高度渗透性、创新性及增值性等特点，迅速地成倍地提高经济效益。美国梅隆研究所测算表明：由于信息、知识、技术的利用，每 1 元国民生产总值所耗用的能源自 1973 年以来下降 1 倍左右。另据美国 1999 年的一项典型调查表明，企业开发和使用信息系统的收益在 40%—60%；使用计算机辅助设计（CAD）的企业，收益至少增加 10%。从信息基础结构上看，国际电联统计结果显示，一个国家对通信建设的投资每增加 1%，其人均国民收入就提高 3%。我国信息技术应用的典型调查表明，信息技术在改造传统产业方面投入产出一般都在 1:4 以上的"倍增"，有些领域甚至达到 1:20 以上。例如，济南钢铁集团总公司采用计算机控制，投资 2000 万元，使设计能力为 25 万吨的设备实际年产量达到 40 万吨，增加产值 1.5 亿元，利税 6000 万元，全部投入产出比高达 1:30。建材系统县以上水泥企业采用计算机控制后，一般可使窑的运转率从 70% 提高到 90%，提高产量 540 万吨，产品质量提高 30～50#（标号），产值提高 2%—8%，降低能耗 10%—55%，每年节约标准煤 100 万吨，信息技术应用的经济效益十分显著。同国外的调查结果一样，我国科技信息（情报）服务的"倍增"效应也十分巨大。据国家科委 1999 年完成的一项软科学报告称，国家科委 1995 年的科技信息投入为 2.5 亿元，加上其他系统用于科技信息费用估计 1 亿元，总投入为 3.5 亿元；以产出 50 亿元（中间值）计，则科技信息服务的投入产出比为 1:14.3。可见，国内外对信息技术与服务要素投入的生产率，以及信息基础设施建设的投入的产出率，均显著表明信息技术产业的效益倍增性。

　　第三，高渗透性

　　经济结构的合理化不仅决定着经济增长的持续能力，而且决定着经济增长的质量与效益。目前，我国经济结构中存在着突出矛盾。例如，在传统产业中国有企业的设备达到 20 世纪 60 年代及以后国际水平的占 30%，陈旧还可使用的占 30%—25%，应淘汰的占 35%—40%；工业产品的优质率仅为 10%；对机电行业的 26000 种产品调查表明，达到 20 世纪 70 年代国际水平的不足 8%。这样的产品既不能满足日益提高国内需要，又无力参加国际竞争。另外，传统产业对资源的利用率也较低，生产 1 万美元产值所消耗标准煤为 21 吨，是美国的 2.3 倍、日本的 5.6 倍。劳动生产率很低，仅为发达国家的 5% 左右。要改变这种状况，必须大力发展信息技术产业。因为信息技术产业是高渗透性产业，不仅能渗透到各个高新技术领域，而且还会渗透到传统产业，诸如农业、工业和服务业中。通过信息技术广泛应用，对传统产业实施技术改造，可提高其劳动生产率，加快产品的升级换代，增强产品的竞争能力，带动经济结构的调整和产业结构的升级，使传统产业重新焕发活力。发达国家利用信息技术产业的调整与升级效应，对传统产业进行改造，使之重显昔日辉煌的例证很多。信息技术产业在加速产业结构调整与升级的同时，还促进了劳动力结构的重大变化，例如体力劳动者与脑力劳动者的比例在机械化初期阶段，两者之比为9∶1；在半机械化半自动化阶段，两者之比为6∶4；在自动化条件下，两者之比为1∶9。可见，信息技术产业的高渗透性可加速产业结构的调整和升级。

第四，带动性

信息技术产业具有产业关联度高的特点，它的发展可带动一大批其他相关产业的大发展，体现出很强的带动效应。例如，在信息产业内部，以电子计算机和通信技术为龙头，带动微电子、半导体、激光、超导等技术的发展。同时，在信息产业外部，又带动一批其他产业如新材料、新能源、机器制造、仪器仪表、生物技术、海洋技术、航空航天技术等迅速成长。信息技术制造业、通信业、信息服务业及其他相关产业的高度发展，形成了巨大的市场需求，反过来又会促进信息技术产业的发展，使其新经济增长点的作用日趋增强。例如，目前我国电话普及率只有20.1%。根据通信的一般规律，电话普及率达到40%左右才趋于饱和，所以潜在市场还很大。据统计，2000年我国电话交换机总容量已达到1.79亿门；2010年电话交换机总容量将达到3.7亿门，通信整体能力将在2000年的基础上翻一番。这种快速增长的需求，对信息技术产业的发展提出了迫切要求。同时，信息技术产业的发展也必将对一系列产业产生带动作用。据估算，我国在电信方面每投入1元，就会给其他行业带来18元的经济效益。信息技术产业是一个带动度极高的现代经济增长源，因而，对经济发展产生巨大的带动效应。例如，美国自1993年以来，在其经济增长中，约45%是由电脑和半导体业发展带动的。过去，美国经济发展的动力是住房建筑业和汽车，而今信息技术及其产业占经济增长的1/4到1/3，信息技术产业已成为其经济增长的主要动力。

第五，全球性

首先，20世纪90年代以后，信息技术产业的发展规模与水平已成为一个全球性的课题，成为评估一个国家或地区经济、社会发展水平的重要尺度之一。其次，从各国产业选择方向来看，当今世界各国谋求产业发展的首选目标是高附加值，即寻求一种将物质生产与知识生产结合起来，不断提高知识在产品与服务中的含量；将设备制造与系统集成结合起来，不断提高系统在产品与服务中的含量；将硬件生产与软件生产结合起来，不断提高软件在产品与服务中的含量；将生产与管理结合起来，不断提高管理在产品与服务中的含量的高附加值产业。信息技术产业就是这样一种产业，因而成为世界各国产业发展的共同选择，使全球范围内信息技术产业发展规模呈现出持续增长的趋势，在一些发达国家中的信息技术产业已取代传统产业成为国民经济增长中最具活力的主导产业。从长远看，未来的经济以信息经济及知识经济为主，各国竞争势态的"优"与"劣"集中体现在信息技术产业的"强"与"弱"。面对世界范围内信息化的迅猛发展，各国（地区）发展信息技术产业已不仅仅着眼于本国（地区），而且更多地希望占据全球的优势地位。例如，互联网的迅速发展、各国信息高速公路的竞相建设、全球信息基础设施构想、全球电子商务框架、信息产业领域内骤增的企业兼并浪潮及跨国公司迅猛发展……，充分体现出信息技术产业的全球化效应。目前，世界范围内信息技术产业的发展已经突破了地区与国家的界限，使得各国更加紧密地联成一体，大大推动了世界经济区域一体化和全球化的发展。

二　必须具备的要素

国内外的实践都证明，信息技术产业化的形成和发展需要具备一系列条件，其中最重要的是有必要的资金投入、高素质的人才、商品化大生产、政府的支持等。

（一）资金、人才、技术、设备

IT产业化发展要求研究开发费用高，设备投资高，技术人才比例高，而人才又是核心。有了人才和资金这两项，技术可以创造，也可以买进，设备自然有保障。

第一，资金

从资金需求看，半导体工业和计算机工业尤为突出。美国的半导体企业，其研究开发费用占销售额的比例大约是 8%—12%，而设备投资的比例约是 15%—25%。1990 年，美国在信息业的投资首次超过对其他产业领域的投资，到 1996 年，美国用于计算机等 IT 产业的投资已达 2060 亿美元，比 1995 年增加 12.5%，高于对其他一些产业投资约 1.6 倍，占美国固定资本投资的 35.7%。之后，对 IT 产业的投资仍不断增加，一直居各产业首位。日本半导体工业的研究开发费占销售额的比例大约是 13%—16%，设备投资的比例高达 15%—35%。日本十大半导体企业在 1994 年的投资大约是 128.9 亿美元。计算机工业的研究开发费用还要高。1994 年美国计算机的私人企业用于研究开发的费用就有 160.5 亿美元，大约占销售额的 14%，超过了汽车工业。连巴西这样的发展中国家，在 1992 年也投入 124 亿本国货币用于研究开发，占销售额的 10%。除了这些费用之外，日本在半导体工业成长期（20 世纪 60 年代后期至 70 年代初期）用于引进美国专利的费用就占它的销售额的 10% 以上。

1993 年 9 月美国政府率先提出要建设国家信息基础设施（NII），即"信息高速公路"。这是美国面对 21 世纪全球经济发展而提出的战略计划，该计划的主要内容是：不迟于 2015 年，投资 4000 亿美元到 10000 亿美元，建立起一个联结全美几乎所有家庭和社会机构的光纤通信网络，以传递声音、图像、数据或文字的信息，服务范围包括教育、卫生、娱乐、商业、金融和科研等；并采取双向交流方式，使信息消费者同时成为信息的积极提供者。欧洲国家也不甘落后，都抓紧制订自己的"信息高速公路计划"，英国十年拟投资 380 亿英镑，其他欧洲国家计划在十年内投入 9000 亿法郎的资金。

总之，新的 IT 开发项目和产业化的代价是高昂的，尤其是当今 IT 正处于飞跃发展时期，市场竞争十分激烈，IT 产品必须有最低投资限额，才能建成产业化并立足于市场（见表 2—2）。

表 2—2　　　　　　　　　　进入 IT 产业所需资本的数量级

总额（美元）	典型的产业部门
10 亿	全规模的企业信息化系统
>1 亿	新型通用计算机、新型公用的电信开关系统，大规模 IC 制造业
1 千万—1 亿	个人计算机、中规模 IC 制造业、磁盘驱动器制造业
1 百万—1 千万	分布式网络、设计局、仪器公司、国家级软件公司
1 万—1 百万	专业化仪器/测试设备制造业、零售/批发系统、商业/地方性软件公司

注：此表数据根据《世界经济年鉴1997》有关资料测算。

第二，人才

就人才而言，最主要的是要有一支能创建新产业的多种知识和才能的人才队伍。计算机软件人才和市场销售人才、管理人才都是创建新兴产业所必需的。微软公司股票市值早在 1994 年就已超过波音和三大汽车公司；思科（Cisco）公司于 1984 年创立，1996 年已进入全球最大企业排名的第 53 位，市值超过工业时代的杰出代表航空巨头波音公司；网景公司（Netscape）十几名员工并无任何传统意义上的固定资产和生产基础，在不到一年时间里，创造了 20 亿美元的市值。微软和思科的固定资产远不抵通用汽车公司和波音公司，其股票如日中天，表明投资人不是看好微软、思科的固定资产，而是他们的人才和技术。投资者投资的是这些公司的未来和创造力，它们所拥有的是世界领先的 IT 和具有广博知识的高级人才。

发展 IT 产业化的一个重要因素就是要有人才资源的支持，而人才构成了国家（或地区）信息资源的最主要部分。所以说，IT 人才问题，不仅直接影响着 IT 产业化的发展，而且也直接地影响着社会信息化的发展。

与发达国家相比，中国的人才资源开发程度很低。其主要表现在：

1. 人口智力水平不高，在业劳动者的文化素质低。

2. IT 人才资源贫乏，特别是 IT 产业的专门人才、科技人员、科学家、工程师、具有国际水平的拔尖人才，在人口中的人才密度比美国人才密度低得多（参见表 2—3）。

表 2—3　　　　　　　　　　中美 IT 人才密度比较

人才类别		具有国际水平的人才	科学家工程师	科技人员	专门人才
中国 (1998 年)	占人口百分比	百万分之 5	0.95%	1.77%	3.8%
	占劳动者百分比	百万分之 9.8	1.8%	3.4%	7.4%
美国 (1997 年)	占人口百分比	0.005%	4.5%	/	/
	占劳动者百分比	0.011%	9.3%	/	/

　　注：此表百分比根据《中国统计年鉴 1999》和《世界华商经济年鉴 1998/1999》有关数据计算。

　　从表中可以看出，中国 IT 产业的科学家、工程师在就业者中的密度是美国的 1/5，而拔尖的人才（即具有国际水平的人才）密度仅为美国的 1/115。据 1999 年统计表明，中国有 IT 人才 60 万人左右，其中计算机技术人才占 25.6%，通信技术人才占 7.4%，微电子人才占 3%。如果不培养相当多的拔尖人才队伍，那么，在当前及今后几十年内，人才资源的贫乏，将成为中国 IT 产业化的重要制约因素。

　　3. 教育程度不高。一个国家 IT 人才资源的开发主要靠教育，中国无论是在普及教育、职业教育还是在职继续教育方面的投资规模、普及程度都是很低的，而继续教育的高速发展是 IT 产业化和社会信息化的一个重要标志。

（二）商品化大生产

　　只有社会需求才是 IT 进步的真正动力。商品化使生产厂家必须面向市场，自由竞争。在商品生产的激烈竞争中，工厂经营管理不仅要作经济核算，更要了解市场需求，根据对市场需求和企业本身的资金、技术、人力条件来制订发展战略和计划。这就需要信息的收集、筛选、处理、分析，计算机和通信技术正好为此提供了有力的工具。因此，市场需求是推动 IT 产业化发展的关键。计算机的发展，由军用转为民用、由研究开发到生产应用，几乎每一步都与市场本身的需求相联系。原苏联 IT 产业的发展之所以缓慢，也在于僵化的管理体制及没有与市场的需求相联系。

　　事实上，IT 产业发展快，产品寿命短，只有在市场激烈的竞争中才能求生存，这就要求有一个良好的投资环境，即要求筹集资金快、施工投产快、信息畅通、原材料和动力供应便利、销售方便。只有这样，才能保证资金很快转化为商品，加速投放市场的速度，取得利润，再投入新的研究开发和生产建设中，形成一个可以不断维持开发和生产的良性循环。目前，发展中国家通过改革管理体制而建立高新技术出口加工区，也是为了顺应 IT 产业化发展对社会环境的要求。

世界发展 IT 产业化的经验证明：（1）高技术开发区必须依靠科研机构与大学；（2）必须有固定资本，保障创业所需的迅速集资的条件；（3）创业必须竞争气氛浓厚，促进企业不断分化扩展，形成新兴产业群体；（4）人才必须自由流动，促进人才获得最大有效的利用，进而促进信息系统循环和反馈。

（三）政府的扶持

IT 产业化在建立之初，特别需要国家政府扶持。从美国、日本和其他国家的经验看，在初创时期，研究开发和设备投资费用远远超过了其产值，没有政府的各种优惠产业政策和资助，是无法形成产业化的。在美国 IT 产业化发展初期，其产品几乎都是由美国国防部和政府通信部门承包了。美国的巨型计算机发展一直得到政府的高度重视和大力支持，虽然价格昂贵（平均每台 50200 万美元），但巨型计算机的主要购买和使用者是国家机构、大公司和大学科研单位，由美国政府给予财政贷款或补贴，使美国巨型计算机一直占有世界上的绝对优势，保持 90% 的市场份额。日本在它的微电子技术和计算机初创时期，研究开发费用也是全部由政府提供；而且以后的建设时期，从研究到生产，政府除给予补助金外，还有各种优惠税收政策。日本还曾三次制定了有关 IT 产业的《振兴法》。

同是发展中国家的印度，对国内 IT 产业实行了一系列鼓励政策，包括：IT 产业使用的所有软件免除关税，信息产品出口收入 100% 减税；此外，对计算机软件的定义也被放宽到包括数据传输。以上措施大大促进了印度软件出口和美国等国家的软件在印度国内的销售。

一些国家还对 IT 产业的发展给予法律保护。美国成立"高科技特别委员会"后，第一件事就是放宽《反托拉斯法》的限制，为美国国际商用机器公司和美国电报电话公司各自向对方领域渗透解除了障碍，促进了计算机和通信的结合，也为机械与电子技术的结合给予经营上的保障。1995 年美国国会又修订了《通信法案》，保证了各个跨国公司相互联合与渗透，加入信息高速公路计划。另外，各种《知识产权法》对保护集成电路及软件的个人发明权和专利权都起了很大的作用。

发展中国家是在发达国家 IT 产业化达到成熟期的不利环境下，开始起步发展本国 IT 产业的，必须依靠关税和购买国产货的政策才能建立起本国产品得以生存的市场。因此，建立一套既有利于技术引进，又有利于本国信息产业独立发展的《贸易关税法》就成为政府扶持的核心。政府的支持还表现在对 IT 发展的指导上。今后，随着计算机的网络化发展，标准的统一有重要意义。因为统一型号、品种齐全，在应用推广中有许多便利。

三　典型发展模式

20 世纪 80 年代以来，许多国家和地区逐步明确了信息技术及其产业的战略地位，纷纷投入巨资，组织专门力量进行研究开发，大大加快了信息技术产业化的发展。进入 90 年代后，信息技术产业以高于国民生产总值 2 倍多的速度发展，成为世界经济的主导产业。在信息技术产业化的实践中，许多国家都积极探索成功的发展模式，涌现出了美国模式、日本模式、韩国模式、印度模式等典型模式，这些典型模式的成功经验值得学习借鉴。

（一）美国模式

纵观世界各国 IT 产业化的发展，可以说美国一直占据着世界领先地位。现代 IT 的发祥地被公认是美国，世界第一只晶体管、第一台电子计算机、第一块集成电路、第一台微型计算机均出现在美国。

美国 IT 产业化发展模式的特点归纳起来是：在政府的大力扶持下，以市场牵引为主，从基础研究抓起，从科研体制和创新体制上保证研究与开发活动的全方位展开，通过企业的实验室为"接口"，实现 IT 向现实生产力的转化，从而推动信息技术的产业化。其特点主要通过以下几个方面表现出来。

第一，政府大力扶持

美国政府在信息技术开发和产业化中起了积极作用。美国政府的政策主要集中在研究和保障方面，其中，国防工业起主导作用。美国的政府采购为计算机和其他信息技术提供了初始市场。互联网的前身 APARNET 就是美国国防部资助的、出于国防需要而设计的计算机网络；互联网的真正起点 NSFNET 则是美国国家科学基金会资助的科研及教育网络。美国信息技术的产业化政策主要由政府制定。国家科学基金会通过共享主机、超级计算机和分摊信息高速公路费用，大力推动高校和研究机构的计算机化，在信息技术扩散和计算机教育中起了关键作用。国家标准和技术局是联邦政府推动信息技术扩散的主要成员，通过诸如先进制造技术项目等综合机制来实施技术扩散行为。近年来，美国的技术政策更是把信息技术的扩散作为提高国家竞争力的关键，通过建立国家信息基础设施、对通用技术的重点资助、激励私营部门的研究开发、推动信息技术在教育和卫生部门的应用等措施，使得美国不断出现新的信息技术，并且迅速产业化。

美国凭借其强大的技术能力全面发展信息技术产业，并致力于发展高档次产品和扩大信息服务，增加附加值。从材料、元器件、系统到网络，从产品到服务，美国均长期保持优势。美国政府实施高性能计算机和下一代互联网计划，产业界则正在开发更先进的半导体制造技术。美国政府不断增加信息技术研究投资，在 2000 年财政预算中将这项预算增加 28%。总统信息技术顾问委员会受命对信息技术现状和趋势进行了调查，并提出了一系列建议。国家科学技术委员会根据顾问委员会的建议，已经制定了"面向 21 世纪的信息技术发展战略（IT2 计划）"，并且发布了《关于加强信息技术研究及产业化的建议报告》，提出美国不仅需要建设硅谷，而且更需要建设"硅大陆"。通过建设"硅大陆"，大力发展信息技术产业，并带动经济社会的发展。

第二，从科研体制和创新体制上保证研究与开发活动的全方位展开

美国 IT 研究与开发由四个方面的力量组成：①联邦政府下属的科研机构；②私人企业（公司）的研究机构；③高等院校的研究机构；④非营利性研究机构（私人基金会、博物馆等）。它们分别交叉地承担着基础研究、应用研究、技术开发不同方面的课题。基础研究主要由高等院校及政府下属的某些机构承担，应用研究很大部分由政府下属机构承担，私人

企业研究机构主要负责应用研究与开发工作，非营利研究机构具有较大的灵活性，常常填补空白。

1. 政府的科技管理机构

美国是总统制国家，总统集中了全国科学技术的最高行政决策权和领导权。为了帮助总统在科技发展方面有效地进行决策，在总统之下设有总统科技助理和总统科技政策办公室。总统科技助理是总统办公机构中科技问题的首席代表，他及其所管辖的办事机构的主要任务是在总统行政办公室内就政府最高级人士需要注意的科学、工程和技术方面有争议的问题提供建议；而总统科技政策办公室的主要任务是在下列方面协助联邦机构：评价公众提出的科技问题；为主要的国家规划动员科学技术力量；保证为已经通过鉴定的规划提供资金；预测科学技术在将来可能做出的贡献，为达到这些目标需要制定的科技战略方针；系统地复核联邦的科学政策和规划，并在需要时提出立法修正案。科技政策办公室下设一个"政府间科学、工程和技术咨询委员会"，它是联邦政府用来联系各州政府和地方政府科技工作的一个重要机构。国家科学基金会的主要职责是促进基础研究的发展，另外也承担部分应用科研的促进工作。全美科学院是个"半官方机构"，但它在美国的科技研究和发展中的作用越来越大，积极参与政府科技政策的制定，积极开展美国对内对外的科技活动。负责组织处理一些重大的基础科技问题和一些学科共同关心的全国性重大课题。

另外，在美国内阁政府中，还有许多与科技有关的机构，如国防部、教育部、商务部及总统行政办公室中的几个专门委员会等，它们也都非常关注和支持科技事业的发展。

2. 企业的研究与开发（R&D）

长期以来，美国工业迅速发展，其重要原因之一是科技开发，而企业在科学技术研究与开发方面起到了不可估量的作用。在美国的研究与开发总经费中，企业提供的资金超过联邦政府预算提供的资金。工业研究与开发经费占美国研究与开发经费的 70% 以上，而其中由企业提供的约占三分之二。以美国电话电报公司（AT&T）的贝尔实验室为例，创建于 1925 年，是当时世界第一流的科研机构，是 20 世纪乃至 21 世纪世界科技的先驱者和推动者。目前，贝尔实验室在美国的 8 个州和世界 9 个国家设有研究机构，汇集了来自 40 多个国家近 3 万名富有才干的科研人员，其中有

4000 多人获得了博士学位，近百名是诺贝尔奖和国家科学奖获得者、美国国家科学院和工程院院士。贝尔实验室创立以来，发明了一系列对人类文明进程有重大影响的科技成果：晶体管、集成电路、超导体、传真机、远距离电视传输、有声电影、光纤通信、通讯卫星、移动无线电话、可视电话、计算机、光处理器、光转换器、语音识别系统、太阳能器、激光器等，20 世纪 70 年代获得了 2 万多项专利，平均几乎每天一项，最高的年份高达近 1000 项。贝尔实验室的研究成果由 AT&T 迅速开发、推广、应用，使 AT&T 长期保持了世界通信技术领域的主导地位。

第三，重视基础研究，并从基础研究抓起，一直到市场开发

在一段相当长的时期内，美国一直以应用研究与开发工作为主。第二次世界大战前夕，欧洲各国政府（如，英、法）已开始对基础研究提供资助，但美国的基础研究仍然主要依靠私人基金会提供。但是，在第二次世界大战中，由于大量军事研究必须秘密进行，而且都是知识密集性研究，所以美国政府投入巨资扶持研究。这一时期，创造了许多大型实验室，引进了许多第一流的科学家，装备了第一流的机器设备，很快就把美国的基础研究推向了世界领先地位。信息领域的很多成就（例如，电子计算机集成电路、微型电子计算机等）就是在这一时期开发出来的。后来成立的国家科学基金会，主要支持各领域基础研究，从而使美国的基础研究得到了进一步发展。

大力支持应用与开发。为了提高美国电子工业全球竞争力，美国政府和工业界拟定了一系列雄心勃勃的行动计划，其主要目标是达到并长期保持在半导体制造、工艺、制造设备方面的世界先进水平。

美国的 IT 企业特别注重产品的市场开发，依据市场的需求与企业本身的资金、技术、人力、条件等来制订发展战略与计划。可以说，市场开发是 IT 产业化最为关键的一步。美国计算机的发展，由研究开发到生产应用，几乎每一步都与市场本身的需求相联系。美国的 IT 企业都把销售和推广应用当做企业经营的一个重要方面，许多企业和部门不惜花费大量资金和人力促进销售。例如：IBM 公司在开发 IBM360 系列时，在公司内建立了强大的推销队伍，在拥有 3.2 万名职工的数据信息部中，有 8500 名销售工程师；在 50 亿美元的研制开发经费中，有 35 亿美元是用于市场开发的。

可以说美国采取的是全方位出击的办法来发展 IT 及其产业化。美国一贯很注重耗资高、费时长、风险大的基础研究，所以，使得美国在基础研究、开发研究、市场开发各个环节平衡发展。这也是美国一直在 IT 产业化方面处于领先地位的重要原因。

（二）日本模式

日本政府从 20 世纪 60 年代开始支持信息技术的产业化，并取得了一定成绩。到 80 年代，日本的 IT 产业可以和美国并驾齐驱。但是，随着信息技术从"模拟时代"转向"数字时代"，日本的 IT 产业逐渐落后于美国、欧盟，并受到了其他国家的挑战。针对这种情况，日本政府在深刻反思的基础上，制订和实施了《1999 年度信息产业发展计划》，加大资金投入，依靠高级人才，加速信息技术产业化。到 1999 年底，日本使用互联网的人口已达 2000 万，85% 的大中企业建立了网络系统，接近 30% 的家庭上网，大大促进了信息技术的产业化。由于 IT 产业需求的增长，1999 年日本的设备投资上升了 0.6 个百分点，与信息通信技术相关的消费支出增加了 10.4%。2000 年初，日本政府又发表了《2000 年 4 月 1 日—2001 年 3 月 31 日经济白皮书》，指出：在新时期，除了资本、劳动以外，技术和知识已成为经济增长的重要因素。因此，日本今后必须继续大力发展信息通信技术，使其成为推动日本经济持续发展的动力。白皮书发表后，全国上下齐努力，使日本经济迅速复苏。

日本 IT 产业化发展模式可以概括为：政府大力支持，企业高度重视；以引进技术为主，注意消化吸收；积极开拓创新，逐渐技术自立；注重 IT 商业化和国际化；但基础研究略显薄弱。

第一，以引进技术为主，注意消化吸收

第二次世界大战后，IT 产业化领域一系列成就几乎都是由美国开发出来的。日本的 IT 及产业，大都是在引进美国 IT 的基础上发展起来的。从 20 世纪 60 年代后期生产出集成电路，70 年代生产出大规模集成电路，80 年代又开始大规模生产微处理机，直到 90 年代超大规模集成电路存储器的研制，都体现出日本模式的这一特点。日本在技术引进工作中，非常注意消化、吸收与再开发。为此，日本政府颁布了《外资法》，并依此成立了外资审议会。审议会优先批准那些技术水平高、生产条件好的企业引进技术，并且要求引进技术后，5 年内达到 90% 的国产化程度。

第二，从技术引进逐渐向技术自立过渡

IT 产业化在各国之间的竞争，使得各国在 IT 领域的保密程度进一步提高，日本已逐步认识到不可能永远依赖别国的技术，所以在 IT 的发展战略上进行了不断地调整。日本的技术引进主要经历了四个时期，20 世纪 50 年代以引进为主，60 年代引进与改进相结合，70 年代向自主开发过渡，80 年代走向技术自立时代。进入 90 年代，日本便提出"技术立国"的口号，以求富有创造性的科学技术。在实际行动方面，则是较大幅度的增加科研投资和设立科研机构，积极扶植和鼓励开拓创新。

第三，注重 IT 的商业化

日本在 IT 产业化方面提出的新思想、新方法不多，但注意对引进技术做局部的改良，并在产品的实用性、商业性上大做文章。因此，在同类 IT 产品中，日本的技术虽非独创，也并不最先进，但往往由于其物美价廉、方便实用而畅销。这也是日本 IT 产品在国际市场竞争中连连得胜的成功经验之一。

可以说，日本充分发挥了"后起者优势"，发展了本国的 IT 产业。但与美国比，日本 IT 产业化的发展在基础研究这一环节上就显得薄弱了。这也是决定日本最终难以成为 IT 产业化世界霸主的重要原因。

（三）韩国模式

韩国是新兴工业化国家，亚洲"四小龙"之一。从 20 世纪 80 年代后期起，韩国政府集中巨额资金和大批科技人才研究开发信息技术，发展 IT 产业。在 90 年代，韩国 IT 产业以年均 21.8% 的速度发展。到 1999 年，IT 产业已成为韩国的新兴支柱产业，许多通讯器材和终端设备的产量、出口量跃居世界第一位。从 1999 年 3 月起，韩国开始制定和实施《2000 年至 2010 年的国家信息化计划——"网络韩国 21 世纪"》，提出了 10 年之内跻身于世界十大信息强国的奋斗目标。根据这一计划，2000 年投入 1.05 万亿韩元在全国所有地区建设超高速通信网。到 2000 年底，全国上网人数已突破 1600 万名，移动电话用户已达 2600 万。韩国情报通信部 2000 年 9 月 20 日宣布：2001 年将投入 1 兆 7426 亿韩元巨资，在构建电子投诉受理服务系统、强化学校信息化教育等 22 个方面推进实施"信息

化促进计划"。"信息化促进计划"的主要内容包括：对低收入阶层子女
信息化教育予以支持；实现地方行政信息互联网，建立邑、面、洞近距离
通信网（LAN）；户籍登记、身份证发放全国联网；扩建电子商务基础设
施；利用互联网构建国税、地税电子征收系统；启用旨在防范伪造护照的
护照照片电子服务系统等。

　　韩国在 IT 产业化方面取得了巨大成绩，创造了自己的发展模式。韩
国模式可以概括为：政府扶植、出口主导；不断大幅度增加投资，重视培
养和引进高科技人才；超常规、跳跃式发展。

　　第一，政府扶植，出口主导

　　政府扶植，出口主导，是韩国经济发展模式的重要特点。在 IT 产业
化的发展中，这一特点尤为明显。在 IT 产业发展初期，韩国就瞄准国际
市场，选择了出口主导发展模式。

　　从 20 世纪 90 年代初开始，许多韩国传统出口商品由于国际市场竞争
力低下，海外市场不断被周边发展中国家挤占，而通讯器材和半导体、电
子管等电子零部件产品则依靠强大的资金和技术投入，形成了大规模、低
成本的生产结构，逐渐发展为国家出口的主导商品。

　　1998 年，韩国的硬盘、驱动器、显示器等电脑周边设备出口达到 43
亿美元，完全形成了以出口为主导的生产模式。电脑主机仍依赖进口，但
便携式 PC 机出口不断增长。移动电话机、无线寻呼机等无线通讯设备和
电线、光缆的出口继续大幅增长。1999 年信息业产品出口比上年增长
33%，2000 年又比 1999 年增长 30%，总额达到 680 亿美元，约占韩国当
年全部出口的 39%。

　　出口的大幅度增长，带动了韩国 IT 产业的高速发展。IT 产业创造的
附加值在国内生产总值中的比重由 1995 年的 7.9%（360 亿美元），上升
到 1998 年的 11.6%，2000 年达到 15.6%（约 800 亿美元），成为整个国
民经济的主导产业。

　　第二，超常规、跳跃式发展

　　韩国的信息技术产业起步于 20 世纪 80 年代中后期。当时西方发达国
家的信息技术产业已具相当水平。通讯传输设备和通讯服务领域不断推陈
出新。在新技术开发的同时，西方通讯企业开始逐步将一些次要的辅助设
备和生产技术向发展中国家转移。韩国出口型产业政策和高素质的劳动力

正好满足西方企业的需要。于是，在电视、录像机、微波炉等家电行业的基础上，韩国的几大企业集团先后开始了回转集成电路、存储记忆芯片等半导体产品的生产，迈出了信息产业发展的第一步。

IT 产业发展起步后，韩国没有采取传统的渐进方式发展，而是把国际市场最需要的产品作为主攻目标，超常规、跳跃式发展。例如在集成电路产业发展中，他们跳过 4K、16K 存储器的发展阶段，选择国际市场需求量大的 64K 存储器作为主攻目标，接着又生产 256K 存储器，短短几年就突破 1 兆位，赶上了国际先进水平。1999 年韩国开发生产的 1800mah 级圆筒型锂电子电池、60 英寸高清晰度 PDP 电视、0.22u60M 同步内存、结晶半导体紫色激光发射管、数据修复软件及网络数据远程控制修复系统产品都是超越几个甚至十几个发展阶段创造的新产品，均达到世界先进水平。这些产品，2000 年实现国内销售额 14.4 亿美元，出口 9.13 亿美元，到 2004 年将实现出口 50 亿美元。

第三，大力培养和招聘人才，大幅度增加投资

人才，是韩国 IT 产业化发展取得巨大成就的根本保证。为了迎接信息技术革命的挑战，打破技术保护主义和贸易保护主义的封锁，赶超世界信息技术革命及产业化的先进水平，韩国政府采取一系列综合配套的措施，大力培养和招聘人才。其主要措施是：（1）加强正规教育，重视培养科技英才，特别重视通过科研机构和一流大学培养高级信息技术人才。（2）政府和企业共同选择年轻有为的专业技术人员到国外学习深造，学成回国人员，均委以重任。（3）以优厚待遇吸引和招聘国外科技人才，到韩国从事信息技术及产业化工作。（4）采取综合配套的措施，留住人才、用好人才，重奖有突出贡献的人才。

不断大幅度增加对 IT 及其产业的投资，迅速形成规模化经济，生产成本大幅度降低，是韩国 IT 产业化取得巨大成绩的关键性因素。其主要措施是：（1）政府大力增加投资，投资重点是企业无力承担的重大信息技术研究开发项目及其产业化。1995 年投入 395 亿美元，2000 年突破 500 亿美元。（2）鼓励企业增加投资。为了引导企业不断增加对信息技术及其产业的投资，政府给予技术开发及产业化项目以税收优惠，并设立"竞争基金"，给予相应的资金支援。企业科技开发资金占其销售额的比重，1996 年为 2.5%，2000 年扩大到 4.5%。SK、三星电子等大型 IT 企业，

2000 年用于 IT 新技术开发的资金占企业营业额的 30% 左右。（3）卓有成效的引进外国资金和先进信息技术。（4）对研究开发经费进行合理分配，把大部分资金投向经济效益高、创汇能力强的行业和项目。

（四）印度模式

印度是一个比较落后的发展中国家。但其 IT 产业发展较快，其中软件行业发展令世人瞩目，被公认为"正在崛起的软件超级大国"。在过去 10 年间，印度软件产业年均增长率高达 42.35%，而且这种高速增长的势头并未受到国内政局动荡的影响，在东南亚金融危机中仍保持高速增长。1998 年，其软件产业总产值为 22 亿美元，出口额达 18 亿美元。1998 年 7 月，印度政府制订了《信息技术超级大国计划》，目标是在 10 年内建设成为信息技术超级大国，2008 年将实现信息技术软件和信息技术服务总值 850 亿美元，出口 500 亿美元。在这一计划的鼓舞下，印度人民积极努力，2000 年软件业总产值达 50 亿美元，出口额 39 亿美元，成为仅次于美国的世界第二计算机软件大国。目前，多数印度大软件公司已经与其国内外客户结成了牢固的伙伴关系，许多公司已在美国、欧洲等地投资建立子公司和销售网。美国和欧洲的许多大型 IT 公司已经成为印度软件专业人员的大雇主。美国和欧洲的许多其他公司，包括金融服务公司、制造业和公共服务部门，已开始把它们的 IT 工作通过合同外包给印度人。印度的软件业正在迅速向世界各地发展。2000 年美国《财富》评出的世界企业 500 强中，有 203 家对印度软件的需求比 1999 年增加了两倍。

印度 IT 产业化发展模式可以简单概括为：政府高度重视，投巨资扶植；扬长避短，突出重点发展领域；发展信息产业的同时，兼顾发展物质经济。

第一，政府高度重视，投巨资扶植

印度政府和企业都高度重视 IT 研究开发及其产业化。但是，企业势单力薄，无力拿出较多的资金从事研究与开发。据此，政府，特别是中央政府，在资金有限的情况下，集中巨额资金优先发展 IT 研究及其产业化。例如，印度政府在 1983 年至 1992 年，投资 23 亿卢比（折合 2.13 亿美元）用于研究发展微电子技术，投资 20 亿卢比重点支持大规模集成电路的研究开发。1998 年印度政府拨出专款 100 万美元用于软件技术的研究开发；同时拨款 1 亿美元建设大规模的全国计算机网络，大大推动了 IT 产业化的发展。1999 年和 2000 年，又分别拨款 5 亿美元和 8 亿美元，用于实施《信息技术超级大国计划》。

第二，扬长避短，突出重点发展领域

根据自身资金有限、技术基础薄弱等现状，印度在加大对 IT 产业化发展投资的同时，还十分注重突出发展重点，力争把有限的人力、物力、财力用在对经济发展有重要影响的关键领域。如在第六个五年计划（1980—1985 年）中，印度所确定的 IT 产业发展的重点是：在微电子技术领域主要发展大规模集成电路产业；在计算机方面以发展小型机和微机为主；在通信技术方面主要发展程控交换机和卫星通信；在软件技术方面，重点进行系统软件、微机软件、电讯及应用软件的开发；同时，加强光电技术和光纤技术的开发。第七个五年计划（1986—1990 年）实行"双叉战略"，除加强能源、空间、通讯、农业、生育、国防等研究开发外，重点放在软件技术的研究开发及专业化上。第八个五年计划（1991—1995 年）和第九个五年计划（1996—2000 年），重点发展软件产业和信息服务业。一手抓信息技术产业，一手抓信息技术的普及和应用；政府部门做表率，大力推广信息技术的应用；提高公众信息意识，促进信息技术向农村渗透……

第三，大力发展信息产业的同时，兼顾发展物质经济

印度是发展中的农业大国，还没有实现工业化；但又面临信息技术革命，处于第一次浪潮（农业革命）、第二次浪潮（工业革命）和第三次浪潮（信息技术革命）三大发展阶段并存的世界格局中。要想实现工业化，就必须发展高技术特别是信息技术及其产业。但是，发展信息技术及其产业，绝不能忽视物质经济即工业和农业的发展。印度在大力发展信息产业特别是软件业的同时，兼顾发展工业和农业。通过信息产业的优先增长带动工业和农业的现代化，通过发展工业和农业为信息产业的发展创造物质基础。这一经验，值得发展中国家特别是我们中国学习借鉴。

从美国、日本、韩国、印度四种典型发展模式可以看出：各个国家都从本国实际出发，遵循信息技术产业化的发展规律，发展自己的信息技术

及其产业。四种模式的共同点是：(1)国家政府大力扶持；(2)重视人才的培养、引进和使用；(3)投入巨额资金；(4)重视商品化生产和市场的开拓；(5)重视技术的引进、消化、吸收、应用和创新；(6)扬长避短，发挥优势。

第三章　信息技术产业增长的
理论与中国的实践

　　信息技术及其产业的蓬勃发展，迅速改变着整个世界，动摇着传统经济理论的根基，呼唤着新理论的产生。新经济增长理论、数字经济增长理论和信息技术产业优先增长理论就是在信息技术及其产业蓬勃发展的实践中产生的新理论。我国灵活运用、积极实践这些理论，取得了举世瞩目的成就。进入21世纪后，应该进一步学习研究这些理论，遵循客观规律，从中国国情出发，制定和实施科学的战略和策略，优先发展信息技术及其产业，带动整个国民经济和社会的信息化。

一　新经济增长理论和数字经济增长理论

（一）新经济增长理论

第一，美国的新经济及其特点

　　现代新经济理论产生的直接导因是当代发达国家特别是美国经济发展中出现的一系列新现象、新特点。近十几年来，美国经济持续多年地稳定增长。从1991年起，美国在经济总量已达7万亿美元的庞大基数的基础上，以年平均3%—5%的年增长率高速增长（1998年第一季度增长率达5.4%），并且在经济增长的同时，通货膨胀率和失业率都同步持续降低，通胀率仅为2%，是30年来的最低纪录，失业率约为4%，也是30年来的最低点。这种趋势一直持续到2000年底，计120个月。① 与此同时，美国联邦预算出现了多年来未曾有过的盈余。1998年度消除了持续近30年

① 《中国信息导报》2001年第2期，第9页。

财政赤字急剧增加的局面，实现财政盈余 692 亿美元。1999 年度美国财政盈余高达 1227 亿美元，位居世界各国之首。这种"一高两低"并长期持续发展的经济态势，引起了全世界经济学界的密切关注。建立在工业经济基础上的各种流派的传统经济学，难以对美国经济出现的现象作出圆满的解释和回答。因为在传统经济学中，宏观经济的四大目标，即物价稳定、充分就业、经济增长和国际收支平衡是很难同时实现的。几乎所有的传统经济学经典理论都认为，经济增长会导致工资提高，工资提高会引起物价上涨，从而通货膨胀率上升。比如，菲利浦斯曲线显示，失业率和通货膨胀率之间，如果通货膨胀率较低，失业率就会较高。因此，一个国家要保持较低的通货膨胀率，就必须接受较低的经济增长率；要保持较高经济增长速度，就必须付出高通胀的代价。

1997 年以来，不少专家学者发表论著，把美国目前的经济态势称为"新经济"。论著把这种"新经济"的主要特点概括为：（1）20 世纪 80 年代以来在美国发生的 IT 革命有力地带动了生产率的提高，从而构成了这次美国经济增长的基础。（2）新经济是以全球市场为导向的经济。IT 特别是互联网使"地球村"越来越小。资本、生产、管理、商品、劳动力、信息和技术等跨国界在全球范围迅速流动。各国、各大企业间的经贸、技术联系与合作大大加强，同时竞争也日趋激烈。不仅跨国公司，而且中小企业也参与竞争；中小企业通过与有关大公司联系的网络，直接或间接与世界市场发生关系。目前，美国的互联网已连接着世界 190 多个国家和地区，日益增多的美国企业卷入经济全球化浪潮，10 年前美国实行全球经营的企业仅占全美企业总数的 20%，而目前这一比重已超过 80%。IT 的发展使美国经济对外贸的依存度提高，出口已成为拉动经济增长的主动动力。（3）新经济是建立在知识和信息的生产、分配和使用基础上的经济，是和农业经济、工业经济相对应的一种经济形态。创新是新经济的生命，它推动新经济的发展，决定新经济的命运。信息企业的竞争力，来源于坚持不断地创新。（4）新经济是以经济周期淡化为特征的经济，周期的扩张期较长，传统周期特征已不明显。

第二，新经济增长理论

新经济增长理论的代表者有美国的保罗·罗默、卢卡斯、沃尔夫·戈登、罗杰·布里及英国的斯科特。美国斯坦福大学教授保罗·罗默认为，好的设想和技术发明是经济发展的推动力量，知识的传播以及它的变化和提炼是经济增长的关键，而好的设想和知识非常丰富且能以很低的成本复制，因而收益递增。

首先，传统的经济理论只考虑生产中的两个因素即资本和劳动力。而罗默则将第三种因素——技术考虑进去。因为经济学进入了信息时代，传统的生产要素都是有限的资源，而信息却是无限度的资源。例如，微软公司研制出第一份视窗软件可能要花数亿美元，但是第二份花的钱几乎可以忽略不计。它发行不是免费的，但是复制成本很低。另外，你用视窗的"知识"并不影响我同时用它的能力。它不像钱、机器或者甚至人工那样"稀少"。

罗默模型如下：$Q_i = f(K_i, K, X_i)$。在这个模型中，Q_i 表示 i 厂商的收益水平，f 表示一切厂商的连续微分生产函数，K_i 表示 i 厂商生产某一种产品的专业化知识，K 表示一切厂商可以使用的一般知识，X_i 表示 i 厂商的物质资本和劳动追加生产要素的总和。①罗默将知识作为一个独立的要素引入增长模型，并认为知识的积累是现代经济增长的重要因素。它将知识分解为一般知识和专业化知识，并指出了它们在促进经济增长中的不同作用。一般知识的作用是增加规模经济效益，专业化知识的作用是可以增加生产要素的递增收益，这两种作用结合在一起便可使技术和人力资本本身产生递增收益，而且也使资本和劳动力等其他投入要素的收益递增。②对于某一个厂商来说，这种递增收益表现为知识产权的收益（垄断利润），而知识产权的收益又可重新用于技术创新，形成一种以投资促进知识积累和知识创新，以知识创新促进规模收益的提高和知识投资规模的进一步扩大化。这样一种良性循环，使经济在长时期内得以持续增长。③企业之间、国家之间在知识创新投入上的差异，最终表现为经济增长速度上和经济增长质量上的差异。而这种差异可以通过国际贸易得到改善，因为国际贸易可以促进知识在国际间的传播，减少后进国家的研究开发费用，从而间接达到增加发展中国家资本积累的目的。发展中国家可利用知识传播中创造的"后发优势"，尽快缩短与发达国家之间在经济上的差距。

通过上述分析可看出，知识不仅能产生自身的递增效应，而且能够渗透于资本和劳动力等生产要素，使资本和劳动力等生产要素也产生递增收益，从而使整个经济的规模收益递增；因而罗默模型是一个规模收益递增模型，这一点被近年来发达国家经济发展的实践所证明。对于发展中国家，这一理论意味着，比较明智的做法是多强调发展高新技术产业，积极发展跨国公司，不断扩大对外开放。

（二）数字经济增长理论

1998 年 5 月，美国商务部部长 Wiliam Daley 发表了题为《浮现中的数字经济》的报告，首次以政府的官方态度对 IT 产业如何决定新经济进行了全方位、深层次的剖析，从而引起美国社会各界的重视。

这份报告对 IT 产业对美国经济增长的贡献做了总结性描述，认为数字经济正在出现，这种经济形态对宏观经济发展的影响主要体现在经济增长、通货膨胀和就业三个领域。近年来美国经济最显著的变化之一是 IT 产业部门在投资和国内生产总值中的比重迅速提高，从 1985 年的 4.9% 提高到 1990 年的 6.1%。经过 1990—1993 年的调整，IT 产业部门占国民生产总值的比重从 1994 年的 6.4% 急剧上升到 1998 年约 8.2%，2000 年的 12%。

相反，建筑业和汽车制造业对经济增长的贡献自 1976 年以来就没有超过高技术产业部门，1981—1985 年汽车工业对经济增长的贡献曾一度接近高技术产业部门，但还是比高技术产业部门稍微低些。此后，汽车工业对经济增长的贡献急剧下降，1996 年下降到约 2%—3%。按照美国商务部的看法，IT 产业部门在经济增长中作用加强的原因之一是 IT 产品在质量和性能不断改进的同时价格却急剧下降，而且是在其他多数商品价格逐渐攀升的情况下急剧下降的。例如，计算能力每 18 个月提高 2 倍，同时，由于微处理器的发展，计算机平均价格不断下降。在 1991—2000 年 9 年时间里，微处量器生产成本从每秒百万条指令（MIPS）230 美元下降到 3.42 美元。据有关专家测算，2000 年到 2010 年，计算机生产成本将每年下降 30% 左右，从而导致计算机售价大幅下降。到 2005 年，一台个人计算机售价只有 500 美元左右。这种生产成本及售价的下降速度在其他任何传统制造业部门中都是找不到的。

除了生产成本急剧下降外，IT 部门的外部效应直接体现在提高全社会厂商的生产率和效率上，即产业信息化使全社会的劳动生产率和资本使用率获得极大的提高，改变了传统经济结构中的资本有机构成。在 20 世纪 60 年代，美国厂商对 IT 设备的投资大约占其对商业设备投资总额的 3%，而在 1996 年这一比重上升到 45%，2000 年又突破 50%。对于通信、保险和金融等行业，IT 设备的投资已经占到其对设备总投资的 3/4。

IT 部门给予雇员的高工资报酬，也直接刺激了经济增长。1996 年，IT 产业及与 IT 相关的产业部门吸纳了大约 740 万就业人员。他们年均收入接近 46000 美元，比私营部门的年均 28000 美元高出近 18000 美元。高工资的背后是高产出和高回报率，或者是高效率的经营管理。这一切又与经济竞争和占领市场份额有着密切联系。竞争导致信息市场的资本进一步积聚，如美国五大信息厂商：Microsoft、Intel、Compaq、Dell 和 Cisco 的总资产从 1987 年不足 120 亿美元，上升到 2000 年的 7300 亿美元，在 13 年时间里几乎增长了 60 倍，财富的高度积聚且急剧增长，作为信息经济时代的一个成果将带到 21 世纪的经济中。

在 20 世纪 90 年代中后期，美国 IT 部门的增长对实际经济增长的贡献率大约维持在 1/4 这一比例的水平上。1995 年 IT 部门对当年美国实际经济增长的贡献率达到前所未有的 41%。1992 年、1993 年和 1994 年的贡献率分别为 26%、20.9% 和 18.4%。IT 及其产业化部门不仅对美国实际经济增长的持续发展有重要贡献，而且对美国经济通货膨胀的波动起到抑制作用。1996—1997 年，由于 IT 部门产品及服务价格普遍下降的外部效应的影响，使美国经济的总体通货膨胀率整整下降了 1 个百分点。如果没有 IT 部门的贡献，1997 年美国通货膨胀率就不是实际上的 2.0%，而可能是 3.1%。

可以预料，随着国际互联网络的发展，数字经济形态的出现，建立一个有效的信息与知识分配体系，在商务活动中大力推动电子商务的发展，促进商品的销售与消费，使国内需求保持旺盛而带动经济增长，将是未来社会的一个重要的发展方向。

二 信息技术产业优先增长的理论与发展规律

（一）信息技术产业已成为当今世界经济优先增长的主导产业

主导产业这一概念，最初是美国著名经济学家罗斯托提出的。他认为：在主导产业中，革新创造的可能，或者利用新的有利可图的、至今尚未开发的资源可能性，都将造成很高的经济增长率，并成为带动这一经济的其他方面的扩充力量。经济发展的历史进程也表明，无论是发达国家、新兴工业化国家或发展中国家，都先后出现过一些影响全局的、在国民经济中居于主导地位的产业。主导产业一般具有如下特征：（1）该产业应是反映当代技术进步的新兴产业，效益高具有大规模产业化的可能性和较高的增长率。（2）该产业在整个国民经济发展中有较强的前后关联性，其发展能够波及到所有的产业部门，并因此带动国民经济高涨。（3）主导产业随经济发展阶段的更替而不断变化，特定时期的主导产业是在具体条件下选择的结果。从总的发展趋势看，主导产业的确立及更替，主要是由技术革命决定的。这里的技术革命，是指在技术发展的推动下，某一时期技术体系中的主导产业群发生根本变革，导致新能源、新的劳动方式和新兴产业的产生。历史上曾发生过多次技术革命，主要包括蒸汽机革命、电力革命和信息革命，前两次技术革命延伸了人的体能，形成了以能量产业为主导产业的产业结构；而信息革命则解放了人的智能，使人的智能得到充分的发展和延伸，形成了以 IT 产业为主导的产业结构。

在人们逐渐掌握产业发展规律之后，产业转换已不单单是一种自发的行为，而应由人们自觉地积极推动。对于发达国家来说，为继续保持经济领先地位，要选择主导产业优先增长，促进产业结构的高级化；对于发展中国家来说，可吸取发达国家产业发展的历史经验和教训，从而跨越一些传统产业的发展阶段，以主导产业的优先增长，带动其他产业的跳跃发展，加快缩短与发达国家的差距。

从 20 世纪 50 年代第一代计算机诞生起，到微型计算机的问世，尤其是计算机与通信的融合，个人计算机逐渐进入家庭，IT 产业规模正在日益壮大。同时，IT 产业以其极强的渗透性，影响着社会经济的每一个角落，逐渐确立了在国民经济中的主导产业地位。尤其是当今世界信息高速公路发展的热潮中，IT 产业已经责无旁贷地成为国民经济中优先增长的主导产业。

社会分工和 IT 产业的复杂性，形成了产业结构之间巨大的关联性。这种社会经济的关联性，既保持产业现有的结构形态，又促使产业结构形态的转移。单一产业的变化不仅会促进自身的发展，还会产生强烈的波及效应，特别是关联性大的产业，将会导致整个产业结构的升级。IT 产业具有极强的渗透性和扩散性，对其他产业的影响十分强烈而广泛，在农业、工业、服务业，几乎所有的社会经济领域都能感受到信息产业带来的影响。例如集成电路技术，目前的应用已渗透到国民经济中 60% 以上的产业，在高速信息网络、通信、计算机、家用电器以及包括计算机辅助设计、制造、测试在内的工业控制系统都依靠不断更新的集成电路。IT 产业不仅使传统产业创造的价值增长，而且创造方式也变得更加进步与完善，使经济由粗放型向集约型转变，引导产业的不断更新换代与结构升级。在夕阳产业日渐衰落的情况下，IT 产业蓬勃发展，推动经济的稳步增长。可以说，传统产业结构调整与经济增长都依赖于 IT 产业的优先增长与突破。

（二）信息技术产业优先增长与产业结构变动的关系

现代产业经济学认为：一个国家的经济发展水平与产业结构的水平是密切相关的，经济增长不仅依赖于经济规模的绝对扩张，而且还必须依赖产业结构向发达国家的类型接近，实现产业结构的高级化。现代经济发展的本质不仅体现在通常所说的资源的合理配置，而且体现在通过技术进步，实现资源利用方式上的改进和不断创造禀赋更高的新资源。技术进步对现代经济发展起着决定性的作用。可以说，整个经济发展过程，同时也是技术进步推动下的产业结构不断演进的过程。实践表明，合理的产业结构是经济发展的基础，对经济发展有良好的支持作用，反之则将起阻碍作用。

一个国家的产业结构是否合理，可从数量和质量两方面进行考察。前者是指各产业部门之间的数量比例关系是否合理、适当，后者则是指由于技术的更新而引起的产业结构质的改善。各国现代化的进程表明，任何一个国家经济的持续、稳定、协调、长期的发展，都依赖于该国产业结构质的改善，即产业结构的高级化。而产业结构的高级化则主要通过现代 IT 产业化来实现，IT 对传统产业的改造，也就意味着劳动生产率的不断提高。

在现代社会化的生产条件下，产业结构是不断变化的。产业结构由低级向高级不断演变有其规律性，这种规律受到产业内、外部不同因素的影响。一般来说，产业结构的形成与变化受以下因素的影响：自然资源条件、劳动力和资本拥有情况、已经形成的生产技术体系及国际贸易、国际分工结构等；但归根到底，科学技术进步是产业结构演进的最强大推动力。

合理的产业结构是经济持续增长的基础，在技术低下基础上的平衡，并不能真正使经济高质量地有效增长；而只有建立在先进技术基础上的平衡，才能带来经济增长的质量和效率。

一种新的科学技术的出现，首先产生了一个或数个新兴产业部门的技术条件；但是新兴产业不可能孤立地发展，而必须和其他产业配合才能发展起来。这时，市场对于新兴产业的需求在一定时期内将大于供给，从而使商品的价格高于价值，出现较高的产业部门的利润率。同时，由于需求结构的变化，旧的产业部门会不断失去市场而使其供给大于需求，从而使其商品的价格往往低于价值，得到较低的利润率甚至亏本。IT 作为当代高技术的核心，可以说，当代科学技术进步很大程度上取决于 IT 的发展，其凭借着超越传统技术的优势，极大地影响着产业结构的变动方向。IT产业的优先增长会促进产业结构的升级和优化。

（三）信息技术产业的优先增长促进产业结构高级化进程

现代产业结构理论认为：产业结构的高度合理化，是促进经济增长的有效方式。目前，发达国家拥有的先进技术正构成一个以 IT 为主体的高技术群体，形成又一次世界范围的新技术革命。而新技术革命将为中国产业结构成长提供更多的后发优势，从而使中国的产业结构成长有更大的历史跨越。IT 产业化对中国的产业结构高级化将产生两个方面的影响：

1. 直接影响。随着 IT 及其产业化的发展及其全球范围内的渗透将会直接对中国产业结构成长产生影响，促进中国产业结构的高级化进程，其具体表现为：

第一，IT 及其产业化向中国传统产业渗透，从而改造和革新这些传统产业（诸如钢铁、煤炭、化工、石油、纺织等行业），使它们在更高的技术层次上，为人们提供更高质量和更大数量的生产资料和生活资料，这无疑将促进传统产业结构的高级化。

第二，以 IT 为基础发展起来的新兴产业若能与传统产业的发展相协调，必将带动和促进传统产业的加速发展。同时，形成更有竞争力的新产品、新行业、新部门，从而推动地区和行业产业结构的优化。

第三，IT 及其产业化的发展弥补了某些产业发展乏力的缺陷，缓解了产业结构中的"瓶颈"制约，从而促进产业结构的高级化。例如，计算机与通信技术的发展大大促进了通信和交通产业的发展，缓解了以前基础产业作为"瓶颈"的制约。中国大量引进的国外先进通信技术已经促成中国电信产业的跳跃性发展，在某些方面达到了世界先进水平。

2. 间接影响。间接影响是通过国际产业分布的调整来实现的。发达国家为了追逐更高的比较利益，便把传统的原材料工业和一般加工业转移到欠发达国家和发展中国家。这种国际产业分布的调整对发展中国家来说，不但不是夕阳产业，而且依然是大有发展前途的新兴产业，还会带动国内的传统产业与之衔接和技术改造，这就形成了产业结构高级化的间接影响。另外，通过利用外资、对外贸易、教育培训和国际合作等，也会在某种程度上强化 IT 产业化成果对产业结构高级化所带来的间接影响。

IT 产业化对于产业结构成长发生的直接影响和间接影响，对于推进产业结构的高级化从而推动经济增长有着重要的意义。从目前的情况看，世界范围内信息产业的迅速发展，一方面，使中国面临严峻的挑战，因为中国与发达国家之间将出现工业化与信息化的双重差距。另一方面，也为中国提供了加快发展的机遇。IT 产业化的发展将会极大地促进和带动其他产业的发展。从这一点上看，在中国优先发展 IT 产业化，将会加快中国的工业化和信息化的步伐，缩短与发达国家的差距。

（四）信息技术产业的优先增长与战略产业的选择

在规划未来的产业结构时，最关键的两点是：一要肯定产业结构中，长期的演变趋势和方向；二要明确带头的先导性产业部门，即所谓的战略产业。战略产业优先增长，根据非平衡发展理论，政府在诸多产业部门中选择一个或几个战略产业，通过投资、税收等经济政策重点扶持这些产业，使其在短期内获得超常规的高速发展。

在战略产业优先增长的实践中，日本曾有过成功的经验。日本在第二次世界大战后经济发展过程中，政府先后选择了三组战略产业，它们相互关联，相互促进。这三组战略产业是：第一组，火力发电工业；第二组，石油、石油化工、钢铁和造船等产业；第三组是加工业，尤其是汽车和家用电器产业。这三组战略产业交替领先发展，相继带动日本经济高速发展。石油危机以后，日本经济又在技术密集型的电子等战略产业的带动下走上加工深度化的道路。

一般来说，战略产业应具有以下特征：（1）从需求方面看，具有较高的收入弹性，即收入弹性基准。（2）从供给方面看，具有较高的技术进步率，即生产率上升率基准。（3）对其他产业的发展具有较强的诱导作用和一定产业关联度，即产业关联强度基准。如果中国目前选择 IT 产业作为战略产业来发展，就必须符合上述三个基本要求。

从需求方面看，IT 产品具有较高的收入弹性。作为 IT 产品来说，（例如对计算机、通信产品的消费），一般在满足了生活必需品之后进行消费，其收入弹性比生活必需品和一般低档消费品要来得高，如果以"比较需求增长率"来表示，亦即某种产品的"收入弹性"与其他产品的"收入弹性"之间的比率来表示，则：

$$\frac{\text{信息技术产品的}}{\text{比较需求增长率}} = \frac{\text{信息技术产品的收入弹性}}{\text{相比较产品的收入弹性}}$$

显然，IT 产品比较需求增长率是比较高的。按照战略产业优先增长理论，一般"比较需求增长率"高的产业应加以重点扶持，就会带动整个国民经济的快速发展。所以，从需求方面看，选择 IT 产业作为战略产业优先发展，具有充分的理论依据。

从供给方面看，IT 产业具有较高的技术进步率。

技术进步率＝生产率－S×劳动力（工资）的增长率－（1－S）×资本的增长率

（其中 S 是工资额占净产值的比重）

$$\frac{\text{而某一产业的}}{\text{比较技术进步率}} = \frac{\text{该产业的劳动生产率（或资本生产率）}}{\text{相比较产业的劳动生产率或（资本生产率）}}$$

通过比较，IT 产业具有较高的劳动生产率。如：有关专家曾对中国手工业、传统产业、高技术产业的劳动生产率进行了统计比较，大概是 1∶10∶100。IT 产业属于高技术产业，因此，IT 产业相对传统产业的比较技术进步率为 10，相对于手工业的比较技术进步率为 100。据统计，美国"信息高速公路计划"实施完成之后，整个社会的劳动生产率将提高

20%—40%。

可见，IT产业的比较技术进步率较高，依据战略产业的选择应具有较高的比较技术进步率这一要求，选择IT产业作为战略产业来发展也是合理的。另外，从供给方面看，由于IT更新换代的周期越来越短（这可从集成电路产业或计算机产业的发展得到印证），这一产业的生产成本下降也较快，就其本身来说具有较强的开拓和占领市场的能力。IT更新换代的周期越来越短，选择其作为战略产业来发展亦是合理的。

IT产业的发展具有很强的诱导作用和产业关联度。在IT向其他产业渗透之后，能使得其他产业的产品价值包含IT的价值。与此同时，其他产业的产品的质量和档次也得以提高，从而形成新的市场需求而促进其他产业的发展。从这一点上说，IT产业的优先增长，将会极大地促进和带动其他产业的发展。所以，选择IT产业作为优先发展的战略产业，从理论上符合战略产业优先增长理论的要求，从而为IT产业发展战略的制定提供了理论依据。

三　中国的实践

（一）成绩举世瞩目

20世纪90年代以来，我国积极实践信息技术产业增长的理论，信息技术产业持续快速发展，取得了举世瞩目的成就。随着第九个五年计划的胜利完成，我国的信息技术产业实现了跨越式发展。信息技术产业年产值以3倍于国民生产总值的速度发展，2000年突破14000亿元，发展成为国民经济的支柱产业。"九五"期间，电子信息产品制造业累计完成固定资产投资974亿元，销售收入、利税年均增长25%和22%，推动全国工业增长1.8个百分点，贡献率达到19%。① 目前，中国通信网已经完成了从人工向自动、模拟向数字、小容量向大容量、单一业务向多元化业务的转变，拥有光纤、数字微波、卫星、程控交换、移动通信、数据通信、互联网等多种技术手段，全国光缆总长度达到125万公里，局用交换机容量1.79亿门，固定电话、移动电话用户总数达到2.81亿户，全国电话普及

---

① 《国际商报》2001年3月24日第6版。

率为 23.7%。① 中国通信业创造了世界罕见的发展速度，五年来，通信业务收入年均增长 28.8%，累计投资 8000 亿元人民币，平均每年增加固定、移动通信交换机 4600 万线，电话用户 3700 万户，网络规模与用户总数都已跃居世界第二位。②

与此同时，中国的信息技术整体水平也不断提高，计算机技术、系统集成技术、信息处理与应用技术等领域取得新的进展，程控交换、移动通信、光通信等技术研究开发取得重大突破，国内生产的具有国际先进水平的通信、电子技术设备，已大量应用于国民经济各个行业，通信网新增交换机完全实现了国产化。目前，彩电、交换机、电话机等产品产量居世界第一位，集成电路、软件、新型元器件等产品的研制和生产也达到一定的规模和水平。在政府的大力推动下，信息服务业和网络服务业蓬勃发展，特别是互联网在中国发展之快更是出乎人们的意料。仅在 2000 年，中国互联网的骨干网速率就提高了 16 倍，带宽增加 100 多倍，带宽"瓶颈"得到有效缓解，上网速度明显加快。金融、外贸、海关、税务等领域利用公用通信网建设了全国性信息系统，远程教育、远程医疗、网络媒体等各种信息应用已开始起步，联网计算机已达到 890 万台，网上中文站 26.5 万个，互联网主页数超过 50 万页，开发数据库 3000 多个。全国计算机拥有量 3000 万台，互联网用户达到 2250 万人。到 2001 年 6 月 30 日，联网计算机达到 1002 万台，互联网用户达 2650 万。③

各种类型的电子商务发展加快，上网企业迅速增加，一些城市已开始建立个人电子记录，网上商品浏览、洽谈、订货、支付和物流配送已形成一定规模，网上交易额稳步增长。

20 世纪 90 年代以来，山东省把发展信息技术及其产业作为全省经济社会发展的重点，先后投资 40 多亿元用于信息化建设，取得了令人鼓舞的成绩。目前，信息产业已从以元器件生产为主的单纯电子产品制造发展成为以信息网络为基础的制造业、软件业、服务业、改造传统产业等多业并举的格局。1999 年，电子信息产品制造业完成工业产值 655 亿元，比

---

① 《国际商报》2001 年 9 月 12 日第 5 版。

② 《国际商报》2001 年 5 月 14 日第 1 版。

③ 《国际商报》2001 年 7 月 27 日第 5 版。

上年增长 37%；2000 年完成工业产值 961 亿元，比 1999 年增长 38%，成为全省重要支柱产业。软件业发展较快。2000 年，全省从事软件开发应用的企业超过 540 家，销售额突破 20 亿元①……随着信息技术产业的迅猛发展，信息技术及其产品逐步得到广泛应用。目前，山东省互联平台已建成开通，实现了金桥网、广电网、科技网、教育网、教育科研网、经济信息网、三联城域网、铁路网、农业信息网的本地交换、互联互通。省级平台的建成，大大提高了用户互访的速度，也为全省网络的进一步利用和发展打下了基础。截止到 2000 年底，全省上网用户已达到 120 万户，占全国上网总数的 5.33%。上网企业也突破十几万家。与此同时，地区信息港建设全面启动，全省 17 市都成立了组织机构，制定了信息化的发展规划，在信息基础设施建设、政府信息化、信息资源开发利用等方面都取得了较大进展。尤为可喜的是，山东在应用电子信息技术改造传统产业方面收到了明显成效：计算机辅助设计（CAD）技术在科研、设计单位和重点企业基本普及，计算机监控技术在化工、建材、造纸、冶金等连续性生产企业以及供电、供水、供气等社会公用性行业中得到了广泛而有效的应用，计算机集成制造系统（CIMS）应用工程已在一些企业中开展并取得突破，企业管理信息系统（MIS）、企业资源计划系统（ERP）等在全省 70% 的大中型企业得到程度不同的应用。而于 1999 年底开通运行的山东省电子商务试点工程，在实现了山东地区性数字证书认证（CA）、网上支付、网上购物之后，标志着山东省电子商务的基本构架已经建成。

全国著名、山东国有企业的"旗舰"——青岛海信集团，1992 年率先涉足信息技术产业，先后成立了海信计算机公司、海信软件服务有限公司、海信数字移动通信公司等信息技术企业。为了壮大、丰满、调整、优化产业结构和产品结构，海信集团于 2000 年 7 月 29 日投资 20 亿元，兴建占地 1200 亩的海信信息产业园。这个集电子、通信、信息 3C 产业的高科技园区的建设，标志着海信向信息技术产业大进军的开始。海信信息产业园分两期建设，主要建设项目为以数字技术、信息技术为核心的多媒体电视、液晶投影电视、高清晰度电视电子产品、数字逐行处理电视以及 CDMA 手机及基站、计算机、LINUX 防火墙、联网收款机等网络设备信

---

① 《走向世界》2001 年第 3 期，第 44 页。

息尖端产品，还包括自动化的仓库、网络化的配送中心、高精度的注塑和模具加工中心、表面处理中心等。可以说，整个园区既是一个产品丰富、也是一个高技术含量的 3C 产业区。首期项目 2001 年 6 月份已经投产，全部项目达产后，计算机、数字电视等产品的单班年产可达到 300 万台、第三代 CDMA 手机达到年产 250 万台的规模，预计每年可以为海信增加 250 亿元以上的销售收入。

（二）特点十分明显

综合分析我国信息技术产业的发展，主要呈现出以下九大特点。

第一，机制逐步合理。信息化基础设施建设和基础通讯服务领域，实行了政企分开、产业重组；在基础电信、增值电信和信息服务等领域破除了垄断，引入了竞争机制，社会资本稳步进入这些领域，增强了活力。同时，基本电讯服务与国际通行规则和国际惯例接轨的步伐加快，价格开始具有弹性。

第二，发展路径日益科学。随着信息技术产业发展的规范化和经济结构调整的深入，我国各级政府开始一手抓信息技术产业，一手抓利用信息技术改造传统产业，并且把两者有机结合起来，实现了全面发展，共同繁荣，而不是"一枝独秀"。

第三，更加注重实效。信息技术产业及服务更加注重实效，正走上经济效益和社会效益相结合的发展道路。许多企业原材料和能源消耗大大降低，劳动生产率大大提高，销售收入和利税率稳步增长。

第四，地区结构还不合理。沿海地区仍是信息技术产业的主力军。特别是广东省发展最快，近年来一直是全国电子信息产业的排头兵，累计到 2000 年底，全省完成电子工业总产值 2012 亿元，占全国总量近 30%；北京、上海两市的电子信息产业总量增长大幅度提高，排名继续攀升　分别由 1999 年的第 3 位、第 6 位上升到 2000 年第 2 位和第 5 位。

第五，产品结构日趋优化。电子投资类产品蓬勃发展，元器件类产品明显好转。如北京、天津、上海、广东、厦门、辽宁、山东、西安等省市通信、计算机、软件等电子高科技产品发展迅猛，已成为拉动本地区经济增长的重要力量，特别是西安、厦门、深圳等地电子信息产业生产总量占本地区工业生产总量的一半以上，已成为本地区的支柱产业。

第六，三资企业和国有企业充当主力。电子三资企业的拉动作用明显增强，国有企业在调整中重现亮点，生产、效益呈上升势头。如一些沿海城市紧紧抓住改革开放机遇和国家扩大出口、吸引外资等一系列优惠政策，充分发挥自身优势，努力创造吸引外资条件，使电子信息三资企业迅猛发展，生产、利税同时创下了历史最高水平，名列其他经济类型之首，对全行业经济运行的拉动进一步增强。如天津、厦门、深圳等市三资企业生产总量占全市电子信息产业总量的80%以上。国有企业经过近几年的深化改革，转机建制，脱困效果明显，大多数地区国有企业经济效益好于1999年，实现利润大幅度增长。

第七，集中度进一步提高。全国电子信息产业生产集中度进一步提高。2000年前10月完成工业总产值超过200亿元以上的省市有10个，且大部分省市的生产增幅超过全行业平均水平，10个省市完成电子工业总产值接近全行业总量的83%，比1999年前10家的82%又提高了1个百分点，主要有：北京、天津、辽宁、上海、江苏、浙江、福建、山东、广东、四川等省市。

第八，国际市场竞争力增强。2000年以来各地区电子信息产品出口进一步加快。出口交货值增长幅度超过100%的有8个省市，占全部省市的29%。据日本经济新闻社2001年7月份对12种工业产品2001年亚洲产量动向的调查分析显示，中国某些工业品在世界市场的占有率迅速扩大，并逐渐把日本甩在身后。特别是IT产品，由于基本实现了原材料调配、库存、销售等环节的一条龙管理，生产周期大幅缩短，产量激增。其中，手机产量同比将增加57.5%，达6190万部，不仅超过日韩两国跃居亚洲首位，而且在世界市场的占有率也将上升到12.9%。2000年产量已突破1000万台的台式电脑，2001年同比将增长20%，达1398万台，在世界市场所占份额扩大到11.9%。在已居世界首位的家电、AV产品等领域，2001年DVD的市场占有率将达到38.3%，彩电与VTR也将分别增长到24.6%和23.2%。[1]

第九，认识提高，社会各界支持。对信息技术产业和经济社会信息化的认识不断提高，逐步把其发展与调整经济结构、提高综合国力和人民物

---

[1]　《国际商报》2001年7月30日第1版。

质文化生活水平统一起来，各地区、各部门、各行业等社会各界广泛重视，大力支持，共同促进信息技术产业的发展。

（三） 问题不可忽视

我国在信息技术及其产业发展的伟大实践中，取得了举世瞩目的成就。但也存在一些不容忽视的问题和困难。

第一，体制还没有理顺。突出问题是宏观调控乏力，全国统一规划和协调力度不够，垄断现象仍然存在；信息产业发展存在一定的盲目性，市场有些混乱。信息技术及产品科研单位与生产企业相脱离，促进其合作的机制不健全，科研成果难以向现实生产力转化。

第二，科研投入不足。首先，国家对 R&D 投入占 GDP 的比例低（仅为 1% 左右），其中对信息技术研究的投入少得可怜。我国 R&D 投资不及美国的三十分之一、德国的七分之一，仅相当于日本的八分之一和韩国的二分之一（我国 GDP 则是韩国的 2 倍多）。其次，企业 R&D 占销售额的提取比例低（平均不足 1%），难以提取较多资金研究开发信息技术及其产品。最后，风险投资市场尚未建立健全，信息技术研究成果的使用得不到风险投资的支持。

第三，经费分配不合理。近年来，R&D 经费与 R&D 转化资金及产业化生产资金之间的分配比例，我国一般在 1：1：1.5 之间。根据国际经验，这三项资金的合理比例应为 1：10：100。经费分配不合理，直接制约着信息技术产业化的发展。

第四，研究成果不少，但转化率低。据国务院发展研究中心与有关部门联合抽样调查结果显示，在信息技术领域，我国出了许多较高水平的研究成果，但研究成果转化效益达 75 万元至 100 万元的占 5.6%，150 万元至 750 万元的仅占 2.7%，750 万元以上的仅占 1.7%。其他成果均被作为历史档案存放于"密室"。

第五，法制不健全。法制不健全，政策不完善，直接制约着信息技术产业化的发展。不少科研单位和企业千辛万苦开发出一项新产品，上市不久，假冒伪劣产品就铺天盖地而来。有的无法可依，有的有法不依，使得知识产权得不到应有的保护，市场无序，发展困难。

第六，重复建设问题严重存在。许多地区和部门都争相建立自己独立的网络平台和系统，重复建设，结构雷同，不仅造成了巨大浪费，而且给全面规范化发展设置了障碍。

第七，高素质优秀人才严重缺乏。用人机制跟不上形势发展需要，许多优秀的信息化人才引不来、用不好、留不住。

四　今后发展的战略设想

（一）基本思路和战略目标

21 世纪，世界将全面进入信息时代。信息技术将遵循摩尔定律呈几何级数增长，成为经济社会发展最主要的推动力。谁占领信息技术的制高点并使其产业化，谁就会获得 21 世纪经济的主导地位。因此，世界各国和地区都制定和实施了 21 世纪信息技术产业化发展战略，积极发展信息技术及其产业。这对我国，既是机遇，又是挑战。我们应该制定和实施科学的战略和策略，抓住机遇，迎接挑战，积极发展信息技术及其产业，带动经济社会的可持续发展。

我国信息技术产业 21 世纪前 10 年发展战略的基本思路和战略目标是：紧紧围绕发展社会生产力、增强综合国力、提高人民生活水平这个根本任务，根据现代化发展第三步战略目标的要求，实现信息技术及其产业的跨越式发展，综合实力与国际竞争力实现新的飞跃。"十五"期间，信息技术产业增长速度超过 20%，产业规模比 2000 年翻一番，产业增加值占国内生产总值的比重超过 7%，为信息化提供技术装备和网络服务的综合能力显著增强，成为带动国民经济增长、结构升级的支柱产业和增强综合国力的战略性产业。到 2010 年，建设好规模宏大、先进高效的信息基础设施，信息高速公路四通八达，把全国经济运行与社会发展构筑在网络之上，信息技术产业总规模再翻一番，基础网络、科研生产、信息服务充分满足国民经济、社会发展和国防建设的需求，整体水平进入世界先进行列，为改革开放和现代化建设提供全面而高质量的信息技术装备支持与基础网络保障。

（二）"十五"计划时期的战略任务

落实上述基本思路，实现上述战略目标，必须首先明确并保证完成

"十五"计划时期的战略任务。我国《信息产业"十五"计划纲要》已对"十五"时期信息技术及其产业发展的具体任务作了明确规定，许多省市和部门也都制定和实施了《信息技术及产业发展的"十五"计划》或《计划纲要》。上海市力求电子信息产业"十五"期间年均递增 38%，到 2005 年实现工业产值 2700 亿元，比 1999 年翻两番，经济效益全国名列前茅。《山东信息化发展"十五"规划》明确提出将"以信息化带动工业化、构筑网上山东、发展网络经济"，促进国民经济和社会全面信息化。对外贸易经济合作部的《"十五"外经贸信息化规划》决定，适应加入 WTO 的新形势，迎接挑战、抓住机遇，加速外经贸信息化建设，推进国际电子商务的发展，促进国民经济和社会信息化，为实现我国从贸易大国到贸易强国的转变奠定基础。……

体现上述基本思路和战略目标，吸取国家《信息产业"十五"计划纲要》和有关省市、部门"十五"计划或计划纲要的精华，我们认为我国"十五"计划时期信息技术及其产业发展的战略任务主要是：

第一，在带宽"瓶颈"上取得突破，加快建设超大容量、技术先进、灵活高效、安全可靠的信息基础设施。抓住世界信息技术革命的机遇，按照三网融合的要求，推进网络的平滑过渡与升级换代，使其逐步演进成为一个融语音、数据、图像为一体，宽带、高速的公路信息网络，全方位、多层次地满足基本通信业务和各种宽带多媒体业务的需求。邮政业要开拓新的发展领域，逐步形成以实物传递、电子信息、金融服务为一体的全国性邮政业务体系。到 2005 年，全国通信业务收入达到 1 万亿元，5 年平均增长 23%，其中邮政 800 亿元，电信 9200 亿元。固定、移动电话网的规模容量均跃居世界第一位，电话用户总数达到 5 亿户左右，全国电话普及率达到 40% 左右，基本实现行政村通电话，邮政电子化网点达到 4 万处。

第二，在核心技术上取得突破，基本建立自主创新、结构合理、规模效益、具有较强国际竞争力的科研生产体系。坚持引进与创新相结合，在以集成电路和软件技术为重点的核心技术方面取得突破，力争在深亚微米集成电路、高性能计算机、光电子材料与器件等领域实现产业化，提高具有自主知识产权产品的比重，并积极参与国际标准的研究制定。加大结构调整力度，形成若干国家级开发与生产基地，造就一批具有国际竞争力的大型企业集团，因地制宜发展中西部地区电子信息产业。到 2005 年，电子信息产品制造业销售收入达到 1.5 万亿元，5 年平均增长 20%，经济规模位居世界前列。软件业销售额达到 2500 亿元。出口创汇额达到 1000 亿美元，比 2000 年翻一番。

第三，在应用上取得突破，实现统一协调与互动共享，以改造传统产业为重点全面推进信息化建设。充分发挥国家信息化建设的主导作用，统一规划与标准，协调各部门、各行业的信息系统工程建设，大力组织重点领域信息资源的开发利用，鼓励发展各类公共数据库，实现资源共享。以政府上网、企业上网、家庭上网工程为载体，全面推进各个领域的信息化建设。电子政务要取得明显实效，企业信息技术应用水平得到明显提高，电子商务和远程教育、远程医疗及各种类型的信息服务进一步发展。到 2005 年，联网计算机达到 4000 万台；数据、多媒体和互联网用户达到 2 亿户左右，上网人口普及率达到 25% 左右。

第四，进一步转变政府职能，形成依法行政、高效运转、配套完善的行业管理体系。加强对行业的宏观指导与监督管理，创造有利于信息产业发展的政策法规和市场竞争环境。全面落实《电信条例》，加强法制建设，尽快形成与国际接轨的法律法规体系。加强通信市场监管，完善市场准入和互联互通规则，建立科学合理的通信资费机制、普遍服务补偿机制和资源有偿使用机制。在国家政策允许范围内，引导国内外更多的投资主体进入通信与信息服务市场，进一步形成公平有效的市场竞争格局。坚持国家统一管理，充分依靠地方政府，提高行业监管的效率和水平。进一步加强无线电管理工作。切实加强计算机与网络安全管理，建立起有效的国家信息安全体系。加大电子行业管理力度，促进行业健康发展。

第五，深化企业改革，形成以制度创新、技术创新和管理创新为核心的经济运行机制。企业要加快建立和完善现代企业制度，形成具有活力的经营机制。通信企业要进一步加快经营机制的转换，逐步扩大上市融资的比重，并积极开拓国际通信服务市场。电子企业要继续推进"三改一加强"，增强技术创新能力、系统集成能力和市场开拓能力，加快向集团化、专业化转变。应用型科研单位要加快企业化改造步伐。所有企业都要建立人才吸引、激励机制，培养好德才兼备的企业家、技术骨干和经营管理人员三支队伍，全面提高队伍整体素质，以适应 21 世纪国际竞争的需要。

(三)"十五"计划时期的战略重点

第一,抓紧建设信息基础设施

信息基础设施是实现国民经济信息化的基础。我国应尽快建立具有相当规模、面向未来、结构合理、高速宽带的国家信息网络体系,为全面推进国民经济信息化奠定基础。

"十五"期间,光传输网仍是建设发展的重点,微波和卫星作为传输补充、保护和应急手段,需要适当发展和完善。长途光缆传输网将继续扩大规模容量,省际长途光缆网将重点进行光层面的建设,积极采用DWDM技术,适时应用光节点设备(如OADM和OXC),并构架全光网络,形成适应通信发展需要的大容量、高可靠性和灵活的基础传输网,中继传输网"十五"期间继续调整网络整体布局优化网络组织。要加快用户接入网的建设,以光纤尽量靠近用户为原则,根据业务需求和技术条件,充分利用现有网络资源,因地制宜采用光纤、铜缆、同轴电缆和无线等接入技术和手段,在本地接入领域引入竞争机制,逐步开放接入网的建设和经营,加快宽带接入网的建设速度,促进视频、数据、话音等多种业务的综合接入。

紧跟国际发展潮流,坚持自主开发和引进相结合的方针,大力发展以IP为基础的宽带超高速互联网的建设,尽快建成从中央到地方的国家主干高速信息通道,为实现国民经济信息化构架安全、迅速、便捷的信息网络基础设施。争取在5—10年内,骨干网达到太位级(Tbps),接入网达到兆位(Mbps)到吉位(Gbps),国际出入口达到太位级,光纤开始入户,建立健全全国信息网络体系。

第二,解决产业瓶颈

集成电路、软件是制约我国信息产业健康发展的"瓶颈",应作为重中之重加速发展。应认真贯彻落实国务院颁布的《鼓励软件产业和集成电路产业发展的若干政策》,下定决心,集中国家力量,调动各方面的积极性,奋战5—10年,突破集成电路和软件两大核心技术,掌握我国信息化发展的主动权。

要以加强集成电路设计为突破口,走与整机和系统开发相结合的道路，重点设计开发、生产市场需求量较大的具有自主知识产权的专用集成电路和系统芯片。突破 0.18 微米设计技术、0.25 微米的大生产技术。开发、生产有自主知识产权的集成电路产品，有条件地逐步设计开发通用集成电路（包括 CPU）。

要以市场为导向，以国民经济信息化和信息安全为出发点，实施软件产业化专项工程。大力推广软件复用技术，提高软件生产效率和软件产品质量，在自主版权的中文操作系统、中文软件平台、网络软件、数据库等方面有所突破，重点推进大型系统软件产业化。通过创造良好的政策环境，鼓励各种所有制的企业发展应用软件、系统集成和信息服务。

第三，加速数字化进程

"十五"期间，数字化电子产品主要包括：数字移动通信产品、计算机网络产品、数字视听产品。

组织实施 GSMM 数字移动通信产品国产化专项、CDMA 技贸结合专项，使国内自主品牌的移动通信产品成为国内市场上的主流产品。加快第三代移动通信技术与产品的研究、开发与产业化。加快数字集群通信系统标准与体制的制定，推动数字集群通信产品的开发与产业化。

大力发展具有自主品牌的服务器、高速路由器、网络交换设备、网络接入设备、个人手持信息终端、网络与信息安全产品等网络产品以及网控、网管系统的开发、生产。重点推进高性能计算机、超高速网络系统的产业化，提高国内品牌微机的市场占有率。根据市场需求，积极开发、生产计算机、通信和消费类家电技术互为融合的数字化产品。

推动和引导数字技术在现有模拟视听产品中的应用，加快我国视听产业由模拟向数字化的平稳过渡。加紧数字电视技术体制和相关标准的研究制定工作，集中力量突破公共软件平台、数字压缩编解码芯片、中分辨率彩色显像管、大屏幕彩色投影显示等关键技术；积极推进数字技术处理彩电、数字电视接收机顶盒、数字电视接收机、数字化家庭信息网络系统技术与产品、数字有线电视产品和数字卫星电视产品的发展。到"十五"末，采用数字技术的视听产品在国内产业占据主导地位。

第四，推进国民经济和社会信息化

1. 推广信息技术和产品的应用

应用信息技术改造和提升传统产业。围绕增加品种，改进质量，扩大出口，降低能耗，节约资源，提高效益，加强技术改造，实现产品升级和结构优化，推动传统产业的经济增长方式由粗放型向集约型转化。

积极推进信息技术和信息系统在各行各业的推广应用。围绕网上应用，催化出一批新的产品和服务。面向消费者，提供多方位的信息产品和网络服务。推动信息产业与有关文化产业结合，发展网络教育，在全社会普及信息化知识和技能。

2. 信息资源的开发利用

集中力量开发建设重点信息资源，强化精品工程。重点组织好政府信息、产业信息、企业信息、市场信息等重点领域的信息资源开发与上网，鼓励发展教育教学信息库、医疗医药信息库、影视等生活和娱乐信息库。

重点培育 ISP（Internet 业务提供商）、ICP（Internet 内容提供商）、ASP（应用业务提供商）、HSP（宿主业务提供商）等的发展，鼓励各类通信企业开发信息资源和吸收社会信息资源上网，并促进信息资源的共享和有偿使用。

充分利用网络优势，积极发展电子商务、远程教育、远程医疗、电子娱乐、网上办公、虚拟专用网（VPN）等业务。促进信息网络应用，早日建立电子政府、电子企业园区、电子医院、电子学校、电子商场、电子影院等各种各样的网络社会实体。

3. 推动企业信息化

促进数控系统、工业生产过程控制、CAD/CAM、计算机辅助工艺、计算机管理信息系统、计算机集成制造系统以及电子商务等在企业的广泛应用。促使信息技术与现代管理技术及制造技术相结合，应用于企业开发、生产、销售和服务的全过程，通过信息集成、过程优化及资源优化配置，实现物流、信息流和资金流的集成和优化，提高企业市场应变能力和竞争力。

4. 推进电子商务

建立完善的信用监管体系，为电子商务发展奠定可靠的信用基础。重点实现外贸领域、信息产业领域的电子商务，积极推动钢铁、汽车、建筑、纺织等行业电子商务示范应用。建立起覆盖全国的现代化物流配送系统。制定电子商务的基本法规及有关税收和关税、电子支付、电子签名、身份认证、知识产权保护等法律法规。制订并推进电子支付系统计划，加快商业领域信息基础设施建设，实现全国大中城市银行与主要商场和连锁店联网。银行卡实现一卡通，全面推广大众消费通过 IC 卡进行支付。

5. 实施信息化重大工程

围绕政府信息化、领域信息化、区域信息化、企业信息化、家庭及社区信息化等方面，组织实施若干重大工程。支持企业内联网的建设及应用；以政府政务信息化、金融系统信息化等应用为龙头，推进领域信息化的进程；推进重点城市信息化示范工程，建设示范性信息化小区，推动区域信息化。

6. 保障信息和网络安全

建设并完善国家级网络管理中心，统一监控并可调度全国网络资源，完善党政专网和应急通信网。涉及国家及经济安全的专用网络与公用计算机网络物理隔离。利用光缆、微波、卫星等不同通信手段保证网络安全。合理优化光传输网络布局，加强传输网路由保护，提高可靠性。加强计算机网络安全的管理，防止计算机受到侵害，防止有害信息的传播。

第五，深化通信行业管理和国有企业改革

1. 加快通信行业管理改革

要巩固"九五"期间的改革成果，继续深化政府体制改革，加快行业管理方式的转变。以法律、经济、政策手段间接调控通信企业，对频率、卫星轨道、电信网码号等通信资源进行有偿分配。

加大监控力度，建立公平、公正、规范的市场环境。依法加强市场准入管理，积极扶持主导运营企业的发展。及时公开发布行业管理的政策及市场有关信息，保证信息享有的公平性。强化对网间互联互通的管理，进一步规范网间结算，推动企业之间网络资源的共享。建立通信业务资费价格、成本监测体系和通信服务质量监督体系。采取有效措施，规范市场行为，避免不合理的价格竞争。

2. 推动国有企业改革

完善现代企业制度，积极推进国有企业的改革和发展。国有企业通过资本结构的重组，建立起符合市场经济要求的公司制法人治理结构，形成责权利结合、激励与约束并存的运行机制。转变投融资机制，扩大融资渠道，降低负债风险。使企业从依赖国家优惠政策和银行信贷的间接融资为主转向主要依靠国内外金融市场的直接融资为主，以扩大融资渠道，降低负债风险。

加大对重点国有企业的支持力度，培养造就高素质的企业家队伍。

（四）完成"十五"计划的战略措施

第一，正确认识和处理信息化和现代化的关系

党中央和国务院多次强调，我国经济建设的目标是实现现代化。现在，又提出实现信息化。二者是否矛盾？否！科学技术是第一生产力，而信息技术则是现代科学技术的核心。因此，信息化代表着先进生产力发展的方向。在全面进入信息时代的 21 世纪，现代化与信息化是统一的。不可能想象没有信息化的工业现代化、企业现代化、国防现代化和科学技术现代化。没有信息化的现代化，只能是过时的现代化，是落后于发达国家 30 年的现代化。所以，我们在信息时代，不应该把信息化与现代化对立起来，而应该研究如何通过信息化实现现代化。

有人认为，信息技术高不可攀，我国经济技术落后，不可能在实现现代化的同时实现信息化，从而忽视发展信息技术及其产业。事实上，信息技术虽然是高技术，但也不是一切都高不可攀。我国经过 20 多年的改革开放和现代化建设，经济技术水平大大提高，在信息技术及其产业化领域已经取得了举世瞩目的成绩，完全有条件实现信息化。

第二，多渠道聚集资金，不断加大资金投入

研究开发，是信息技术产业化的基础阶段。没有信息技术的创新性成果，信息产业就难以发展，而研究开发需要投入较大数额的资金。研究开发投入少，资金短缺，是我国信息技术及产业发展面临的重大难题。因此，必须建立健全资金筹措机制，多层次、多渠道、多方式筹措资金，不断增加对信息技术研究开发的投入。政府逐年增加财政对信息技术研究开发的拨款，增加幅度应高于国民生产总值的增长幅度；各级各类银行，采取优惠政策，不断增加对信息技术研究开发的货款；企业提取不低于销售额 2% 的技术开发基金，重点用于研究开发信息技术；努力开拓国外融资渠道，争取越来越多的外资投向信息技术研究开发。

国外先进国家的实践证明，信息技术产业化的发展，总是与风险投资紧密相关。1979 年，美国风险投资总额仅为 25 亿美元，1998 年猛增至 15000 亿美元，增长 600 倍之多，其中 80% 用于计算机、通信等产业，因

而大大促进了信息技术产业化的发展。目前，世界各国都把信息产业作为风险投资的基本对象。有鉴于此，我国也应建立健全新型的风险投资机制，研究制定综合配套的风险投资政策法规体系，大力发展风险投资，促进信息技术产业化的发展。

第三，建立健全科研成果转化为现实生产力的机制

信息技术的科研成果转化为现实生产力，形成产业化生产，才能对整个经济社会发展作出贡献。否则，科研成果只对研究者评奖、评职称、晋级晋职起作用。目前，我国信息技术科研成果不少，但转化率低，究其原因是没有建立健全有利于科研成果转化的机制。因此，必须通过深化改革，尽快建立健全科研成果转化为现实生产力的机制。

首先，建立健全新的科研机制。一方面，立足国内，充分调动广大科研人员的主动性、积极性和创造性，进行自主研究，发明创造，推广应用。另一方面，根据国家需要和可能，有计划、有选择地引进国外先进技术，加以消化、吸收、创新、推广应用。最重要的是，把自主研究和国外引进有机结合起来，建立健全包括研究、创造、引进、消化、吸收、推广、创新相互结合、相互促进的新机制。

同时，建立科研机构和企业之间的联系机制。当务之急，是集中必要人、财、物力，建立健全中间试验、成果推广、产品销售、咨询服务等中间机构，促进科研成果向企业的转移。

第四，健全政策法规体系

信息技术及其产业化，具有高投入、高风险、高效益之特点，需要政府扶植，主要是优惠政策法规扶植。我国应学习、借鉴国外成功的经验，建立健全科学的政策法律体系，扶植信息产业的发展。

首先，尽快建立健全科学的优惠政策体系，主要包括：金融政策方面，不断增加银行贷款，并给予低息或贴息贷款优惠；税收政策方面，给予信息技术企业特别是软件企业减免税收；技术政策方面，多给信息技术企业提供有发展前景和经济效益的科研成果；产品政策方面，制定和执行鼓励优先使用国产信息技术的政策，对选用国产货的用户给予各种优惠……

同时，应建立健全保护和支持信息技术产业发展的法规体系，把国家和公众支持信息产业发展的措施纳入法制化的轨道。我国已经颁布了

《电信条例》、《互联网管理办法》、《关于维护互联网安全的决定》等法规，应该认真贯彻实施。但还很不适应信息技术及其产业发展的需要，应进一步加强立法，严格执法。当务之急，是制定和实施《信息产业振兴法》、《信息资源管理法》、《信息市场管理法》、《电信法》等。

第五，扩大对外开放，加强国际合作

当今世界，各国经济发展不平衡，贫富差距悬殊，特别是在信息化方面，发展中经济体与发达经济体的"数字鸿沟"不断扩大，严重影响世界经济的健康发展。中国作为发展中经济体，应抓住发展机遇，加快信息网络化进程，努力缩小差距。为此，我们必须继续扩大对外开放，加强与亚太地区及世界各国在信息技术、信息产业领域的交流与合作，进一步利用国外技术、资金、人才和管理经验，在全球电子商务和信息网络化发展中发挥积极的作用，为人类实现信息社会的伟大理想作出自己应有的贡献。

第六，培养、引进、使用好人才

发展信息技术及其产业，需要大批高素质的人才。人才严重短缺，是我国信息技术产业发展面临的最大难题。因此，必须搞好人才的培养、引进和使用。制定和实施科学的人才培养规划，采取在职培养、委托培养、代理培养、联合培养、国外培养等灵活多样的方式培养高素质的人才。重点是培养造就一批批知识渊博、经验丰富、精明能干的经营管理人才和讲政治、懂外语、精通信息技术和业务的专业技术人才。拓宽视野，制定和执行优惠政策，从国外聘用优秀人才，为我国的信息化建设服务。最主要的是，尊重知识、尊重人才，建立充满生机和活力的用人机制，创造良好的工作和生活环境，用好人才，留住人才，使各类人才能够人尽其才，才尽其用。

第四章 信息传播全球化

信息技术特别是国际互联网的产生和发展，使信息的生产、扩散和利用日益在全球范围内进行，地球上任何一个角落的人们瞬间就可以获取全球任何其他地方的信息，信息传播全球化已成为无可辩驳的事实。信息传播全球化的发展关键是搞好信息基础设施建设，许多国家已经掀起建设信息基础设施的热潮，并且取得了巨大成就。信息传播全球化是当今经济全球化的基础和新动力，它的发展已经丰富和发展了并将进一步丰富和发展经济全球化的内容，导致经济全球化的多方面质变，促使经济全球化进入一个全新的境界。

一　信息传播全球化的内涵

信息技术的蓬勃发展，信息技术产业在世界经济中的优先增长，使以知识、知识产权、诀窍、专利、产品等各种形式表现出来的技术和信息在全球范围内进行贸易、转让和应用。跨国公司的研究与开发活动向全球每一个角落延伸，许多企业尤其是高技术企业广泛进行研究开发方面的国际合作，因此技术和信息的生产、扩散和利用日益在全球范围内进行。这就是说，技术全球化在迅猛发展，信息传播全球化也在迅猛发展。

信息技术的突破特别是互联网的产生和发展，使古往今来的优秀思想家所梦想和追求的"地球村"逐步变成现实。互联网使地球上任何一个角落的人瞬间就可以与全世界任何其他地方的人进行沟通和交流；鼠标一点瞬间就可获取几千公里甚至几万公里以外的信息；资金借助互联网可以以"光的速度"从地球的一方流入另一方；各民族文化、管理经验等，不停地迅速向世界各地传播；跨国公司的领导者，坐在办公室里，就可利用国际互联网指挥、管理、组织、协调分布在世界各地的子公司和分支机构；小小的厂商也可利用国际互联网络向遥远的市场提供商品和服务……这都是信息传播全球化的真实写照。

信息传播全球化促使技术的研究开发和使用日趋均衡化，最终结果是实力强大的跨国公司在全球范围内，在它们所需求的地方从事生产经营，信息和通讯技术的发展使得地理位置无关紧要，信息和技术可以在全球自由流动，产品和服务可以跨越国界自由流动。这种公司，没有明显的国家基础，可谓真正的无国籍公司、全球化公司。但是，在现阶段，由于各个国家和地区的经济技术基础差别很大，研究开发能力高低悬殊，因而技术的研究开发和使用常常表现出非均衡。正是这种非均衡促使各国（地区）建立各具特色的创新体系。后进者不甘落后，决心通过全面创新，赶超先进；先进者决心通过创新，巩固和发展自己的领先地位，整个世界呈现出万马奔腾竞向前的局面。这又会促进各国（地区）技术水平的均衡化。

跨国公司主导着信息传播全球化的新潮流。许多势大财雄的跨国公司在创建自己创新体系的同时，不仅建立了公司内部的国际信息网，而且与其他许多公司联网。近年来，以信息技术和信息网络为基础的跨国公司战略联盟日益增加。建立这种战略联盟的目的，一是通过联合管理促进知识和技术的交流，实现各公司间对信息的共享；二是通过交流和合作，互相学习和借鉴，实现优势互补，进一步增强创新能力，进而增强国际竞争力。

二　关键是搞好信息基础设施建设

信息传播全球化能否顺利进行，关键是全球信息基础设施建设。如果没有全球信息基础设施，信息传播全球化就不可能实现。全球信息基础设施，包括物理上的基础设施和通过高速通信网络无缝提供内容的各种应用，主要涉及全球信息与通信基础设施（GICI）。虽然全球信息基础设施具有全球化特征，但最终实现还要依靠世界大多数国家的国家信息基础设施项目的建设与完善。全球信息基础设施的构想是由美国提出的，但很快引起了其他许多国家的积极响应。在 1994 年的布宜诺斯艾利斯召开的"国际通信联合会发展会议"上，美国副总统阿尔·戈尔最早提出了建设全球信息基础设施的战略构想。克林顿总统建议西方七国组织起来,联合进行全球信息基础设施建设。1995 年 2 月,在欧盟的协助下,西方七国在布鲁塞尔组织召开了"关于信息社会的部长级会议",重点讨论了全球信息基础设施建设问题。1995 年下半年,亚太经济合作组织也在韩国的汉城召开了一次部长级会议,讨论全球信息基础设施建设的重要性及应采取的措施。之后,美洲国家组织和其他一些国际性组织也都陆续召开会议,讨论这个问题。美国率先垂范,欧盟、日本等国紧随其后,新加坡、韩国、印度、中国等一些新兴工业化国家及发展中国家也不甘落后,掀起了建设信息基础设施的高潮,一个从信息高速公路到数字地球的全球信息基础设施将逐步建成和日趋完善。

(一) 信息高速公路 (NII)

早在 1981 年,美国副总统戈尔就在美国科学与电视艺术研究院的一次讲演中,首次提出了"信息高速公路"的概念。从那时起,美国各地区、各部门的计算机局域网和广域网就以前所未有的势头建立起广泛的连接,直到这一发展引起政府的高度重视。1993 年初,美国总统克林顿上任后不久,就正式启动"国家信息基础设施(即信息高速公路)"建设计划,并亲自领导成立了"国家信息基础设施特别小组",副总统戈尔、总统经济顾问委员会主席劳拉·泰森、商务部长罗思·布朗等及一批经济、法律、技术专家和电信工业界代表都参加了特别小组,其核心成员每星期都在白宫聚会讨论信息高速公路的建设情况及对策。国家信息基础设施主要由网络设施、计算机服务器和计算机终端组成。它所需要的技术几乎覆盖了当今信息科学领域中的计算机、通信、信息处理等各方面的尖端技术。能否有效地利用这些高新技术、迅速地传输和利用各类信息已成为判断一个国家综合国力的重要标志。在美国之后,英国、法国、德国、日本等世界许多国家按照各自的国情纷纷相应制订和实施建设信息高速公路的计划。我们中国也从 1993 年 12 月起,开始建设信息高速公路。

(二) 国际互联网 (INTERNET)

"信息高速公路"的建设,开始把全球的计算机网络用户连成一体,信息高速公路铺到哪里,网络就连到哪里,信息就传到哪里。国际互联网就是建立在信息高速公路上的一个连接范围最广泛的网络。国际互联网最早源于 1969 年美国国防部高级研究计划局的前身 ARPA 建立的 ARPA-NET。1972 年，ARPANET 首次与公众见面，成为现代计算机网络诞生的标志。此后，ARPANET 利用 TCP/IP 网络协议扩展网络连接范围，成为美国互联网的主干网。直到 1990 年 6 月，美国国家科学基金会建立的美国国家科学基金网 NSFNET 彻底取代了 ARPANET 的主干网地位，并向全社会开放，提供世界范围内的网络互联。之后，欧盟各国、日本等所有发达国家及一些新兴工业化国家、发展中国家纷纷发展国际互联网。目前，国际互联网已经连接起世界上的大部分国家和地区，构成一个信息社会的缩影，覆盖了经济社会生活的方方面面，使信息传播全球化真正成为现实。

（三）国家空间数据基础设施（NSDI）

国家信息基础设施提供信息传输的道路，互联网好比道路上的汽车，网络信息就是汽车上的货物。有"路"有"车"了，那么"货"从哪里来呢？从信息的结构性上划分，有属性信息和空间信息两种，属性信息以文字描述为主，传输标准比较容易统一，如目前国际互联网上发展最火的基于超文本传输协议（HTTP）的万维网（WWW）就已经可以充分满足文字信息的传输、浏览、查询、发布等需求。但是，大多数情况下，人们需要获取与地理参考有关的空间信息，如在大学的主页上，经常有"校园分布介绍"一项内容，这时，如果能采用虚拟现实交互式查询的方式，将取得更好的效果。再如旅游线路的选择，两城市距离的分析等。但空间信息由于具有复杂多样的几何特征，因此很难实现网上发布。目前，虽然可以采用特殊技术实现，但由于兼容性问题，不宜推广。建立"国家空间数据基础设施（NSDI）"就可以解决这个问题。国家空间数据基础设施包括空间数据协调、管理与分发体系和结构、空间数据交换网站、空间数据交换标准以及数字地球空间数据框架等。其中数字地球空间数据框架是国家空间数据基础设施的核心，是最基本的空间数据集，也是投资最大的项目。它包括数字正射影像、数字地面模型、交通、水系、境界和地名注记等内容。这一空间数据框架一方面为研究和观察地球以及地理分析提供了最基本和公用的数据集；另一方面为用户添加各种与空间位置有关的信息，提供了地理坐标参考。目前已有 60 多个国家有 NSDI 计划或类似 NS-DI 计划。

（四）宽带网和第二代国际互联网（INTERNET2）

信息高速公路的下一个目标是试图将现有的电信网、计算机网、有线电视网三网合一，实现为任何人、任何时间、任何地点提供无缝隙的多媒体、智能化综合通信业务，最终实现全球一网。要实现这一目标，就必须改造现有的信息基础设施，为满载信息的货车提供更高等级的公路。目前的宽带综合业务数字网（B—ISDN）是一种全数字化、高速、宽带、具有综合业务能力的智能化通讯网，它可以把当今世界上所有的通讯业务全部集成在一个通讯网络中，做到电话、电视、电脑一体化，话务线、有线电视线、计算机网络数据线合一，实现各种通讯业务的高度综合集成，是当今世界上最先进的通讯网。

高速公路发展了，更多的货车可以在公路上行驶了，那么如何提高货车的速度呢？1997 年，美国 120 家研究性大学、研究中心、政府机构联手组建"大学合作开发高级互联网联合机构（UCAID）"，用于解决互联网速度较慢问题，其目标是在 2000 年前开发出用 2.4Gbps 高速网络连接大学校园的新方法。1999 年 2 月第二代国际互联网（INTERNET2）工程开始正式实施，2000 年底 UCAID 的预定目标已经实现，预计再用 5 年时间通过高速网络将 140 所美国大学连接起来。欧盟、日本等国家和地区的第二代国际互联网也开始运行。但目前第二代国际互联网还不能与个人用户通过 ISP 方式连接，不久的将来这一问题就会解决。到那时，它将彻底改变目前人们使用计算机的方式。

（五）高分辨率对地观测系统

20 世纪 80 年代中期提出的对地观测系统（EOS）计划已在航天领域对全球变化研究作出了贡献。由于占总信息量 80% 的空间信息需要对地观测系统提供，尤其是目前高分辨率对地观测系统的发展，已经使其成为信息传播全球化一个重要信息源。高分辨率对地观测系统不仅可以用于地球科学的研究，而且被广泛应用于动态监测、突发事件处理、军事行动等很多方面。目前，国际上已经陆续推出了系列星载对地观测系统，美国、俄罗斯、法国、日本、印度等国已研制出若干民用及商业卫星系统并投入使用，可见光波段的分辨率也从 3m 提高到 6m，具有 3m 及 1m 分辨率的商用卫星正陆续发射上天。其中，低轨道对地观察卫星（LEOS）系统在实现信息传播全球化中发挥着重要的作用，它不但能覆盖全球范围，而且使发展中国家不必投巨资就能享受所提供的信息服务，从而加入全球信息社会。

（六）数字地球

数字地球的概念是 1998 年 1 月美国副总统戈尔提出来的。他在"数字地球：对 21 世纪人类星球认识"的讲演中指出："我们需要一个'数字地球'，即一种可以嵌入海量地球数据的、多分辨率的和三维地球的要求，可以在其上添加许多与我们所处的星球有关的数据"。简言之，数字地球就是用数字化方法将地球、地球上的活动及整个地球环境的时空变化收入电脑中，实现在网络上的流通，并使之最大限度地为人类的生存、可持续发展和日常的工作及物质文化生活服务。数字地球的诞生绝非偶然，它是信息技术发展的必然产物，也是信息技术革命发展过程中的一个重要的里程碑。回顾信息技术革命走过的几十年，每一步发展都是为数字地球的诞生做准备。信息高速公路和国际互联网是数字地球信息传输的物理基础；国家空间数据基础设施为数字地球解决了原始数据集和信息标准化的问题；宽带网和第二代国际互联网使海量的数字地球信息可以更方便、更快速地传递；高分辨率对地观测系统是数字地球最重要、最快速、最方便、最直接的信息源。当然，除此之外，还需要高速运算、大容量存储、虚拟现实等其他技术的支持。数字地球的出现将彻底改变 21 世纪人类的活动方式。当然，实现这一目标的难度也相当大，应把它作为一个综合目标来考虑。就当前我国的国情，应坚持"统观全局、突出重点，有所为、有所不为"的方针，由国家统一配置和部署各研究单位的研究领域，谨慎地控制研究队伍的规模，充分保证研究经费的合理利用。首先集中力量建设示范工程、重点工程，比如考虑建立 1∶400 万小比例尺的"数字地球"和 1∶1 万大比例尺的重点省份、重点城市、重点流域的"数字省"、"数字城市"、"数字流域"等，长远利益与当前利益相结合，点面结合，发展数字地球，迎接 21 世纪信息技术革命发展的新高潮。

我国已经为全球信息基础设施建设和信息传播全球化做出了应有的贡献。自 1993 年 12 月，我国向全世界宣布开始进行信息高速公路建设以来，物理网络及其相应设施建设进展较快。由公用分组交换网（CHINA-PAC）、数字数据网（CHINADDN）和计算机互联网（CHINANET）三大骨干网络组成的公用数据网络除提供话音、数据、图像业务外，还能提供电子信箱（EMAIL）、电子数据交换（EDI）、可视图文（VIDELTEXT）、会议电视等各项增值业务。2000 年 11 月 16 日，中国网通宽带高速互联网（CNCNET）——中国高速互联网络示范工程落成开通，标志着中国信息基础设施已从窄带向宽带发展，为中国信息产业的进一步发展与繁荣奠定了基础。这一高速互联网具有技术新、带宽宽、容量大等特点，全国统一采用 IP/DWDM 优化光通信技术和 MPLS 多协议标记交换网络技术，居世界上游。该高速互联网目前开展的主要业务有：国内、国际宽带批发业务，高速公众互联网接入业务，高速网络型数据中心服务，VPNC（虚拟专网），虚拟 ISP，IP 长途电话业务等。在卫星通信方面，我国已建成由 20 多个城市组成的卫星通信网，能辐射世界大多数国家和地区。

一批大型应用系统建成并开始运营，成效明显。我国首批启动的"十大金字"工程，运行良好，提高了工作效率，方便了人民群众。这"十大金字"工程分别是：金桥，即国家公用经济信息网；金关，即对外经济贸易信息系统；金卡，即自动化支付系统及电子货币工程；金税，即税务电子化系统；金农，即农业综合管理及信息服务系统；金企，即企业生产流通信息服务系统；金智，即科研教育计算机网与人才工程；金宏，即国民经济宏观决策支持系统；金信，即国家统计信息工程；金卫，即国家医疗信息网。之后，国家经济信息系统、电子数据交换系统、银行电子业务管理系统、铁路运输信息系统、公安信息系统、电网调度系统等开发成功，公用数据库数量与日俱增。截止到 2000 年底，我国长途传输数字化比重为 86%，局用电话交换程控化比重已达 99%，大城市本地中继基本实现光缆传输，20 多个省（市、自治区）已建成连接国内各省市的 CDH 光缆环形网，异光传输模式（ATM）已实验成功，GSM 用户已经超过 6000 万。一个先进的、技术层次较高的、现代化的信息网已经在中国大地形成，不仅为经济社会发展和人民生活水平提高发挥着重要作用，而且为全球信息基础设施建设和信息传播全球化作出了应有的贡献。

三　促进了经济全球化的迅猛发展

经济全球化既是一种过程和发展趋势，即逐步实现全球经济一体化的趋势或全球经济向无国界发展，成为互相依赖、紧密联系的有机统一体的过程；又是一种状态，即已经形成的经济状态，如市场全球化、贸易全球化、投资全球化、金融全球化等。信息传播全球化已经成为当今世界经济全球化的基础和新动力，大大促进了资本的跨国流动和国际金融的全球化进程，使全球各经济体的相互联系、相互依赖日益加深，各项生产要素和服务、管理与监督职能机构等在全球各地转移的范围越来越大，从而促进了经济全球化的迅猛发展。

（一）当今经济全球化的基础和新动力

经合组织 1997 年的《全球化与环境报告》指出："全球化既是信息革命的原因，也是它的结果。电信技术不断改善，电子计算机功能不断加强，价格不断下降，互联网等电信网络迅速发展，这些因素推动着全球化。"事实上，信息技术革命和信息传播全球化是当今世界经济全球化的基础和新动力。信息技术和信息传播全球化的发展，不仅为经济全球化提供了强大的物质手段，而且造就了全球经济最具活力的新增长点。信息技术产业已经成为当前全球经济的主导产业，信息技术产业的优先快速增长，会带动全球经济的发展，为经济全球化增添新的动力。一个国家或地区只有大力发展信息技术产业，才能跟上经济全球化的步伐。信息技术产业的微观经济基础是信息企业和信息产品，不把握信息企业和信息产品的经济特征，不用现代信息技术武装和改造企业，就不能实现信息传播全球化，也就跟不上经济全球化的进程。

在信息技术和信息传播全球化发展的历史潮流中，跨国公司起着主导作用。信息技术及其产业的绝大部分由跨国公司开发和管理，而跨国公司的市场、业务、资本来源都是全球性的。为了搞好信息技术的研究开发、信息资源的挖掘和技术与信息的全球化传播，众多跨国公司纷纷建立全球性创新网络。在创新网络的形成中，进行研究与开发活动的地点具有集中与开放两大特点。一方面，活动地点是具有研究开发优势的中心，能够吸引众多的创新机构与人才，起到技术和市场信息汇集点的作用；另一方面，活动地点又是全方位开放的，与世界各地的技术研究开发机构联系密切。例如，美国的硅谷，聚集着最优秀的研究开发人员和有熟练技能的劳动者队伍；同时，硅谷又与世界著名研究开发机构有着密切的联系。中国北京的中关村也具有类似特点。中关村及周围地区聚集了近 50 万科学技术人员和研究人员，是世界上少有的信息技术人才宝库。这里集中了中国著名的、各种信息技术研究院（所）70 多个，还有美国、英国、德国、法国、日本等国建立的信息技术研究开发机构 50 多家，是中国信息技术研究开发中心。同时，中关村也是开放的，对世界各国开放。

跨国公司全球性创新网络的发展，进一步深化和增强了现代化国际分工模式，强化了专业化协作，专业化协作把全世界的生产和营销活动连接在一起，促进了经济全球化的发展。对利润最大化和国际市场占有率的追求，促使跨国公司不仅发展公司内的全球创新网络，而且想方设法参与其他公司的创新网络。现在，这种以技术为基础的国际战略联盟的数目日益增加。它们的目的，不仅仅是通过管理和促进信息交换扩大公司间现有信息的共享，而且还在于各公司间通过学习实现优势互补，从而获取技术进步的手段，通过技术进步促进经营国际化。

技术全球化和跨国公司全球性创新网络的建立和发展，强化了跨国公司的地位，提高了跨国公司的竞争力。实力雄厚的跨国公司，凭借最先进技术进行的竞争称之为"超强竞争"。"超强竞争"的显著特点之一就是，谁最大胆、最迅速地打破旧秩序，谁就能获胜……用迅速大胆的行动打乱竞争对手的心态和阵脚成为获取市场份额并提高利润总额的重要途径。对手越茫然不知所措，"超强竞争者"就越有时间在对手明白过来或作出反应之前赚钱。"超强竞争者"主要在对手处于惊愕莫名或陷于瘫痪的时间内保持其优势。当对手明白过来并作出反应时，"超强竞争者"原有的优势就可能丧失。"超强竞争"的日益加剧，迫使竞争各方采用最先进的技术、实行最科学的管理、利用最佳手段降低成本提高产品和服务质量，从而为经济全球化增添了巨大新动力。

（二）促进了资本的跨国流动

信息传播全球化有力地促进了资本的跨国流动。世界资本市场的资本金借助国际互联网能以"光的速度"从地球的一方转到另一方，国际资本可以迅速流入一个国家（或地区），也可以迅速从一个国家（或地区）流出。近年来，诸多国家和地区从东亚金融危机中吸取经验教训，引进外资，重点支持和鼓励外商直接投资，减少举借外债特别是短期外债等间接投资。因此，全球跨国直接投资成为资本跨国流动的主要形式之一。据联合国贸易和发展会议（简称贸发会议）2000 年 12 月 7 日公布的统计资料显示，2000 年全球跨国直接投资总额已超过 1.2 万亿美元，比 1999 年增加 20%。

据贸发会议统计，2000 年全球 80% 以上的跨国直接投资流向了发达国家，投资形式以企业跨国并购为主。西欧仍然是吸收跨国直接投资最多的地区，全年共吸收投资 5970 亿美元；美国仍然是吸收跨国直接投资最多的国家，吸收投资约 2600 亿美元。流向发展中国家的跨国直接投资与 1999 年基本持平，为 1900 亿美元。中国是吸收跨国直接投资最多的发展中国家，巴西名列第二。

贸发会议指出，跨国公司已成为全球经济的核心，在推动经济全球化和世界对外直接投资的高速发展中起了主导作用。据联合国贸发会议发表的《2000 年世界投资报告》统计，全球目前有近 6.3 万家跨国公司，海外子公司 70 万家，它们控制了全世界 1/3 的生产，掌握了全世界 70% 的对外直接投资，2/3 的世界贸易，70% 以上的专利和其他技术转让……

全球跨国并购是跨国公司对外直接投资的主要形式。近几年，特别是 1999 年以来的全球跨国并购具有以下几个明显特点。

第一，以信息产业为先导，以金融业并购为核心。据有关部门统计，仅 1999 年 10 月的大购并中，涉及信息产业的就有 6 起。2000 年 1 月 10 日，美国最大的网络公司"在线公司"宣布以 1620 亿美元并购美国最大的媒体和娱乐公司"时代—华纳公司"，这是美国网络公司第一次同传统媒体的并购，也是到那时为止美国最大的一起公司并购案，因此引起世人的普遍关注。同年 2 月 3 日，英国移动电话业巨头"沃达丰电信公司"以换股总额 4000 亿马克的天价并购德国"曼内斯曼公司"，堪称迄今为止世界上最大的一次并购活动。8 月 17 日，香港"盈科数码动力有限公司"并购"香港电讯"完成，新诞生的"电讯盈科有限公司"市值达 5000 多亿港元，成为世界级的电讯科技公司，并开始大举进军全球互联网、宽频及通信市场。金融证券业的并购在近几年不仅并购数量多，而且影响力和预期效应非常大。例如，2000 年 3 月 14 日日本旭日、三和、东海三家银行宣布合并，并于 2001 年初组成新的控股公司。此举对日本金融界产生重要影响，三家银行合并后的总资产达 103 万亿日元，它与 2000 年秋季合并的日本第一劝业银行、富士银行和日本兴业银行，将在 2002 年合并的住友银行、樱花银行，以及 1996 年合并的东京三菱银行形成日本金融业的四大支柱集团。

第二，跨国家、跨洲的并购案持续增长，地区性的并购案明显增多。据联合国贸易和发展会议发表的《2000 年世界投资报告》透露，法、加三家企业组成世界第三大传媒集团堪称一个典型事例。法国威望迪集团以及所属的法国电视 4 台与加拿大娱乐业巨头西格拉姆公司 2000 年 6 月 20 日发表联合公报宣布，三家企业将实行合并，合并的总交易额达 340 亿美元；新成立的威望迪环球集团年营业额为 575 亿欧元，上市值达 1000 亿欧元。地区性并购明显增加成为近几年全球企业并购的一大特色。2000 年以来中东欧地区、国家公司间并购重组现象增多，2000 年上半年仅匈牙利、捷克和波兰三国进行并购和重组的公司和企业数量就比上年同期增长了 53%。在这些并购活动中，从事电信、传媒和新兴技术的企业占 30%、轻重工业企业占 25%、食品工业占 10%。北欧两家银行合并成为最大的地区性银行也是一个典型事例。2000 年 3 月 6 日芬兰与瑞典合资的梅里塔—北方银行与丹麦联合银行宣布合并，组建北欧最大的银行集团。合并后的银行集团总资产为 1700 亿美元，超过目前北欧最大的银行：瑞典商业银行。新集团拥有 850 万个私人客户。这次并购是北欧银行业的一次再重组，梅里塔—北方银行本身就是芬兰的梅里塔银行与瑞典北方银行 1997 年合并的产物。新的银行集团还计划并购挪威的信贷银行，以进一步拓展北欧市场。

第三，在传统产业并购案逐渐减少的同时，农业和森林产业并购案开始增加。此轮全球企业并购，除了与现代生活仍密切相关的飞机、汽车、石油等产业外，一些传统产业如钢铁、机械等由于种种原因并购案逐渐减少，而农业和森林产业的并购案却开始增加。目前，德国的农业企业购并大潮已经开始，奶制品加工行业的并购率先进行，制糖业正在酝酿合并，屠宰业的重组已势在必行，其他行业也都在准备行动。芬兰芬欧汇川与美国国际冠军公司的合并，是欧洲和北美森林工业企业间首次实现的跨地区的联合。2000年2月17日两公司决定合并，芬欧汇川公司是世界最大的森林加工企业之一，1999年的营业额为83亿欧元，主要生产新闻纸、杂志纸和其他高级印刷纸。国际冠军公司则是北美最大的森林工业企业之一，1999年营业额为50亿欧元，主要生产和批发各种印刷纸和纸浆、锯木产品、胶合板、包装纸等。合并后的新公司年纸张生产能力为1210万吨，年营业额为130亿欧元，成为世界第二大木材加工企业。

第四，在众多的企业并购案中，政府干预或反对的并购案件日益增多。正当我们惊呼本次全球企业并购的浪潮一浪高过一浪之时，那些反并购的案件却一再出现。2000年2月2日，美国主管反托拉斯事务的联邦贸易委员会以3票对2票否决了英国阿莫科石油公司兼并美国大西洋富田公司的交易，认为这项高达300亿美元的兼并交易将会导致美国西海岸地区的汽油价格上涨。2000年7月美国司法部向法院起诉，要求法院阻止德国电信公司以1110亿美元并购美国斯普林特公司。30多名美国参议员写信给美国电信管理部门，反对德国电信公司收购斯普林特公司，理由是德国电信公司属国家控股公司，这项交易违反美国法律，并威胁美国安全。而德国电信公司发言人则认为，美国一些参议员似乎不懂得市场是如何运转的，美国政府没有理由支持这种保护主义行动。斯普林特公司是美国电信行业最大的公司之一，目前市值约1000亿美元，如果该公司被德国电信收购，将成为欧洲电信进军美国市场的重大突破。此外，还有一些诸如此类的反并购案，像1999年宣布的加拿大、瑞士和法国三家铝制品公司的合并计划，因欧盟反垄断当局的反对已于2000年4月告吹。

（三）加快了国际金融的全球化进程

金融全球化的本质特征就是，金融资本在全球范围内迅速流动，以追逐最高的回报率。信息技术和信息传播全球化在促进资本跨国流动的同时，大大加快了金融资本的全球性流动，从而导致金融全球化的迅猛发展。2000年底，在国际货币基金组织的185个成员中，资本账户比较开放的国家有70多个，其中20多个国家的货币成为有代表性的可兑换货币，银行跨境债权总额从1992年的1855亿美元增加到1997年的9038亿美元，2000年又突破2.6万亿美元；国际融资总额从1992年的2149亿美元增加到 1997 年的 8.8 万亿美元，2000 年又猛增到 16.8 万亿美元；外汇交易市场日均外汇交易额从 1989 年的 590 亿美元猛增到目前的 2.5 万亿美元。当前，全球流动资本已达 8.2 万亿美元，全球证券市值达 29 万亿美元。全球金融市场取得如此大的"业绩"，若抛开电子通讯等信息技术因素，完全依靠手工操作，简直难以想象。实际上，正是由于信息技术和金融业的结合，才引起传统的金融交易方式、金融主要载体——银行发生了革命性变化，引起金融电子化，从而促进了资本跨国界快速流动，使国际金融活动的全球化进程加快。信息技术和信息传播全球化引起金融业的革命性变化，主要表现在以下两方面：

第一，货币的电子化。作为重要的支付手段——货币，其形态经历了从最初的实物到贵金属，从贵金属到铸币、银行券以及信用货币等一系列演变过程，每一次形态的演变都是和技术进步分不开的。今天，在信息技术革命的推动下，货币出现电子化，电子货币成为一种创新形式。电子现金、电子钱包、电子支票、金融 IC 卡等纷纷出现。由于它们是用电脑进行储存和处理的一系列数据，无须实体交易，一方面保证了交易双方的安全与真实；另一方面又简化了异地支付手续，节省了大量的人力和物力，提高了交易的效率。在全球金融体系范围内，随着 Internet 的普及，货币电子化使金融活动在网上进行成为可能，从而更加快了资金的流通。

第二，银行的网络化。电子信息技术与金融分析方法相结合，使现代银行的经营模式发生了根本性变化：网上银行成为银行的创新组织形式之一，它是指利用大众信息平台——互联网——与客户进行不谋面地存放款交易的银行。与传统银行相比：①网上银行拓宽了金融服务领域。它能够融合银行、证券、保险等分业经营的金融市场，减少各类金融企业针对同样客户的劳动重复，向客户提供更多的量体裁衣似的金融服务，如存贷款、国际结算、财务顾问、证券经济、信托、保险代理等。②网上银行大大提高了金融服务质量。它利用发达的电子通讯网络和直达客户的服务通道，使客户几乎在任何时候、任何地方都能享受安全、准确、快捷的服务。③网上银行大幅度地降低了银行的开办投入和运营成本。据国外统计资料显示，开办一个 Internet 银行所需的成本只有 100 万美元，网上银行的经营成本相当于经营收入的 15%—20%，其服务费用甚至只有普通营业点的费用的百分之一。所以，自从 1995 年美国第一家网上银行——

"安全第一银行"建立至今,这种提供网上服务的银行便快速发展起来,且业务量也越来越大。据统计,2000 年,仅仅美国就有 2200 多家银行提供网上服务。1999 年底,全欧洲约有 1200 家金融机构提供网上银行服务,到 2001 年 6 月扩大到 1500 家。

四　导致了经济全球化的多方面质变

信息传播全球化在促进经济全球化迅猛发展的同时,丰富和发展了经济全球化的内容,导致了经济全球化的多方面质变。国际信息网络使经济全球化的过程发展成为网络化的增长过程,掀起了国际贸易的新革命,呼唤并造就着新企业。同时,信息传播全球化也给经济全球化带来了一些负面影响。我们中国应有条件地参与经济全球化,趋利避害,争取最大限度的国际比较利益。

(一)给经济全球化带来了新质量

信息传播全球化的发展,特别是国际互联网的普及,使经济全球化发生了深刻的变化,产生了新质量。它像一个从魔瓶中释放出来的数字幽灵,迅猛冲破传统的国界障碍,以前所未有的速度和频率不受限制地向全世界提供"数字化"信息。它不仅创造出一种通用的"全球化语言",而且也创造了一种受这种语言支配的"全球化思维方式",使得全球化第一次在实现目标、方式及道路等关键问题上变得明晰起来,成为一个可以把握的前景。现在的一切,正在按照国际互联网的规则和逻辑重组。信息化、数字化、网络化已成为当代经济全球化的时代特征。展望未来,经济全球化将搭载互联网的列车高速前进。

信息化、数字化、网络化使各国家、各地区、各大洲都处于一个联系紧密的生产、商贸、信息和通讯网络之中,迅速消除着经济的区域性,促使资本重新组合,"流动空间"正在取代"地域空间"。换言之,地域正在被网络取代,而网络不再对应于某一具体区域,而是被纳入世界市场之中,不再受任何国家的政治限制。政治空间和经济空间在历史上第一次开始分离,这是当今经济全球化新质量的主要标志,这种分离与跨国公司、国际资本、国际组织(如世界贸易组织、国际货币基金组织、国际复兴与开发银行等）等日益扩大和强化的活动联系在一起，使各国经济政策和法规越来越受制于外部世界的框架条件即国际通行规则和国际惯例，迅速融于经济全球化的洪流中。

国际互联网络的发展，使空前规模的资金流动更为顺畅和迅速，国际资本力量空前发展，使"金融化"成为经济全球化的核心，使世界经济的"非物质化"趋势日益增强。与空前规模的资金流动相适应，经济国际化和企业经营国际化不仅规模迅速扩张，而且质量也日益更新。国际化的内容不仅包括商品、资本、劳动力等，而且包括信息、知识、技能与制造技术等；国际直接投资方式日趋多样化，影响越来越大，已经掀起了第四次大规模资本流动浪潮。

信息传播全球化使全球性竞争更加激烈、更加复杂。制度竞争、思想理念竞争、政策竞争、机制竞争和产品竞争、技术竞争、资本竞争、人才竞争交织在一起，竞争的基础和中心环节是企业。企业特别是跨国公司之间的竞争，促进了全球劳动生产率的提高和世界经济的增长。据世界银行测算，实施信息化管理的企业，劳动生产率年均提高幅度是一般企业提高幅度的 2.5 倍。

（二）掀起了国际贸易的新革命

在亚洲金融危机爆发之前，世界国际贸易的增长一直高于 GDP 的增长。受亚洲金融危机和国际石油价格暴跌的影响，1998 年世界国际贸易增长速度明显变慢。然而，进入 1999 年后，国际贸易出现强劲反弹，进入 2000 年后增势迅猛。据世界贸易组织（WTO）2000 年 11 月 30 日发表的《2000 年国际贸易统计》年报的资料预计，2000 年世界国际贸易额增幅达 12%；世界银行 2000 年 12 月 5 日发表的《2001 年全球经济展望和发展中国家》报告指出，2000 年全球国际贸易增长率可望达到 12.5%，为 20 世纪 70 年代第一次石油危机以来的最高水平。

近几年全球国际贸易高速增长，其驱动因素是多方面的，信息技术和信息传播全球化的发展是最重要的因素之一。信息技术和信息传播全球化在国际贸易领域掀起了一场新的革命，使国际贸易的运作方式得以创新、贸易领域和范围得以扩大。

电子商务是国际贸易新革命的优秀成果，是一种新型的国际贸易方式。电子商务交易的内容既可以是有形的商品和服务，如汽车、书籍、生产资料、消费资料等，也可以是无形的商品和服务，如计算机软件、电影、音乐、游戏等娱乐内容的国际联机订购、付款和支付以及全球规模的信息服务等；交易的主体涉及企业、消费者、政府等。这种贸易方式是以信息网络为载体，采用电子数据交换（EDI）和互联网等电子通讯方式，使买卖双方不谋面进行的贸易，但它作为一个"以信息技术服务为支撑的全球商务活动的动态发展过程"，随着信息技术和互联网的发展，其内涵则不断地得以扩充和变化。最初，电子计算机及其相关软硬件在商务领域的应用，仅仅局限于提高办事效率，作为辅助的信息载体并处理复杂的统计和运算，如电子自动收款机等，其作用非常有限。后来，公司间采用EDI方式进行信息传输，但它作为一个封闭系统，费用较贵，且技术标准复杂，缺少通用性，应用于商务活动也受到很多的限制。随着国际互联网的出现，电子商务才得到了较大的发展，因为国际互联网与其他通讯媒体相比，具有双向交互式通讯和开放式的网络系统，有统一的协议标准，通信费用低廉，更能适应市场日益扩大的需要。

　　国际互联网的发展提高了信息传播全球化的速度和水平，带动了电子商务的升级和普及。人们坐在电脑屏幕前，就可以走进各种电子商店，销售或购买商品。这就大大缩短了国际贸易的距离和时间，拓展了国际贸易的空间和场所，简化了国际贸易的程序和过程，从而得以迅速发展，电子商务贸易额得以大幅度的提高。据国际数据公司资料显示，1996年全球电子贸易额为200亿—300亿美元，1997年增至1500亿美元，1998年为3800亿美元，2000年猛增至5000亿美元，2003年可能超过1.24万亿美元，2005年将突破3.9万亿美元。1998年4月美国商务部发表题为《崛起的数字经济》报告中称，全世界互联网上的贸易额正以每3个月1倍的速度增长，预计到2002年将超过1万亿美元的规模。另据世贸组织测算，到2002年，通过网络进行的国际贸易可能占世界贸易总额的10%—15%。还有专家预测，按照现在的发展势头，未来10年全世界国际贸易将会有三分之一是通过网络贸易的形式来完成。据联合国贸发会议估计，如果在全球国际贸易中使用电子商务，每年则可增加大约1000亿美元的收益，以至于联合国贸发会议将电子商务誉为"提高世界贸易效率的革新方法"。

（三） 呼唤并造就新企业

信息传播全球化使经济全球化进入一个全新的境界，即以网络化为特征的时代。以网络化为特征的经济全球化呼唤并创造新企业。这种新企业是什么样的企业呢？有人简单地将从事互联网业务的网站等同于新企业，有人认为高新技术产业的企业是新企业，还有人认为从事新经济活动的企业是新企业。这些看法都有一定道理，但都不够全面。网络时代的新企业必须具备以下三大特征：一是在技术上必须是使用现代高新技术的企业；二是在营销上必须是利用互联网开展电子商务的企业；三是在管理上必须是互动的扁平式学习型组织。只有同时具备上述三大特点，才是完整意义上的新企业，才能适应信息传播全球化与企业经营国际化发展的潮流。因此，一个使用了高新技术、电子商务和具备扁平式组织结构的传统产业企业可能成为新企业；而一个高新技术产业的企业或网络企业，如果仍采用传统的管理模式，也不能称为真正意义上的新企业。

英业达集团总裁温世仁先生指出，21 世纪的新企业应该有 8 项特质：一是具有一流的核心专长；二是直接面向最终顾客；三是不断创新；四是注重知识产权；五是运用电子商务；六是避免市场风险；七是学习型组织；八是开展全球合作。中欧管理学院院长刘吉更是将未来新企业高度概括为 6 型：全球型企业、创新型企业、科研型企业、网络型企业、应变型企业、学习型企业。这里的学习型企业是指，具有不断学习和更新知识功能的组织，或者叫终身学习的组织，这是保证企业具有应变力和竞争力的关键因素。学习型企业需要健全知识管理体系，将知识视为最重要的资本，通过对知识与信息进行记录、分类储存、传播与更新，实现知识和财富的增值。一些新企业的首席知识官（CKO）就是知识管理的最高指挥官。

传统企业组织是一种金字塔形的多层级结构，决策效率很低。新企业要求对市场和最终客户作出即时反应，而且互联网技术也为这种直接沟通提供了可能，从而在企业内部做到即时信息、即时决策，减少中间环节，互动、扁平的组织结构取代了传统的金字塔结构。其典型的代表是美国戴尔电脑公司的直接领导模式，即公司可以直接到达每一个最终顾客、任何一个最终顾客都可以直接到达公司、每一个公司职员都可以直接到达最高领导阶层。

因此，未来新经理人首先必须是最善于学习和具有丰富知识的人，而传统企业强调的资历、德高望重和权威将变得无关紧要；其次，新经理人必须具备较强的接受和创新能力，能够面对大量纷繁复杂的信息迅速作出反应和决策。微软的比尔·盖茨、美国在线的凯斯、香港盈动的李泽楷、搜狐的张朝阳、海尔的张瑞敏等就是这类新经理人的代表。他们大多文质彬彬、温文尔雅、独立行动，与传统企业经理人的强悍形象形成鲜明对照。

事实上，信息技术和信息传播全球化已经造就了一批新企业。除了上面提到的美国戴尔电脑公司、微软、美国在线和中国的海尔、搜狐等外，比较典型的还有美国的通用电气、IBM、思科、英特尔、通用汽车、伯克希尔·哈撒韦、摩根、戴尔、花旗银行，日本的丰田、本田，德国的戴姆勒—克莱斯勒、西门子、萨普，英国的沃达丰、英国石油、维珍航空，中国的海信、中信、联想、北大方正、新浪，以及芬兰的诺基亚、瑞士的雀巢、法国的欧莱雅等。

（四）我国应有条件地参与经济全球化

信息传播全球化促进了经济全球化的迅猛发展，导致了经济全球化的多方面质变，但也有局限性和负面影响。信息传播全球化对经济全球化的负面影响主要表现和直接结果是社会分配不公在加剧，西方发达国家特别是美国获利最多。1960 年，世界最富的 20% 的人口，人均收入为最穷的20% 人口的 30 倍，而 1998 年上升到 98 倍。不少发展中国家在世界经济财富不断增长的过程中，却更加相对贫困。经济全球化的迅猛发展和多方面质变揭示了经济全球化的客观必然性，它是一股历史潮流滚滚向前，势不可当，我国必须顺应历史潮流，积极参与。如果我国不参与经济全球化，就会断送改革开放的成果，就没有出路。经济全球化带来的社会分配不公平及其局限性说明了经济全球化的相对性、有限性和多样性，如果我国无条件地参与经济全球化，就可能受制于人，有损国格人格，也没有出路。据此，必须有条件地参与经济全球化，趋利避害，利用国际市场和国际资源为我国的现代化建设服务。

第一，增强综合国力，提高国际竞争力。参与经济全球化，必然参与全球经济竞争。全球经济竞争，主要是综合国力的竞争。综合国力的强弱直接关系着国家经济主权是否稳固和国际地位的高低。新中国成立以来，特别是改革开放 20 多年来，我国经济迅速发展，综合国力明显增强，国际地位稳步提高，但与发达国家相比还有一定差距。因此，在今后一个相当长的历史时期内，我国必须把增强综合国力，提高国际地位和国际竞争力作为主要任务。其中，最主要的是，深化改革，扩大开放，发展经济；还要狠抓科技进步，发展高新技术产业，提高国家和企业的国际竞争力。

第二，加快国民经济和社会信息化。经济全球化的一项重要内容，就是主权国家逐步撤除对资金、物资、人员流动的限制和障碍，而信息传播全球化使资金的流动瞬息万里，大大快于物资、人员流动的速度，从而增加了风险。要想防范和化解风险，就必须加强信息基础设施建设，加快国民经济和社会信息化。据此，我们必须认真贯彻落实党和国家的一系列指示精神，顺应信息传播全球化和经济全球化的历史潮流，加强信息基础设施建设，积极发展信息产业，努力研究、开发、应用信息技术，培养信息化人才，优化信息化环境，加快国民经济和社会信息化。企业信息化是国民经济和社会信息化的基础和细胞，必须重点抓好。

第三，牢牢把握对外开放的主动权。参与经济全球化，必须不断扩大对外开放。对外开放是我国的基本国策，必须认真贯彻实施。但是，我们必须牢牢把握对外开放的主动权，不断提高对外开放的质量和水平，降低对外依赖程度。最主要的是做好两项工作：一是学会灵活运用经济全球化的规则特别是世界贸易组织（WTO）的基本原则和有关条款，发展和保护自己；二是遵循国际通行规则和市场经济规律，不断深化改革，建立符合国际规范的经济贸易体制和灵活高效的宏观经济管理机制，卓有成效地化解和消除经济全球化的负面影响。

第四，全面创新，不断提高经济国际化的质量。实施经济国际化战略，是参与经济全球化的重要举措。我国许多省市和行业都已制定和实施经济国际化战略，成效显著。今后，应坚持全面创新，不断提高经济国际化的质量。观念创新是全面创新的先导，面对信息传播全球化和经济全球化的机遇和挑战，必须不断学习，更新观念；不但企业应树立全新的观念，而且政府也应树立全新的观念。制度创新是全面创新的基础和前提。抓制度创新，重点抓好宏观制度创新和企业制度创新两个方面，既要符合中国实际，又要符合国际通行规则和国际惯例。管理创新是全面创新的灵魂，是宏观经济和微观经济的永恒课题，必须实行科学管理、全面管理，不断提高管理的水平和层次。技术创新是全面创新的核心和内动力，必须建立健全合理机制，搞好技术开发、技术应用和技术扩散，促进技术创新。产品创新是全面创新的载体，是竞争力的外在表现，必须不断改造传统产品，研究开发新产品，培育和宣传名牌产品，依靠"名牌打天下"。市场创新是全面创新的归宿，必须确立自身的科学创新模式，实现从适应市场到创造市场的转变。

第五，保证经济安全，维护国家主权。经济全球化从许多方面侵蚀着国家经济主权，给诸多国家带来了经济安全问题。特别是信息传播全球化的发展，网络逐步取代地域，传统的国家观念和主权观念受到了巨大冲击；信息战愈演愈烈，直接危害着国家安全和经济主权。经济主权是国家对本国经济所拥有的最高领导权和决策权，是对国家经济利益的最高权力。而国家经济利益又是国家安全的核心。所谓保证经济安全，实际上就是保证国家经济利益和人民群众利益不受侵害，保证国民经济的正常有序运行。国家主权问题不容讨论，国家主权不允许任何国家、任何集团、任何个人侵犯；国家安全和国家主权紧密相连，不允许受侵害。我们必须制定和实施科学完整的国家经济安全战略和策略，切实保证国家经济安全，维护国家主权。

第 2 篇

企业经营国际化

第五章　企业经营国际化的内涵、特点和动力

　　研究信息传播全球化与中国企业经营国际化战略，必须研究企业经营国际化。所谓企业经营国际化，就是企业在两国、多国、洲际、甚至全球范围内从事经营活动，追求最大限度的国际比较利益。企业经营国际化是国民经济国际化的基础和细胞，具有鲜明的特点。它产生和发展的动力是一个庞大的系统，其中科技进步是根本的动力。

一　内涵和特点

（一）内涵

　　企业经营国际化，产生于18世纪中期。经过长期而曲折的发展，已经成为一股历史潮流，滚滚向前，势不可当。

　　随着历史潮流的前进，企业经营国际化在各国经济乃至世界经济的发展中，发挥着越来越重要的作用。人们对企业经营国际化的重视程度和研究水平也越来越高。发达国家和新兴工业化国家都成立专门机构，组织精干力量，进行精心研究，出版发表了许多颇有水平的成果。我国对企业经营国际化的研究也早已起步。近十几年来，企业经营国际化"始终是国际商务学研究的中心课题"①。什么是企业经营国际化？实业家和理论家、经济学家和企业家、西方专家和东方专家等，众说纷纭，提出了许多定义。有代表性的观点主要是：企业经营国际化，"是指企业积极参与国际分工，由国内经营向全球经营发展的过程"②；企业经营"国际化的过程

---

　　① 彼得·巴克利主编：《企业的国际化——一个读者》，学术出版社1993年版，前言。
　　② 《世界经济与政治》1998年第11期，第46页。

就是在产品及生产要素流动性逐渐增大的过程中，企业对市场国际化而不是对某一特定国家市场作出反应"①；"企业经营国际化是指企业在利润、竞争机制和发展要求的驱使下经营活动超越国界，企业决策越来越以满足世界市场需要为中心并向经营利益全球化方向发展的过程"②；企业经营国际化"是企业以国际市场为舞台，对外投资，在国外设立机构，广泛利用国内外资源，从全球战略出发，进行综合运筹，在一个或若干个经济领域进行经营活动"③。

对企业经营国际化定义和内涵的上述种种表述，都有一定道理，但都不够科学，都有一定片面性。笔者认为，企业经营国际化就是企业在两国、多国、洲际、甚至全球范围内，从事经营活动，追求最大限度的国际比较利益。以这种观点为基础，从我国和世界大多数国家实际出发，可把企业经营国际化分为"内向型国际化"与"外向型国际化"两类。"内向型国际化"主要指进口、购买技术专利、"三来一补"、与国外资本合资合作合营、成为国外公司的子公司或分公司等。"外向型国际化"主要指出口、技术输出、各种国外合同安排、对外投资、建立海外子公司或分公司等。企业经营的"内向型国际化"和"外向型国际化"相互联系、相互促进、关系密切，内向型国际化往往是外向型国际化的基础和条件，外向型国际化是内向型国际化发展的必然趋势和结果。企业经营国际化的高级形式是跨国公司。跨国公司是指，自觉参与国际分工和国际市场，广泛利用国内外资源，在两个以上国家设立子公司，进行跨国生产和经营活动，国外经营额占公司总营业额的 25% 以上的企业。跨国公司的经营国际化是双向的，包括外向型国际化和内向型国际化两个方面。企业经营国际化（不论内向型还是外向型）的主要内容包括：经营观念国际化、资源配置国际化、生产国际化、商品国际化、市场国际化、经营理论国际化、经营行为方式国际化、经营收益国际化、技术规则国际化、营销国际化等。

---

① 理查德·罗宾逊：《企业国际化导论》，对外贸易教育出版社 1998 年版，第 1 页。

② 赵旻：《国际化战略——理论、模式与中国的抉择》，南开大学出版社 1996 年版，第 31 页。

③ 转引自卢新德：《科技进步与企业国际化经营》，山东人民出版社 1993 年 12 月版，第 90 页。

20 世纪 80 年代中期以来，企业经营国际化蓬勃发展，各类国家、多种形式的跨国公司应运而生。跨国公司已经遍及全球，主导着世界经济和技术革命的新潮流。目前，全世界的跨国公司母公司已突破 6.3 万家，下属 70 万个子公司和附属企业，雇员已近 1.3 亿人，形成了覆盖全球的生产和营销网络。跨国公司控制着全世界商品生产的 33%、国际贸易的 67%、国际技术贸易的 70%、对外直接投资的 70%，成为世界经济国际化的主体和"龙头"。顺应世界经济国际化的历史潮流，中国的企业经营国际化也有了一定发展。据有关部门统计，中国境外投资企业累计数，1998 年底为 5666 家，中方投资总额为 63.3 亿美元；2000 年底猛增至 6000 多家，投资额突破 112 亿美元，涌现出了中国石化集团、中国化工集团、中国粮油食品进出口总公司、青岛海尔集团等一批具有中国特色的跨国公司。

（二）特点

从不同的角度分析，企业经营国际化的特点也有所不同。本文仅从企业经营国际化的一般特点、与传统外贸经营的不同以及与国民经济国际化的关系三个方面来探讨企业经营国际化的特点。

第一，一般特点

不论外向型还是内向型的经营国际化，都具有企业经营国际化的一般特点，主要是：

1. 根据国际市场需要，确定经营方向。企业确定经营方向，制定经营决策，不仅依据国内市场需要，而且更重要的是依据国际市场需要。国际市场既是一体化的，又是多元化的，还呈现多层次性。国际市场的这种特点，要求企业密切注视市场需求的动向，依据市场需求的变化和自身在国际分工中的比较优势，采取有效措施调整产品结构，用适销对路的产品抢先占领市场"空档"。然后，用机动灵活的战略技术参与竞争，扩大市场占有率。

2. 按照国际经济规律和国际惯例进行经营管理。国际经济不同于国内经济、国际贸易不同于国内贸易、国际合作不同于国内合作，经营国际化必须自觉遵循国际经济规律，按国际惯例办事。主要应做到：一要按照国际惯例建立企业经营机制，独立自主地从事市场经济活动。二要遵循国际经济规律进行生产经营，以国际价值为尺度，节约时间，降低成本，确定价格，扩大销售。三要严格按照国际通用标准组织和管理企业，从产品设计、生产、检验、包装到销售和服务，全部按国际通用标准进行。

3. 广泛利用国内外资源，尤其是国际资源。开展经营国际化，要广泛利用国内外资源。这里所说的资源包括人力资源、科学技术、资金、物质资源、信息等。把各种资源优化配置，综合利用，取得最佳经济效益，是经营国际化的内在要求。韩国国内资源贫乏，主要工业用原料如石油、棉花、原糖、铝、牛油等100%的靠进口，煤、焦炭等动力资源90%靠进口，但由于该国企业善于开展经营国际化，广泛利用国际资源实现了经济腾飞，迅速跨入了新兴工业化国家的行列。韩国企业经营国际化的成功经验，值得我们学习借鉴。

4. 把国内经营活动和国外经营活动紧密结合起来。企业在从事国内生产经营的同时，也在国外从事生产经营活动，并把两者紧密结合起来。这就决定了开展经营国际化的企业具有特殊的优势和灵活性。它可以通过国内生产经营，对内获得比较利益；又可以通过国外生产经营，对外获得比较利益。因此，从事经营国际化的企业，一般经济效益都比较高，对祖国现代化建设贡献大。

第二，与传统外贸经营的不同

经营国际化是传统外贸经营的继续和发展，它同传统外贸经营有许多共同点，但也有很大不同。其不同点主要是：

1. 传统外贸经营往往是国内商品交换的简单延伸，在国民经济中起着调剂余缺的作用。有人在论述我国经济以往的市场时曾指出，中国经济"以国内市场为主，国际市场为辅"。"国际市场为辅"就说明传统外贸经营仅起辅助作用。经营国际化则是利用国内国外两个市场、两种资源进行综合运筹，获取双重比较利益的经营方式，在一般情况下是以国际市场为主的。

2. 传统的外贸经营一般都以双边的进出口贸易为主，经营国际化则不仅仅是双边的进出口贸易，而且把视野放得更宽，以多边的国际投资、生产、贸易为主，比传统外贸经营的范围广得多。

3. 传统的外贸经营以商品贸易为主，而经营国际化则要求我们把商品、技术、劳务、金融等进行综合经营，向贸工技方向发展，改变只以商品为对象的经营方式。

总之，和传统的外贸经营相比，经营国际化水平更高、规模更大、范围更广，在国民经济中的地位和作用更重要。

第三，企业经营国际化是国民经济国际化的基础

经济国际化，是指一个国家或地区经济与世界经济融合，并朝着经济最终无国界方向变化的过程和程度。它是一个国家或地区经济发展到较高阶段，超越国家和地区的界限向外延伸，积极参与国际分工与协作，参与国际经济大循环，与世界经济成为互相依赖、紧密联系的有机统一体的过程。从宏观和微观看，经济国际化可分为一个国家（或地区）国民经济的国际化和某个企业的经营国际化，简称国民经济国际化和企业经营国际化。二者关系密切，不可分割。企业经营国际化是国民经济国际化的基础，国民经济国际化是企业经营国际化的主导。没有企业经营国际化，就没有国民经济国际化；没有国民经济国际化，企业经营国际化就会迷失方向，陷于混乱状态，达不到预期的目的。

企业经营国际化是国民经济国际化的基础。其理由：

1. 企业经营国际化是国民经济国际化的细胞和微观基础。各国（或地区）的国民经济是由各种各样的众多企业组成的有机整体。企业是国民经济的基础和细胞，没有企业经营国际化，就没有国民经济国际化。如果企业经营国际化发展健康，就会使国民经济的国际化充满生机和活力。

2. 企业是国民经济国际化运行的主体。国民经济国际化是由众多企业经营国际化组成的有机整体。没有各国企业在国际市场上的运行，就没有经济国际化。

3. 企业是优化资源配置的基地。国民经济国际化是资源在国际间流动最终实现优化配置的过程。企业不仅是物质财富生产和流通的主要直接承担者，而且是国民收入的主要创造者，还是经济技术进步的主体力量。优化资源配置的基地在企业，企业是国民经济国际化优化国内外资源配置的基础单位。

4. 企业经营国际化作为国民经济国际化的基础，是世界各国经济国际化实践得出的科学结论。

还应指出，企业经营国际化是国民经济国际化的重要组成部分。国民经济国际化是全部企业经营国际化组成的有机整体，单个企业的经营国际

化仅仅是国民经济国际化极其微小的一部分，其水平代表不了整个国家的企业的经营国际化水平，更不能代表一个国家经济的国际化水平。所以，只有把企业经营国际化纳入国民经济国际化之中，在国民经济国际化战略的指导、支持和调控下，才能正常、健康、高速、高效的发展。

二　实施的基本过程

从国际经济的运行规律看，实行企业经营国际化战略有一个由低级到高级的发展过程。这个过程一般可分商品出口、国外生产和跨国企业三个阶段。

（一）商品出口阶段

商品出口是企业实行经营国际化的第一阶段，或者说初级阶段。初级阶段的特点是，企业与国际化相联结的经营内容仅仅局限于流通领域，即局限于商品的出口。

在第一阶段，企业想方设法将自己的商品打入国际市场。通过商品出口认识国际市场，同时也接受国际市场的检验。一般说来，只要企业开始出口商品，经营国际化就算起步了。当企业经营出口商品感到确实有利可图，并认为前景比较光明时，就可建立处理出口业务的专门机构，制订和实施出口计划，争取出口业务长期稳定地发展。

如果企业的出口规模不断扩大，出口收入在其全部销售额中的比重不断提高，出口对于企业的生存和发展就具有举足轻重的作用。这时，仅靠一个小型的处理出口业务的专门机构就不够了，需要建立与自己的出口业务规模相适应的国外销售机构，以不断提高出口在企业中的地位。随着海外销售额的进一步增加，企业应该在自己的海外主销国家和地区，建立海外销售分支机构；几个主销国家和地区的销售机构，又可形成分部经营的管理层次，如企业的东南亚地区销售管理处、西欧地区销售管理处、北美地区销售管理处等。至此，企业就应制定和实施不同地区的出口战略，并在这些战略的基础上制定和实施总体外销战略。通过实施总体外销战略，争取做到：在国际市场上经常有旺销的商品，不断推出被人们青睐的新产品，及时设计和试制下一代替代产品和构思未来的战略型产品。

　　经过上述一系列发展过程，企业的海外销售额已有相当规模，出口收入占本企业销售额的比重已相当大，有能力在海外投资生产。如果企业在海外投资进行生产经营，那么企业的经营国际化就开始摆脱初级阶段，进入第二阶段——国外生产经营阶段。

（二）国外生产经营阶段

　　无论哪一个国家，对于进口都或多或少执行着限制性措施，企业只靠扩大出口去占领并不断扩大世界市场，往往会受到许多限制。于是，企业就制定和实施类似孙悟空钻进铁扇公主肚子里的战略，到国外市场内部进行生产经营，并向国外市场提供商品，争取在世界市场上站稳脚跟，并不断扩大地盘。如果企业真正到国外进行生产经营，那就说明它在经营国际化的进程中迈入了第二阶段。

　　企业从事国外生产经营，一般采取购买许可证、与当地厂商进行长期合作、直接投资从事制造业生产等多种方式。这些方式在实践中又往往具体化为许可证、技术秘密转让、合资合作经营、独资经营以及其他方式的海外生产经营。

　　许可证方式，实质上是一种以技术出口代替商品出口的策略。这种方式，无须巨额投资，风险也小。先进企业采用这种方式，允许国外企业（一般只允许一家）使用自己的专利、技术秘密、工艺、商标等，并按照一定的比例向使用者收取使用费。依靠这种方式，先进企业便有可能打入那些单纯依靠出口不能打入的国外市场。

　　但是，许可证、技术秘密、工艺和商标的转让等，往往只能为那些确实掌握着某些专利、技术秘密、工艺的先进企业所采用，局限性较大。一般来说，在企业经营国际化发展的第二阶段，只要企业有能力进行直接投资经营，那么它肯定会把直接投资作为占领和扩大国外市场的主要手段。在海外直接投资，无论采用合资还是独资形式，都表明企业在经营国际化的征途上达到了一定的水平。企业通过海外直接投资，除了可以占领一定的市场外，还可以加强与国外的金融联系，吸收国外的先进管理经验和技术成果。另外，向海外投资，转移自己已经成熟的工艺、技术、产品，可以延长企业生产的产品的生命周期，使那些在本国似乎已经过时衰退的产品，在相对落后的国家和地区找到新市场，就地从事生产经营活动，满足当地市场的需要。

企业从事国外生产经营发展到一定程度，就必然在许多国家和地区建立生产经营基地，并从这些基地向世界市场源源不断地提供商品。这就需要建立一个既有权威、又指挥恰当的管理中心，制定和实施以企业全球利益为基础的发展战略和策略，对分散在世界各个国家和地区的生产经营基地进行统一管理和指导。当企业达到这个层次时，就进入了经营国际化的第三阶段，即跨国企业阶段。

（三）跨国企业阶段

企业开始在全世界范围内计划、组织、管理、指导、调节其国际性生产经营活动，就进入了跨国企业阶段。所谓跨国企业，就是跨国公司。跨国公司最初是以本国为基地的企业，母公司一般设在国内。它把国外的子公司控制在自己手中，使其为自己的整体战略服务。企业子公司所在国的市场，被看做是更为广阔的世界市场的一个有机组成部分，子公司生产的商品并不仅仅提供给本地市场，而且还通过出口向其他国家市场提供，甚至只为跨国公司设在其他国家的子公司提供零部件。这时，企业经营管理者的工作重心是积极参与国际分工，自觉依据国际市场需要确定经营方向，协调诸多子公司之间的跨国业务，充分而广泛地利用国内外资源，获取最大限度的国际收益。

跨国企业进行经营国际化的战略和目标是以跨国界、跨民族、全球为特点的，其经营目的可具体分为以下几方面：第一，获取本国短缺的矿产、能源、农产品等资源；第二，绕过各种贸易保护主义的障碍，扩大国际市场，获取更多的收益；第三，在全球范围内提供金融、保险、运输、法律、会计等方面的服务，获取更多的劳务性收入；第四，不断调整和优化企业的产品结构、组织结构、内部运营体制、资金内部调拨体制等，使其更加符合世界市场需要，保证跨国经营总体战略目标的实现。

随着科技革命特别是信息技术革命和世界经济国际化的发展，跨国公司逐步发展为无国籍公司乃至全球性公司。母公司可以设在世界上任何适宜的国家或地区，跨国经营战略也会发生重大变化。

关于跨国公司的问题，涉及面广，而且十分复杂，在这里只简单说明以上几点。其他有关问题，将在以后几章（主要是第六章）中论述。

三　根本动力

企业经营国际化产生和发展的动力很多，是一个庞大的系统，其中科技进步是根本的动力。

（一）科技进步是企业经营国际化发展的根本动力

企业经营国际化是科技进步的突变形式即技术革命的产物，并且随着科技进步的发展而发展。没有科技进步，就没有企业的经营国际化；离开科技进步的发展，企业经营国际化就很难发展。科技进步是企业经营国际化发展的根本动力。

第一，科技进步是企业经营国际化产生的物质基础

企业经营国际化，不是人类社会开始就有的，而是人类社会发展到一定阶段的产物。从古到今，人类社会已有几百万年的历史，而经营国际化只不过存在了几百年。

科技进步是经营国际化产生的物质基础。在原始社会、奴隶社会和封建社会，生产力水平落后，人们使用简单的工具从事生产活动。落后的生产力束缚着人的智力的发展，科学技术进步的幅度很小。15 世纪末期，科学技术事业发展较快，促进了资本主义工场手工业的发展，国际分工的萌芽开始出现。工场手工业的发展和国际分工的产生，又促进了科学技术事业的发展。科学技术事业的发展量变的积累，导致了 18 世纪中期的第一次技术革命，产生了蒸汽机。蒸汽机的产生和广泛应用，使英、法、德等资本主义国家相继发生了产业革命，完成了工场手工业向机器大工业的转变，一种新的企业经营方式即经营国际化随即产生。对此，马克思曾有过精辟的论述。他指出："由于机器和蒸汽的应用，分工的规模已使大工业脱离了本国基地，完全依赖于世界市场、国际交换和国际分工。"[1] 这就是说，随着代表社会生产力的科学技术的发展，社会分工越来越细，大

---

[1]　马克思：《哲学的贫困》，《马克思恩格斯全集》第 4 卷，人民出版社 1958 年版，第 169页。

机器工业的能量越来越大，使无限扩大的生产和交换突破国家界限，扩大到世界范围，进入世界市场，把本国经济的发展和世界经济的发展直接联系起来，作为国民经济细胞的企业便开始了经营国际化。

第二，企业经营国际化随着科技进步的发展而发展

随着科学的不断发展，企业技术进步的幅度越来越大，经营国际化的规模越来越大，内容越来越丰富。19 世纪 70 年代，以电的发明和应用为主要标志的第二次技术革命，使主要资本主义国家产生了第二次产业革命。一方面，重化工业和电力工业逐渐居于主导地位，从而使原材料来源和产品销售更加依赖国际市场；另一方面，交通运输和通讯工具发生了重大变革，不但使国与国之间的交往和联系更加方便而迅速，而且为大规模地对外直接投资，在国际范围内从事生产经营提供了良好的物质条件。因此，经营国际化有了很大发展，资本主义国家的许多企业都在国外创办分支机构，有些企业逐步发展成为跨国公司。

第二次世界大战以后，发生了第三次技术革命，也就是新技术革命。新技术革命不是个别科学理论或生产技术获得了突破，而是以电子计算机、原子能、空间技术和生物工程为基础，遍及各学科和技术领域，并且把科学和技术紧密结合起来。世界新技术革命形成了许许多多的新技术、新工艺、新产品和新产业部门，使国际分工在广度和深度上都有很大发展。国际分工的发展，大大加强了各国之间的互相依赖和协作，促进了生产和资本的进一步国际化。国际经济联系已不限于商品流通领域，而且扩大到经济生活的所有领域。这就为企业经营国际化的蓬勃发展创造了坚实的物质基础。与此同时，通讯信息、交通运输技术的迅猛发展，也为迅速而广泛的国际经济联系从而为企业的经营国际化提供了必要的良好条件。所有这些汇合在一起，成为一股巨大的力量，冲破了经营国际化被资本主义国家垄断的格局。企业经营国际化已不再受国家的政治制度、经济体制、地理位置、国土面积大小等的限制，发展成为一股世界性的历史潮流。

进入 20 世纪 90 年代以来，以信息技术为代表的新一轮科技革命迅速席卷全世界，把人类社会带入了信息经济时代。信息技术日新月异，互联网络迅速延伸和扩展，一个全新的"网络社会"正在形成。不仅使硕大的地球变成一个小小的"地球村"，跨国公司遍布全球，开始进入原来的

穷乡僻壤，世界金融市场的资金以"光的速度"从地球的一个地方转到另一个地方，小小的厂商也能利用"网络"为遥远的市场提供服务；而且把世界各国（地区）经济联合成以全球为整体的"网络经济"，从而在丰富和发展传统市场及其运行机制的同时，产生了一些新的国际市场运行机制和运行方式，例如电子货币、网络购物和电子支付等。这就说明，以信息技术为代表的新一轮科技革命已作为企业经营国际化的内部推动力，显示出了极其强大的生命力和巨大的能量，把企业经营国际化提高到了新阶段、新水平，将对世界经济社会的所有领域产生巨大而深刻的影响。

第三，科技进步是企业经营国际化发展的根本动力

理论和实践都说明，科技进步是企业经营国际化发展的根本动力。科学技术作为第一生产力，渗透到企业经营国际化的各方面和全过程。从生产国际化看，生产规模的扩大、产品结构的调整和优化、产品质量的提高、新产品的试制和推广、包装装潢、市场竞争力的提高等，都离不开科技进步。从资本国际化看，资本输出能力的提高、资本循环和周转的加速、投资结构的优化、资本使用效益的提高等，都离不开科技进步。从贸易国际化看，市场信息的收集、筛选和传递，决策的科学化，管理的现代化等，都离不开科技进步。技术开发国际化、产品结构国际化、市场国际化、金融国际化等，也都离不开科技进步。只有依靠科技进步，不断创新，在创新中求发展，才能从根本上提高企业的国际竞争力，保证企业经营国际化高速高效的发展。

美国著名经济学家、企业家唐纳德·K.克利福德，通过对美国企业经营国际化的调查研究，得出结论说："我们所调查的美国企业联合会的四分之三的公司认为，公司之所以获得成功，是因为它们……在不断创新。"① 而任何创新都离不开科技进步，没有科技进步，就没有创新。中国青岛海尔集团，20世纪80年代中期还是亏损100多万元的小企业，后来制定和实施了经营国际化战略，接着又确立了"建设国际化海尔"的经营战略，销售收入以年均80%左右的幅度递增，2000年突破400亿元。目前，海尔集团在海外设立了10个信息中心、6个设计分部、8个分公

---

① 唐纳德·K.克利福德：《管理成功的诀窍》，玄翠兰译，中国展望出版社1998年版，第49页。

司、30000 多个营销点，产品畅销欧美发达国家市场和众多发展中国家市场，成为有一定国际竞争力的大型跨国公司，被誉为"中国家电第一，世界家电一强"。其根本原因在于狠抓科技进步，坚持不懈地创新。海尔集团首席执行官张瑞敏深有感触地说：海尔之所以成功，是因为在经营国际化的道路上狠抓科技进步，不断创新。1996 年后，海尔平均每个工作日获一项专利，平均每周开发一个新产品，科技进步贡献率高达 85%。

（二）科技进步是提高企业经营国际化经济效益的根本途径

企业发展经营国际化的目的是以尽量少的投入取得尽量多的产出，即获得最大限度的经济效益。在经营国际化中，影响经济效益高低的因素是多方面的，诸如资金和劳动力的投入、自然资源条件、交通运输和邮电通讯条件、社会环境、政治局面、科技进步等，科技进步是其中最重要的因素。与此相适应，提高企业经营国际化经济效益的途径和措施也是多种多样的，其中科技进步是最根本的途径和措施。科技进步作为提高企业经营国际化经济效益的根本途径，主要表现在以下几方面：

第一，提高各种资金的利用效率，降低资金占用量

提高资金利用效率，降低资金占用量，是提高企业经营国际化经济效益的有效途径。企业资金，按其在再生产过程中的周转情况可分为固定资金和流动资金两部分。科技进步不仅对提高固定资金的利用效率有很大影响，而且对降低资金占用量、提高流动资金利用率也起着非常重要的作用。通过科技进步和加强管理，可以使各种机器设备的布置和组合更加合理，保证各种生产性固定资产效能的最大发挥；还可以促使机器设备的性能不断改进和完善，使机器设备的可靠性提高，从而减少机器设备的修理次数并缩短其修理时间，延长机器设备的正常运转时间，提高其利用效率；还可以提高生产的自动化和现代化水平，大大缩短企业产品的生产周期；通过改进和加强管理，可以加快资金特别是流动资金的周转速度……据此，科技进步必然导致资金占用量的降低和利用率的提高，从而大大提高经济效益。

第二，提高各种物质资源利用效率，降低物资消耗，提高产品质量

提高物质资源利用效率，降低物资消耗，需要从许多方面采取措施，其中科技进步是最根本的措施。

科技进步能够促使人们不断改进产品设计、改善产品结构、减轻产品重量，在不影响满足产品性能的前提下，用长线廉价材料代替短线材料，从而充分而合理地利用各种材料，降低原材料消耗。

科技进步能够加速开发、掌握、运用高效率低能耗的技术设备，改进工艺，采用无废料或少废料的先进生产工艺，从而降低材料消耗和能源消耗。

科技进步能够加速各种资源的开发和合理利用，弥补某些材料和能源的不足；还可以使一些废旧物资的回收和利用成为可能，既减少了消耗损失，又避免了环境污染。

科技进步能够提高人们的决策和管理水平，加强和改善生产经营管理，采用科学合理的材料和能源消耗定额及管理方法，减少生产和运输过程中的损失，降低消耗。

科技进步能够不断开发和利用各种新材料和新能源，为人们不断地开发新的产品品种、改造老产品创造了条件。科技进步可导致机械化、自动化高效率设备的出现和先进工艺的广泛采用，促使社会生产能力不断扩大，可促进大规模的现代化生产的发展，从而大大扩大产品的产量。科技进步的作用，使人们可以不断地采用新的科学技术成果，为生产经营提供良好的技术保证，从而能够大大提高产品质量。而产品质量是决定产品能否跻身于国际市场的关键因素，是企业能否在竞争激烈的国际市场站稳脚跟的决定性因素。

第三，科技进步可以全面提高劳动生产率

提高劳动生产率是企业经营国际化发展的必由之路，是现代化大生产全面提高经济效益的根本所在和重要反映。马克思认为，决定劳动生产率水平的因素，主要有："工人的平均熟练程度，科学的发展水平和它在工艺上的应用程度，生产过程的社会结合，生产资料的规模和效能，以及自然条件。"[1] 而科技进步是促进这些因素优化的根本动力，是全面提高劳动生产率的根本保证。

科技进步会提高工人的熟练程度。工人平均劳动熟练程度的提高，意味着劳动者在单位时间内创造更多的财富。因此，劳动生产率必将随着工

---

[1] 马克思：《资本论》第一卷，人民出版社 1972 年版，第 53 页。

人平均熟练程度的提高而提高。科技进步还将导致生产过程中大量采用新技术、新工艺和新材料，使生产实现机械化、电气化、自动化和化学化，使劳动工具、劳动对象和劳动方式均得以改善，为提高劳动生产率创造物质基础。科技进步会产生现代化的管理方法和手段，提高经营管理水平，使生产过程的社会组织、生产资料的规模和效能发生巨大改善，可促成劳动者与生产资料的最优结合，从而大大提高劳动生产率。企业经营国际化经济效益的提高，有时还受自然条件的制约。科学技术的发展和企业技术进步可以弥补自然条件的不足。例如，通过科技进步开发新能源、新材料，搞好水资源的开发和综合利用，改善交通运输条件等，都会促进劳动生产率的提高，进而促进经济效益的提高。

总之，科技进步是提高企业经营国际化经济效益的根本途径。据有关专家测算，目前发达国家企业经营国际化所获利润，有 60%—70% 是靠科技进步取得的；新兴工业化国家企业经营国际化所获利润，有 50% 左右是靠科技进步取得的。

第六章 跨国公司

跨国公司是企业经营国际化的高级形式。21 世纪，跨国公司将迅速遍及全球，领导信息技术革命的新潮流，在推动经济全球化中发挥越来越大的作用。因此，我们应在明确跨国公司的内涵、特点和运行规律的基础上，牢牢把握跨国公司发展的特点和趋势，发展具有中国特色的跨国公司。

一　内涵和特点

（一）内涵

"跨国公司"的名称，经历了一个较长时期的认识过程，于 1974 年被联合国经济理事会确认后，才被普遍采用。对于跨国公司的内涵，至今众说纷纭，解说繁多，很难找到一个为各方面都能接受的定义。主要观点可分以下三类：

第一类，有些人强调跨国公司组织结构的重要性，并以此为标准确定跨国公司的内涵。这一类观点又可分为四种：一种是以作业结构为标准，认为在两个以上的国土进行营销或制造作业的企业，就叫跨国公司。按此标准对跨国公司的限制是最宽的，因此许多国家都采用这一标准来划定跨国公司。另一种是以所有权为标准，主张一个企业要称为跨国公司，它的所有权必须被两个以上国籍的人所掌握。这一标准比作业结构标准较为严格，但仍比较宽松。按照这种标准，我国兴办的合资企业和合营企业，都可称为跨国公司。第三种是以高级经理人员的国籍为标准，主张作为一个跨国公司，不但必须在许多国土上进行营销、制造和研究开发等活动，而且需要聘用不同国籍的经理人员。第四种是以组织方式为标准，主张跨国公司的总管理处必须以全球利益为基础，平等对待世界各市场，而不偏爱其母国市场。显然，这一标准是十分严格的，但符合跨国公司的发展趋势。

第二类，有些人强调跨国公司业绩的重要性，并以企业的业绩为标准确定跨国公司的内涵。所谓"业绩"，是指一个企业要成为跨国公司，不论其组织结构如何，只要海外子公司所拥有的销售额、利润、资产或企业的员工达到某一个百分比就可认定。这个百分比，有人用 50% 作为分界线，有人用 25% 作为分界线，也有人用 10% 作为分界线。显然，分界线的百分比越高，其定义就越严格。1965 年，美国《幸福》杂志对最大的500 家美国企业在海外经营活动进行研究。研究结果表明，如以 50% 作为分界线，只有 11 家公司称得上跨国公司；如果以 25% 作为分界线，则有82 家公司符合跨国公司的标准；如以 10% 作为分界线，则有 129 家公司属于跨国公司的范畴。

第三类，有些人主张用最高主管的思想及决策行为标准来判断某一个企业是否属于跨国公司。他们认为，跨国公司的总部虽然设在某一地点，但其组织、业务、活动范围等都应是全球化的。公司的最高主管不能只关心某一地区或某一国家，而应该关心所有的地区和所有的国家，其行为应像一个"国际企业家"，而不是某一个国家的企业家。以行为特征为标准来界定跨国公司具有强烈的宣传和教育作用，但在实际经济生活中衡量这种行为特征是比较困难的，一则因为最高主管的思想和决策行为是经常变化的；二则人们很难判断他是否真正具有全球性的思想和决策行为。

跨国公司的定义有多种，内涵的表述是多种多样的，但目前还没有一个能够为各方面都接受的定义。联合国跨国公司中心确定的跨国公司的内涵为：在两个或更多国家里设有工厂、矿山、销售机构和其他资产的企业。许多经济学家认为，这一内涵也有局限性，不能作为跨国公司的科学定义。

综合以上三大类观点和联合国跨国公司的定义，我们是否要可以给跨国公司的内涵作如下的规定：跨国公司是指，自觉参与国际分工和国际市场，广泛利用本国和国外资源，在两个以上国家设立子公司，进行跨国生产和经营活动，国外经营额占公司总营业额 25% 以上的企业。

（二）特点

分析跨国公司的内涵，可以看出跨国公司具有以下几个特点：

第一，自觉参与国际分工。跨国公司是经济国际化的产物。随着经济国际化的发展，国际分工日益深化，世界各国经济相互之间的依赖程度越来越密切。跨国公司必须而且能够顺应客观发展趋势，自觉参与国际分工，力争获取最大限度的利润，以便在更高水平上稳步发展。

第二，依据国际市场需要，确定经营方向。跨国公司确定经营方向，制定经营决策，不仅应依据国内市场需要，而且更重要的是依据国际市场需要，以便用适销对路的产品抢先占领国际市场"空档"，积极参与市场竞争，扩大市场占有率。

第三，广泛利用国内外资源，尤其是国际资源。跨国公司进行生产经营活动，要广泛利用国内外资源，尤其是国际资源。这里所说的资源，包括人力资源、科学技术、资金、物质资源、信息等。跨国公司应把各种资源优化配置，综合利用，力争取得最佳经济效益。

第四，跨国公司的许多经营活动，例如母公司和子公司之间、各子公司之间的交易活动，是在本公司体系内进行的。交易中的各种项目，包括交换的数量、品种、价格、时间以及方向，都由跨国公司自己决定，外部企业或机构无权干预。

第五，跨国公司把国内经营活动和国际经营活动紧密结合起来，国际经营额占公司经营总额的比重应在25%以上。

二　生产经营理论

随着跨国公司的兴起和发展，跨国公司的生产经营理论也应运而生并不断发展，已成为当代企业经营国际化理论的主流，其众多的论著组成一个庞大的理论体系。这个理论体系主要包括以下几方面内容：

（一）国际贸易理论

国际贸易理论早在跨国公司诞生之前就已产生，有着悠久的历史和严谨的结构，但对跨国公司生产经营理论的产生和发展起着巨大的影响作用，直到今天仍在某种程度上影响着各国政府发展跨国公司的决策活动。因此，学习、研究并掌握国际贸易理论，可帮助跨国公司管理人员更好地认识、分析进而影响政府对国际贸易活动的决策。

国际贸易理论的基石是比较成本学说。该理论认为，由于各个国家的自然条件和经济技术基础不同，生产力水平不同，生产同一种商品的成本就不同；如果一国生产某种商品所需成本比其他所有国家都低，该国就应该用这种商品从国外换取那些在本国生产成本相对高的商品，从而获取最大限度的比较利益。这一理论告诉人们，任何一个国家都有进行国际贸易的必要性和可能性，生产的专业化和国际贸易，要比自给自足的国家政策在发展经济中获得更大的利益。

自英国经济学家大卫·李嘉图于19世纪初期创立比较成本学说以来，许多经济学家对它进行了很多补充和完善，使比较成本和比较利益的概念得到广泛推广和应用。最初，李嘉图在其学说中，假设成本仅仅是由生产商品所需要的劳动时间决定。现代的比较利益学说，在计算成本时，则把土地、劳动力、资本等所有生产要素都包括在内。同时，还把汇率、税率、利息率、进口配额等理论，纳入国际贸易理论之中，使得传统的国际贸易理论更加完善，更具有灵活性和适应性。

然而，国际贸易理论有较大的局限性。它只能正确地解释国际之间的商品贸易，而不能正确解释国外生产、对外投资、技术引进与输出等其他形式的国际商务活动。国际贸易理论试图解释的中心问题是不同国家之间的商品贸易活动。但是，参与国际贸易的经济实体是企业而不是国家。跨国公司的生产经营活动虽然受国家政策的制约，然而最初问题的焦点和最终问题的解决仍然靠跨国公司自身。这是国际贸易理论存在局限性的根本原因。

跨国公司的蓬勃发展，期待着理论的创新，呼唤着理论的繁荣。正当国际贸易理论家试图继续充实和完善自己的理论时，另外一些理论家创立了一种与国际贸易理论不同的对外直接投资理论。

（二）对外直接投资理论

对外直接投资是跨国公司从事经营国际化的核心内容。与此相适应，对外直接投资理论是跨国公司理论的核心。这一核心理论，包括基石理论、内部化理论、产品周期理论等许多内容。

第一，对外投资理论的基石——垄断优势和市场不完全理论

垄断优势和市场不完全理论是对外直接投资理论的两大基石。垄断优势是西方跨国公司所特有的优势，如专有技术、丰富的经营管理经验、雄厚的资本和较高的融资能力、完善的销售网络、对交通运输的控制能力等。市场不完全是指，跨国公司具有全球区位经营的观念、利用自己的垄断优势排斥自由竞争，从而使市场变得不完全。

西方公认，创立垄断优势和市场不完全理论的先驱是美国经济学家海默。1960 年他在题为《民族企业的国际经营：一项对外直接投资的研究》的博士论文中，就利用垄断优势和市场不完全理论解释对外直接投资。跨国公司具有垄断优势，因而可以抵消到东道国投资的不利因素而居于垄断地位。跨国公司凭借其特有的优势排斥东道国企业的竞争，维持垄断高价，导致不完全市场或寡占的局面，因而直接投资可取得更大的利益。跨国公司的对外直接投资主要分横向和纵向两种。所谓横向投资，就是把原在国内制造的产品拿到国外进行生产。纵向投资，则是指那些以获取原材料为目的的投资（或称为供给导向投资），在这种投资中，厂商的原材料生产是在国外进行的。

继海默之后，跨国公司理论的研究逐步向纵深发展，出现了名目繁多的学说。在众说纷纭的讨论中，主流方向仍然沿着海默最初出发的命题深化，并形成了影响较大的内部化理论。

第二，内部化理论

从某种意义上说，内部化理论是对市场不完全理论的延伸。该理论论述的主要是中间产品市场，而不是最终产品市场。这里所说的中间产品主要指知识、技术、信息、商誉等，这些产品要实现其专有权的价值，会因市场不完全而遇到困难。中间产品具有公共财产的性质，在外部市场上交易极易扩散，从而导致买方的不确定性。例如，买方对专有技术缺乏认识，因而不愿出合理的价格；要向买方证明专有技术的作用并确信其价值，就必须使买方对其有较多地了解，但专有技术本身要求严格保密，一旦泄密就有被人窃取的危险，故不如建立内部市场，在跨国公司内部交易从而加以充分利用。

内部化理论把市场的不完全归结为市场机制内在的缺陷，并从中间产

品的性质与市场不完全的矛盾来论证建立内部市场的必要性。该理论指出：由于市场不完全，跨国公司经济利益的实现受到阻碍；为了克服外部市场上交易的障碍或弥补市场机制的内在缺陷，保障经济利益的实现，跨国公司应将交易改在公司所属各企业之间进行，从而形成一个内部市场；在内部市场上，公司制定的调拨价格起着媒介和润滑剂的作用，通过内部交易实现资源合理配置，提高经济效益。

创立内部化理论的先驱者和代表人物主要是英国里丁大学的白克莱和卡森。他们的理论无论在深度还是广度方面，都比海默的理论前进了一大步。海默的理论主要适用于发达国家，首先是美国；而内部化理论，既可用于发达国家，也可用于发展中国家，既可用于国内，也可用于国外，故有些人推崇它为"一般理论"或"通论"。

第三，产品周期理论

产品周期理论把国际贸易同直接投资和产品的寿命周期联系起来，形成一个理论体系，解释跨国公司的生产经营，其代表作是维农的"产品寿命周期说"。

产品周期理论把产品的生产周期分为三个紧密衔接的阶段。第一阶段，新产品研制阶段。厂商在国内研制新产品，把国内市场作为产品销售的主要市场；同时，通过出口将新产品推销到国际市场上去。第二阶段，产品成熟阶段。随着生产的发展和产品出口的增加，产品日趋成熟，获得的收入日趋增加，成本要素逐渐成为决定性因素，价格竞争显得越来越重要，企业便开始在国外主要是高收入的发达国家投资建厂进行商品生产。第三阶段，产品的标准化生产阶段。在这一阶段，为适应国际市场需要，企业将按国际标准生产商品。其生产类型有两种：一是生产向低收入、低成本国家和地区转移，产品反销到跨国公司母国或其他国外市场；二是跨国公司将生产过程进行分离，把劳动密集的生产工序放在低成本国家进行生产。

（三）国际生产理论

上述几种跨国公司的生产经营理论，都有助于说明不同类型的厂商进行经营国际化的动机和模式，但这些理论不能解释对外直接投资的地理方向和跨国经营的区位结构。国际生产理论将区位理论与其他的跨国公司生产品经营理论相结合，解释了对外直接投资的地理方向、区位结构、服务业跨国化、国际资源转移、地缘商务模型、合理化全球计划模型等问题。

第一，邓宁的国际生产折中理论

邓宁的国际生产折中理论，是迄今西方跨国公司理论中最新、最综合、最完备的理论。1976 年邓宁发表题为《贸易、经济活动的区位与多国企业：折中理论探索》的论文，标志着折中理论胚胎的形成。经过邓宁和他的战友 10 多年的艰苦奋斗，于 1988 年折中理论成熟并为人们广泛接受。

邓宁折中理论的特色就在于"集各家之所长，冶众说于一炉"，是"平庸的折中和杂烩式的兼容并包"，他不仅继承了西方经济学中的厂商理论、区位理论和工业组织理论等，而且吸取了国际经济学中各学派思想的精华，特别是吸取了海默以来各种跨公司理论的精华，力图创建一个关于国际贸易、对外直接投资和国际协调安排三者统一的理论。

折中理论的核心是列举"所有权特定优势"、"内部化特定优势"、"区位特定优势"三项因素，等量齐观，不分主次，综合解释商品出口、对外直接投资和特许权让渡三种方式。

折中理论中的所有权优势又称"竞争优势"或"垄断优势"，其基本内涵是"对特定的无形资产的排他性的占有而形成的优势"和"企业能使交易成本趋于极小化的优势"。

内部化特定优势，是指跨国公司为了克服外部市场障碍，保障自己的利益而建立内部市场，在公司所属各企业之间交易中间产品所形成的优势。邓宁特别强调，在服务业中，实现内部化优势的组织形式不一定以对外独资或合资经营为主，可以通过非股权的国际合作协议来实现跨国化。

区位特定优势，是指东道国不可或不易移动的要素禀赋优势以及东道国政府的鼓励或限制政策措施。要素禀赋指自然、人力资源、市场容量等。区位优势是跨国公司对外直接投资选址及其进行国际生产布局的依据。

上述三项优势必须同时齐备，才能从事有利的对外直接投资。如果仅有所有权优势和内部化优势，而无区位优势，则意味着缺乏有利的投资场所，只能将有关优势在国内加以运用，进行生产，予以出口。如果没有内部化优势和区位优势，则仅存在无形资产优势，企业难以内部利用，只得转让给外国企业。

第二，其他几种国际生产理论

除了邓宁的国际生产折中理论外，还有一些国际生产理论，其中影响较大的是国际资源转移学说、地缘商务模型理论、合理化全球计划模型理论。

国际资源转移学说的中心内容是：国际间资源交易中所出现的供求不平衡造成了对国内资源流动的压力，各国政府通过制定和执行各种政策影响本国资源配置，从而为跨国公司提供投资的机会。为了利用这些机会，跨国公司必须根据自己的特点和经营战略选择不同的国家、需要转移的资源以及转移资源的方式等，努力实现资源的最佳配置，追求最大的经济收益。

地缘商务模型理论，使用条件变量、动因变量、控制变量等大量的变量因素来说明地理与国际商务的关系，试图全面地解释和预测国际商务活动的结构和发展。这一理论认为企业是国际商务活动的动力，国际商务结构是由某些企业为适应外部环境而进行调整所形成的。地缘商务模型理论中所说的条件变量是指进行国际商务活动的机会和条件是否存在，动因变量是指厂商是否具有实现较大的纯收益的动机，控制变量是指那些在本国或东道国市场上影响国际商务活动结构的限制或激励行为。

合理化全球计划模型理论的核心内容是，通过制订和执行合理的全球计划，指导跨国公司的生产经营活动，获取最大限度的利润。制订和执行合理化全球计划的基本程序是：厂商在对国际市场上的机会和风险进行预测和分析的基础上，选定目标市场。再根据经营目标和区位经济的要求，制定相对于已选定的国际市场的逻辑模型。逻辑模型的内容包括：原料来源、生产场地、服务和销售设施、研究活动以及劳动力、管理人员、资本的来源等。最后，通过对目标市场销售情况和逻辑模型的选择进行综合分析研究，制定出合理化的全球计划模型，并公布实施。

三　发展的特征和趋势

（一）跨国公司将遍及全球

跨国公司在 19 世纪 60 年代，开始出现。随着科学技术的发展，国际分工的深化和资本输出的增长而不断发展。第二次世界大战后，新技术革命的爆发，使国际分工产生了飞跃，跨国公司发展迅速。信息技术的发展和广泛应用，使跨国公司蓬勃发展，数量急剧增加。从 1980 年到 1997年，全球跨国公司母公司由 1.5 万家猛增到 4.4 万家，下属分公司由 8.5万家猛增至 28 万家，雇员由 2000 万人猛增至 8000 万人。据联合国贸发会议发表的《2000 年世界投资报告》统计，到 2000 年 12 月，全球有近6.3 万家跨国公司（母公司），海外子公司 70 万家，它们控制了全世界三分之一的生产，掌握了全世界 70% 的对外直接投资，三分之二的世界贸易，70% 以上的专利和其他技术转让……成为世界经济国际化的主体和"龙头"。①

21 世纪，是信息技术以爆炸式速度发展的世纪，是互联网实现不断腾飞的世纪。因而，世界各国（地区）之间的联系必将日益紧密，国际市场的竞争必将日趋激烈，跨国公司将在合作与竞争中更加朝气蓬勃的发展，迅速遍及全球，主导世界经济、技术革命和对外投资的新潮流。我们可以毫不夸张地说："21 世纪是跨国公司遍及全球的世纪。"跨国公司遍及全球的表现将主要有以下几个方面。

第一，各类国家、多种形式的跨国公司在全球蓬勃发展。21 世纪，不仅发达国家的跨国公司会迅速发展，新兴工业化国家的跨国公司会蓬勃发展，而且发展中国家的跨国公司也会普遍崛起，生机盎然；不仅资本主义国家的跨国公司会蓬勃发展，而且社会主义国家也会掀起创办跨国公司的高潮；不仅私有制性质的跨国公司遍及全球，而且公有制性质的跨国公司也会走遍世界。

第二，跨国公司的地区分布将日趋全球化。目前，世界上 6.3 万家跨国公司母公司的分布状况是：发达国家占 70%；新兴工业化国家和发展中国家占 20%；独联体和东欧国家占 6%；其他占 4%，而且多数分布于北美、西欧和东北亚地区。世界上 70 万家子公司的归属关系是：发达国家近 50 万家，新兴工业化国家和发展中国家 16 万家，独联体和东欧国家3 万家，其他 1 万家。随着国际分工的深化，21 世纪跨国公司的地区分布将呈现出多元化的特点，多元化便于跨国公司进行全球性扩张，其趋势必

① 《国际商报》2000 年 12 月 26 日，第 49 版《世纪特刊》。

然是全球化。

第三，跨国公司的作用将遍及全球。跨国公司在全世界的蓬勃发展和地区布局的日趋全球化，必然促使数量、规模和功能的迅速扩张。21世纪，跨国公司将集生产、金融、贸易、信息、投资、科学研究、新产品开发、组织协调与服务等多种功能于一身，能灵活适应国际市场的变化。它们不仅继续对母公司所在国和东道国经济的发展产生巨大作用，而且将对全世界经济的发展产生巨大作用。跨国公司的作用将延伸到全球的各个角落，渗透到世界经济的各方面和社会再生产过程的各环节，承担起领导世界经济新潮流的重任。这种作用是绝无仅有的，是其他任何经济力量都无法比拟的。

（二）全球跨国购并如火如荼

进入20世纪90年代以来，高技术领域里的革命特别是信息技术革命，使全世界的竞争不断加剧。在竞争中，全球跨国并购如火如荼。据联合国贸发会议《2000年世界投资报告》测算，过去10年里，跨国公司的全球跨国并购增加了4倍，其中电信和医药化工产业是主力军。1999年，全球范围内的企业兼并和收购活动比上年猛增50%，涉及金额达7200亿美元，2000年又增至11000亿美元，比1999年增长33%。

在全球跨国并购的浪潮中，美国的跨国公司大显身手。如美国Ameritech公司与德国电信公司合作兼并了匈牙利的Maton电信公司，美国第二大电信公司MCI与美国BT公司联手收购了以色列电信公司和法国Cegetel集团的主要股权，美国波音公司对麦道公司的兼并等，都是闻名世界的并购案。

欧盟实行统一货币欧元之后，西欧各国放松了对企业的限制，因而企业跨国并购愈演愈烈。在1999年世界最大的10起跨国并购交易中，涉及西欧企业的占多半，其中包括英国阿莫科公司以276亿美元收购美国大西洋富田公司、英国沃达丰公司以560亿美元收购美国空中通信公司、德国曼内斯曼公司以350亿美元收购英国奥兰电信公司。2000年西欧仍是FDI（外国直接投资）的最大东道国，接受了超过6000亿美元的FDI。2000年流入德国的外国直接投资创了历史新高，主要原因是英国的沃达丰通讯公司收购了德国的曼尼斯曼公司，使德国的FDI几乎达到了 2500 亿美元，略逊于最大的投资目标国美国。日本 FDI 的总投资趋势从 1997 年以来，由传统的新建企业投资转向了在日本的跨国并购，外国公司收购日本公司的金额已经超过了日本公司收购外国公司的金额。

在全球跨国并购的高潮中，信息技术产业上演了一幕幕大公司合并的惊心动魄的戏剧。体现在高科技领域，其漩涡的中心地带，便是互联网。合并后企业新的审美观是：企业个体越大越好，业务范围越广越好，块头越硕大行动越敏捷越好。一言以蔽之，就是在 21 世纪，在最聪明的头脑的驯服下，大象也能跳出最优美和赏心悦目的舞蹈来。购并开始于康柏（Compag）对 DEC 的 96 亿美元收购。Compag 在 PC 大战里居于领衔主演地位，而 DEC 是传统的高端设备领域之王。之后，电信领域，SBC 斥资 620 亿美元收购 Ameritech，动机在于控制短话市场，向互联网渗透；而后美国电报电话公司（AT&T）亦不甘在短话业务方面示弱，斥资 480 亿美元收购 TCI；美国 MC 花 1370 亿美元收购 Worldcom 动机在于控制主干网运营权；加拿大北方电讯收购 eBay，金额 91 亿美元，动机在于 IP 统一网络。全球跨国并购，提高了一些跨国公司的综合实力，改变了跨国公司的排序。从 1993 年起的 7 年时间里，美国思科公司有条不紊地购并了 51 家公司，从而改变了自己的形象，使公司实力呈几何级数增长。2000 年 3 月 24 日，思科公司的股票市值达到 5792 亿美元，一举超过微软公司，成为名副其实的世界头号公司。

如火如荼的全球跨国并购，一个个大型跨国公司应运而生，因而跨国公司之间的竞争也越来越激烈。为了在日趋激烈的竞争中立于不败之地，许多跨国公司纷纷结盟，一些原来曾是竞争对手的跨国公司也结成联盟，以对付新的竞争对手。进入 20 世纪 90 年代以来，美国跨国公司在各个领域广泛结盟，如美国 IBM 以公司与德国西门子公司合作开发电脑记忆晶片；美国克莱斯勒汽车公司和欧洲第二大汽车厂商菲亚特公司相互成为对方的销售代理等。欧洲跨国公司每年缔结的合作协定成倍增加，……许多中小跨国公司联合起来，共同对付竞争对手。在发展中国家，跨国公司之间的结盟也日趋活跃。目前，跨国公司广泛结盟已成为企业经营国际化的一个突出特点，反映了跨国公司发展的一个新趋势。进入 21 世纪，这种趋势有增无减。

（三）领导技术革命新潮流

跨国公司是技术革命的产物，同时也是技术革命的主导者。进入 20 世纪 90 年代后，跨国公司一直处于新技术革命特别是信息技术革命的前列。在美国《财富》杂志每年按销售收入排名的 500 家大公司中，高技术特别是信息技术公司增长幅度最大。1998 年电信、电脑技术和生物制约等新兴产业的公司超过了诸如钢铁、化学、汽车等传统产业的公司，名次也跳跃式向前。1999 年的 500 强中，美国微软销售利润率最高达 39.4%；英国的大东通信公司为 38.8%，屈居第二；美国的 Worldcom 销售收入翻了一番，SBC 销售收入增长 72%；芬兰的手机制造公司诺基亚销售收入增长 45%。

从 1988 年 7 月 18 日起，美国《商业周刊》以市场资本价值指标排名的"全球 1000 家"公司排行榜已有 13 年的历史。综合分析可以看出，传统产业的公司逐步丧失领地，让位于新技术产业的公司，其中以计算机硬软件、网络通讯和商业连锁销售网等发展最快。美国在信息技术领域处于遥遥领先地位，因而美国的公司往往雄居榜首。1998 年的 1000 家公司中，美国 330 家，1999 年 450 家，2000 年超过 500 家。1999 年和 2000 年"全球 1000 家"公司中顶尖的前 10 名公司，都有美国的 8 家。其中信息技术公司，1999 年 5 家，2000 年 7 家，即美国的通用电气公司、英特尔公司、思科系统公司、微软公司、英国的沃达丰公司、日本的电信电话——多科莫公司、芬兰的诺基亚公司等。

进入 21 世纪后，新技术革命的发展将更加朝气蓬勃，跨国公司将继续处于世界新技术革命大潮的前列。新技术不仅包括可获取发明专利的硬技术，而且还包括信息技术及管理、组织、营销等软技术。跨国公司将率先发明、采用这些新技术，使之商品化，并广泛传播，承担领导技术革命新潮流的重任。

领导技术革命新潮流，不仅表现为率先发明和采用新技术，而且主要地表现为通过技术输出转移和传播新技术，带领世界各国开展新技术革命，推动世界经济的发展。

跨国公司向外输出、转移技术的途径是多种多样的，接受输出、转移技术的国家也是多种多样的。总的说来，跨国公司输出、转移技术，会给接受国带来好处，不断缩小国与国之间技术上的差距。这无疑会促进发展中国家技术和经济的发展。

但是，在谋取利润最大化动机的驱使下，跨国公司传播技术的过程也会出现"国际间技术的梯度流动"，具体表现有二：一是母公司把早已步入成熟期并开始衰退的技术向技术水平低的国家转移；二是高技术工序由母公司国完成，低技术工序转移到海外生产。日本近期新国际分工体系的基本出发点就是上述"梯度流动"的产物，这实质上是一种不尽合理的"垂直分工制"。近期资料表明，发展中国家引进的许多"技术"和项目都属于这个范畴。显然，这样的技术输出、转移，不一定能给发展中国家带来益处。有鉴于此，联合国制定的"跨国公司行为准则"强调，跨国公司在其经营国际化的过程中，必须分担创造全球新经济的责任，并对此作了具体条文规定。跨国公司要承担创造全球新经济的责任，就必须加强其和东道国之间的关系。这主要包括双方共同制订应付意外的计划，以适应波动较大的外部环境；跨国公司应为最不发达国家的农业、人员培训和基础设施发展提供不可缺少的新技术，应在支持发展中国家的技术发展战略方面作出贡献。但是，发达国家的许多跨国公司并不想这样做。

因此，对发展中国家来说，21 世纪跨国公司的全球化，既是一个良好的机遇，又是一次严峻的挑战。所有发展中国家都应认真分析跨国公司发展的新动向，充分利用机遇发展壮大自己，采取有效措施迎接挑战，以机动灵活的战略战术参与国际分工和国际竞争，争取尽快缩小与发达国家的经济技术差距。

（四）对外投资蓬勃发展

进入 20 世纪 80 年代以来，跨国公司的对外投资大幅攀升，直接投资总存量急速膨胀。1997 年，跨国公司对外直接投资达 4000 亿美元，比 1980 年增加 6 倍，同年国际直接投资流入总存量达 34560 亿美元，流出总存量达 35410 亿美元，直接投资流入和流出总量之和已占全球国内生产总值的 21%。1999 年，跨国公司对外直接投资突破 6500 亿美元，直接投资流入和流出总量之和占全球国内生产总值的比重升到 23%。2000 年，对外直接投资突破 1 万亿美元，创历史最高纪录，流入流出总量之和占全球国内生产总值的比重突破 25%。1995 年，美国、英国、德国最大的 50

家跨国公司的对外投资占全国对外投资的比重，分别为 63%、71%、51%；澳大利亚 50 家最大跨国公司对外投资则占整个国家对外投资的 96%。2000 年，美国、英国、德国所占比重分别增加至 68%、73%、59%，澳大利亚则继续保持 96% 的水平。1994 年，发展中国家利用外国直接投资额为 700 亿美元，其中来自跨国公司的直接投资占 40%；1999 年利用外国直接投资额突破 2000 亿美元，其中来自跨国公司的直接投资上升到 50%，2000 年保持了 1999 年的水平。

21 世纪，是进一步开放的时代。世界各国对外开放进一步扩大的客观趋势，将迫使各国政府制定和执行进一步扩大对外开放的政策。发达国家都在千方百计地扩大国外原料来源和销售市场；新兴工业化国家和地区都在积极谋求原料来源和销售市场多元化；许多发展中国家都制定和执行了更加开放的政策，力求在更高层次上参与国际分工。在这种大背景下，各国将逐步取消对跨国公司的种种限制，采取多种措施吸引和鼓励外资的投入。发展中国家和多边性国际机构将采取行动，努力提高资金流入发展中国家的数量和质量。因此，跨国公司的对外投资将日益增加，呈现出蓬勃发展的局面。

美国跨国公司纷纷涌向海外直接投资设厂，就地生产销售，正在成为美国制造业一个日益加速的发展趋势。最近，美国商务部透露，美国制造业海外投资额 2000 年占世界国外投资总额的 19% 以上，预计进入 21 世纪将持续增长。除制造业外，其他出口行业也日益增加对外直接投资的份额。促使美国跨国公司不断增加对外直接投资的原因是多方面的，主要有两个方面，一是相对于在国内生产出口，向海外投资生产效率高，能更快获更多的利润；二是西欧、日本经济的增长、市场不断扩大和区域集团化。趋势的影响，美国的霸主地位不断受到威胁，为了巩固和加强其霸主地位，利用跨国公司增加对外投资来扩大影响。

日本在 21 世纪，将继续实施"在用户身边制造产品"的战略迅速扩大向海外投资，力图尽快确立日本的"国际制造—销售网络"。有的企业将建立"日本—北美—欧洲三极体系"，有的企业则将建立"日本—北美—欧洲—东南亚四极体系"。日本在欧美国家的直接投资者主要是大型跨国公司（综合商社），目的是解决高技术产品的生产和销售；而对发展中国家尤其是对亚洲国家（或地区）的直接投资，则着眼于谋求建立以日本为核心的新的国际分工体系。新的国际分工体系，是以日本为工业技术输出国和设计大国，以亚洲"四小龙"、东盟和其他国家（或地区）为生产据点，生产、出口增值材料和产品，巩固日本的经济地位。由于韩国、中国台湾、新加坡、中国香港等国家和地区技术水平和工资水平都已大大提高，日本对外投资的重点将逐步向东盟、中国大陆等国家转移。

新兴工业化国家和地区如韩国、中国香港、中国台湾、新加坡、阿根廷、巴西以及发展中国家如中国、印度等也将大量增加对外投资，发展和扩大自己的跨国公司。

四　具有中国特色的跨国公司

（一）创建和发展具有中国特色的跨国公司的必要性和可能性

1. 必要性

许多国家经济发展的实践证明，只有拥有世界水平的跨国公司，才能立足于国际经济之林，才能在国际市场竞争中取胜。创建具有中国特色的跨国公司，有利于增强我国参与国际竞争的能力，有利于增加出口创汇，有利于深化外贸体制改革，有利于优化产业结构，是关系到中华民族未来能否自立于先进国家之林的大事，意义重大，非常必要。

第一，创建具有中国特色的跨国公司有利于我国参与国际分工，增强国际竞争能力。世界经济在 20 世纪 90 年代进行较大结构性调整的基础上，21 世纪将进行新的更大的结构性调整。世界经济结构的大调整，将促使国际分工日趋深化，导致世界经济国际化、区域化、集团化的迅速发展。世界经济的这种发展趋势，使经济技术交流与合作产生明显的区域性和排他性，给我国经济带来严峻的挑战。我们必须以更加勇敢的姿态进入世界经济舞台，积极参加国际分工。一方面，积极引进外资和先进技术，提高外资使用的质量和水平；另一方面，扶植外向型企业集团，创建具有中国特色的跨国公司，依靠它们迎接挑战，参与竞争。当代国际间的竞争，主要是跨国公司之间的竞争。跨国公司已成为国际贸易的主要承担者和世界市场的主宰者，其贸易额已占全世界贸易总额的 66% 左右；同时，跨国公司已成为国际投资的主要提供者和垄断者，其国外直接投资已占世界国外直接投资总额的 70% 左右。如果我们不顺应历史潮流，创建具有中国特色的跨国公司，就会在挑战面前失败，在激烈竞争中被排挤于国际经济舞台之外。

第二，创建具有中国特色的跨国公司，有利于我国扩大对外贸易，增加出口创汇。我国外贸发展战略要求，2010 年出口创汇额要达到 6000 亿美元。实现这一目标，需要采取多种措施，通过多种途径，扩大对外贸易，增加出口创汇。创建具有中国特色的跨国公司，是扩大对外贸易，增加出口创汇的有效途径。其一，跨国公司可以充分利用子公司所在国的先进技术和设备，生产符合国际市场需要的产品，从而占领并不断扩大市场，增加外汇收入。其二，通过跨国公司在国外的子公司生产出口商品，更接近国际消费市场，可以为国际消费者创造最快最灵活的服务功能，满足国际消费者不断变化的需求，从而不断扩大对外贸易，增加出口创汇。其三，跨国公司既可以绕过各国贸易保护主义的限制，直接把我国的商品打入国际市场，并带动我国的劳务贸易和技术贸易的发展；又可以利用子公司所在国的出口配额，扩大我国的对外贸易。

第三，创建具有中国特色的跨国公司，有利于我国深化外贸体制改革。其一，有利于我国外贸体制改革的目标模式的实现。我国外贸体制改革的目标是"实行自主经营、自负盈亏、工贸结合、联合统一对外的外贸经营体制。完善和健全外贸收购制、有外贸经营权的生产企业直接出口制和代理制。"创建跨国公司，有利于这种外贸经营体制目标模式的实现，有利于完善和健全生产企业直接出口制和代理制。其二，有利于完善外贸宏观调控机制。政府通过经济法规、经济政策和各种经济杠杆，重点调控跨国公司；其他一般企业由跨国公司进行指导和协调。这样，国家调控对象相对集中，不仅可以避免重大宏观决策失误，而且可以把更多的精力用于国民经济规划和出口产业政策的制定及协调。其三，跨国公司使生产和流通两个环节紧密联结为一个整体，既可克服目前生产企业经营外贸业务方面的人才、渠道、经验缺乏的困难；又可解决外贸企业适销对路产品不足的矛盾，使外贸企业经营建立在坚实的生产基础之上。

第四，创建具有中国特色的跨国公司，有利于优化我国的产业结构。其一，依靠跨国公司雄厚的经济实力，把现代科学技术成果直接用于我国出口高精尖新产品的开发上，从根本上改变和优化我国出口产业结构和出口商品结构，不断提高我国出口产品的技术含量和附加值。其二，将我国具有比较优势的传统工业、劳动密集型产业以及在某些高技术领域的产业配置，通过跨国公司的经营国际化，扩展到发展中国家，甚至发达国家中去，占领海外市场，从而推进我国产业结构的高级化进程。其三，通过跨国公司的对外直接投资，把我国某些资源短缺的产业配置，发展到资源相对丰裕的国家，从而我们可以获得国际分工的好处，使我国产业结构得以发展和优化。

2. 可能性

创建具有中国特色的跨国公司，不仅十分必要，而且具有现实的可能性。

第一，我国现在的经济实力已经比较强大，具备了创建跨国公司的物质基础。一个国家能否发展跨国公司，取决于自身的经济实力。新中国成立以来，特别是改革开放以来，我国国民经济的增长速度一直居世界前列。20 世纪 80 年代，我国经济平均年增长速度为 9.2%，大大高于同期世界经济年平均增长 3.5% 的水平；90 年代，我国经济平均年增长 8%，也大大高于同期世界经济年均增长 3.3% 的速度，2000 年国内生产总值首次突破 1 万亿美元，居世界第 7 位。经济实力大大增强，我国在全世界出口国的地位由 1979 年的第 32 位跃居为 1990 年的第 14 位，1997 年的第 10 位，2000 年的第 7 位；钢产量由 1979 年的世界第 26 位跃居为 1990 年的第 4 位，1997 年的第一位，并一直保持到 2000 年；煤由 1979 年的第 9 位跃居为第 1 位。这些指标说明，我国工业基础已比较雄厚，超过了美国在 20 世纪初和印度、巴西等国家在 70 年代开始发展跨国公司时的工业基础，具备了创建跨国公司的物质条件。我国完全有实力、有条件创建具有中国特色的跨国公司，直接进入世界经济舞台。

第二，我国在经济技术的许多领域具有比较优势。其一，技术优势。我国有比较强大的基础科学和应用科学研究队伍，在科学研究的某些方面达到了世界先进水平。例如，在航空航天、原子能、生物工程等高科技领域的许多研究成果已经接近和达到世界先进水平。发展跨国公司，可以通过技术入股的方式，向外直接投资，获取比较利益。另外，我国的传统工业、标准技术、劳动密集型技术等方面已处于成熟阶段，具有向发展中国家出口中间技术的相对优势。其二，人才优势。我国已经培养出一大批素质比较高的经营管理人才、工程技术人才和庞大的技术工人队伍，能够创办具有中国特色的跨国公司，在国际经济舞台上导演威武雄壮的话剧。近几年来，在发展对外工程承包和劳务输出业务方面，我国已经显示出了比较优势。其三，资源优势。我国地大物博，资源丰富，具有创办跨国公司的内部基础。1999 年，农业资源中，已有谷物、棉花、大豆、花生、油菜籽、甘蔗、茶叶、猪牛羊肉等进入世界前 10 名，其中谷物、棉花、大豆、猪牛羊肉、油菜籽居世界之首；工业品中已有钢、煤、原油、电、水泥、硫酸、化肥、化纤、棉布、糖、电视机等进入世界前 5 名。

第三，我国已经涌现出了一批从事跨国生产经营的企业集团和大型企业。目前，我国已经兴办企业集团和大型企业几千家，其中有些企业集团，包括工业企业集团、外贸企业集团、信托投资公司等企业已经从事跨国生产经营多年。中国石化国际事业公司、中国通用技术（集团）控股有限责任公司、东方国际（集团）有限公司、中国化工进出口总公司、中国粮油食品进出口总公司、中国五金矿产进出口总公司、中国机械进出口总公司、中国银行、中国国际信托投资公司、青岛海尔集团、青岛海信集团等已经初步发展成为跨国公司。这就为创办具有中国特色的跨国公司创造了宝贵的经验，奠定了较为可靠的现实基础。

（二）为创建和发展具有中国特色的跨国公司而努力

创建和发展具有中国特色的跨国公司，首先应确定具有中国特色的跨国公司的目标模式，然后制定和执行正确的政策和措施，为实现这一目标模式而努力。

1. 具有中国特色的跨国公司的目标模式

目前，在世界经济中跨国公司的主导模式有两种，一种是跨国公司，另一种是综合商社。跨国公司是欧美国家国内大公司的生产经营向国外的延伸。其特点是，公司实力雄厚，直接在海外投资设厂和建立营销体系，参与国际分工，通过在国外建立子公司和合资企业带动企业的国际化，不断开拓和扩大国际市场，输出资本和技术，获取高额利润。综合商社是日本发展跨国公司的成功模式。它一方面通过作为国内大企业集团在国外设立的专门从事营销活动的经营组织，即经营企业集团的全部进出口贸易，又进行海外资源的开发，为外国公司向日本出口组织销售渠道。另一方面，综合商社还以进出口代理商的身份，代理中小企业从事国际贸易业务。其主要特点是通过综合化的强大的国际营销体系开拓和发展国际市场，带动商品出口以及资本和技术输出，获取高额利润。许多外向型经济发展较快的发展中国家和地区，例如韩国、泰国、马来西亚等国都从本国实际出发，仿效欧美或日本模式，创建本国的跨国公司。

参照欧美和日本的模式，从实际出发，中国跨国公司的理想模式应该既具有中国特色、又适应国际市场的变化。这样的理想模式，可以是工贸结合型集团式跨国公司。理由是：

第一，这一模式符合中国企业经营国际化的发展方向

建立工贸结合型集团式跨国公司，符合中国企业经营国际化的发展方向，具有中国特色。我国现在从事经营国际化的企业，分为贸易性和非贸易性两大类。近几年来，我们把实行工贸结合作为外贸体制改革的一项重要内容来抓，在统一协调两类企业关系的基础上，推行贸易性企业生产化和生产性企业贸易化，为建立工贸结合型跨国公司创造了条件。我国的企业规模结构，以中小企业为主，企业间的专业化协作程度低，组织结构比较松散。在客观上要求推行企业的改组、联合和兼并，实现企业集团化，以适应国际市场竞争的要求。同时，我国企业资金不足、生产技术水平低、国际市场营销经验不丰富，能力有限。这就要求我们发展集团式跨国公司，发挥整体优势参与国际市场竞争。党和国家政府发布的许多文件及召开的一些会议都反复强调，要"积极发展企业集团"，给予企业集团外贸经营自主权，发挥它们出口创汇的积极性。可见，建立工贸结合型集团式跨国公司，既符合我国企业经营国际化的发展方向，又符合我国外贸体制改革的方向，是大势所趋，势在必行。

第二，这一模式吸收了外国跨国公司各种模式的优点

工贸结合型集团式跨国公司是一个大联合企业。它吸收了外国企业经营国际化成功模式的优点，集欧美国家跨国公司和日本综合商社的功能于一身，把生产、贸易、分配、销售、技术研究和新产品试制有机结合在一起，能够灵活适应国际市场的变化。它不仅能够凭借其资金、技术、销售等整体优势，在国际经济活动中实现生产要素的合理配置，协调组织生产、运输和销售活动；而且能够利用它遍布世界各地区的分支机构和子公司，在内部实现国际分工和专业化协作，通过跨国公司的内部贸易，把各工序的生产联系起来，最后集中组装成为成品；它还能够通过庞大的国际

市场信息网络，及时收集、传递、筛选和处理市场供求信息，根据国际市场需求的变化调整产品结构及花色品种，使产品适销对路，并通过高效、面广、经营能力强的销售网络把商品销往世界各地，从而获得最佳比较利益。

总之，工贸结合型集团式跨国公司是我国外贸体制改革和企业经营国际化发展的方向，既具有中国特色、又适应国际市场的变化，是中国式跨国公司的最佳模式，我们应该为实现这一目标模式而积极努力。

2. 为创建和发展工贸结合型集团式跨国公司而努力

虽然我国的跨国公司已经有了一定程度的发展，但要创建大批工贸结合型集团式跨国公司，还需要进行多方面的艰苦努力。21 世纪前 10 年，应着重抓好以下几点：

第一，促进现有经营国际化企业向跨国公司转化

我国现有经营国际化的企业，分为内向型和外向型两类，应分别采用不同的策略促使它们向跨国公司转化。待跨国公司建立后，再采取综合配套的措施，使其不断完善，发展成为工贸结合型集团式跨国公司。

目前我国内向型的经营国际化企业，主要是通过吸引外国跨国公司的直接投资和技术，兴办的"三资企业"。这些企业借助外国跨国公司的营销网络，将产品的生产和销售纳入跨国公司的国际化生产和销售体系中，促进了我国外向型经济的发展。在资金缺乏、技术落后的情况下，借助外国跨国公司发展经营国际化是一种比较现实和有效的选择。但是，长期如此，就会永远受制于外商，不能独立自主地发展外向型经济。"先引进来，后走出去"，是发展中国家企业经营国际化的一般规律。我们应该利用引进的外资和技术，通过吸收、消化、提高和创新，全面提高企业经营国际化的素质，逐步摆脱外国跨国公司的控制，独立自主地走向世界经济舞台，不断发展壮大自己，向着工贸结合型集团式跨国公司迈进。

我国外向型的经营国际化企业目前主要有三类，即专业外贸公司、企业集团和大型企业。专业外贸公司，像中国石化国际事业公司、中国机械进出口总公司等，以国内众多的企业为后盾，开展进出口贸易，在海外设立了办事处、附属公司、子公司等。它们实际上已经成为不成熟的跨国公司，是我国经营国际化的主要力量，通过国家扶持和自身的努力，这些公司的功能将不断加强，素质不断提高，可能首先由商业性跨国公司，发展

成为集生产、贸易、航运、金融、保险、房地产等多种功能为一身的工贸结合型集团式跨国公司。外向型企业集团，例如山东省的香港华鲁有限公司、青岛海尔集团、烟台"北极星"钟表公司、多美纺织联合公司等，一般都具有外贸、生产、科研等多种功能，是我国开展国际化经营的骨干。这些企业集团，已经具备了跨国公司的一些特色，是中国式跨国公司的雏形，通过发展壮大便可成为工贸结合型集团式跨国公司。大型企业，如首钢、二汽等，具有资金、技术、人才等优势，是实力比较雄厚的骨干企业。当前，它们主要开展自身的进出口和技术交流业务。我国可制定综合配套的政策，促使这些企业发展跨国经营，向工业性跨国公司转化，然后发展成为工贸结合型集团式跨国公司。对于一些规模较小，实力单薄，经营业务单一的海外企业，可按地区、产业、业务类型等进行改组扩充，联合成为具有相当实力的跨国公司。山东省政府已经作出决定，准备按照经贸结合的原则，把目前在日本、美国、德国的单一贸易型海外企业，进行改组扩充，强化经营能力，扩大业务范围，联合山东省的有关进出口公司、国际经济技术合作公司、国际信托投资公司、出口生产经营企业等共同参股联营，组成为综合性、"窗口"式的跨国公司，适当划分市场，进行经营分工、合理布局，分设若干办事机构和分公司、子公司。

第二，通过对外直接投资，发展跨国经营，创办跨国公司

根据具有中国特色的跨国公司的目标模式的要求，从我国国情出发，参照国际法规和惯例，制定相应的法规、条例和政策，明确实行跨国经营的条件和标准，扶持和鼓励企业特别是企业集团对外投资，发展跨国经营，有计划、有步骤地创办工贸结合型集团式跨国公司。

党的十一届三中全会以来，随着改革的深入和市场经济的发展，以企业之间横向联合、兼并、参股等形式为基础，陆续涌现出了一批经济实力比较雄厚的企业集团。有些企业集团已经对外投资并取得了重大成绩，有些企业集团仅仅作了对外投资的某些尝试，有些还没有从事对外投资。因此，我国必须制定和实施企业集团对外投资、发展跨国经营的总体战略，确定战略目标、战略重点、战略措施和实施步骤，采取综合配套的政策措施，扶持、鼓励和指导企业集团开展对外投资，兴办跨国企业，发展经营国际化，向具有中国特色的跨国公司过渡。各省、自治区、直辖市都应根据中央的指示精神，按照国家总体战略的要求，从当地实际出发，制定和

实施自己的战略，扶持和鼓励企业特别是企业集团对外投资，兴办海外企业，创建跨国公司。

每一个企业或企业集团都应根据自身的经济实力和特点，选择合适的方式和策略实行跨国经营。经济实力雄厚、管理水平比较高的，可直接进入国际市场，参与国际分工和竞争；经济实力不很雄厚、管理和技术水平较低的，可避开外国大企业竞争的锋芒，绕过发达国家的市场，首先在发展中国家从事经营，待取得经验，实力扩大后再开拓和扩大新市场。但不论采取何种方式和策略，都应遵循从小到大、由易到难、循序渐进的原则，认真进行可行性研究。在国外投资布点，要选择好国家，并对所选国家的政治、经济、文化、社会、民俗等进行综合考察，重点掌握其经济政策、技术、生产、销售、法律、合作伙伴等方面的情况，进行反复分析比较、研究、评估后，制订出可行性方案并付诸实施。

第七章 中国的企业经营国际化

中国的企业经营国际化，是顺应世界经济国际化的历史潮流，随着改革开放的发展而逐步展开的。发展速度较快，成效明显，在贯彻"对外开放"基本国策和经济社会发展中起了积极的带动作用。但仍处在初级阶段，而且存在许多不容忽视、亟待解决的问题。我们应该分析把握世界企业经营国际化历史潮流的发展趋势，学习借鉴国外的先进经验，认真总结自己的经验教训，制定和实施科学的战略和策略，保证企业经营国际化高速高效的发展。

一 理论依据

中国制定和实施企业经营国际化战略，发展经营国际化的理论依据，主要是马克思主义关于生产的国际关系理论。同时，也应学习、借鉴或依据西方经济学中的跨国公司理论、经营国际化理论的"合理内核"。关于西方经济学中的跨国公司理论、经营国际化理论，我们已在本书其他章主要是第六章（《跨国公司》）中进行了评介，下面主要介绍马克思主义关于生产的国际关系理论。

马克思在《经济学手稿》（1857—1858年）的导言中，曾经设想对"生产的国际关系"进行专门研究，并在以后的许多论著中对此问题进行了科学论证。恩格斯、列宁、毛泽东、邓小平等革命导师，也都就此问题作过许多论述。马克思主义的经典著作都认为：生产的国际关系不同于一般的生产关系和国际关系，是把一国范围的社会生产过程扩大到国际范围而产生的关系，是指人们在生产经营国际化过程中发生的相互关系，其理论是一个科学的体系，主要包括国际分工论、资源流动论、国际价值论、比较利益论四大部分。

（一）国际分工论

国际分工论，是马克思主义关于生产的国际关系理论的重要组成部分，是发展经营国际化的主要理论依据。国际分工论认为，国际分工是社会生产力发展到一定阶段的产物，是社会分工超越国家界限而形成的国与国之间的劳动分工，是国际交换、资源国际流动的基础和前提，也是经营国际化产生和发展的基础和前提。

国际分工的萌芽，早在 15 世纪末 16 世纪初就已经出现。但那是西欧殖民主义者用暴力手段和超经济的强制手段，对弱小国家进行掠夺的产物。18 世纪 60 年代之后，以蒸汽机的发明和应用为主要标志的第一次技术革命使英、法、德等主要资本主义国家完成了由工场手工业向大机器生产的过渡。它们垄断了先进的工业部门的生产，并逐步向海外转移落后的农业部门。于是，逐渐形成了以先进技术为基础的工业国与以自然条件为基础的农业国之间的国际分工。大机器工业具有无限扩大生产的能力，它不满足于本国的原料供应、粮食来源和市场，而当时交通工具的革命又为走向世界提供了优越条件，这就使大工业日益脱离本国的基地而逐步完全依赖于世界市场、国际交换和国际分工。于是，经营国际化产生了。

国际分工随着世界科技进步的发展和生产力水平的提高而日益深化，经营国际化随着国际分工的日益深化而范围越来越广、形式越来越多、内容越来越丰富、规模越来越大。从 19 世纪 70 年代起，发生了以电的发明和应用为主要标志的第二次技术革命，使重工业部门在资本主义工业化国家中逐渐取代轻工业而居主导地位。在以往工业国与农业国分工的基础上，又形成了初级产品出口国与工业制成品出口国的国际分工。这种国际分工日趋完善，各国的对外经济联系越来越密切，企业的经营国际化有了很大发展。第二次世界大战以后，伴随着第三次科技革命的兴起，在巩固、发展和深化原来国际分工的同时，产生了许多新技术、新工艺、新产品和新产业部门，使国际分工更广、更细、更深，各国（地区）之间的相互依赖和联系进一步加强，经营国际化逐步发展成为普遍的国际现象。进入 20 世纪 90 年代后，信息技术的蓬勃发展和信息传播全球化，把世界各国（地区）经济联结成以全球为整体的"网络经济"，国际分工使国际经济联系扩展到社会经济生活的各方面和全过程，从而使企业经营国际化发展成为一股世界历史潮流，滚滚向前，势不可挡。

（二）资源流动论

资源的内涵有广义和狭义之分。广义的资源是指物质资料的来源，既包括生产资料的来源，又包括生活资料的来源；既包括未开发的资源，又包括已开发的资源。狭义的资源是指从事生产活动的物质条件，包括未开发和已开发的各种生产要素，如矿产、生产资料、劳动力、资金、科学技术成果、信息等。我们所说的资源是狭义的资源。只有资源配置合理，才能提高生产效率，促进经济社会的健康发展。

当今世界，资源在各国的分布极不平衡。要想满足各国对各种资源的多方面需求，实现资源的最佳配置就必须使资源在国家与国家之间流动。因为从一个国家（地区）看，不管本国资源种类多少和存量是否丰富，都不可能完全适应生产发展的要求。一律要求国民经济部门齐全，样样都要自给自足，自求平衡，不但会影响经济的增长，而且会影响经济效益的提高。只有通过国际市场实现资源合理流动，互通有无，调剂余缺，才能保证资源优化配置，取得较好的经济效益。

资源通过国际市场进行合理流动，形式是多种多样的，但就其物质内容来说，无非是商品交换、资金的引进和对外投资、技术的转让、劳动力的输出与输入等等。所有这些都要求加强经营管理，经营管理是促进资源合理流动和优化配置的重要因素。没有国际化的经营和管理，资源在国与国之间的流动就会呈现混乱状态，就难以实现资源的优化配置，就不可能取得较好的经济效益。国际化经营管理的水平如何，对资源的合理流动和优化配置关系极大。国际化经营管理的水平越高、越科学，各种资源的流动就越合理，各生产要素结合得就越紧密、越协调，生产力水平也就越高，所取得的经济效益也就越高。日本石油资源严重缺乏，但由于国际化经营管理水平高，引进了大量石油，实现了资源合理配置，促进了重化工业的发展，迅速成长为世界经济强国。而有一些国家，不善于从事国际化经营管理，出口资源出不去，进口资源进不来，难以实现资源的优化配置，生产力水平提高缓慢，经济发展徘徊不前。正反两方面的经验都说明，资源在国际上的合理流动和优化配置要求搞好国际化经营管理，即实现经营国际化。

（三）国际价值论

资源通过国际市场进行合理流动，其物质内容主要是商品交换。马克思关于商品生产和商品交换的理论，特别是以社会必要劳动时间决定商品价值量为中心的劳动价值论，在国际范围内的商品交换中仍然适用，价值规律在世界市场上仍然发挥作用。各种不同的商品，之所以能够按照一定的比例在国际市场上进行交换，是因为它们都凝结了无差别的人类劳动即抽象劳动，都具有国际价值。国际价值是国际交换的基础。价值规律在国际市场上的作用，迫使人们加强经营管理，搞好经营国际化。

在世界市场上价值规律要求商品交换按照国际社会必要劳动时间所决定的国际价值进行。很明显，生产商品的国别劳动时间低于国际社会必要劳动时间，就会获得较多的利润；而高于国际社会必要劳动时间，就无利可图，甚至赔本。价值规律对每个国家的商品生产者都是铁面无情的。这就必然在客观上督促和鞭策各个国家加强国际化经营管理，搞好经济核算，尽量采用先进技术，提高劳动生产率，想方设法减少国别劳动消耗，使之降到国际社会必要劳动时间以下，以尽可能少的劳动耗费生产出尽可能多的符合国际市场需要的商品，从而获取尽可能多的利益。

价值规律的调节作用，在一个国家内部主要表现为调节社会总劳动在各生产部门、各行业中的分配比例，在国际上主要表现为调节资源在各个国家的分配比例。价值规律的这种调节作用，是通过国际交换价格和实际价值的矛盾运动实现的。价格围绕价值的上下波动，为生产者和消费者传递信息，促使各国通过调整生产规模和生产结构或者调节需求，使商品供求趋向平衡。价格信号还能促使各种资源由供过于求的国家（或地区）向供不应求的国家（或地区）转移，使各种资源在世界范围内趋向供求平衡。这就促使参与国际交换的各国企业提高经营管理水平，在出口时注意研究世界市场的行情，根据供求的变化，组织各种资源的出口，以获得较高的创汇收入；在进口商品或引进国外的生产要素时，注意创造良好的经济环境，既使外商有利可图，又使本国获得较高的收益。

（四）比较利益论

比较利益的基础是"比较成本说"，是英国资产阶级经济学家大卫·

李嘉图提出的一种国际贸易理论。主张依照生产成本的相对差别实行国际分工，各国集中力量发展其经济优势最大或劣势最小的产品的生产，然后进行贸易，贸易双方都会得到好处。当时，英国是世界上经济最发达的国家，工业加工产品生产的成本低，其他国家特别是落后国家工业原料生产的成本低。按照"比较成本说"，英国可发展加工工业，其他国家只能发展原料工业，通过贸易为英国资产阶级服务，接受其剥削甚至掠夺。在目前国际条件下，这一理论仍有利于发达国家，而不利于发展中国家。但是，李嘉图的理论也有其"合理内核"，主要表现是：他认为劳动创造价值，劳动量决定商品的价值量；在国际商品交换中，起决定作用的不是生产商品时劳动的绝对耗费数量，而是商品的比较成本。马克思吸取了李嘉图"比较成本论"的"合理内核"，创造了比较利益论。他肯定地指出，处于生产力水平不同的国家，通过国际交换都可以获得比较利益。在国际交换中，劳动生产率较低的国家，即经济不发达国家"所付出的实物形式的物化劳动多于它所得到的，但是它由此得到的商品比它自己所能生产的更便宜。"[①]

我们应科学运用比较利益理论，指导企业经营国际化的实践。至少做好三点：第一，用现代科学技术武装和改造企业，加强和改善经营管理，争取以最少的劳动消耗生产出最多的符合国际市场需要的产品，从根本上提高在国际交换中的地位。第二，不断分析、及时把握世界市场的变化趋势，依据世界市场供求变化，不断调整和优化产业结构和出口商品结构，争取不断获得国际比较利益。第三，正确处理现实利益与长远利益、局部利益与全局利益的关系，使比较利益服从整个国家的长远利益，有利于国民经济和社会发展战略目标的实现。

二　发展概况和特点

（一）发展状况

中国企业经营国际化是随着改革开放的发展而逐步展开的。既符合客观规律，又具有中国特色。1979 年 11 月，"北京市友谊商业服务公司"

---

① 马克思：《资本论》第 3 卷，人民出版社 1972 年版，第 265 页。

同日本"东京丸一商事株式会社"合资在东京创办了"京和股份有限公司",建立了中国第一家名副其实的海外合资企业,标志着中国企业经营国际化的开始。

20世纪80年代初期,中国企业经营国际化发展缓慢。据国家统计局统计,到1982年底全国兴办的境外独资与合资企业只有43家,中方投资额不足400万美元。之后,发展速度逐步加快,到1992年底,全国已在121个国家和地区开设独资、合资、合作企业4117家,其中非贸易性企业1363家,总投资额35亿美元,中方投资15.9亿美元,占45.43%。1998年底,全国已在160个国家和地区兴办境外企业达5666家,总投资近100亿美元,中方投资额为63.3亿美元,其中非贸易性企业为2378家,中方投资额为25.5亿美元。到2000年底,全国兴办的境外企业已超过6000家,总投资额突破112亿美元,中方投资额约70亿美元,其中非贸易企业近3000家,中方投资额30多亿美元。投资涉及的行业,从初期集中在贸易方面发展到资源开发、生产加工、交通运输、工程承包、医疗卫生、旅游餐饮、咨询服务等领域。投资地区,不仅有诸多发展中国家和地区,而且在欧美日等发达国家也占有相当的比重。美国是中国在境外兴办非贸易企业最集中的地区之一。2000年,中国在美国建立的企业已近300家,占全国境外投资企业的5%,投资额则占全国境外投资总额的10%。另外,我国在港澳地区,大洋洲的投资也较多。

上面引用的数据是国家统计局根据中国对外贸易经济合作部批准或备案的境外投资企业统计的,统计对象是国有企业从事境外经营业务最初批准的数据。显然,这个数据比实际数字要低,比国际机构如国际货币基金组织的统计数据也低。但是国家统计局的统计,反映了中国企业经营国际化的基本情况,是官方公布数字。故我们引用这些数据。

目前,中国从事经营国际化的企业大体上可分为四类:

第一,外贸专业公司和大型贸易集团。主要包括中央政府和各级地方政府直属的外贸专业公司和大型贸易集团。如中国化工进出口总公司、中国粮油进出口总公司、中国电子进出口总公司、中国机械设备进出口总公司、中国技术进出口总公司、中国轻工业品进出口总公司等。这些贸易大公司的优势是长期从事进出口贸易,逐渐形成了具有一定规模的海外市场网络,掌握熟练的营销技巧,有灵通的信息系统,稳定的业务渠道,融资便利，是中国企业海外经营的先锋和主力。

第二，生产性企业或企业集团。如首钢集团、青岛海尔集团公司、广东科龙电器股份有限公司、赛格集团、春兰集团公司、康佳股份集团有限公司、广东格兰仕集团公司等著名企业。这些大型生产性企业从事跨国经营的优势是：有外贸经营权；有相对成熟的生产技术和一定的研究与开发能力；在国内有庞大的生产基地和销售网络。由于它们在资金、人才、市场、管理等方面有明显的竞争优势，因而海外经营起步虽晚，但正以较快的发展速度向海外扩张。

第三，大型金融保险、多功能服务公司。包括中国银行等五大专业银行、中国人民保险公司、中国远洋运输集团公司、中国建筑工程总公司、中国土木工程公司、中国水利电力公司等。这些公司资金雄厚，提供专业化服务，有良好的信誉，经营规模较大。

第四，中小型企业。主要是乡镇企业、国有或集体所有制中小企业。这些企业数量多，投资规模小，经营品种单一，但机制灵活，适应性强。

（二）主要特点

中国属发展中的社会主义国家，其企业经营国际化具有发展中国家经济国际化初级阶段的明显特征。

第一，既按国际经济规律办事，又体现中国特色

企业发展经营国际化，必须按国际经济规律办事，经营机制必须与国际经济机制相适应。同时，各个国家的企业也应体现本国特色。这是发展中国家经济国际化初期企业经营国际化的共性，在中国企业表现也很明显。从事经营国际化的中国企业，都根据国际通行规则进行改革，争取从制度、机制、营销方式等与国际接轨，以适应国际市场的变化。同时，又遵循社会主义基本经济规律，发展经营国际化的目的是为祖国的现代化建设服务，提高祖国的综合国力、生产力水平和人民群众的物质文化生活水平。青岛海尔集团就是这方面的先进典型之一。进入 20 世纪 90 年代，海尔集团就制定和实施了经营国际化战略，为推行国际化战略，他们深化改革，按照世界 500 强的典型模式建设"国际化的海尔"。他们实行经营国际化与行动本土化相结合，立足中国，放眼世界，积极推行经营国际化，全方位开拓国际市场；通过本土化设计、生产经营，满足各国一个个细分

市场中不同消费者的个性化需求。他们率先向网络时代进军，从 1998 年开始先后推出了海尔电子商务 B2B 和 B2C 个性定制、网络家电等全新的营销模式，从而赢得了用户，在国际市场的销售收入每月递增 30%。目前，海尔已在海外投资设厂 10 家，建立经销点 38000 多个，产品批量出口到 160 多个国家和地区。1999 年实现工业销售收入 215 亿元，出口创汇 1.38 亿美元，2000 年在这些基础上翻了一番还多。

第二，发展速度快，但投资规模小

中国企业经营国际化，起步晚，发展速度快。近 15 年来以年均递增 30% 的速度发展，比多数发展中国家企业经营国际化头 15 年的发展速度都快，比前苏联、东欧各国的速度也快。

中国是发展中的社会主义大国，虽然企业经营国际化已有一定规模，但总的看规模小，与国民生产总值和引进外资比极不相称。2000 年底，我国引进外商投资存量已经突破 3300 亿美元，占全球跨国直接投资存量的 6% 左右，居发展中国家第一位，被公认为吸收外商投资大国。但对外投资总额还不足 70 亿美元，占全球对外直接投资总量的 0.13%，还不及国外一家中型跨国公司的对外投资量，是对外投资小国。国际经济学界公认，引进外资与对外投资的合理比例为 1:1。目前，发达国家为 1:1.1，发展中国家为 1:0.39，而我国仅为 1:0.021，差距之大，令人惊讶！

中国从事经营国际化的企业，虽有一批大型工业企业与专业外贸公司，但绝大多数是中小企业，投资规模以中小项目为主。境外企业的平均投资额 1993 年为 82 万美元，1997 年为 150 万美元，2000 年也没有突破 200 万美元。这不仅大大低于发达国家对外投资项目的平均投资额（600万美元），也与发展中国家的平均投资水平（450 万美元）相差甚远。致使许多境外企业无力与具有较强实力的外国公司竞争。尽管如此，一大批中小型境外企业还是发挥自身优势，做了大量开创性工作，为中国企业大规模开展经营国际化起了铺路石的作用。

第三，投资地区不断扩大，行业日益多样化

投资地区，最初主要集中在东亚、中东、非洲一些发展中国家及日本、美国等少数发达国家。这种投资地区分布格局，与长期形成的中国出口市场格局密切相关，不利于扬长避短，发挥优势，获取较大比较利益。之后，国家采取一系列措施，逐渐向北美、西欧等众多发达国家和亚非拉地区发展中国家扩展。随着世界经济国际化、一体化的发展，中国在巩固发展原来澳港地区、美国、日本、西欧投资市场的同时，还积极开拓拉丁美洲、韩国及原"经互会"成员国家和地区的投资。现在中国的境外投资已遍及世界五大洲 160 多个国家和地区。

投资行业渐趋广泛，境外企业的经营范围日益多样化。最初主要集中在贸易领域，以后逐步向资源开发、生产加工、交通运输、工程承包、医疗卫生、旅游餐饮、咨询服务、房地产开发等领域发展。现在涉及的行业已有几百种，其中贸易、资源开发、生产加工的项目所占比重最大，且效益比较显著。在经营国际化的蓬勃发展中，有些企业开始搞"一业为主、多种经营"。贸易性企业不断向生产领域渗透，例如中国化工进出口总公司，除了经营传统的进出口商品外，还在美国收购炼油厂和化肥厂，在泰国兴办橡胶厂。而有些工业企业又向贸易业和其他行业扩展，例如青岛海尔集团除了在美国、欧洲等国家和地区兴办生产性家电企业外，还从事其他商品和服务进出口业务。另外，中国的纺织、服装、制鞋、家具、珠宝、玩具等传统加工制造业具有一定竞争优势，且投资少，收效快，所以也成为中国境外企业生产性投资较为集中的部门。

第四，投资主体日趋多元化，且向大企业集团发展

最初，中国企业经营国际化的行为和责任主体是传统的外贸、外经"一统天下"，由国有企业垄断。随着改革开放的深入和扩大，这种局面很快被打破，投资主体日趋多元化。从所有制结构看，既有国有企业，又有混合型所有制企业，还有集体企业；但仍以国有企业为主，少数个体私营企业也开始对外投资，发展经营国际化。从主营业务领域和管理隶属关系看，对外投资主体主要包括：中央和地方的外贸专业公司、国际信托投资公司，中央有关部委和各省市政府在港澳地区兴办的综合性公司，生产性企业或企业集团，金融保险公司，科学技术研究机构，工贸、技贸结合型公司，乡镇企业等。并且这种投资主体多元化的趋势还在进一步加强。

中国的对外投资主体，主要集中于中小企业。但近几年，根据国际经济形势的变化和我国扩大对外开放的需要，制定了相应的政策措施，支持和鼓励大企业集团对外投资，开展跨国经营，推动对外投资主体由中小企业为主向大企业集团为主转变，并且取得了可喜的成效。中信公司在澳大利亚波特兰铝厂参股、首钢收购秘鲁铁矿公司等，投资都达 1 亿美元左

右。青岛海尔集团在美国的电冰箱组装项目，青岛海信集团在南非的电视机组装项目，兖州矿业集团在柬埔寨的服装加工项目等，不仅投资规模大，而且效益较好，对中国特别是山东的对外投资起到了积极的示范和带动作用。

第五，投资方式以合资为主

从所有权结构上看，中国在境外的独资企业约占20%，合资经营占大部分，约为65%左右。出现这种状况的原因是多方面的。首先，由于一些国家严格禁止和限制外资在本国设立独资企业，其政府对外来投资的政策倾向往往限制了投资于当地的海外企业的形式选择。其次，中国一些企业尚缺少国际经验，不熟悉、不了解境外的通行做法，通过合资或合作经营，由外国的合作者加以帮助和引导也是必要的。而且，中国也有不少华侨企业家散居于世界各地，他们熟悉当地的政策、法规，了解国际市场的通行规则和惯例，并掌握国外经营管理的技能，有的还控制了一定的销售渠道，不少人有较好的资信声誉及广泛的业务联系，选择这些对象作为合营合作伙伴显然是有利的。最后，采用合资方式，我方不仅可以节省外汇，而且可以充分利用国际市场及对方的资金来进行生产与经营业务。

三　成绩和问题

（一）取得的成绩

改革开放以来，中国的经济实力不断增强，与世界各国的经济联系日益密切，并且建立了门类齐全、富有特色的工业经济体系，在许多方面具有一定竞争优势。所有这些，都为企业实施经营国际化战略奠定了坚实的基础和强大的后盾。许多企业，认真贯彻"对外开放"这个基本国策，制定和实施经营国际化战略，走向世界，扬长避短，发挥优势，参与竞争，取得了较大成绩。

第一，引进了先进技术，学习了宝贵经验

中国企业通过实施经营国际化战略从发达国家、新兴工业化国家和其他拥有先进技术的国家和地区，引进和吸收了许多国际先进技术和企业经营管理特别是经营国际化的先进经验。如济南第一机床厂通过引进瑞士MAAG和ZNA磨齿机，不仅提高了新产品的质量，而且提高了批量生产能力；通过引进日本的"树脂砂造型流水线"和"工作台加工中心"，提高了加工"柔性"，促进了数控车床的开发；通过引进 OR 软件系统和 VAXX8250 计算机等，开发了计算机辅助设计、辅助工艺和辅助生产经营管理等项目，极大地提高了该厂的经营管理能力。

我国从事经营国际化的企业从国际上取得先进技术和管理经验的途径主要是：（1）以比较低的价格从国外引进我国所需要的先进适用的技术和设备。如烟台北极星钟表集团公司，以较低的价格从英、美、德、日本、瑞士等国引进了 22 条生产线，形成了从机芯、外观、材料、电子元器件到精密模具一个完整的生产系列，促进了企业的腾飞。（2）购买有先进技术的国外企业的资产、股份等。如重庆市渝丰国际有限公司曾采用"桥式购买方式"，仅以 100 万美元的现金购买了价值 1500 万美元的美国现代制造公司的资产、股票、工业产权和产品销售渠道。（3）通过同拥有先进技术设备和管理经验的国外企业合资或合作开办企业，引进先进技术，学习先进管理经验。济南二机床集团公司在实施经营国际化战略的过程中，先后与美国维尔森全钢压力机公司、美国 ISI 机器人公司、德国穆勒·万家顿公司、瑞典 ABB 公司、法国 FOREST—LINE 公司、美国通用公司等多家世界大公司进行广泛合作，使原有的两大类主导产品"机械压力机和金切机床"实现了向自动化和数控化发展的历史性跨越，90% 的产品达到当代国际先进水平；同时，学习借鉴国外企业的先进经验，深化企业内部体制改革，大大提高了企业的适应能力和产品竞争力，产品销往世界 50 多个国家和地区。

第二，扩大了出口，增加了外汇收入

过去，我国产品出口渠道比较单一，主要依靠海外经销商、代理商经销和包销。这是必要的，但受政治经济方面诸因素的制约，出口规模难以扩大，外汇收入增加有限。而发展经营国际化，可以扩大出口渠道，增加外汇收入。首先，创办海外企业，实行就地生产、就地销售，可以绕过各种形式的贸易壁垒，维持和巩固原有的市场。其次，对某些国家对我国产品实行出口配额限制而无法出口的，有关企业可到没有受到出口配额限制的第三国建厂，利用当地渠道，开展出口业务。再次，在海外建立贸易性的跨国企业，直接从事进出口业务。最后，还可在进口国直接设立销售网点，建立商场，寻求直接用户来开拓当地市场，增加外汇收入。

自改革开放以来，中国把发展企业经营国际化作为开创对外经贸新局面的重要措施来抓，出口渠道不断扩大，外汇收入以年平均递增 15% 的速度增长，在国际市场上的地位不断上升。出口贸易在世界各国中的地位由 1979 年的第 32 位上升到 1994 年的第 11 位，1997 年上升为第 10 位，2000 年又跃升到第 7 位，出口创汇总额超过 2500 亿美元。广东省在全国率先制定和实施经济国际化战略，广大企业积极响应，纷纷制定和实施经营国际化战略，努力开拓国际市场，出口创汇迅猛发展，跃为全国出口第一大省。2000 年广东省实现出口创汇额 919.22 亿美元，占全国出口总额的 36.9%；其中加工贸易出口额为 718 亿美元，占广东省出口总额的 78.1%。

第三，利用国际资源，缓解了国内资源短缺的矛盾

我国拥有 960 万平方公里的陆地国土，有各种各样的资源和物产，可以说是地大物博。但是，我国有 12 亿多人口，从人均占有量来看，资源并不丰富，并非"物博"。我国人均占有的资源大大低于世界人均水平，例如：耕地仅为世界人均占有量的三分之一，林地为九分之一，草地为二分之一，煤炭不到世界人均量的二分之一，石油只有八分之一，天然气低于二十分之一，铁、锡矿也只有二分之一。可见，按人均占有量考察，我国国内资源是短缺的。广泛开展经营国际化，充分利用国际资源，可以缓解国内资源短缺的矛盾。

我国在海外开办了一些海洋渔业捕捞、林业开发和矿业开采等方面的合资合营企业，已经起到了补充我国某些资源短缺的作用。在海洋渔业捕捞方面，我国已同美国和一些非洲国家签署了合作协议，实施效果良好，已向国内返销鱼货 1000 多万吨。在林业方面，我国同南太平洋地区、北美、南美和非洲林业资源丰富的国家，开始在采伐、加工、制造等方面进行合作，已把大批木材运回国内。在矿产资源方面，我国与澳大利亚、巴西、美国等国家在铁矿、铜矿、金矿等资源开采和铝、铁冶炼方面进行合作，也相继把这些资源运回了国内，弥补了部分资源缺口。

第四，培养和锻炼了人才，促进了企业整体素质的提高

经营国际化的开展，培养和锻炼了人才，造就了一大批懂业务、会管理、善经营、掌握一定科学技术和知识的人才。这批人才遵循国际经济规律、按照国际惯例从事生产经营活动，为祖国争创了外汇，为企业争得了

荣誉。如厦门市国际银行举办的跨国企业股票在香港上市，所经营的国内没有开展的押汇业务就是完全按照国际商会规定的条件来进行的。

经营国际化的开展，促进了企业整体素质的提高。企业要想在竞争激烈的国际市场上站稳脚跟并不断扩大占有率，就必须及时了解国际市场的供求信息，围绕市场需求从事生产经营活动。跨国企业能比较准确、及时、直接地获取各种信息，从而保证企业抓住营销机会，开拓出口市场。市场的调节作用，促进了企业整体素质的提高。

第五，取得了明显的综合效益

开展经营国际化，可取得明显的综合效益。我国在境外创办的贸易性企业，在开拓国际市场，促进市场多元化方面起了"尖兵"的作用，为祖国争得了大量外汇，获得了较高的比较效益；我国在几十个国家开办的远洋航运方面的合营企业，为加强我国同这些国家的贸易发展和货物运输创造了有利条件；在金融方面的合营企业促进了我国在国际上的筹资、信贷、保险、租赁、担保等方面的业务活动；在咨询服务方面的合营企业，对于提供信息、牵线搭桥、促进我国对外贸易和经济合作做出了贡献；资源开发企业，利用国际资源，弥补了国内资源的不足；产品外销企业，获得了外汇收入；跨国旅游企业，获得了非贸易性收入。所有开展经营国际化的企业，都对提高我国的国际声誉，发展与世界各国的友好合作关系起着重要的促进作用。

（二）存在的问题

我国企业实施经营国际化战略，虽然取得了一定成绩，但仍处在经营国际化的初级阶段，而且存在许多不容忽视、亟待解决的问题。

第一，对外投资项目审批程序烦琐低效

企业实施经营国际化战略，向境外投资之前，先要接受由外汇管理部门对投资外汇风险、投资回收期计划的审查，审查结论和国家主管部门的批准文件、投资项目合同或其他证明境内投资者应汇出的外汇资金额的文件配齐后，方可向外汇管理部门申请办理外汇汇出手续，批准后才能将外汇汇出。企业用境外投资所得利润再投资也要经过外汇管理部门审批。这种体制和运行机制，一个投资项目审批需盖章上百个，数年马拉松跑不下来，几万美元的外汇汇出正规渠道办不好只好曲线出国，等等，成为最直接的对外投资制约因素。于是就有了这样的问题：一方面从战略取向上鼓励国内企业"走出去"；另一方面在具体政策取向上又是限制的。而这些现象的深层次原因在于，我国缺乏市场化的企业。

对外投资的主角是市场化的企业，而我们的大部分企业，尤其是国有企业在政企分开和建立现代企业制度方面仍未根本完成。这些企业（假如有所有权优势的话）的对外投资就必然面临两难的问题：谁为对外投资决策并负责？领导作决策，政府如何进行有效监管（要知道，我国对国内的国有资产管理都尚未建立有效的监督管理机制，而对外投资管理难度之大已到了几乎不可能有效监管的地步）？政府作决策的话，它又如何对项目的管理和盈亏负责？至今为止我们约有5800个对外投资项目鲜有成功者，正是这种困境的必然结果。而这种情况下，对外投资的审批管理也没有放松，于是进入了死胡同。

但这也使我们看到了解决对外投资监管问题的关键所在：建立市场化的企业。说起来挺虚，但也最实在：有了这样的企业，目前烦琐低效的审批手续都可以取消，有效的监管制度会在全新的基础上建立；没有这样的企业，取消限制等于某种程度上放任国有资产流失，所以是不可能的。

第二，对外投资的宏观管理不力

由于中国企业经营国际化尚处于起步阶段，加之受传统计划管理体制的影响，对境外投资项目的宏观管理不力。归纳起来，主要有：（1）缺乏专门对企业经营国际化进行有效宏观调控和协调的机构。目前，中国企业进行对外投资，开展经营国际化，国家对外经贸部、国家计委、国家外汇管理局、中国人民银行等都要管，但又各管一段或一个方面，没有一个机构来负责统一管理和协调。一方面，造成全国对外投资缺乏统筹安排，各地区、各部门各自为战，难以形成群体优势；另一方面，造成政令常常不一，企业无所适从，严重妨碍企业的国际化经营。（2）缺乏统一的对外投资发展规划。由于对外投资管理工作较为松散，因此很难制定和实施对外投资的科学长远规划，造成了境外投资项目在产业和区域布局等方面的不合理。（3）缺乏科学的对外投资管理手段。从总体情况看，中国对境外投资的管理多为行政手段，且存在重投资、轻管理，特别是忽视指导、协调、服务的现象。同时，相应的经济手段尤其是法律手段还没健全，已有的运用不够。

第三，对外投资的质量不高

对外投资的质量如何，直接关系其能否有效促进国民经济结构的战略性调整和更好地利用国际国内两种资源、两个市场，不断增强经济发展的动力和后劲。就总体情况而言，近几年中国对外投资的规模有所扩大，但其质量不够高。主要表现为：（1）贸易型境外投资过多。据有关资料统计，截至1999年底，在近70亿美元的境外投资中，贸易型39.7亿美元，占56.7%；资源开发型13.6亿美元，占19.4%；生产加工型9亿美元，占12.9%；交通运输3.7亿美元，占4.3%；其他4.5亿美元，占6.4%。这一方面反映了多数企业设立境外企业的目的在于扩大产品出口；另一方面也说明缺乏对境外投资的有效引导，难以适应经济国际化特别是生产国际化的要求。（2）对外投资的方式单一。据有关资料介绍，发达国家的对外直接投资约有50%是通过收购股票、购买股份或兼并等方式实现的。从中国对外投资的情况看，大多数境外企业属于新建企业，通过收购、控股、参股和兼并等方式设立的企业较少。这反映了中国企业尚难以熟练地运用国际上通用的投资方式，造成企业境外投资总体上见效慢。（3）对外投资区域过于集中。尽管近几年中国注重了境外投资市场多元化问题，但总的来看，境外投资相对集中于港澳地区和欧美少数发达国家，而对非洲和拉丁美洲的发展中国家的投资则较少。（4）对外投资的产业结构不合理。中国对外投资大多为贸易、资源开发项目，能够促进国内经济结构调整的制造业特别是高新技术产业项目的相对较少。

第四，境外企业的体制改革滞后

企业实施经营国际化战略，是将自身直接置身于经济全球化的浪潮之中，因此，必须严格按照国际规范和国际惯例行事。而目前中国许多境外企业对国际规范、规则和国际惯例不熟悉甚至不了解，盲目投资，把国内计划经济时期形成的体制和经营管理模式搬到国外，直接制约着经营国际化的顺利推进。主要原因是体制改革滞后，具体表现是：（1）境外企业的产权不清晰。突出表现为一些境外企业对已投入的国有资产运作情况及回报收益难以落实责任；境外企业的中方股东均以企业法人形式出现，经营管理者和员工仅仅是企业的雇员；在自然人持股问题上，缺乏政策导向和鼓励措施。（2）境外企业的激励机制不健全。境外企业人员的待遇多参照外交机构人员薪金补贴制度标准执行。企业的盈亏同经营管理者和员工自身利益没有直接联系，不符合国际规范。特别是近几年在国内收入水平不断提高、外派人员大多需要前往发展中国家的情况下，不仅造成企业难以选拔外派人员，而且影响了驻外人员的积极性。(3)境外企业的约束机制不完善。一些境外企业沿用了国内传统的管理办法和经营模式，特别是在资产管理、财务管理、人力资源管理以及重大经营活动中，普遍缺乏规范有效的制度约束，不利于国际化经营活动的正常开展。

第五，高素质的经营国际化人才缺乏

在经济全球化趋势不断发展和科技革命日新月异的形势下，国际市场的竞争，归根结底是人才的竞争。企业从事经营国际化，既需要精通外语、懂涉外政策，熟悉国际惯例，掌握国际贸易、国际金融、国际商法、现代科技等专业知识的复合型人才，又需要大批高级的金融、财会、科技、管理和法律等专业人才。就目前中国境外企业人员的素质和水平看，很不适应实施经营国际化战略的要求。特别是一些外派经营管理人员，不掌握必要的外语、国际惯例、国际金融、贸易知识，不了解当地的法律，致使境外企业经营不善，发展艰难。

四 21 世纪的战略设想

进入 21 世纪后，发达国家的企业经营将走向全面国际化，即所有发达国家的所有企业都将对外直接投资，发展经营国际化。新兴工业化国家的跨国公司和其他经营国际化企业也将遍布全球，和发达国家的跨国公司相抗衡。多数发展中国家和地区都将进一步发展企业经营国际化，创建各具特色的跨国公司。在这种世界性的企业经营国际化潮流推动下，世界经济国际化将日益向纵深发展，使中国企业的资源配置、技术选择、产品生产和销售及服务等都与国际市场日益紧密地联系在一起。这就要求我们分析把握世界企业经营国际化潮流的发展趋势，认真总结我国的经验教训，发扬成绩，解决问题，遵循客观规律，制定和实施中国企业经营国际化进一步发展的战略和策略。基本思路可以是：以邓小平的对外开放思想为指导，认真学习贯彻党和国家关于"引进来"和"走出去"的战略决策，学习掌握 WTO 的宗旨、法律框架和基本原则，提高认识，更新观念，强化国际化意识；深化政府改革，转变政府职能，强化对企业经营国际化的宏观调控；深化企业特别是境外企业改革，尽快建立现代企业制度，遵循国际通行规则和国际惯例开展生产经营活动；建立健全和完善政策法规体系，支持、鼓励和维护企业经营国际化；分清轻重缓急，抓重点，带一般，保证企业经营国际化的全面发展；搞好人才的培养、引进和使用，依靠高素质的人才开创企业经营国际化的新局面。

体现上述基本思路，宜主要采取以下对策措施：

（一）提高认识，解放思想，强化国际化意识

企业经营国际化是"引进来"和"走出去"战略的重要组成部分，是经济国际化战略的基础，关系到我国把对外开放推向新阶段的大局。从一定意义上讲，认识提高和思想解放的程度，决定了推动经营国际化工作的力度。中国和其他国家的差距，表现在数字上，反映在工作上，其主要原因之一是思想解放不够。因此，进一步发展企业经营国际化，首要的是努力学习，提高认识，解放思想，强化国际化意识。

第一，提高认识，解放思想。以邓小平的对外开放思想为指导，认真学习党中央和国务院关于"引进来"和"走出去"的指示精神，充分认识积极发展企业经营国际化的重要性和紧迫性，学习借鉴国外先进经验，更新观念，解放思想，放眼世界，面向全球，采取有效措施推动企业经营国际化的高速、高效发展，为祖国经济的持续高效发展开拓新的空间。

第二，强化国际化意识。实施国际化战略，进一步发展企业经营国际化，必须强化国际化意识，具体要求是：强化国际化市场意识，加强国际市场调研，以国际市场为导向，根据市场需求进行经营决策；强化国际价值意识，遵循国际通行规则和国际惯例，最大限度地开拓国际市场；强化比较利益意识，进一步树立效益观念、汇率观念、质量观念，依靠科技进步，提高企业竞争力；强化客户第一意识，树立全方位服务观念，健全客户档案与海外信息网、销售网、服务网为一体的国际化网络；强化整体开放意识，上下左右，方方面面，同心协力，形成整体优势，共同促进经营国际化的发展。

第三，抢抓新机遇，探索新思路。根据 WTO 的国民待遇原则和《与贸易有关的投资措施协议》中有关条款，加入 WTO 会给中国对外投资乃至整个国际化带来良好机遇。有条件的企业应认真研究面临的新形势、新

情况、新问题，抢抓新机遇，探索新思路，将对外投资与进出口贸易、对外援助、对外工程承包和劳务合作有机结合起来，在经营国际化的方式、领域、体制、机制、政策措施等方面实现新突破。

（二）健全和完善科学的宏观管理体制

中国加入 WTO 后，企业参与国际分工和合作的空间更加广泛，日趋激烈的国际竞争将给企业带来更大的活力。因此，建立和完善科学的宏观管理体制，强化对外投资的宏观管理，进一步促进企业经营国际化发展，是政府义不容辞的责任。为此，宜着重做好以下几项工作：

第一，建立有权威的对外投资管理和协调机构。建议成立一个在国务院领导下，由国家外经贸、计划、经贸、外事、财政、金融、税务、国有资产管理、外汇管理、保险、海关、出入境检验检疫等部门主要领导组成的具有权威、综合性的"对外投资管理委员会"，实行例会制度，并设立专职办公室。对外投资管理委员会的主要职责是：制定企业经营国际化发展的整体战略，统一境外投资项目的审批，规范企业的对外投资行为；监督检查国家和省对外投资政策的执行情况，统一协调解决对外投资工作中的重大问题和重点项目的组织实施。当务之急，是制定和实施企业经营国际化的战略性规划和"十五"计划，使之成为整个经济社会发展战略和"十五"计划的重要组成部分，指导和规范全国企业经营国际化特别是对外投资的发展。上海市已经制定和实施《"十五"走出去规划》，今后 5 年将向海外投资 5 亿美元，建立一批海外大型企业集团和独资、控股或相对控股的跨国公司，带动全国企业经营国际化的发展。

第二，建立和完善科学的宏观调控和管理体系。主要做好以下几方面：（1）运用好行政手段。重点克服"重投资、轻管理"的问题，特别是改变对境外投资管理主要集中在项目审批的做法，努力在"指导、管理、协调、服务"四个方面做好企业经营国际化工作。（2）运用好经济手段。采用信贷、税收、利率等经济杠杆调节对外投资的规模、结构、布局、投向、方式、主体等，进一步提高对外投资的质量和水平。（3）运用好法律手段。针对中国对外投资的特点，在充分调研论证的基础上，尽快完善境外资产管理、外汇管理等方面的法规，把对外投资的管理纳入制度化、法制化的轨道。

第三，加强企业经营国际化的中介服务体系建设。根据企业经营国际化发展的实际需要，应突出做好以下工作：（1）建立中国境外投资咨询服务中心。为企业对外投资提供东道国（地区）政治、经济、文化、法律以及市场等方面信息，并对境外投资项目进行评估、可行性研究，同时就投资方式、资金筹措、竞争策略等提供技术指导。（2）建立中国境外投资促进中心。总结推广上海、广东、江苏等开展对外投资的经验，在中国对外投资的重点国家和地区，设立对外投资办事机构，负责中国在该国家和地区投资项目的前期联系、咨询和后期协调管理工作。（3）建立中国境外投资企业商会。各境外企业通过该商会就信息、资金、项目、价格、设备、人员等进行协调，避免出现各自为战、项目重复、无序竞争等现象，提高对外投资的竞争力。

（三）深化企业特别是境外企业改革

世界上任何一个成功的实施经营国际化战略最终发展成为跨国公司的企业，无一例外都是产权清晰、权责明确、管理科学的现代企业。因此，中国必须深化国有企业改革，加快建立现代企业制度的步伐，为实施经营国际化战略创建制度性保证。同时，按照现代企业制度的要求，深化境外企业改革，建立科学化、现代化的经营管理体制。关于深化国有企业改革，党和国家已发许多文件，理论界也有很多论著。下面仅就深化境外企业改革的重点和难点问题谈几点看法。

第一，深化境外企业的产权制度改革。总体要求是，围绕境外企业的发展，开展投资主体多元化的股份制改革。积极鼓励和引导境外企业的经营管理者和员工将国内资产（房产、存款和股票等）作为抵押，以自然人身份个人持股，并允许私人持股比例超过50%，使其具有既是员工又是股东的双重身份。通过当事人参与产权组合，以产权关系组合为纽带，把经营管理者、员工与境外企业的利益紧密结合起来，最大限度地调动经营管理者和员工的积极性和创造性。

第二，深化境外企业的分配制度改革。主要是通过进一步改革境外企业的分配制度，建立一种既符合社会主义市场经济的基本原则，又符合国际上企业运作规律的激励机制。（1）参照境外企业所在国或地区企业的分配模式，制定出其近似的工资福利标准，逐步过渡到企业分配模式当地化。考虑到发展中国家本身的企业工资福利标准较低的实际情况，对外派到发展中国家的人员，应给予一定的地区津贴。(2)实行经营管理者年薪制，将经营管理者年薪收入与境外企业的经营难度、经营风险和经营业绩紧密联系起来。(3)在保证国有资产保值增值的前提下，采取带资风险承包，超额分成的方式。(4)根据境外企业的经营状况，对经营业绩突出的经营管理者和员工，奖励一定份额的期权。

第三，完善境外企业的约束机制。重点是围绕规范境外企业内部管理，建立有效的约束机制。(1)严格执行境外企业经济责任审计制度，切实加强对境外企业的年度经济责任审计、主要经营管理者的离任审计和企业重大经济事项的审计。(2)试行境外企业风险抵押经营，或者对境外企业经营管理者实行契约化管理，对造成重大经营损失的经营管理者，视损失大小和情节轻重追究责任。(3)母公司对境外企业实行必要的监督管理制度，重点加强对境外企业的重大经营活动、投融资及担保行为、财务管理、人力资源管理等方面的监督，以促进境外企业的健康发展。

（四）健全和完善企业经营国际化的政策法规体系

理论和实践都证明，企业实施经营国际化战略，不仅要靠自身的努力，而且离不开政策法规体系的支持。我国已经制定了一些鼓励企业"引进来"和"走出去"的政策法规，但还很不完善，需要在用好用活现有政策法规的同时进一步使其健全和完善。

第一，完善优惠政策。目前，我国已制定了一些鼓励企业"引进来"和"走出去"的分类区别对等的优惠政策，但很不完善，支持力度不够。应根据国家经济社会发展总体战略和对外开放发展的需要，健全和完善综合配套的优惠政策体系，加大对企业经营国际化的扶持力度。特别要在银行信贷、出口退税、外汇管理、风险投资、外经权审批、市场开拓、资源配置、研究开发、出入境手续等方面给"走出去"的企业以政策上的扶持和保证。同时，还要研究制定鼓励和支持有条件的私营企业、集体企业和其他混合所有制企业发展境外投资的相关政策，促进对外投资主体多元化。

第二，健全法规体系。我国有关企业对外投资和经营的法规还很不健全、不配套，且缺乏透明度。今后，应加强企业经营国际化的立法，尽快健全和完善企业经营国际化的法规体系，并提高其透明度。中国企业经营国际化的法规体系，应以基本经济法为主导，以与国际法相符合的《国际化经营法》、《跨国企业法》、《海外投资法》、《海外财税法规》、《资本输出国海外投资保障制度》为主干，由门类齐全、结构合理、功能综合、层次分明、有机结合的法规群体组成。这一法规体系，应对我国企业经营国际化的目标、行为准则、运行机制、基本体制等作出明确规定；对跨国企业的审批、对外投资资金的汇出、技术的转让、企业财务的稽核和审计、利润的再投资或汇回等各项事宜，作出原则性规定；对企业实施经营国际化战略特别是对外投资的产业政策、税收政策、财务政策、金融信贷政策、保险政策、收入分配政策等经济政策，以法律形式固定下来。对所有法律法规，都要全面公开，严格执法，依法保证企业经营国际化健康发展。

（五）抓重点，带一般

进入 21 世纪后，随着国际国内形势的发展，中国应全面组织实施经营国际化战略。全面组织和实施并不是平均使用力量，也不是各领域、各方面、各行业齐头并进，恰如其分地抓重点、带一般是必须遵循的基本原则，也是一项重要举措。从对外投资角度分析，我国 21 世纪前 10 年企业经营国际化发展的重点可以是：

第一，资源开发型对外投资。中国人口众多，人均资源十分有限，经济发展与资源短缺的矛盾日益突出。在 21 世纪初期，着眼于国民经济的长远发展，中国应充分利用加入 WTO 的有利条件，积极鼓励经济实力较雄厚，有产业、技术、人才优势的企业，到资源相对丰富且开发成本较低的国家和地区投资，建立稳固的资源开发基地。其重点是：在拉美地区进行矿产资源开发；在非洲、南太地区进行木材资源开发；在拉美、北非地区进行渔业资源开发；在北美、拉美地区和"独联体"国家进行种植业开发等。通过与东道国（地区）的合作，获得资源竞争优势，从而为中国经济的发展提供长期、稳定、优质的资源。

第二，出口导向型对外投资。应当看到，在经济全球化进程日益加快的同时，以区域一体化为主要特征和以绿色壁垒、技术壁垒、反倾销等为主要手段的贸易保护主义有进一步抬头的倾向，这给仍以价格为主要竞争手段和以劳动密集型产品为主要基础的中国出口贸易，构成了很大威胁。在这种情况下，中国通过对外投资，在东道国（地区）兴办企业，就地生产，就地销售，可以有效地绕开各种贸易壁垒，减少贸易摩擦，并能利用一些发展中国家低廉的劳动力和土地，大幅度降低生产成本，提高产品的竞争力。当前及今后一定时期，中国开展出口导向型对外投资，应以企业现有设备及成熟技术和原材料、零部件等实物投入为主，从事散件组装及加工生产，以带动和扩大国内设备、技术、原材料、零部件、半成品出口和劳务输出。

第三，产业转移型对外投资。目前，中国经济发展进入了以结构调整和产业升级为特征的时期。许多行业特别是一般加工业生产能力过剩，而且生产工艺技术较成熟，需要适时向国际市场转移。况且，有些企业已具有较强的实力，形成了一定的竞争优势。为此，中国应充分利用工业门类齐全、技术力量相对雄厚的有利条件，积极推动优势产业、成熟产业、长线产业，尤其是国内生产能力相对过剩、市场趋于饱和、技术相对成熟和有比较优势的轻工、纺织、服装、家用电器、机械电子、医药、建材、陶瓷等产业，向境外特别是发展中国家转移，促进全国产业结构和产品结构的调整优化。

第四，技术寻求型对外投资。当前，一些发达国家制定了多边条约和国内法律，限制向中国转移某些先进技术，甚至不择手段地对我国获取高新技术设置重重障碍；一些外商来华投资，一般也只转让标准化的成熟技术，使我国难以获得最新技术。为了打破发达国家的技术封锁，中国有条件的企业可采取独资、合资、合作、收购、兼并、参股等方式，在发达国家投资设立高新技术研究开发中心、产品设计中心或高新技术产品开发公司。跟踪和了解发达国家最新的高新技术动态和发展水平，直接获得最新的高新技术，并将开发出来的产品交由国内母公司的企业进行生产，然后再将产品销往国内外。从而，进一步缩短与发达国家的科技差距，增强科技竞争力。

第五，尽快培育和发展跨国公司。中国对外投资规模小、质量不高的原因之一是缺乏具有国际竞争力的跨国公司。当今世界，一个国家和地区拥有跨国公司的数量和水平，已成为衡量其经济实力和国际竞争力的重要标志。70%以上高技术，大规模的全球投资和贸易活动都是以跨国公司为主体进行的。加入 WTO 后，面对日趋激烈的竞争，中国必须高度重视，采取有效措施尽快培育和发展具有中国特色的跨国公司，依靠跨国公司带动全国企业经营国际化的发展。

（六）培养、引进、使用好高素质的人才

实施企业经营国际化战略的过程，就是经营国际化人才的活动过程。人才，特别是高素质人才，是企业经营国际化健康发展的决定性因素。鉴于我国急需进一步发展经营国际化，又缺乏经营国际化人才的现实，必须搞好人才特别是高素质人才的培养、引进和使用。

首先，制定和实施国际化人才培养规划，采取委托培养、代理培养、联合培养、国外培养等灵活多样的方式，有计划地培养一批批具有强烈爱国心、事业心、责任心，掌握国际通行规划，通晓国际惯例、经营国际化知识，会外语、懂法律、善经营、会管理的复合型人才和高级金融、财会、科技、管理、法律、计算机等专业人才。建立国际化人才培训基地，选择有一定理论水平和实践经验、身体健康、有作为、有前途的中青年到基地进行特殊培训。培养的重点是政治可靠、知识渊博、经验丰富、能力超群的"国际化经理"。这些"国际化经理"，集经营专家与政治家于一身，敢于面对风险，善于应付挑战；有战略意识，有社会责任感，善经营，会管理；知识渊博，能驾驭技术；有创新精神，有政治头脑，依靠他们"走出去"，开创国际化新局面，赶超世界先进水平，为伟大祖国争得日益提高的国际地位。

自己培养，周期较长，难以满足当前的急需。因此，在抓紧抓好人才培养的同时，还应大胆引进人才。所谓引进人才，就是通过公开招聘或竞争招标等方式，从境外选拔高素质人才，为中国的国际化服务。境外企业还应实施人才使用"本土化"的战略，在生产、销售、技术等领域大胆聘用当地人员，为我服务。

合理使用人才比培养和引进更重要。应深化人事制度改革，引入竞争机制，"变伯乐相马为赛场选马"，优胜劣汰，建立充满生机和活力的用人机制，使不同层次的各类人才都走向施展才华的合适岗位，给他们创造

良好的工作条件和环境，使人尽其才，才尽其用。在这方面，青岛海尔集团、青岛海信集团、济南二机床、滨州印染等企业集团已经创造了宝贵的经验，应认真总结推广它们的经验，进一步创造"尊重知识、尊重人才、留住人才、用好人才"的良好氛围。

第八章　企业经营国际化的测评
指标体系及衡量标准

建立系统、科学、完整的企业经营国际化测评指标体系及衡量标准，对企业经营国际化的进程不断加以界定、监测和反映，客观评价企业经营国际化的程度和水平，意义重大。我们应该遵循正确的原则，在经济国际化测评指标体系的框架内，设计企业经营国际化指标体系，确定骨干指标的衡量标准，采用科学的评价方法，对企业经营国际化进行综合评价。

一　设计测评指标体系的意义和原则

（一）重大意义

经济全球化是世界经济发展的趋势，企业实施经营国际化战略是顺应这一潮流，争取提高国际竞争力和全面发展的重要举措。设计企业经营国际化测评指标体系的意义，主要表现在以下几个方面。

1. 设计企业经营国际化测评指标体系是衡量一个国家或地区企业发展程度和水平的需要

当今世界是一个开放的世界，经济国际化浪潮席卷全球，经济资源日益在全球范围内自由、全面地流动和配置，国家之间、地区之间、企业之间相互渗透、相互融合、相互依存的关系日趋强化，经济全球化的程度日益加深。一个国家的企业经营国际化程度的高低，已经成为经济发展程度高低的重要标志。设计企业经营国际化测评指标体系，对于全面系统的衡量一个国家（地区）的企业乃至整个经济外向发展程度，适时调整对外经济政策，具有十分重要的意义。

2. 设计企业经营国际化测评指标体系是企业进行国际比较的需要

一个企业经营国际化的程度和水平高低、领域多寡，只有通过与世界各国企业的比较才能判断。必须在各个领域对世界各国企业经营国际化发展状况进行全面系统的了解，并在此基础上建立一套具有可比性的统计指标体系，以便于国际比较。企业经营国际化测评指标体系建立以后，可以通过国际比较，通过对各个国家企业经营国际化指标的对比分析，正确判断本国企业经营国际化程度的高低、发展速度的快慢，找出差距，制定赶超措施。还能够总结和借鉴别国国际化的经验，洋为中用。

3. 设计企业经营国际化测评指标体系是跟踪研究我国企业经营国际化战略实施进程的需要

当前，我国已经将实施企业经营国际化作为一项重要的经济发展战略来抓。为配合这项经济发展战略的实施，作为为国民经济发展起预警和监测作用的统计工作，必须跟踪研究我国企业经营国际化战略实施进程，及时发现实施过程中出现的问题，纠正实施过程中发生的偏差，准确判断企业经营国际化程度的高低，更好地发挥统计功能，为企业外向发展服务，为全国经济发展服务。

4. 设计企业经营国际化测评指标体系是开放式统计工作改革和发展的需要

对外开放是我国的一项基本国策。对外开放为我国的社会经济发展作出了重大贡献，没有对外开放，就没有企业今天的蓬勃发展，就没有今天的生产力，就没有今天的综合国力，就没有今天的生活水平。我们不会再关上对外开放的大门。因此，必须把为国家宏观经济决策提供依据的统计办成开放式的、外向型的统计服务体系，这是形势的需要，也是历史的必然。企业经营国际化测评指标体系，涵盖企业对外发展的各个领域、各个层次，对于深化统计制度改革，把统计工作纳入对外开放，具有方向性的指导意义。

（二）遵循的原则

企业经营国际化的测评指标体系，是描述、衡量、分析企业经营国际化程度的尺度。它不同于其他类型的评价指标体系，其突出特点是它的国际性、多样性和历史性。企业经营国际化是一个多维度过程，在国际化的经济参数中，应是多领域的、多元化的、多样性的，是统一和多样化并存，不能只强调其统一性、一致性。所以，我们设计企业经营国际化的测评指标体系要遵循以下原则。

1. 企业经营国际化的指标体系应符合国际标准

所谓国际标准，就是目前世界上大多数国家所遵循的统计标准。由于世界各国现行的统计活动可遵循的规则各具特点，尤其是当前世界上还并存着 SNA 和 MPS 两大核算体系，要找出适合世界上所有国家，用同样的统计方法处理的统计指标体系是很难的，但统计作为研究社会经济现象数量方面一般特征的科学，在世界各国的实践和事务中，又具有大量相同的特征和相近的内在规律性。我国现行的统计，实行的是联合国新 SNA 体系，虽然在统计的处理方法上，各国之间有着异同，但统计指标的经济内涵与世界上通行指标体系基本相同。所以，按照符合国际标准原则，设计我国目前企业经营国际化的测评指标体系，可以参照我国企业目前的统计报表制度，与世界上通行的企业主要经济指标、对外经济指标进行对比。还由于在企业经营国际化的过程中，发达国家企业的水平已经很高，所以我们可以将当今世界发达国家企业已实现的量值作为测评的标准，或把它作为企业参与经营国际化的发展目标。

2. 按照国际标准设计企业经营国际化测评指标体系，必须与现阶段我国的国情和企业的实际相吻合

建立企业经营国际化的测评指标体系，首先应依据国际化的标准建立一套基本符合国际通行规则和国际惯例的指标体系，以便于进行国际间比较；其次是依据我国企业发展的实际能力提出在一定时期内所能实现的发展目标作为其衡量标准。确定的有关统计指标与国际统计指标要紧密联系，以测定参与经营国际化的程度。按照世界银行等主要国际组织对各国按经济收入的分类，我国尚属于低收入国家的范畴。但是，我们不能因为自己落后，就不与世界发达国家进行比较；相反，我们更应该依照国际通行的标准，向发达国家看齐，争取在最短的时间内赶上发达国家。在企业经营国际化的进程中，我们是后来者，这就决定了我们要学习和适应国际活动的各种规则，放宽视野，树立全球意识，考虑全球利益。另一方面，实施企业经营国际化战略，我们可以充分利用发达国家通过国际化进程进

行产业结构调整的机会，接受发达国家向外转移的劳动密集型产业，充分发挥我们人口多，劳动力成本相对较低的优势，大力发展技术含量高的劳动密集型产业，以及高技术产业中的劳动密集型生产环节，既壮大国力，又解决就业问题。

3. 企业经营国际化测评指标体系的本质是考察参与国际经济的程度，而不是依赖国际经济的程度

当前，我们实施企业经营国际化战略，主要目的是为了尽快发展自身的经济，赶上发达国家的水平，提高我们的生活质量。但是，只要实施了企业经营国际化战略，就要受国际通行规则和国际惯例的约束；我们参与企业经营国际化的程度越高，受国际经济的影响就越大。这是不以人的意志为转移的。所以，我国企业在经营国际化的进程中必须处理好提高综合实力和外向发展的关系。首先是壮大自身实力，提高综合素质，而不是盲目地追求开放度。设计指标体系，我们所要测评的是参与国际经济的"度"，而不是依赖国际经济的发展。发达国家首先推动企业经营国际化，制定了许多为己所用的规则，以他们雄厚的经济实力，主导着世界经济的发展。他们的跨国公司主导着世界经济的新潮流。我们是发展中国家，经济技术落后，人口众多，在同发达国家的竞争中处于劣势，所以我们设置测评企业经营国际化的指标体系及标准，应主要看其参与程度，而力避其依赖性。从前几年东南亚发生的经济危机分析，对世界经济依赖程度过大，企业受经济波动的影响就大，国家经济是不安全的。

4. 企业经营国际化测评指标体系的指标遴选原则

在指标的选取中，还要遵循以下原则：第一是导向性原则。所设计指标，在企业经营国际化的具体实践中有着明显的导向性，引导经济管理部门和企业，在贸易、资源配置、产业、产品结构等方面，根据企业经营国际化的要求，确定发展方向和结构。第二是层次性原则。企业经营国际化战略是个全方位的概念，它是多领域的、多层次的、动态的、开放的，它事实上是企业国内经营的扩大化，所以指标体系应包括与国际国内有联系的不同层面，按照不同的领域设计其子集，逐层次进行分解和评价，同时运用系统优化的原则，以较少的指标，较全面、系统地反映企业经营国际化的实际情况，使指标数量及其反映的广度、深度上，都掌握在一个恰到

好处的程度上。第三是整体性原则。测评指标体系能够对企业经营国际化进行总体描述和全面概括。第四是相对独立性原则。即每项指标必须相对独立，不应存在包含、大部分大同小异的现象，应互不重叠，互不替代。第五是可比性原则。设置的指标既便于纵向比较，又便于横向比较，指标的内涵和外延严格清楚，可用来对历史现象进行分析，也可以对将来的发展进行预测，每个指标都能根据某一标准进行度量和分析测定。第六是可行性原则。评价指标体系应具有较强的可操作性，即资料易于搜集，真实可靠，便于计算，使用简便，不仅设计者便于使用，而且使用企业部门能够灵活应用。

二　经济国际化测评指标体系的框架分析

从宏观和微观分析，经济国际化可分为国民经济国际化和企业经营国际化，企业经营国际化是经济国际化的基础，国民经济国际化是企业经营国际化的主导。但国际上都把国民经济国际化统称为经济国际化，把企业经营国际化看做是经济国际化的细胞和微观基础。所以，设计企业经营国际化的测评指标体系，必须首先了解经济国际化的测评指标体系，把企业经营国际化的测评指标体系纳入经济国际化测评指标体系的框架内。

由于世界各国划分和测评经济国际化水平的角度不同，指标和方法各异，我国也没有建立起统一的指标体系。所以，只能有选择地分析几种指标体系的框架，并提出我们的看法。

经济国际化是经济对外开放发展到一定阶段的产物。所以，1987 年，世界银行《世界发展报告》从对外开放程度的角度，对一国（或地区）的经济国际化进行了划分，并提出了相应的划分标准和指标体系。主要包括将数量和质量指标结合在一起的四组指标：（A）有效保护率；（B）依赖运用诸如限额和进口许可证等直接控制的程度；（C）采取出口奖励办法抑制进口的效应；（D）汇率定值过高的程度。上述指标反映的情况越强烈，则经济的开放程度越低，反之则越高。据此，可以将各国经济的国际化程度划分为四种类型，即坚定外向型、一般外向型、一般内向型和坚定内向型。（详见表 8—1）

表8—1 经济国际化分类标准

	A	B	C	D
坚 定 外 向型	保护率低，不存在贸易控制或控制程度很轻微	不采用或很少采用	出口奖励基本抵消进口壁垒对出口的抑制	汇率定值与实际汇率大体相等
一 般 外 向型	实际平均保护率较低，高低幅度也较小	有 限 度使用	对出口贸易有直接奖励，但奖励制度注重内销生产	进口实际汇率高于出口汇率，不抵消对进口的保护
一 般 内 向型	平均实际保护率较高，高低幅度较宽，奖励结构明显对内销有利	广泛实行	直接奖励出口，有明显进口倾向	汇率显然定值过高
坚 定 内 向型	平均实际保护率很高，奖励制度强烈袒护内销生产	普遍实行	对非传统可出口商品没有奖励，限制传统出口部门	汇率定值高出很多

资料来源：根据世界银行《1987年世界发展报告》整理。

经济国际化与国际竞争水平直接相关。20世纪80年代以来，世界经济论坛与洛桑国际管理发展学院每年都要发表"世界竞争力报告"，衡量具体竞争力时使用了八个方面的指标，"国际化程度"是其中的一个重要方面。该报告1996年的主要指标有：(A)保护主义倾向；(B)出口商品与服务；(C)进口商品与服务；(D)出口年均增长率；(E)进口年均增长率；(F)贸易差额；(G)吸引海外直接投资；(H)对外国直接投资的保护程度；(I)进入国际市场；(J)与外国公司的关系。这些指标分别代表了经济国际化的各个方面，综合起来，具有很好的参考价值。

通过对这些指标进行分析判断，可以从总体上描述一个国家经济的国际化进程，但这类综合性的指标或指标体系是很不统一、很不完善的，使用起来也显得过于庞杂。与总体测评指标相比，有的学者和研究机构则按照经济国际化的不同内容和方面，分别提出相应的指标，借以分析这些方面国际化进程的状况，并概略地反映整体水平，这在国内和国外也是屡见不鲜的。

（一）贸易国际化

最常见的指标是贸易依存度，指一国进出口额（也有单纯使用出口额的情况）与其国内生产总值之比。与这一指标有关的其他指标或表述方法还有出口依存度、进口依存度、出口系数、外贸率、外贸贡献率等，虽然表述方法各有不同，但所反映问题的实质并没有太大的差别。贸易依存度的基本含义是，在一国经济发展中，通过对外贸易与整个世界经济发生联系的程度以及与国内生产总值的比例关系，能反映某一时期一国投入品和产出品的实现对国际市场的依赖程度，但这一指标有两点局限性：一是不能更好地反映一国经济实力、工业化水平和产业结构优化程度；二是在进行具体测算和比较时受到汇率不确定性的干扰。另外值得说明的是，贸易依存度基本上只能说明贸易国际化在某一时点上的静态水平，作为补充，可以考虑使用进出口额的年均增长率与国内生产总值增长率的比值，对某一时期贸易国际化发展趋势进行动态分析。

（二）资本国际化

分析资本国际化情况，国际上常利用宏观经济的"双缺口"模型，来阐述外资流入与国内资本形成的关系，亦即外资流入在国内资本形成中的比重，这一指标与国内目前使用的利用外资占国内全社会固定资产投资比重指标具有基本上相同的价值。同样，这一指标也有不能反映国内实际经济发展水平和易受汇率干扰的局限性。从动态的角度看，利用外资额年均增长率与全社会固定资产投资增长率的比值，也可以作为资本国际化发展趋势的一个补充指标。除此之外，还有一些指标可供参考，如利用外资额或增长率与国内生产总值或增长率的比值；外资余额占财政收入的比重等。需要指出的是，上述指标还是单向的，主要反映对外开放国内资本投资市场的情况，而并不能说明国内资本的对外输出情况，因而作为衡量资本国际化标准的指标是不完整的。当一国的经济发展开始进入资本输出时期以后，应对上述指标进行调整，使用资本流入和资本流出总额指标进行比较和分析，则可以更加准确地反映出资本国际化的全貌。

（三）生产国际化

生产国际化与对外投资密切相关，对外投资的情况可以在一定程度上反映出生产国际化的水平。从较为广泛的意义上讲，生产投入品对国际市场的依赖度、生产成品销售对国际市场的依赖度、本国企业境外生产额占其全部生产总额的比重等都是反映生产国际化的指标，而只有第三项标准才是最直接和最严格意义上的指标。国际社会认为，对外直接投资存量和境外分支机构销售额也是衡量生产国际化的代表性指标。

（四）经济体制、政策的国际化

经济发展同时也是经济体制发展和完善的过程，市场机制的运行、参与国际分工与交换都必须建立在统一规则的基础上。从这一角度看，关于经济体制、政策和技术标准的国际化就是要逐步实现经济运行规则和机制同国际通行规则和机制的一体化；否则，便会阻碍甚至不可能实现经济的国际化。

国际上近几年常用对外开放度来衡量一国经济国际化的程度。测定这一指标的要素主要是市场准入条件，即关税与非关税壁垒、知识产权保护、投资环境等，它是由国际多边贸易体系在谈判的基础上形成的一套规则和指标，旨在评价一国国内市场对外开放的水平。在这里，有关数量和比率仅仅是一些参考要素指标，不占主导地位。国内也有类似的表述方法，如与"国际市场接轨"、"按国际惯例办事"等，实际上就是指经济体制、政策要符合国际规则的问题。

我们认为，上述四个方面，可以比较完整地从总量的角度反映经济国际化的全貌，但作为判断经济国际化程度的标准，单纯依靠数量指标的缺陷是明显的，如有的初级产品贸易国在总量及其比例关系上反映出来的对外经济开放度和依存度可能是很高的，但实际上并不意味着其经济国际化程度就一定很高。特别是考虑到表现在经济国际化发展不同阶段上的质的差异，还需在有关方面补充相应的反映结构水平的指标。在国际分工不断深化、竞争日益激烈的形势下，结构指标的地位日益提高，应该成为反映经济国际化程度的重要标准。综合上述分析，可以提出以下测评经济国际化程度的骨干指标体系：

贸易依存度：进出口总额/国内生产总值，反映经济总量的实现对国际市场的依赖程度。比值越高，则贸易国际化的程度就越高。

贸易结构水平：出口结构/世界进口结构，反映贸易结构的高级化程度和国际贸易结构的吻合程度。当比值为1时，则本国贸易结构与世界贸易结构的一般水平是一致的，吻合程度最高；大于或小于1，则分别表示本国贸易结构高于或低于世界贸易结构的一般水平。

资本依存度：长期资本流动总额/国内生产总值，反映实际的总产出对国际资本的依赖程度，结合外资在国内资本形成中比重指标可以更加深入地揭示实际状况。比值越大，则资本国际化的程度越高。

投资结构水平：投向资本技术密集型产业的投资额/长期资本流动总额，反映资本流动的技术含量和潜在国际竞争能力，在中国对外投资规模较小的情况下，可使用利用外商投资的有关指标代替。

生产依存度：本国企业境外生产总值/国内生产总值。由于目前中国企业跨国生产的发展水平很低，在统计上也缺乏完整的数据支持，故在以下的分析中不对此项指标进行具体测算，只着重从定性的和总体的角度对生产国际化的情况进行一些分析。

实际关税总水平：关税收入额/进口贸易总额，反映国内市场实际的开放程度，结合非关税措施的指标则更能说明问题。

结合必要的定性分析，具体测算上述指标，进而按照可比的条件与国际水平进行比较，可以较完整地判断一国经济的国际化程度。需要指出的是，这里没有考虑服务贸易问题，也没有考虑初级产品和制成品贸易与投资的内部结构问题，在进行具体分析时必须加以补充。

三 企业经营国际化基本的测评指标体系

设计企业经营国际化测评指标体系的基本目的，是用于监测企业经营国际化的进程和现状，使经常参与国际经济的部门、企业或单位，能通过企业经营国际化测评指标监测对外经济的运行和发展，以便定期调整对外经济贸易的战略和发展目标。企业经营国际化的指标体系，就是适合进行国际比较的，能够反映企业经营国际化的实质性内涵、外延特征的具体的量化的描述。经济活动的全面把握依赖于经济数据和统计分析的运用，由于指标和数据的取得均与统计有关，因此，所设计的指标体系及其调查分析方法要考虑国际统计的一般规则和惯例。多年来，在对外经济统计领域，我国有一套科学、完整的统计指标体系。随着对外开放不断深入，特别是企业经营国际化战略的制定和实施，用于测评企业经营国际化水平和能力的指标体系还没有建立健全，需要认真研究。

设计企业经营国际化的测评指标体系，主要应考虑资源配置的合理化与无国界化、市场的多元化与世界化、产业结构的开放和高级化等，这是关系到企业乃至整个国民经济可持续发展的重大问题。根据设计企业经营国际化测评指标体系的原则，在经济国际化的测评指标体系框架内涉及七个领域：（一）对外贸易；（二）利用外资；（三）金融汇率；（四）技术引进；（五）海外投资；（六）经济技术合作；（七）综合经济实力。根据设计思想，企业经营国际化测评指标体系，主要用来反映企业经营国际化的进程和参与程度，所以在指标体系中，除了一些必需的总量指标以外，较多采用了结构性指标（详见表8—2）。

表8—2　　　　　　　企业经营国际化测评指标体系一览表

指　标　名　称	计量单位
（一）对外贸易领域	
1.商品进口总额	（万美元）
2.商品出口总额	（万美元）
3.初级品占出口总额的比重	（%）
4.一般贸易额占进出口总额的比重	（%）
5.加工贸易额占进出口总额的比重	（%）
6.服务贸易进口总额	（万美元）
7.服务贸易出口总额	（万美元）
8.服务贸易进出口总额占进出口总额的比重	（%）
9.劳务合作带动国产设备材料出口额	（万美元）
10.劳务合作带动国产设备材料出口额占全部出口总额的比重	（%）
11.劳务合作收入换回物资进口额	（万美元）
12.劳务合作收入换回物资进口额占全部进口总额的比重	（%）
13.出口额占销售总额的比重	（%）
（二）利用外资领域	
1.利用外资总额	（万美元）

指　标　名　称	计量单位
2. 利用国外贷款	（万美元）
3. 利用国外贷款占利用外资总额的比重	（％）
4. 外商直接投资	（万美元）
5. 外商直接投资占利用外资总额的比重	（％）
6. 外商其他投资	（万美元）
7. 外商其他投资占利用外资总额的比重	（％）
8. 利用外资项目	（个）
9. 外商直接投资平均规模	（万美元）
10. 外商投资资金到位率	（％）
11. 外商出资比重	（％）
12. 外商投资收益	（％）
（三）金融汇率领域	
1. 对外发行股票	（万美元）
2. 对外发行股票占全部资金的比重	（％）
3. 股票成交额	（万美元）
4. 进出口贸易差额与企业外汇储备的比例	（％）
5. 企业债券发行量	（万美元）
6. 负债率	（％）
7. 偿债能力	（％）
8. 企业外汇储备	（万美元）
9. 汇率	（％）
10. 贸易外汇收入	（万美元）
11. 贸易外汇支出	（万美元）
12. 非贸易外汇收入	（万美元）
13. 非贸易外汇支出	（万美元）
14. 其他外汇收入	（万美元）
15. 其他外汇支出	（万美元）
16. 劳务收汇占外汇收入的比重	（％）
（四）技术引进领域（自有外汇引进部分）	
1. 许可证贸易	（项）
2. 许可证贸易占全部技术引进项目的比重	（％）
3. 专利许可证	（项）

续表

指　标　名　称	计量单位
4. 技术诀窍许可证	（项）
5. 商标许可证	（项）
6. 技术咨询和技术服务	（万美元）
7. 引进成套设备	（万美元）
8. 引进生产线	（万美元）
9. 引进关键设备和单机	（%）
10. 引进项目当年投产率	（%）
（五）对外投资领域	
1. 对外投资额	（万美元）
2. 对外投资额占投资总额的比重	（%）
3. 在境外的经营额	（万美元）
4. 在境外的经营额占本企业经营总额的比重	（%）
（六）经济合作领域	
1. 制造业占对外承包工程的比例	（%）
2. 建筑业占对外承包工程的比例	（%）
3. 新签合同额增长率	（%）
4. 新签合同额	（万美元）
5. 平均合同额	（万美元）
6. 完成营业额	（万美元）
7. 派出人次	（人/次）
8. 对外承包工程中技术人员所占比例	（%）
（七）综合经济实力领域	
1. 总资产	（万美元）
2. 资产负债率	（%）
3. 总产值	（万美元）
4. 总产值增长率	（%）
5. 全员劳动生产率	（%）
6. 增加值	（万美元）
7. 增加值增长率	（%）
8. 人均主要工业产品产量	（吨）
9. 优质产品比重	（%）
10. 利润额	（万美元）

指　标　名　称	计量单位
11. 税金额	（万美元）
12. 利税总额	（万美元）
13. 资金利税率	（％）
14. 人均创利税	（美元）
15. 销售收入额	（万美元）
16. 产销率	（％）
17. 销售利税率	（％）
18. 单位产品原材料消耗	（吨）
19. 单位产品能源消耗	（吨）
20. 可比产品成本降低	（％）
21. 定额流动资金占用额	（美元）
22. 流动资金周转天数	（天）
23. 职工人数	（人）
24. 专业技术人员占职工总数的比重	（％）

现分别对各个领域加以解释：

（一）**对外贸易领域**。对外贸易在企业实施经营国际化战略中，占有突出重要的地位，它包括商品贸易和服务贸易，它反映外贸领域的各种社会经济现象的现状及其发展趋势和规律。商品贸易反映进出口商品的结构、进出口贸易的形式、进出口贸易的发展趋势。通过它，帮助我们了解产业优势、产品优势、技术优势、管理优势，调整进出口产品的结构。服务贸易主要反映服务领域的进出口情况，这里进出口是指提供服务所收支的费用，主要包括交通运输服务、旅游服务、金融服务、信息服务、文化娱乐服务、法律、会计、管理咨询以及公共关系服务、研究和开发服务、教育、医疗、保健服务等。随着企业经营国际化的推进，服务贸易的地位越来越重要，必须设计有关指标，对服务贸易领域进行统计和监测。

（二）**利用外资领域**。这一领域的指标主要反映利用外资的规模和水平。扩大招商引资，对于解决企业资金不足的问题，对于实施企业经营国际化战略非常重要。设计指标主要监测利用外资的规模、外资的结构、外资的使用方向、利用外资的经济效益。利用外资的数量大小和使用效益，对于全面、准确、及时、系统、深入、科学地反映利用外资的成就和问题非常重要，由于外资、外资企业的介入，对于加快企业经营国际化的进程有着非常重要的作用。

（三）**金融汇率领域**。这一领域的指标主要反映资本的国际化，反映国际间的资本借贷关系。企业实施经营国际化战略，需要融通大量资金进行国际贸易和生产。国际金融活动介入经济运行之后，使生产要素资源得以充分利用，对企业经营国际化的进程会起到巨大的促进作用。随着国际资本大规模的全球流动，在对外经济的发展中，特别是我国加入世界贸易组织以后，金融和汇率将越来越占有重要的位置，所以对国际金融收支、外汇收支加以监测和分析，非常必要。由于我国在国际金融领域主要是利用外资，所以，在这一领域内重点测评国际金融市场和外汇收支，比如海外股票发行量、对外发行债券、企业外汇储备、汇率等。由于这类指标，受国家货币政策的影响非常大，所以从企业角度测评的时候，除了考虑国际通行规则和国际惯例，通常还要贯彻执行国家的有关政策。

（四）**技术引进领域**。技术引进是通过各种方式从国外引进先进技术和设备的总称。当前世界正处于知识经济和新技术革命蓬勃发展的时代，世界经济的竞争，本质上就是科学技术的竞争。很明显，我国目前在知识与技术领域，与发达国家相比差距很大；所以，适时从国外引进技术，为我所用，使我们的企业经营国际化逐步转移到依靠科学技术的轨道上来，非常必要。

（五）**对外投资领域**。主要反映对外投资情况。企业经营国际化内在要求，不仅要吸收和利用外资，还要到对外投资。企业向国外膨胀，是企业推行经营国际化的一个非常重要方面；所以，把向对外投资，兴办境外企业，列入测评的一个领域，是非常有意义的。

（六）**经济合作领域**。主要反映对外承包工程和劳务合作的情况。对外承包工程和劳务合作是我国对外经济合作的重要组成部分，企业实施经营国际化战略，必须重视对外承包工程和劳务合作。通过发展对外承包工程和劳务合作，可以增加非贸易外汇收入，弥补贸易逆差，同时还能带动企业的资本输出和商品输出（特别是机械、设备和材料的输出），可以增强企业的实力，提高企业的国际竞争力。

（七）**综合实力领域**。综合实力指标主要反映综合竞争力，即实施企业经营国际化的能力。企业经营国际化的测评指标体系，除以上六个领域已经涉及内容外，还应通过总资产、资产负债率、全员劳动生产率、增加值、利税和利税率、销售收入、产品成本、专业技术人员数等指标测评企业的综合实力。综合实力水平的高低，反映了企业参与国际竞争的能力和推行经营国际化的优势和劣势。

以上七个领域，从多个侧面反映了企业实施经营国际化战略需要重点测评的内容，归纳起来，实际上是贸易国际化、生产国际化、金融国际化、知识国际化、管理国际化、国际竞争力等内容的集合，统称为经营国际化。评价指标体系中的总量指标是同类内容的和，通常用人民币或美元表示；相对指标中有强度相对指标和结构相对指标，强度相对指标是两个有联系的总量之比，结构相对指标是同类指标中的局部总量指标与总量指标之比，相对指标通常用百分数表示。

四 测评指标体系中骨干指标的衡量标准

由于企业经营国际化的指标体系比较庞大，对所有的指标都进行测评一是难度较大；二是没有必要。只要对骨干指标进行测评，就能反映经营国际化水平。发达国家和新兴工业化国家都采用骨干指标测评企业的经营国际化水平。不同国家（地区）所采用的指标和标准都有所不同。但多数国家（地区）都采用以下三项指标：（1）出口额或境外销售额占企业销售总额的比重；（2）境外投资额或境外资产额占资产总额的比重；（3）境外投资或境外资产总额。学习借鉴国外成功的经验，从我国国情出发，下面提出中国测评企业经营国际化水平的骨干指标及衡量标准。这个标准主要从两个方面反映问题，一是与国际上经济往来的数量界限；二是在国内涉及外向型经济的程度有多大。很显然，我们以上设计了七个领域的指标体系，具体用来测评企业经营国际化的程度和水平，这七个领域内容应该说都是属于国际性的；但是根据现在的统计，我们的企业经营国际化水平还不高，在确定标准的量化概念时，还是较多地考虑了现实。企业经营国际化测评指标的衡量标准，是使用同样的指标，按照一同样的计算办法计算出来的有关数值。这个数值在一定的时期内，代表一定的经营国际化能力和水平，是一个能够使人既能明确地了解自己又能明确地了解别人的数量概念。因此，我们把它确定为标准。

表 8—3   企业经营国际化骨干指标衡量标准一览表

指标名称	计量单位	测评标准
1. 服务贸易占进出口总额的比重	（%）	10 以上
2. 出口额占销售收入总额的比重	（%）	35 以上
3. 外商投资资金到位率	（%）	70 以上
4. 外商出资比重	（%）	30 ~ 40
5. 对外发行股票年均增长率	（%）	20 以上
6. 负债率	（%）	60 左右
7. 偿债能力	（%）	100
8. 许可证贸易占全部技术引进项目的比重	（%）	80
9. 引进项目当年投产率	（%）	50
10. 境外投资额	（万美元）	200 以上
11. 境外投资额占投资总额的比重	（%）	20 以上
12. 在国外的经营额占本企业全部经营额的比重	（%）	20 以上
13. 对外承包工程新签合同额增长率	（%）	25 左右
14. 对外承包工程中技术人员所占比例	（%）	10 左右
15. 资金利税率	（%）	8 以上
16. 产销率	（%）	95 以上

　　标准问题是个相对概念。随着时间、空间、地域的变化，经济增长的质量、数量以及幅度也会发生变化。所以，企业经营国际化骨干指标的衡量标准，也只能是历史地、相对地，随着时间、地点、空间的变化而变化。从目前情况看，我国处于社会主义的初级阶段，是发展中国家。虽有一批势大财雄的大企业集团，但总的看，企业规模不大，实力不强，竞争力不高，经营国际化才刚刚起步，能与发达国家大型跨国公司抗衡的不多。所以，必须运用科学合理的指标体系进行测评，找出差距和优势，扬长补短，发挥优势，积极推进企业经营国际化。

五　企业经营国际化的综合评价办法

　　企业经营国际化测评指标体系，是测评我国企业经营国际化程度和水平的非常重要的工具。正确的认识和使用它，是科学、准确地评价企业经营国际化的程度和能力，全面系统地反映企业经营国际化水平的前提。因此，对于每一指标的内涵、口径和范围，必须加以明确的界定，规范指标数据的采集方法，保证数据的一致性和可靠性；统一计算方法，充分考虑国际性，按照国际通用的方法进行计算和数据处理。

国际上对统计数据的处理，为了参阅方便，通常只列比率和增长率。一般情况下，增长率都是使用最小平方回归法计算的。在计算增长率时，为了排除通货膨胀的影响，通常用不变价格的经济指标。所以，使用企业经营国际化测评指标体系时，尤其是进行国际比较时，经济类的指标首先要确定经济指标的不变价格，并换算成可比币值，即按照国家外汇管理部门发布的人民币基准汇价表的买卖中间价和各种货币对美元的折算率分别折算成人民币和美元计算。汇总某一领域的指数时，有些是简单的加总计算，增长率和比率通常是按加权平均的方式计算。

在数据的使用上，原始数据要使用有关权威部门统计的数据，商品进出口要使用海关统计的数据，利用外资、经济技术合作、对外投资、技术引进使用外经贸部门的统计数据，国际金融和汇率使用人民银行的统计数据，服务贸易进出口、综合实力使用政府统计部门的数据。测评我国企业经营国际化，可以使用多种方法，单项评价可以直接对某一内容进行计算，比如一些总量指标和人均指标。我们设计的监测指标体系，每一项指标都有其独立的含义，但是它们之间又是有联系的。所以，可以单独对某一项内容进行评价，也可以综合对某一方面进行评价。

对企业经营国际化进行综合评价，其评价过程不是一个一个指标顺次完成，而是通过一些特殊方法将多个指标的评价同时完成。在评价过程中，要根据指标的重要性进行加权处理，使评价更具有科学性。综合评价的一般步骤可以包括以下几点：

（一）确定评价指标体系

这是进行综合评价的基础和依据。这一步已经在前面进行了详细论述，在此不再赘述。

（二）收集数据，对不同计量单位的指标数值进行同度量处理，以消除量纲影响

为了解决各个指标不同量纲无法进行综合汇总的问题，一般在完成数据搜集后需要对数据进行同度量处理。常见方法有：

1. 相对化处理。即先对评价指标确定一个比较标准，作为比较的标准值，然后用各指标的实际值（X_i）和相应的标准值（X_m）进行比较。在比较时要将"正指标"和"逆指标"区别对待。正指标是指实际值越大，在评价中起的作用也越大的指标，要用公式 X_i/X_m 处理。逆指标是指实际值越大，在评价中起的作用却越小的指标，要用公式 X_m/X_i 处理。通过实际值与标准值的比较，可将不同性质、不能同度量的各种指标换算成可以进行同度量的指标。

2. 函数化处理。用特定的方法将每一个指标的实际值转化为用百分制表示的数值。这种方法不仅可以对每一个指标的好坏做出直观的判断，而且还可以解决不同性质的指标的综合汇总问题。用这种方法不论是正指标还是逆指标，利用同一公式均可以得到合理的分值。

3. 标准化处理。标准化处理是多元统计中经常用到的。在假定各变量服从正态分布的前提下，将变量值转化为数学期望值为 0，方差为 1 的标准化数值，从而达到同度量效果。

（三）确定重要性权数，以保证评价的科学性

在综合评价过程中，各个指标所起的作用是不同的。为了评价的科学性，通常需要对具有不同作用的指标赋予不同的权数。权数的重要性主要从以下一些方面判定：（1）指标包含的信息量。有的指标综合能力较强，包含的信息量较多，在评价中所起的作用就大。（2）指标的敏感性。在反映某一问题时，有些指标较为敏锐，有些指标则较迟钝，相比之下，反映敏锐的指标就更具有重要性。（3）指标的独立性。在评价过程中，多数指标都会存在重复信息。如果一项指标的作用完全可以由其他指标代替，那它就完全失去了存在的意义。反之，当一项指标被其他指标替代的可能性越小，它的独立性就越强，也就越重要。综合评价中最关键最难解决的问题是如何科学地确定每一指标的权数。权数的确定方法有很多，主要有：

（1）德尔菲（Delphi）法。即专家预测法，集中专家的意见和经验，并在不断的反馈和修改中得到比较满意的答案。（2）指数比较法。指将众多指标进行两两比较，从而确定指标重要性序列的方法。（3）比率标度法。它是将单排序权数的计算简化成一系列成对指标的判别比较，并在专家评判以前，首先给出判定指标相对重要性的比率标度，最常见的是A. L. Sarry 比率标度法。在权数的确定上，最好用客观构权法，即直接根据指标的原始信息统计或数学处理后获得权数的一种方法。主要有相关法、回归法、主成分分析法、因子分析法等，这主要考虑在计算的过程中较少考虑人为因素，更多地尊重事实。人为加权很容易产生不同的加权倾向，但在必要的情况下，也要考虑主观因素。我国是发展中国家，测评自己国家企业经营国际化的程度和能力，除了符合国际通行规则和国际惯例以外，要根据我国的政策、背景、实际发展质量进行评价。

（四）对评价指标数值进行分析，得出结论

对企业经营国际化监测评价的目的，是使各级政府和有关部门能够经常、及时地了解企业经营国际化的发展情况，为企业制定经营国际化的发展战略、规划、计划及对策提供可靠的依据，并使各企业间互相了解对外开放的程度和成果，找出自己与兄弟企业、与国际上先进国家的企业差距。鉴于如此，对企业经营国际化进行综合评价还要符合以下原则：（1）评价的科学性，符合统计科学，符合定量分析的要求，符合国际惯例，符合客观实际。（2）评价结果的可比性，除了能够做到全面、系统、真实地反映企业经营国际化的程度和能力外，还能进行纵横比较，能在各企业之间找准自己的位置，便于各级领导进行决策时参考。（3）评价方法的可行性，指标含义和计算方法保持相对统一和稳定，在科学性的基础上力求简便易行，可操作性强，可操作性包括资料易于取得、便于计算，谁都可以使用。

企业经营国际化所带来的各国经济间的相互关联、相互渗透、相互影响、相互依存的关系已无法分割。我们要确立自己企业在国际上的地位，就要根据国际经济的发展，不断研究、不断认识自己和世界，对各种特别是国际经济现象的宏观和微观方面，经常地、定期地、全面地、完整地进

行研究分析，找出相互联系、相互依存、相互协调发展的根基，推动企业经营国际化，提高在国际上的竞争力。解决好稳定与波动、公平与效益、合理与实惠这三对矛盾，提高社会生产力，创造更多物质财富。这是实施企业经营国际化战略的本质要求。

信息传播全球化是企业实施经营国际化战略的强大动力

第九章　强大的动力

在信息技术和信息传播全球化蓬勃发展的 21 世纪，信息、知识、智力越来越成为引领经济社会发展的决定性因素。从而进一步打破了时间和空间对全球经济活动的限制，为企业实施经营国际化战略创造了新的强大的动力，从而大大加快了企业经营国际化的发展，提高了经营国际化的质量和水平。作为企业经营国际化高级形式和核心组织的跨国公司，在目标设置、组织管理、发展模式、行为逻辑等方面都获得了创新和发展。

一　引领经济和社会发展的决定性因素

在信息传播全球化蓬勃发展的 21 世纪，信息、知识、智力越来越成为引领经济社会发展的决定性因素。主要表现在以下八个方面：

（一）知识和信息的积累成为经济增长的力量源泉

科学技术是第一生产力，而掌握科学技术的人力资源又是第一生产力的第一要素。信息技术革命和信息传播全球化对人力资源提出了新的更高的要求，即具有更高的知识与信息应用能力，从而使知识和信息的积累成为经济增长的力量源泉。随着信息传播全球化的发展，许多国家信息部门的劳动力占全社会劳动力的比例迅速上升。例如在美国，1990 年这一比例为 20%，1995 年上升到 34%，2000 年提高到近 50%。目前，世界发达国家的信息工作者已经成为社会劳动力的主体。其劳动力结构已经由产业型转变为服务型和智力型，劳动力由生产领域大量转向服务领域，目前服务领域的劳务成本已占到了总成本的 80%。同时，"蓝领"工人大量减少，而"白领"职工大量增加，制造业工人占工人总数的比例已降至

10％左右，知识工人（白领）则上升到绝大多数。并且，这一趋势仍在加强，"知识工人将是未来社会的重心"①。为此，彼得·施瓦茨和彼得·雷登在他们合著的《长期繁荣》一文中，以非凡的眼力对世界信息化迅猛发展的深刻洞察，极其乐观地向世人指出：从现在起到 2020 年左右，世界经济将持续发展，呈现出一派繁荣的景象②。因为当今世界以信息技术为代表的科技进步不仅从结构因素方面推动着经济增长，而且它本身就是增长的内生因素，作为内在的源泉来促进经济的增长。

（二）形成新的产业群和经济增长点

信息工业正在由单一制造业向硬件制造、软件生产和信息服务诸业并举的方向发展。通信业正在由模拟的语言电话、传真等窄带业务，向宽带化、数字化、网络化、个人化、综合业务化方向发展。移动通信、广播电视业，正在从单向广播功能向双向交互业务发展。信息服务业正在壮大，从事信息采集、处理、存贮、流通、传播、传授、咨询的服务正在兴起，形成直接依存于信息资源开发利用和创造的新兴行业。互联网络在经济和社会各领域的应用和发展，正在形成巨大的信息产业。在当今世界，发达国家的经济总量中已有 50％左右的增加值是由信息产业创造的，比如，20 世纪 80 年代中期，美国 45％以上的国民生产总值来自信息的生产和分配，目前这一比例已达到 60％以上；日本 1980—1997 年投入使用的各类计算机以年平均 24.5％的速度增长，信息经济活动创造的价值年平均增长率为 15％，到 2000 年信息活动创造的价值占经济总额的 47.3％，目前日本信息产业已成为国民经济的支柱产业。新产品和新部门不断涌现，产品更新速度加快，因而使得产业结构处于不断改革和变动之中，近些年来在微型计算机等领域仅隔 6 个月就有一代新产品问世。信息技术应用渗透到各行各业，形成了大量新的产业群，推动经济结构和产业结构的调整、转换。信息传播全球化突破市场的地域限制，扩大市场规模，信息产业从业人员大幅度增长。总之，信息产业成为新的、重要的经济增长点，促进了国民经济总量的增长。

---

① 《国际经济信息》1997 年第 5 期，第 6 页。
② *The Long Boom*（《长期繁荣》）. Wired, July, 1997.

（三）促进产业结构的升级和优化

信息技术革命和信息传播全球化不仅形成了巨大信息产业和经济增长点，而且通过改造传统产业促进了产业结构的升级和优化，加速了传统产业产品的更新换代和质量的提高，甚至创造出新产品。据统计，由于计算机应用于工业自动化领域，使汽车、金属加工、纺织等工业节约劳动力30%—40%，最多可达85%。西方国家由于新兴信息技术的应用，其工业能耗只有原苏联和东欧国家的三分之一。在农业领域，美国用信息技术建立的农田灌溉自动决策系统投入运行后，充分开发利用了原有的水力资源，投资与效益比为1:250①。日本通过信息化改造，1996年制造业中电子计算机辅助设计和制造系统普及率在大企业中已达90%以上，在中小企业中也达到40%，数控机床比例从1985年的50%上升到1996年的86%……②被托夫勒在《第三次浪潮》中称为"夕阳工业"的汽车、钢铁、石油、化工、机械、纺织等传统产业"在获得高新技术改造之后，不仅没有衰落，而且坚强地挺立于产业结构的变化浪潮之中，持续增长"③。

（四）促使经济增长方式由粗放型向集约型转变

信息传播全球化的发展强化了信息采集能力，加快了信息传递速度，提高了信息处理效率，导致经济组织机构和活动方式发生变革。信息网络在企业组织机构和管理方式中的地位日益重要，成为企业加强生产、技术开发、市场营销等各环节的管理、提高效率和竞争力的关键手段。由此大大促进了经济增长方式由粗放型向集约型的转变，提高了信息技术对劳动生产率提高的贡献率。20世纪初，劳动生产率的提高只有5%—20%是靠新技术成果的采用。而现在，发达国家劳动生产率提高的60%—80%是靠信息技术的发展与应用。例如美国自1990年以来，信息技术在工业和服务中的普遍应用，使工业生产和管理的效率大大提高，平均达3倍以上。1989—2000年信息技术使英国、德国、法国、日本的劳动生产率分

① 《国际经济信息》1997年第21期，第5页。
② 金健：《当代信息技术产业化与技术进步》，经济管理出版社1997年版，第64页。
③ 马洪：《开放导报》1996年第7期，第7页。

别提高 33%、88%、90%、80%。从 1990 年以后，美国由于信息技术及其产业化的迅猛发展，劳动生产率的提高速度超过了日本，使其国际竞争力于 1994 年在世界竞争力排行榜上重新夺冠，并长期保持这一领先地位。

（五）促进教育和科技的优化和发展

信息传播全球化使教育实现电子化、网络化。高质量、内容丰富的电化教育、远程教育，有利于提高全社会的教育水平，使学生的学习时间比在同等情况下减少 40%，学到的东西将增加 30%，经费将节约 30%。通过网络，学校可以加强与学生家庭的联系和交流。

信息传播全球化会促进科研的发展。网络的建立和利用，可以使科技工作者共享网上的科技数据和研究成果，加强相互联系和交流，实现共同研究。同时，缩短了获取科技信息和文献的时间，避免了重复研究。

（六）对人们的生产、工作和生活方式产生重大的影响

信息传播全球化可以大大提高人们的生活质量，人们可以利用已经建立的网络，在家中上班、办公、购物、促销、炒股、科学咨询、交流、看报纸、查资料、求职、进行双向视频点播等。这样，可以提高工作效率，减轻劳动强度，免去旅途之苦。

信息传播全球化还改变了商业、金融、贸易的组织形式和工作方式。电子商务的开展，使上述工作都在网上完成，大大提高了效率。据统计，美国 1988 年仅有 35% 的大公司全天营业，1994 年便增加到 43%，2000年已超过 60%。

据测算，美国 NII 建成后，利用个人健康保健系统、专家医疗系统等，通过远程医疗，每年便可节约 3600 亿—10000 亿美元，并可解决疑难病，共用先进医学设备，进行网上会诊等。

（七）对战争模式带来挑战，产生新的军事学说

以信息化作战平台、信息化弹药和数字化部队概念，所构筑的新的军事信息化理论，导致了更灵活、快速、分散、信息丰富的作战方式，它能评估战场、集中战场资源，动用训练有素而又分权的领导去制服工业时代的对手。计算机网络将渗透到军事各个领域，将成为军事领域信息传递的

一种必不可少的媒介。无论是作战指挥、决策、方案制定、部队调动，还是后勤保障等各个方面都离不开计算机网络。

1995 年，美国兰德公司模拟了一场世纪之交的电脑大战。告诉人们：未来战争将不再是从海空袭击开始，而是发端于计算机。新世纪军队所面临的主要威胁不是大兵压境和狂轰滥炸，而是来自网络上的突然袭击。专家们评论说：如果说第一次世界大战是"化学家的战争"，第二次世界大战是"物理学家"的战争；那么，新世纪如果发生世界性战争，将是"电脑专家的战争"。

（八）产生新的矛盾和问题

信息化对经济和社会发展有重要的推动作用，但同时，也出现了在工业社会中许多从未有过的新矛盾和新问题。

信息传播全球化将对国家主权和国家安全产生潜在的影响。在信息资源开发和信息网络方面具有优势的国家，利用、掌握信息能力强大的国家，将对信息弱国构成威胁。信息传播全球化对优良民族文化的保持将产生巨大的影响，信息强国的文化将对信息弱国的文化产生冲击，色情、暴力、反动等有害信息传播和蔓延，将侵蚀人类文明和精神。各国信息网络的建成，对知识产权的保护及网上信息安全提出了挑战。各国应从政策、法规和技术上采取相应的对策，趋利避害。

二　加快企业经营国际化的发展

信息技术和信息传播全球化的发展，促进了通讯和运输的高度现代化，扩大了企业活动的时间和空间，在速度和效益方面为企业经营国际化创造了新的手段、条件和机制，从而大大加快了企业经营国际化的发展。不但跨国公司的经营国际化得到了蓬勃发展；不具备跨国公司条件的中小企业也积极发展经营国际化。信息传播全球化加快企业经营国际化的发展，主要表现在以下几个方面。

（一）资源的软化有利于其全球有效配置

信息技术和信息传播全球化的蓬勃发展，引起了全球产业结构的大调整，使传统产业部门的产品不断地升级换代，由资源、资本、劳动密集型向信息、知识、技术密集型演变，信息、知识和技术等要素的地位日显重要，而物质资源、能源的地位则相对下降。随着发达国家工业经济向信息经济、知识经济的演进，信息、知识已被视为重要的经济要素，确立了信息资源、知识资本的观念。人们越来越把物质生产和知识生产、信息的开发和利用结合起来，充分利用知识和信息资源，大幅度地提高产品的信息、知识和技术含量，即产品中包含的无形要素越来越多，而包含的物质成分越来越少，造成无形资产在企业总资产中所占比例越来越大，对经济增长的贡献率越来越高。例如，信息、知识和技术对经济增长的贡献率已从第二次世界大战后初期的40%—50%提高到目前的80%—90%。同时，信息技术的发展还使劳动、资本等有形要素发生根本性变化。比如，劳动者对其信息能力的依赖性日益增强，使其认识不断深化，生产技能和管理水平不断提高，劳动效率大大提高，显示出人力资本信息化、知识化的重要特征；劳动工具呈现出网络化、智能化的特点，隐含在其内的信息、知识含量急剧增长；通过货币的电子化和掌握货币流通的信息，大大压缩了在途资金和货币投入量。再加上其他高新技术如能源科学、材料科学等迅猛的发展，新材料层出不穷。这一切都导致了资源的软化，对物质资源、能源的依赖性降低。

资源结构的这种变化更有利于资源的全球流动和配置。因为利用网络技术和数字技术，通过互联网能使信息、知识以数字化形式在全球快速流动，成为人人可以开发、利用的社会性资源。另一方面，对于仍作为经济活动基础的物质资源和能源来说，由于信息技术与通讯技术的进展使交通运输手段实现了高载化、高速化和高效化，使通讯手段更加精确化和便利化，从而缩小了空间和时间上的距离，大大降低了远程运输和通讯成本，更加便利这些资源在全球的快速流动和有效配置。

（二）国际金融市场融为一体有利于国际资本大规模快速流动

对外直接投资不但是目前企业实施经营国际化战略的重要内容，也是国家推行经济国际化的最主要方式。而对外直接投资的顺利进行，需以资本在全球的自由流动为前提，这就要求建立健全全球性金融市场。20世纪90年代以来，计算机、现代通信和网络技术的普遍应用及信息传播全球化的发展，打破了金融交易中的地域和时间界限，使国际金融市场真正融为一体，形成了全球性金融市场，为国际资本大规模快速流动奠定了基础。据联合国贸发会议《2000 年世界投资报告》测算，2000 年全球外国直接投资（FDI）的流入创历史新高，达到 12000 亿美元，比上年增长 20%。

信息传播全球化和金融资产证券化贯通了间接金融和直接金融，连接了各类金融市场，使商业银行、投资银行、基金和保险公司的业务经营联系更加密切，资金不但可以在一种市场上完成跨国流动，而且能够在不同市场上趋向综合化、网络化。据有关资料统计，全球银行跨境债券总额从 1992 年的 1855 亿美元增加到 1997 年的 9038 亿美元，2000 年的 26300 亿美元；国际融资总额从 1992 年的 2149 亿美元增加到 1997 年的 8.8 万亿美元，2000 年的 16.8 万亿美元；外汇交易市场日均外汇交易从 1989 年的 5900 亿美元猛增到目前的 2.5 万亿美元，当前的全球流动资本达 8.2 万亿美元，全球证券市值达 29 万亿美元。国际资本流动的加快除了各国放松金融管制等体制性因素外，更重要的在于信息技术推动下的金融电子化。电子货币、电子证券、电子支付、电子银行的迅速发展，使金融服务领域扩大，包容了存贷款、国际结算、财务顾问、证券经济、信托、保险代理等全能业务，使金融活动完全突破了时空的限制，大大提高了金融服务的质量和效率，加速了资本的国际流动。另外，金融电子化还导致了金融创新，金融衍生工具、衍生品纷纷出现，从而拓宽了国际融资渠道，有利于国际金融市场的扩大。据统计，仅仅衍生工具交易所创造的价值就从 1990 年的 700 多亿美元上升到 1994 年的 2000 亿美元，2000 年又猛升至 6600 亿美元。

（三）信息技术推动了企业网络营销的发展

信息技术和信息传播全球化的发展，使企业营销方式发生了根本性变化，网络营销应运而生。所谓网络营销，就是利用信息技术和现代通讯技术，按照规定的原则和管理规范，在信息网络上进行的营销活动。网络营销利用计算机、多媒体实现多方对多方的信息沟通。市场信息准确无误地在企业与企业、企业与消费者、消费者与消费者、企业与社会公众、新闻媒体之间彼此交流，并适时反馈回企业，以保证向消费者提供满意的产品和服务。由于电子信息网络大大缩短了企业与消费者、企业与企业间供应链的距离，甚至无须中间商的参与，从而减少了营销的中间环节，降低了交易成本；同时还改变了传统市场结构，使企业运行更有效。网络营销，产品信息可以 24 小时全天候地放在网络上供人浏览，一旦购买者对产品感兴趣，便可立即点击鼠标订购，并不受时间的限制。这就等于大大延长了营销时间，从而扩大了商机。可见，网络营销可带来巨大的经济效益和社会效益。

由于信息网络本身是无边无际的，网络上的资源又是全球人共享的资源，网络技术实现了从"天涯海角"到"近在咫尺"的突破，把全球联为一体；所以，网络营销不再局限于一个地区、一个国家，而是借助于国际互联网，把市场营销扩展到全世界。因为利用互联网获取世界范围内的各种信息迅速而方便，可帮助企业及时了解远离本土的目标市场状况，有效实施人才、资源、服务的全球管理。所有这些便利条件，都有助于企业在世界各国市场营销活动的顺利开展。网络营销的全球性特点，为企业尤其是中小企业实施经营国际化战略创造了有利条件。企业可以利用国际互联网，寻找国外客户，使那些人、财、物力资源不足以在国外投资建立分支机构的企业，顺利实施经营国际化战略。

网络营销已经以其鲜明的优越性为许多企业创造出了巨大的效益和市场机会，从而引起了世界各国的关注和重视。网络营销必将成为 21 世纪市场营销创新的焦点之一，它预示着一场贸易革命甚至经济革命的开始，极大地影响着国际经贸关系的发展，改变着世界经济的运作方式。这对我国来说，既是机遇，又是挑战。我们应该制定和实施正确的战略和策略，抓住机遇，迎接挑战，加快发展网络营销，保证企业经营国际化战略的顺利实施。

（四）信息传播全球化促进了国际贸易的蓬勃发展

国际贸易是企业经营国际化的重要内容。信息传播全球化的发展，缩短了国际贸易的时间，扩大了国际贸易的空间，在国际贸易领域掀起了一场新革命，使国际贸易的运行机制、运作方式等发生了质的飞跃，从而促进了国际贸易的蓬勃发展。

第一，信息技术革命的发展和信息技术产品的广泛使用，促进了社会生产的发展，社会生产的发展又促进了国际贸易的迅速扩大。这突出表现在信息技术产品在国际贸易中的比重不断上升。根据联合国的一项统计，发达国家信息产品出口额占出口总额的比重由 1990 年的 40% 上升到 2000 年的 70%；新加坡和马来西亚的电子产品出口额占出口总额的比重由 1990 年的 35% 上升到 2000 年的 60% 以上。

第二，随着信息技术的发展和应用，信息产业已成为世界经济的主导产业，从而进一步扩大了国际贸易的范围。国际贸易已经从传统的商品领域扩大到技术、金融等服务贸易领域，甚至一些智力资产，如品牌、商标、专利、版权、注册设计等也将进入跨国交易的行列。特别是以计算机和网络为主的信息产业已经超越 20 世纪最兴盛的电力、汽车和钢铁工业，成为新兴的主导产业，在全球贸易额中的比重迅速上升。

第三，电子化贸易手段的普遍运用，如电子数据交换（EDI）、电子商务（EC）、电子贸易撮合（ETM）和电子资金转账（ETF）等，以及商品标准趋同和贸易合同标准都为国际贸易自由发展提供了便利条件，有利于打破技术性贸易壁垒，打破因信息和渠道垄断造成的壁垒。

第四，在信息技术和信息传播全球化蓬勃发展的历史潮流中，产生了一种全新的商务模式——电子商务。电子商务，顾名思义，就是在互联网上进行的商务活动。电子商务的发展，可带动企业进行全面而深刻的变革，从而产生新型的管理组织模式和营销管理方式，有利于获取全球广阔的商务空间和时间，大大促进国际贸易的发展。据国际商会统计，目前全球电子商务营业额约 6000 亿美元，到 2003 年可达 12400 亿美元，2004 年将攀升至 22900 亿美元。电子商务将发展为 21 世纪的主要商贸方式。

由于信息技术和信息传播全球化的推动，全世界国际贸易额 2000 年创历史最高水平，达到 6 万亿美元。据国际商会预测，今后 5—10 年，全球国际贸易将以高出 GDP 增长幅度 2—3 个百分点的速度增长。

三　提高企业经营国际化的质量和水平

信息传播全球化在大大加快企业经营国际化发展速度的同时，还会大大提高企业经营国际化的质量和水平。主要表现在以下三方面：

（一）信息技术革命推动了企业的生产柔性化

传统的生产系统是一种大规模、标准化的生产模式，其特点是：批量生产、批量销售，产品的生产周期长，产品样式标准划一，需投入大量的人力、物力和财力。随着工业经济向信息经济的演进，客户需求和市场都发生了很大变化，人们所需要的不再是千篇一律的相同产品，而是具有个性化的定制产品，市场由卖方转向买方，人们的选择范围扩大，需求变化的周期变短。这就需要变革难以适应新形势的传统生产模式，使"个性化、多品种、小批量"的生产和服务成为可能，于是信息技术渗透下的新的生产模式——柔性制造系统（FMS）应运而生。这种生产系统就是借助计算机辅助设计（CAD）、计算机辅助制造（CAM）、计算机集成制造（CIM），并行工程（CE）、敏捷制造（AM）等信息技术，使企业的生产从市场分析、产品设计、生产计划与加工、质量保证和监测等全过程实现信息化和智能化，尤其是全球性电子计算机集成制造系统（CIMS）的实现，使企业更能克服空间限制，可以在全球任何一个地方获得信息，进行订货、设计、生产管理、产品调度和销售，实现全球性生产和服务。这种生产系统的实现：一方面，由于是利用电脑技术控制生产线，为顾客提供的是高质、低耗、上市快、服务好、差别化的产品，能满足顾客的即时需要，从而使企业能适应市场环境变化，提高了企业的市场竞争能力；另一方面，这种生产系统不仅在时间和空间上保证了生产要素的合理、有效的利用，提高了企业的生产效率和效益，而且极大地增强了企业生产的柔性、敏捷性和适应性。正是这种生产模式的产生，使得企业从追求大规模生产开始转向多工厂专业化生产，从而使得生产越来越国际化，任何企业都成为世界经济链条中相互连接、相互作用、相互影响的一环。这就是说，信息技术革命和信息传播全球化，使产品的技术含量越来越高，产品的零部件和生产阶段具有越来越明显的可分性，使得同一种产品（如汽车和大型电信设备），可以同时分布在十几个、几十个国家和地区生产，使每一个国家和地区可以发挥其技术、劳动力成本等方面的优势，使最终产品成为万国牌的"国际性产品"，产生明显的技术和成本竞争优势。这种国际分工形成了许多诸如电讯、汽车等国际化程度很高的产业，形成了你中有我，我中有你的格局。即使是在全球处于垄断地位的波音公司，其飞机零部件也来自十几个国家和地区。福特公司 Fiesta 汽车的生产就是充分利用柔性制造系统，使该型号汽车 10 个零部件生产厂和总装厂散布在欧洲的 4 个国家，其中车身在西班牙，配电器、充电器在爱尔兰，仪表盘、引擎、变速器在英国，底盘在法国，两个总装厂分别位于法国和西班牙。

（二）信息网络使企业的组织结构更加优化、灵活化

传统的企业组织结构是一种直线制结构。它是工业经济时代规模化生产和细密性专业分工的产物。该结构多层次、多等级，企业部门按职能划分，信息的交流集中表现为一种自上而下或自下而上的纵向式交流，中层管理人员负责信息的上传下达，管理呈现出垂直性。但该组织管理模式在其发展过程中，越来越呈现出机构臃肿、管理层次重叠、冗员多、成本高、浪费高、横向沟通困难、信息传递失真，对外界环境变化反应迟缓等弊端，阻碍了企业的进一步发展。信息技术的发展则在一定程度上使企业的组织管理革新，使其更加优化、灵活。

信息网络促进了企业的组织结构优化，使其建立在信息集成原则和信息化基础之上，使企业面向信息流程，减弱甚至消除了传统组织结构中的层级制。企业通过计算机技术和网络技术进行采集、分析、评价和传播企业的信息，并且信息的交流呈现出互动性，不但纵向交流更易于进行，而且横向沟通也非常容易，形成了一种扁平化的"动态网络"结构。而且这种结构大大减少了决策与行动之间的延迟，加快了企业对市场和动态变化的反应，使其呈现出虚拟化、柔性化的特点，导致企业的组织更加灵活化，如虚拟企业、策略性联盟、项目小组等组织形式纷纷出现。灵活化的企业组织有利于企业把不同国家、地区的现有资源迅速组合成为一种没有围墙的、超越空间约束的、靠网络手段联系的、统一指挥的经营实体，以最快的速度推出高质量、低成本的新产品，增强企业的国际竞争力。如全球最大的计算机辅助设计（CAD）开发商 Autodesk 公司利用 Internet/Intranet 技术在全球 130 多个国家和地区设立了分支机构，并与 4500 个特约经销商和 3000 个软件开发商保持着及时的业务联系，形成了一个典型的虚拟组织模型。

信息网络使西方发达国家，特别是美国，获得了巨大国际比较利益。但是，信息网络也有缩小差距的效应，存在着后进赶超先进的机遇和可

能。由于它会促使企业组织结构更加优化，更加灵活，并且能降低成本，减少进入市场的壁垒，为获取信息和技术提供公平、均等的机会。所以，大企业和强企业可以利用，小企业和弱企业也可以利用；发达国家可以利用，发展中国家也可以利用；国家力量可以利用，非国家力量也可以利用。我们中国完全可以在研究开发信息技术的基础上，利用信息网络促进企业乃至整个国民经济体制的改革，提高企业乃至整个国民经济的素质和竞争力，尽快缩小与发达国家的差距，赶超先进，不断提高国际地位。

（三）信息化管理使企业经营国际化的效率和质量大大提高

随着扁平化的"动态网络"组织结构的建立，企业的管理日趋信息化。企业管理信息化是指企业充分挖掘人力资源潜能，利用现代信息技术，开发运用国内外各种信息资源，并进行相应的改革和调整，不断提高企业整体素质，进而提高企业经济效益和竞争力。其主要内容包括生产过程信息化，流通过程信息化，全面管理信息化，组织结构信息化，生产要素信息化。信息化管理有八大特点，即信息数字化、生产柔性化、组织弹性化、管理一体化、经营虚拟化、学习制度化、管理人本化、标志全面化。

信息化管理具有巨大的优越性。一方面，企业通过计算机参与管理，利用数字技术和网络技术可以对其有关的信息进行全面、快捷、高效的收集、整理、发布、传递和存储，实现跨越国家、跨越地域的同步信息交换，以达到对信息资源的充分而合理利用。另一方面，先进的信息决策工具如专家系统(ES)、决策支持系统(DSS)、群体决策支持系统(GDSS)、电子会议系统(EMS)等的应用，可以大大增强决策者的信息处理能力和方案评价选择能力，拓展了决策者的思维空间，延伸了决策者的智力，使做出决策更加快捷、灵活高效。总之，管理的信息化大大提高了企业管理的效率和质量，有利于企业建立良好的管理规范和管理流程，构建扎实的企业管理基础，提高企业的整体素质，同时管理空间的大大拓宽更有利于企业的国际化经营。青岛海尔集团的成功实践有力地证明了这一点。近十几年来，青岛海尔集团把强化信息化管理和实施经营国际化战略有机地结合在一起，取得了举世瞩目的成绩，被公认为"中国家电第一，世界家电一强"。2000 年实现全球营业额 406 亿元，而 1984 年只有 348 万元，

2000 年是 1984 年的 11600 多倍；1984 年资不抵债，2000 年实现利税 30 亿元，自 1995 年以来累计为国家上缴税收 52 亿元；2000 年海尔品牌价值达到 300 亿元，是 1995 年第一次评估的 7.8 倍；已在海外建立了 38000 多个营销网点，产品已销往世界上 160 多个国家和地区，2000 年实现出口创汇 2.8 亿美元，自 1998 年以来，出口创汇每年以翻一番的速度增长，是中国家电业出口创汇最多的企业。

正是由于信息技术和信息传播全球化为企业实施经营国际化战略提供了强大的技术支持和物质基础，带来了经营国际化企业内部高效运作机制，才大大提高了经营国际化的效率。1980 年至 2000 年，美国运用信息化管理的企业，劳动生产率年平均提高 4%，而一般企业年平均仅提高 1.5%。美国商务部的一份报告显示，近 10 年来，全球三分之二的增加值与信息技术和信息化管理有关；美国信息技术产业人均创造产值年均增长 10.4%，大大高于国民生产总值年均增长 4% 的水平。

四　促进跨国公司的创新和发展

在信息传播全球化和经济国际化蓬勃发展的当今世界，经营国际化已成为企业生存和发展的必然选择。而跨国公司既是企业经营国际化的高级形式和核心组织，又是信息技术革命的主角。在信息技术革命的推动下，新技术和新知识不断涌现，促使跨国公司目标设置、组织管理、发展模式、运行机制、行为逻辑等都获得了创新和发展，从而导致了跨国公司的迅猛发展。据联合国贸发会议《2000 年世界投资报告》统计，跨国公司的数量在 1993 年全球有母公司 1.7 万家，海外子公司 17 万家；2000 年增加到母公司 6.3 万家，海外子公司上升到 70 万家。1993 年跨国公司及其子公司在全球销售的商品和服务为 5.5 万亿美元，2000 年上升到 20 万亿美元。[①] 除了大型跨国公司的快速发展外，一些中小企业也纷纷借助信息技术带来的机遇，在竞争日益激烈的国际市场上大显身手。如著名的亚马逊网络书店、网景公司等，成为中小企业经营国际化的成功范例。

---

① 《环球商务》2001 年 5 月 6 日第 5 版。

（一）跨国公司经营的目标面向整个世界

提高股票价值，强化在国际市场的优势地位，追求利润最大化，成为"全球性经济实体"是跨国公司实施经营国际化战略的重要目的。信息传播全球化使跨国公司的这一夙愿变为现实。

信息传播全球化有利于跨国公司实施经营国际化战略的目标面向全世界，无论在哪个国家经营，他们都是"世界公民"。正如 IBM 公司的一位高级官员对记者所说的那样："本公司不得不关心世界每一个国家和地区的竞争能力和繁荣，因为这是收益的重要来源。"因此，跨国公司在决策其世界投资策略时，力求最大限度地满足全球消费者的需求，以获取尽可能多的利润。其任务是综合配置世界范围内的所有资源。例如，万事达汽车公司的最新型赛车米亚达 MS—5 是在加利福尼亚设计，东京和纽约提供资金，车型则是英国的沃辛制造，密歇根和墨西哥组装，先进的电子部件来自新泽西的发明而由日本制造。英特尔公司的一种微处理器是加利福尼亚设计，美国和德国融资，其中含有韩国制造的动态随机存储器。经营目标面向全世界的经营战略并不局限于庞大的实力雄厚的全球性跨国公司，总部设在加利福尼亚的基廷维尤的莫门塔公司，只有 28 个雇员，在实行全球经营最初的 6 个月内，从中国台湾和美国筹措了 1300 万美元；一小批美国工程师在莫门塔公司设计高级计算机，部件在日本设计和制造，组装在中国台湾和新加坡。生于伊朗的莫门塔公司创始人卡姆兰·埃加希安对记者说："全球性的融资是确保我们能得到所需要的 4000 万美元的最佳途径之一。"当然要进行全球性的生产，"以利用现有最好的技术"。新加坡技术公司总裁高康修表述全球经营策略时说："我们打算在世界上任何一个具有优势的国家发展产业，比如在成本低的泰国和市场庞大的德国生产产品，在波士顿研究与开发。"

正是由于跨国公司的全球经营策略，也才有美国跨国公司创造的美国经济繁荣和竞争力的提高。许多美国人拥有的公司目前在美国以外进行各种尖端技术工作，雇佣外国劳工，制造产品，然后出口到美国，使美国的经济日趋繁荣。德克萨斯仪器仪表公司的研究开发设计和生产大部分在东亚进行，单是日本雇工就有 5000 人，产品是先进的半导体元件，其中一半用于出口，多数返销美国市场；北爱尔兰工业劳工 11% 现在受雇于美国公司, 生产从香烟到计算机软件各种产品, 而且产品多数返销美国; 10万新加坡人帮 200 多家美国公司工作, 主要生产和组装电子元件销往美国, 其中最大的雇主是美国通用电气公司 (GE)。同时, 其他国家的跨国公司也为美国的经济繁荣和就业做出了很大的贡献。外国公司现在雇用了300 万美国人, 约占美国制造业工人的 20%, 这些公司把在美国生产的产品大量出口国外, 如索尼公司将在亚拉巴马州工厂所生产的录像带和录音带销往欧洲, 在佛罗里达州劳德尔堡的工厂所生产的录音机也销往国外; 夏普公司在田纳西孟菲斯的工厂一年出口 10 万台微波炉; 飞利浦民用电器公司田纳西州格林维尔工厂生产彩色电视机出口日本; 东芝美国公司也把它在新泽西州韦恩的工厂生产的投影电视出口日本; 日本的本田公司每年将俄亥俄州生产基地生产的汽车向美国出口 50000 辆。跨国公司为信息传播全球化和世界经济国际化做出了不可磨灭的贡献。

(二) 跨国公司内部组织管理上的创新

如前所述, 信息传播全球化缩短了空间和时间上的距离, 降低了远距离控制的成本和交易费用, 信息收集、处理和传递更加快捷。所有这些都促使跨国公司进行内部组织管理的创新。

第一, 决策集中化和决策执行分散化。许多跨国公司都组建了坚强有力、运转灵活、工作高效的最高决策领导层, 有的还把最高决策层从经营管理层中分离出来, 专门从事公司重大问题决策的研究和制定。同时, 把越来越多的零部件承包给海外各地的子公司去研制和生产, 有的还把许多零部件承包给子公司之外的其他企业, 其中包括一些外国企业。为了更好地贯彻执行公司的决策, 获取更多的国际比较效益, 许多跨国公司还实行技术开发、人才开发、经营管理当地化。如青岛海尔集团、海信集团等在国外建立的子公司中, 不但聘用当地人担任技术工人和职员, 而且从当地人中聘用经理、聘用科技人员, 依靠当地人进行经营管理和技术开发、人才开发, 取得了举世瞩目的成绩。

第二, 一批新型组织管理模式应运而生。信息技术和信息传播全球化以革命的方式改变着跨国公司管理组织各相关方面之间的关系, 促进着公司组织管理的深刻变革, 一批新型的组织管理模式应运而生。比较典型的是学习型组织和网络型组织。学习型组织, 就是指精于知识创新和学习,能运用新知识修改和规范行为的有机组织。在信息传播全球化条件下，公司员工可以通过互联网学习世界各地的新人、新事、新发明、新创造、新经验，从而为创建学习型组织奠定了基础。网络型组织，是指建立在扁平化组织结构基础上，利用信息网络创建的能够灵活适应环境变化的有机组织形态。它既能够迅速实现上传下达和各方面的联系；又能够对分散在世界各地的子公司和其他分支机构进行管理、指导和协调，提高经营国际化的效益。

第三，跨国公司的业务流程再造。业务流程再造，简称 BPR 模式，是 20 世纪 90 年代由美国教授哈默等提出并不断完善的，其核心是过程管理思想和过程再造思想。过程管理，就是在信息技术迅猛发展的时代，企业管理的对象应从对职能部门的管理转向对企业生产经营过程的管理；过程再造，就是利用信息技术对企业的组织结构和组织管理以及与组织相关的制度、文化等进行全面的、根本的变革和规划设计，促使其向扁平式的组织管理转化。由于这种模式适应了当今信息社会发展的潮流，因此，许多著名的跨国公司纷纷采用，并取得了显著效果。像著名的计算机跨国公司 IBM 公司，该公司进入 20 世纪 90 年代后，由于其内部组织管理难以适应日益变化的外部市场环境，致使公司连续 3 年（1991—1994 年）出现亏损，1993 年亏损高达上亿美元。为改变这种局面，公司引进了 BPR 模式，结果，从 1995 年起重新增长并盈利，1996—2000 年连续 5 年营业额均创历史新高。

（三）跨国公司发展模式的创新

近年来，跨国公司为了向海外扩张，其发展模式出现了一些新变化：(1)跨国并购的浪潮进一步高涨。跨国并购一直是经营国际化，尤其是当代跨国公司向海外扩张的主要形式，且呈现出强强并购、新兴产业并购等新特点。据统计，仅 1999 年上半年信息技术、通讯和媒体领域并购案就达 2900 起，总金额达 5450 亿美元，超过 1998 年全年的 4880 亿美元。2001 年 1 月 11 日，美国在线与时代华纳两巨头 1640 亿美元购并案，使合并后的公司市值高达 3500 亿美元，市场营业额列全球第四。(2)跨国性战略联盟纷纷出现。随着信息技术的推动，跨国公司间的战略联盟更加引人注目，这尤其体现在国际竞争比较激烈的汽车、半导体、信息、电子等尖端技术领域。像通用、福特和克莱斯勒三大汽车公司的联合，菲利普与索尼的联合，苹果公司与 IBM 公司的联合，等等。(3)全球性联合公司悄然兴起。这种公司的最大特点是要求公司的领导层国际化，领导成员由不同国家的人担任，从而保证公司不能只为一个国家的利益服务，是一种更为高级的跨国公司发展模式。如瑞典 ABB 公司的经理人员由瑞典人、瑞士人和德国人三方组成，日本索尼公司吸收美国人和瑞典人加入董事会。

通过这些发展模式，跨国公司的规模越来越大，而公司又能在激烈的国际竞争中立于不败之地，取得巨大的经济效益。传统的厂商理论已很难解释这一现象。根据传统的厂商理论，企业的经济效益和企业规模间存在着一定程度的数量关系。在一定限度内，企业规模扩大，产品数量增加，会使固定资产得到充分利用，从而产品成本下降，经济效益提高，产生规模经济性。但由于边际成本递增法则的作用，当企业规模超过固定资产所能容纳的限度后，产品成本则不断增加，导致经济效益不断下降，产生规模不经济。这对于规模越来越大的跨国公司显然是个难以承受的重大问题。信息技术的发展则为跨国公司解决了这一难题。因为信息技术的发展，在促使跨国公司的规模越来越大的同时，也导致了跨国公司发展运行机制从追求规模经济性转向范围经济性或联结经济性。

当前，信息技术的发展促使信息经济的形成，而信息经济使传统经济理论的边际成本递增法则转化为边际成本递减法则。根据美国斯坦福大学教授罗默等创建的新增长理论，在信息经济中，信息作为一种重要资源，可以再生和重复利用，对其生产者无竞争性而对其使用者无排他性，它的成本不随使用量的增加而成比例增加。信息技术作为一种重要的生产要素，已成为经济系统中的一个核心部分，且该技术的整体增长同投入的人力物力资源成正比，投资能使技术更有价值，技术也能使投资更有价值。结果，在投入与产出的关系中，出现了边际成本递减、边际收益递增的规律。由于边际成本是递减的，所以企业规模扩大不但不会导致企业经济效益下降，反而会大幅度提高。跨国公司正是依靠不断地扩大其经营规模、通过追求范围经济性或联结经济性来取得最大的经济效益的。像跨国公司通过并购或建立全球性公司来增加产品品种或种类，拓展经营范围，实行多角化经营，以产生范围经济性。而跨国性战略联盟则是通过多个市场主体的相互联结，利用知识、信息、技术等共有要素，拓展企业的内外部成长空间，目的是为了实现联结经济性。

（四）跨国公司思维和行为逻辑的变化

信息传播全球化在促进跨国公司实行一系列改革和创新的同时，引起了跨国公司思维和行为逻辑的改变，主要表现在以下五个方面。

第一，跨国公司的地点选择更趋自由化、分散化。传统的跨国公司充斥着等级、地域和秩序等理念。公司总部理所当然地设在公司的中心部位，一般是最大的工厂所在地或进行科研开发和工程设计的地方。信息传播全球化使跨国公司产生了一个新思路，即总部设在哪里并不重要，只要符合开拓市场和技术的需要就可以。跨国公司网络组织可能有若干个世界性总部。如美国的 APV 公司的每一项世界性商业活动都有一个设在不同国家的总部牵头。惠普公司将其私人电脑业务的总部迁至法国的格勒诺布尔。德国的西门子公司将其医用电子产品总部从德国迁到美国的芝加哥。日本的将其动力产品总部移到了美国的亚特兰大……

第二，跨国公司投资的产业分布由以制造业为主转向以服务业为主，越来越趋向于信息、金融、保险等极具增长潜力的产业。

第三，自然资源的重要地位逐步让位于信息资源，实物资源的重要地位逐步让位于人力资源，有形产品的国际贸易地位逐步让位于以信息服务为主的服务贸易。

第四，跨国公司的国际竞争中，协作型竞争正在发展。在传统的跨国公司竞争观念中，国际竞争是战争型竞争，商场如战场，竞争是你死我活之争。信息技术特别是信息传播全球化的发展，可能使跨国公司国际化经营中的竞争对手同是合作伙伴，进而使战争型竞争转化为协作型竞争。

第五，新型跨国公司信息化。新型跨国公司利用全球信息网络将公司之间的业务往来包容在自己的业务范围内，各种决策能在总部和分布在世界各地的子公司之间日夜及时传递和交流，从而将公司各部门、各子公司协调成为一个灵敏而高效的整体。

第十章　企业信息化

在信息传播全球化的历史潮流中，实施经营国际化战略，主要是通过经营国际国内信息资源，获取最大限度的经济效益。经营信息资源，就必须搞好企业信息化建设。信息化，是企业全面创新、获取竞争优势的最优选择，是企业充满生机和活力的关键所在，是实施经营国际化战略的可靠基础。进入 20 世纪 90 年代以来，诸多国家和地区都在积极推行企业信息化，涌现出了多种企业信息化模式，典型模式主要有民间主导型、政府主导型、多元型三种。

一　内涵、特点和标志

（一）定义和内涵

随着企业信息化实践的发展，企业信息化的理论研究也日趋活跃。由于企业信息化的研究涉及经济学、信息学、管理学、计算机科学、电子学等许多相关学科，各学科的学者都从本学科的角度对企业信息化的定义和内涵进行了概括。同时，许多成功的企业家也从丰富的实践中提炼出了对企业信息化概念的认识，各国政府在支持和倡导企业信息化的文件中也都涉及到了信息化的概念。因此，人们对企业信息化定义的认识很不一致，有代表性的观点主要有：企业信息化是"企业应用现代信息技术，开发应用信息资源，实现企业现代化的过程"；[①] 企业信息化"是指利用信息技术获取、处理、传输、应用知识和信息资源，使企业的竞争力更强和收

---

① 高俊书：《浅议企业信息化》，《理论学习与研究》1998 年第 3 期。

益更多的一个动态过程"；① 企业信息化"是指将先进的信息技术与企业的经营、生产相结合，从而产生更大的经济效益，增强了企业的竞争力"；② 企业信息化"是一个战略的高效能、多元化平台"；③ 企业信息化"是利用现代信息技术，通过对信息资源的深化开发和广泛利用，不断提高生产、经营、管理、决策的效率和水平，进而提高企业经济效益和企业竞争力的过程"；④ 企业信息化"是信息技术由局部到全局、由战术层次到战略层次向企业全面渗透，运用于流程管理、支持企业经营管理的过程"⑤……

认真分析研究上述观点可以看出，每一个定义都有合理性，但又都不能涵盖企业信息化的全部内容，多侧重于从一个技术性角度进行概括。综合各种观点，加以丰富和发展，笔者认为企业信息化的定义可以是：企业充分挖掘人力资源潜能，利用现代信息技术，开发运用国内外各种信息资源，并进行相应改革和调整，不断提高企业整体素质，进而提高企业经济效益和竞争力的过程。剖析这一定义的内涵，主要包括七大要素。

1. 企业是主体。企业，是企业信息化的主体。然而成为企业信息化主体的企业，和传统的企业有明显的区别。作为一种经济组织，一种法人，它的财产不拘泥于物质形态的资产，其更大比重的财产将是无形资产——信息。因此，有人称信息化企业为信息法人。信息法人可以通过互联网联系到世界各地，灵活地从事国际化经营。在信息化企业中，拥有"最高权力"的法人代表将不是传统的资本所有者，而是现代的知识所有者。在传统企业中，资本家作为企业资本所有者，掌握着企业的最高权力；随着企业信息化的发展，掌握现代信息技术，能够对信息资源进行创造性开发的现代知识型人才将走向企业"最高权力层"，依靠对知识信息的占有来实现对企业的占有和控制，据此我们可把现代知识型人才称之为

---

① 庄美云：《企业必须信息化建设》，《电子与信息化》1998 年第 9 期。

② 张莉、连刚：《PDM 与企业信息化》，《信息产业报》1998 年 9 月 28 日第 4 版。

③ 张瑜、陈禹：《企业信息化：一个战略的高效能、多元化平台》，《中国软科学》1998 年第 3 期。

④ 高纯德、张新红：《1998 企业信息化研讨交流会文集》，中国信息协会 1998 年版，第 38 页。

⑤ 武文生、刘雪皎、尹福臣：《企业信息化及其管理》，《未来与发展》1999 年第 3 期。

"知本家"。

2. 充分挖掘人力资源信息潜能是关键。要想实现企业信息化，人员必须信息化，即成为信息人。信息人就是能够使用和维护现代信息技术，对信息资源做出科学判断和正确选择，实施创造性开发利用并使信息增值的劳动者。可见，信息人力资源是信息资源的重要载体，无论企业多大，其储存的信息都是停滞的或凝固的资源，要想开发利用好这些信息资源，必须依靠信息人力资源的工作和潜能的发挥。因此，搞好企业信息化，关键是充分挖掘人力资源的信息潜能。信息法人和企业信息主管（CIO）必须建设一支过硬的信息人队伍，并且善于开发利用这种信息人力资源，充分挖掘发挥人力资源的信息潜能。

3. 现代信息技术是基础。现代信息技术是企业信息化的基础和最基本的内容。离开现代信息技术，企业信息化就无从谈起。企业信息化过程中采用的信息技术是多种多样的，例如工程设计领域可应用 CAD、CAE、CAM；管理领域可应用 MRP 或 OA；制造领域内可应用 NC、CNC；流通领域可应用 EDI 技术；企业必须建立内部网（Intranet）和 Internet 等。所有这些，都需要计算机、网络、软件等的应用，其中计算机处于核心地位。

4. 以信息为战略资源。在农业经济时代，土地是经济活动的战略资源；在工业经济时代，资本是经济活动的战略资源；进入信息经济时代，信息和知识将成为经济活动的战略资源。企业信息化，也就是逐步以信息为战略资源的过程。在传统的三大资源——土地、资本、劳动力基础上，信息将成为企业的第四大战略资源，而且作为生产要素的重要程度日益增大。企业信息化的核心和本质就是运用现代信息技术，开发利用信息资源并使其增值。

5. 改革和调整是动力。企业信息化是一个系统工程。然而，它又不同于一般系统工程，是一个革命的过程。西方管理学界把其称之为"再造企业"，即对传统企业进行全面而深刻的改革和调整。第一，对企业管理组织进行深刻变革，建立学习型组织、网络型组织等新型管理组织模式；第二，搞好业务流程的重组和优化，建立行之有效的管理机制和激励机制；第三，搞好企业的制度创新、技术创新、产品创新、营销管理创新、市场创新等，促进企业信息化发展。

6. 提高企业经济效益和竞争力是目标。实行企业信息化的目标是大幅度提高经济效益和竞争力。企业通过各种信息技术的推广和应用，在生产、管理、营销的全过程和各方面的信息化水平不断提高，从而形成差异产品或服务、改变竞争方式、扩大竞争领域、减少交易成本、产品与技术创新、人力资源和企业素质提高，可大大提高经济效益和企业竞争力。我国国有企业改革正处于攻坚阶段，通过信息化推动企业改革和创新，是提高国有企业整体素质的有效途径。

7. 企业信息化是一个过程。企业信息化是一个过程，不可能一朝一夕就完成。青岛海尔、海信集团，济南二机床、试金集团等推进信息化的实践证明，企业信息化建设需经若干阶段。最初，仅仅是利用计算机来提高部门或再生产某方面、某环节的工作效率；进而在设计、生产、营销、管理等分系统上运用信息技术；在充分做好组织与技术准备之后，再采用CIMS、MRPⅡ等系统实现信息化。另外，企业信息化的进程还依赖社会公共信息基础设施的建设，没有健全的外部网络，企业信息化也很难顺利推进。因此，企业信息化是一个公共信息基础设施不断完善，企业内部逐步应用信息技术，并相应进行改革和调整的过程。

（二）基本内容

分析企业信息化的定义和内涵，不难看出其基本内容。但是，企业多种多样、千差万别，不同性质、类别、规模、基础等的企业，其信息化所包含的内容也不尽相同。不同企业可从自身实际出发，有所取舍，有所侧重。本书仅以制造业为例来分析研究、阐述企业信息化的基本内容。

1. 生产过程信息化

对于制造业企业来说，生产过程是基础性关键的环节。生产过程顺利与否，直接关系到企业产品的质量、生产周期以及其适销程度等等。企业信息化首先就要求生产过程信息化，即在生产过程中采用先进的信息技术，以提高生产的自动化水平，增强产品的竞争力。具体主要表现在三个方面。

（1）产品设计与开发信息化。比较突出的是CAD和交互式图形系统在机械工具和零部件的设计中获得了越来越广泛的应用，而且技术也越来越先进。这种网际网技术与CAD技术的结合，有不可估量的应用前景，它不仅实现了产品生产过程设计和试生产自动化，而且使产品更适合用户的需要，新产品的开发周期更加缩短，从而使企业的产品更快更有效地占领市场。

（2）生产环节信息化。对生产过程的一些重要环节、重要工序，运用计算机控制各环节的生产加工以及各环节之间的衔接与传递，使生产更具有柔性。同时，企业利用本企业内部 Intranet 以及外部的 Internet，辅以各种各样的专家系统，管理人员、工程师和工人便可以对世界各地产品的生产制造环节进行现场、实时分析研究，还可以对下一道工序可能出现的问题与难点进行探讨，以排除和克服生产环节的障碍，从而最大限度地提高劳动生产率。

（3）生产过程综合信息化。这是将生产过程视为一个整体，在生产的全过程、各个环节实现信息化。主要是企业的全部生产业务实现计算机化，从产品设计、工艺设计到制造，以及通过计算机生产计划制定系统完成生产与市场、库存、财务、质量、设备管理等方面的统筹与协调，使整个生产过程，甚至全部企业的管理都运用计算机操作。

2. 流通过程信息化

流通过程信息化是指企业在采购和销售的过程中采用先进的信息技术，重组企业物资流程，以加速物资和资金周转，减少流通费用的过程。实现流通过程信息化后，在采购环节中，企业可以获取比较充分的采购信息，能够以较低价格适时地采购到所需要的生产资料；在销售环节中，企业可以获取充分的市场信息，能够以较高的价格适时将生产的产品销售出去。一般来说，企业实现流通过程信息化，运用的信息技术主要是 EDI（电子数据交换系统），主要表现是电子商务。

（1）电子商务。《联合国国际贸易法委员会电子商务示范法》对电子商务进行了科学解释，指出：电子商务是指利用数据信息进行的商业活动，而数据信息是指由电子的、光学的或其他类似方式所产生、传播并贮存的信息。电子商务的主体主要是企业和消费者。电子商务起源于 20 世纪 80 年代美国，90 年代后蓬勃发展，是 21 世纪的主要商贸方式之一。电子商务将以革命的方式改变企业管理组织各相关方面之间的关系，帮助企业对业务流程进行彻底、全面的改革，促进企业开展营销管理创新，为企业开拓全球广阔的商务空间和时间。

（2）EDI 信息系统。EDI 最早使用于 20 世纪 70 年代末，80 年代末期初具规模。EDI 是一个汇集和传送电子信息的标准，目前已经在零售业、制造业、航运业等方面得到广泛应用，并在应用过程中形成了信息系统。随着企业经营国际化进程的加快，企业不但要开拓国内市场，更要开拓国际市场才能有更为广阔的发展前途。企业开展跨国贸易都要经过海关、金融、商检、保险、运输、外贸管理部门等繁杂而耗时的过程，在这个过程中每个环节紧密相连，任何一个环节出现问题，整个贸易过程就会中断，其后果不堪设想。而 EDI 的推行则使得各环节之间相互配合紧密衔接，密切了企业之间、企业与市场间的联系，并可减少人工差错，降低管理和仓储费用，减少库存，从而大大降低了贸易交易成本，提高了贸易效益。

3. 管理信息化

管理信息化，是通过建立健全管理信息系统（MIS），并充分发挥其作用，使计划、组织、指挥、协调和控制的管理五项职能更科学、更有效地发挥。具体表现为：在获取充分信息基础上制订的计划将更科学、更合理，而且能够随环境的变化加以修正；组织职能的执行将与信息化以前有所不同，由于组织结构的弹性化趋势，组织职能更加适应市场的变化；指挥路线不再是自上而下的单向指挥，而是自上而下和自下而上双向指挥，指挥的效果能够得到及时的反馈，各部门之间的交流更加快捷、更加直接；控制职能特别是事前控制将发挥更大的作用，各种误差将得以及时地反馈与纠正。管理信息化的基本内容由管理手段信息化和管理内容信息化两部分组成。

管理手段信息化是指运用信息技术和计算机，构建管理信息系统（MIS）来发挥管理的各项职能。管理信息系统"是一个利用计算机硬件、软件和手工作业，进行分析、计划、控制和决策的模型，以及数据为基础的用户—机器系统。它能提供信息，以支持企业或组织的运行、管理和决策功能。"美国通用汽车公司建立的管理信息系统，用电子计算机网络把分布在 49 个州的 65 个销售部门、11 个州的 18 个产品仓库和 21 个州的 40 个制造部门全部连接起来，实现了管理工作的现代化，极大地提高了管理水平，促进了产值和利润的增加。由此看来，管理信息系统的引入，犹如给企业提供了新的促进血液流通的机能，从而能够使企业产生更强的活力。

管理内容的信息化即管理的重点放在以信息资源为核心的管理上。在当今快速发展的企业经营国际化中，急需大量的、及时准确的企业管理信息。除了人的因素，信息成为管理者最重要的资源。当今管理者主要面临的问题是办公桌上堆积的大量信息难以得到有效的管理。在"信息爆炸"时代，没有经过分类整理并有效地组织起来的信息，如同工业废料一般，没有任何价值，只是"信息垃圾"。然而作为人类大脑延伸的主要工具——以计算机为基础的管理信息系统的任务，就是要把零碎、杂乱、不系统、来自各方面的信息，通过计算机系统进行采集、存储、处理、传输和优化，使其系统化、科学化，变为企业的巨大财富，并把它们提供给各级管理者，从而实现对企业的有效管理。

4. 组织结构信息化

企业信息化极为重要的一项内容是建立与信息化相适应的组织结构模式，从而实现对组织中人力、物力、财力、信息资源的管理。因此，组织结构信息化对于企业信息化的实现具有重要意义。

在企业组织结构信息化的过程中，必然出现一些新的组织结构模式。例如"精益企业"是指在企业产品开发、生产以及销售等环节中取消一切不必要的步骤，特别是对互为独立的职能（如设计、工程、采购、销售以及会计等）的作用重新定义，把专业人员组成多重职能的办事小组。"原子式组织"是一种以工作为中心的行动单位，成员为10—20人，各单位自行负责管理与行政，利用电脑连线和便利的通信网，与上级单位的沟通联系。与组织小型化相对应，强调临时性的、以某个任务为导向的"团队"组织，也成为重要的企业组织。所谓"团队"，就是让职工打破原有的部门界限，绕过原来的中间管理层次，组成精干的活动单位，直接对顾客和向公司总体目标负责，从而以群体和协作优势赢得竞争主导地位。其类型一般有两种，一种是"工作团队"，通常是长期性的；另一种是"专案团队"，成员主要来自公司各单位的专业人员，为解决某一特定问题而组织在一起，通常在问题解决后，小组即告解散。

可见，组织结构信息化，就是使组织内不同部门的界面逐渐模糊，并由静态的递阶结构向动态的网络结构过渡。以知识和技能为基础的临时性、多学科的协同攻关组织将不断增多，企业目标将从传统的保证产品的技术性能，降低成本、加快上市等可量化的指标，扩展到满足顾客需要这一不可量化，但却是本质的目标。

5. 生产要素信息化

生产要素信息化有两层涵义。一是指信息这种要素在生产要素中的作用越来越大，信息管理变得越来越重要。在当今时代，信息已经成为创造力、生产力、利润的源泉。作为企业一项重要资源的信息是劳动创造的，它具有价值和使用价值。管理人员的每一个决策，都必须建立在对信息充分利用的基础上，以信息来指导决策，将信息迅速转化为商品，转化为财富。谁能准确、快速地掌握信息，谁的决策就能建立在科学、正确、坚实和可靠的基础上，谁就能获得最大的经济效益。

生产要素信息化的另一层涵义是指传统生产要素的信息化。就劳动者而言，信息化企业中需要的是可以充分挖掘信息、利用信息和发挥信息潜能的信息人力资源。企业将注重对人力资源的管理，因为人力资源的知识和经验将代表企业的水平，影响人力对信息的管理。就生产工具而言，信息化企业中专利技术、技术诀窍等信息化要素将占据主导地位，信息处理设备、信息技术将成为企业的物质基础。就劳动对象而言，信息化条件下，其使用价值得以更加充分地利用。可以说，现代制造企业将发展成为某种意义上的信息企业，它加工、处理信息，将信息录制、物化在原材料上，提高其信息含量，使之转化到产品中，成为商品。商品卖出去，便实现其价值和实用价值，企业可收回利润。

（三）主要特点

企业信息化，既是一个过程，随着现代信息技术的不断发展和应用而逐渐深入；又是一个结果，在每个阶段上都可以通过企业行为、效益、竞争能力等表现出来。综合考查其过程和结果，着重看结果，企业信息化主要有七大特点。

1. 信息数字化

信息化企业中的信息不再是以文件、账本、单据的形式堆积成山，众多的信息只需输入电脑就可以得到有序安全的管理。然而计算机只能识别二进制数码，因此信息都需要数字化。但是每一位计算机用户并不需要完成信息数字化的枯燥工作，现在优良的软件、友好的界面，已使人们输入和调用信息的工作轻松自如。

2. 生产柔性化

小型企业有"船小好调头"的优势，但抗风险能力弱；大型企业拥有规模经济的优势，但适应市场的灵活性差。为了能够适应多变的市场，并拥有较强的竞争实力，管理学界提出了"柔性化生产"（flexibility）的理论。在企业信息化的实践中也出现了 CNC、CAD/CAM、FMS、MRP 等柔性化生产方式。通过及时获取市场信息，合理组织生产，即按订单生产，提供个性化服务，使得生产过程有序，生产节奏平稳，同时能够创造高效率、低成本的优势。

3. 组织弹性化

与企业生产系统一样，信息化企业的组织也不再是在大与小之间进行选择，而是灵活地适应生存环境，根据市场需求，实时调整企业组织规模；而且管理重心下移，减少环节，降低成本，建立扁平化、网络化的组织结构，加强组织的横向联系。各种信息系统在思想上都要求信息及时反馈，这只有对组织结构进行相应调整才能实现。因此，弹性化是信息化企业的组织特征。

4. 管理一体化

管理一体化是指在信息化企业内部网络和信息系统的基础建设上，从科学、及时决策和最优控制的高度把信息作为战略资源加以开发和利用，并根据发展战略的需要把诸多现代科学管理方法和手段有机地集成，实现企业内的人、资金、物质、信息要素的综合优化管理。例如，青岛海信集团"一体两翼工程"（即以海信软件公司为"体"，海信计算机公司和海信数码科技公司为"两翼"，组成的"软硬结合"系统）就是一个从订货到设计、制造、运行一条龙的信息数据化管理系统。它全方位支持企业生产、销售和营业等经营管理活动，而且把相关联的多个企业连成整体。它运用信息技术，将企业计划、生产、销售、财务、供应、人事、设备、技术档案子系统集合起来，从整体上收集、存储及分析有关数据，提供给组织和企业中心管理人员，实现一体化管理，提高管理效率。

5. 经营虚拟化

伴随着企业信息化的发展出现了一种新的企业组织形式——"虚拟企业"。这是一种在 Internet 上与其他企业信息和能力共享的一种全新的企业组织。其形式可能只是某一台电脑，甚至只是一个网址，但其组织却是动态的组合或分解。企业中的信息人只需要操作电脑，通过国际、国内的各种计算机网络，就可以获取订单、组织生产、办理财务业务、组织交货，仅仅按动一下键盘就可完成一笔交易。但是，信息化企业的虚拟化经营要以信息处理、传输的准确、高速及安全性为基础。

6. 学习制度化

对于信息化企业，在建立学习型组织之后，还必须坚持不懈地学习，使之经常化、制度化。在信息社会里，开放的信息网络，使知识产权、专有技术保护的难度越来越大，不再可能为某个企业长时间所垄断，因此企业必须"自我学习"、"自我发展"，建立起企业内部的自我学习制度和学习机制，不断超越自我，以适应信息技术和信息传播全球化蓬勃发展的要求。在信息社会中，企业将成为实现"终身学习"的场所。

7. 管理人本化

信息社会中企业内部和外部信息网络的建立，大大降低了企业获取有形资源的信息成本，资金和其他生产资料相对丰富，不再是"稀缺"的了。与此同时，信息人成为十分"稀缺"的资源。相应地企业管理重点也由对物的管理转向对网的管理，其本质是对信息人的管理。在信息化企业中，企业的人力资源是企业的重要资源，其开发的潜力是巨大的。只有实施人本化管理，才能充分调动人力资源的信息潜能，才能使企业在竞争中立于不败之地。山东水泥厂原来是一个亏损严重的企业。后来，实行"人本管理"，并且把"人本管理"和数字化管理有机结合起来，依靠信息人办企业，发展成为全国水泥行业的先进单位。现在，许多水泥企业都在学习山东水泥厂经验，实施人本化管理。

（四）标志

有些企业认为，只要建了一个信息管理系统（MIS）或其他信息系统，就已经实现企业信息化了。这种认识显然是片面的。企业信息化的主要标志有5项，只有同时具备这5项，才算真正实现了企业信息化。

1. 观念信息化。信息意识，特别是企业领导信息观念的提高是企业信息化的关键。把认识提高到"四个现代化，哪一化也离不开信息化"的重要意义上。诺贝尔经济学奖获得者哈耶克教授认为，社会经济问题"简单地说，它是一个在任何人都只能得到部分信息的情况下，如何利用信息的问题"。在企业领导、科技人员和职工对信息化重要性有充分认识的前提下，才能发展企业的信息化，并广泛利用信息化的功能开发信息资源，推动企业的经营国际化。

2. 企业决策信息化。企业产品落后，没有市场竞争力，造成经济不景气等被动局面，其主要原因是由于企业信息化程度低，缺乏充分的市场信息资源，造成企业所需的信息收集不及时、不准确、不全面，缺少针对性的市场竞争情报，导致决策失误，带来经济损失。市场竞争情报的获取与研究是企业信息化的重要任务之一。只有及时准确掌握市场信息和相关的竞争情报，企业才能在瞬息万变、纷繁复杂的市场竞争中进行合理的全面创新决策，抓住企业发展的机遇。

3. 手段现代化。信息化要求用现代信息基础设施和先进的信息技术手段去收集、传输、处理、开发信息资源，运用网络技术、通讯技术、数据库技术和智能信息工具等手段进行信息活动，实现信息网络化，并开展网络商务活动（如网络营销、电子商务等）。

4. 信息加工处理深度化。将收集的市场信息与相关的竞争情报进行认真地分析研究，用现代信息技术和发展、创新的思维进行深度加工处理，提供市场发展动态、产品创新与需求预测、技术发展趋势、新技术新成果等重要信息资料，作为企业决策者、产品开发者、市场产品营销和市场服务人员及时调整创新方案、市场对策的依据，实现企业通过信息化推动全面创新的目的。

5. 组织管理信息化。信息化管理优化的目标是：及时、准确、适用、完整、经济，达到使信息快速产生应有的经济效益、社会效益。加强信息化的管理是信息化建设中的一个重要方面，建立完善的信息管理制度和法规，采用现代化的信息技术，保证信息过程的高效率，做到信息收集不遗漏、信息处理不混乱、信息反馈不耽误。

二 可靠的基础

信息化，是现代企业生存之本与发展之道，是优化企业"智商"的决定性因素，是促进企业文化变革的重要动力，是全面创新、获取竞争优势的最优选择，是企业充满生机和活力的关键所在，是实施经营国际化战略的可靠基础。在信息传播全球化的历史潮流中，企业实施经营国际化战略，面对的是日趋激烈的国际竞争。要想在日趋激烈的国际竞争中求生存争发展，就必须搞好信息化建设，依靠信息化全面创新，不断提高自身的竞争力。

（一）信息化是现代企业生存之本与发展之道

信息化，是信息时代企业的生存之本、发展之道。21 世纪，人类将全面迈向信息时代。因此，在 21 世纪，企业要生存和发展，就必须搞信息化。这是不以人的意志为转移的客观发展趋势，是互相联系、互相影响的两种力量共同作用的结果。一种力量是企业外部竞争环境变化所造成的压力；另一种力量是企业内部结构调整所产生的动力。

从企业外部看，经济国际化与信息传播全球化呈加速趋势，市场范围不断扩大，竞争对手层出不穷，科技竞争、营销竞争、市场和人才的争夺日益激烈，这对企业形成了强大的压力。我国企业实施经营国际化战略，既要到国外市场去竞争，又要在国内市场同外国企业竞争，就不得不采用信息技术、依靠信息资源，来从事信息化建设。企业信息化已被世界上不少在全球竞争中处于优胜地位的企业，作为其竞争战略的重要组成部分。

从企业内部看，为适应外部竞争环境，内部结构、业务流程、管理方式、营销机制都需不断调整、重组、变革，以提高企业的应变能力、创新能力、竞争能力。我国企业既要适应经济体制从计划经济向社会主义市场经济转变和增长方式从粗放型向集约型转变的需要，又要适应国际社会从工业社会向信息社会转型的需要，以扩大经营业绩、提高经济效益和社会效益。上述两个转变和一个转型的需要正在促使企业的信息需求。企业信息需求及其结构变化导致企业重视和加强信息资源的开发和管理，并促进企业在业务活动和各管理环节广泛应用信息技术。同时，为规范企业内外联系中的信息流程和更充分发挥信息技术及其网络的作用，企业还需进一步重组或再造组织结构，逐步提高供产销和经营管理的柔性化程度。这一系列因素就成了企业搞信息化的内在动力。

我国企业信息化起步于 20 世纪 70 年代中期，80 年代发展较快，进入 90 年代以来迈进了一个新的发展阶段。就目前发展水平看，仍落后于发达国家 10—20 年。我国各行业与各地区企业信息化的发展很不平衡。

从行业看，制造业与金融业的企业信息化程度较高。从地区看，上海、北京、天津市与广东省、江苏省、山东省的企业信息化发展较快。目前，全国应用 CAD（计算机辅助设计）和 CAM（计算机辅助制造）两项信息技术的企业约有1万多家，推行 CIMS（计算机集成制造系统）的企业约有三四千家，引进 MARP Ⅱ（制造资源计划）技术的企业已达上千家，试用 ERP（企业资源计划）技术的企业还只是少数先进企业。随着互联网的发展，企业内部网、联结供应商与用户的企业外部网也已出现。尤其在一些省市"信息港"建设的带动下，我国企业信息化将呈现出强劲的发展态势。

（二）信息化是优化企业"智商"的决定性因素

大家知道，一个人是否有能力或能力大小，主要看其是否聪明或者说"智商"高低；同样，一个法人组织的企业，竞争力大小，也主要看该企业的"智商"。一个人的"智商"高低主要由两个因素决定：一个是先天的智力因素（这与遗传有关）；另一个是后天因素，即一个人通过学习和亲身实践，获得知识和积累经验，将这些知识和经验通过分析研究升华和转换为新的知识和认识，再用来解决实际问题，这实质上是一个信息化过程。同理，企业"智商"的高低也取决于两个因素：一个是其组成人员个体的"智商"的高低，这可比喻为人的先天因素；另一个就是企业信息化程度的高低，这可看作后天因素。

决定一个人"智商"高低的后天因素，实质上是一个信息化过程。所以，通常说一个智商很高的聪明人，与愚笨或普通智商的人相比，其优势主要表现在信息化程度的差异上：聪明的人能够发现一般人看不到的问题，这是信息敏感程度的差异，也就是获取信息能力上的差异；能够想到一般人想不到的问题，这是处理信息能力上的差异；能够做到一般人所做不到的事，这是利用信息创造性解决问题能力的差异。所以，从这个意义上说，高"智商"的人本质上是一个高度信息化的人。同理，企业"智商"的高低也表现为信息化程度的高低，具体表现在三种能力上：（1）获取市场信息的能力。即企业获取市场信息的能力越强，这个企业的"智商"就越高。（2）分析处理信息的能力。如果不能按企业经营国际化的需要分析加工处理信息或者处理速度太慢，那么获取的信息再多也起不到相应的作用。信息化程度高的企业，可以在瞬间按照企业经营活动的要求筛选、加工处理信息，并且能够按照多种假设和分析条件来排列组合这些信息，满足企业观察和预见有多种假设和多组约束条件下各种可能结果的信息处理需要。因此，信息化程度高的企业，可熟练运用现代信息技术处理信息，其"智商"就高；反之，则"智商"低。（3）利用信息创造财富能力。信息经过加工处理后，还必须在恰当的时间、地点交给合适的"用户"，才能使信息转化为真实的财富。如果不能或不知道如何利用信息进行市场方向选择，不会用信息来调度配置企业实物资源，信息也不能为企业带来真实的物质财富……

　　实际上，企业信息化的过程，就是通过以上三个方面提高和优化企业"智商"的过程。国民经济和社会信息化，会促进企业"智商"的普遍提高。但具体到某个企业"智商"的优化和提高，则取决于企业自身积极、主动、抢先提高自己的信息化程度。因此，明确信息化与企业"智商"的关系后，就应积极推进企业的信息化。20世纪90年代以来，信息技术革命的蓬勃发展和信息传播全球化浪潮的兴起，对企业来说，就是提高"智商"的一场革命。因为信息技术革命对于社会生产力的作用基点就是"智力化"。所以，对于我国的企业，特别是国有大中型企业，要想在信息或知识经济的市场上具有与任何国家的任何企业竞争的优势，保证经营国际化的健康发展，就必须积极推行企业信息化建设。否则，必将因为越来越"弱智"而在日趋激烈的竞争中被淘汰。

（三）信息化是促进企业文化变革的重要动力

　　信息化，是一个庞大的系统，包含着丰富的文化内容。企业文化是信息经济文化的基础和细胞。一般说来，企业文化是企业作为一个特殊社会群体，在存在与发展的过程中表现出来的观念形态或精神因素，即企业以价值观念为核心的思维、心理和行为方式。企业文化主要包括企业价值观、企业精神、企业道德、企业管理文化、企业人际关系、企业人才培养、企业生活文化等。良好的企业文化是一种强大的凝聚力和向心力，能调动全体员工的积极性、主动性和创造力，为实现企业的共同目标而积极努力。因此，为了在竞争日趋激烈的市场上求生存争发展，众多企业纷纷拿起了企业文化这个法宝。美国的优秀企业有着巨大的增长潜力，在日益激烈的竞争中取得了一个个胜利。靠的是什么？是独特的企业文化，是自身的信念和价值观。日本的优秀企业也有较大的竞争力，靠的也是自己独特的企业文化。许多美国经济学家通过对一些优秀企业的考察研究得出结论：这些企业之所以成功，在于它们首先抓公司文化。

由于信息经济是工业经济的"扬弃"，与工业经济有着质的区别。所以，信息化对传统工业经济条件下形成的企业文化进行着深刻的变革，使其与传统的企业文化有着明显的不同，主要表现有以下三个方面。

1. 更加强调共同价值观念在企业文化中的核心作用。企业价值观是企业的信念和行为准则，是企业进行价值评价、选择和决定价值取向的内在依据，是企业得以成功的精神真髓，是企业文化的基石。它为全体员工提供共同努力的方向以及个人行为准绳，所以价值观是企业文化的核心内容。进入 20 世纪 90 年代以来，信息技术革命使经济呈几何级数增长、市场瞬息万变，对企业提出了比以往高得多的要求。能否在瞬息万变、竞争激烈的市场上立于不败之地，不仅取决于组织形态、管理技巧和手段创新，而且更重要的是在于价值观念以及对企业全体成员的吸引力。20 世纪 90 年代中期，在信息传播全球化的冲击下，有些企业被冲得晕头转向，不知所措。美国思科公司却始终保持清醒的头脑。它坚定不移地相信，在信息传播全球化的冲击下，什么都会改变，但全体员工共同的价值观念不能变，永远处于核心地位，那就是："永远听客户的，没错！"思科公司认为：一切商业模式的终极目标都是最大限度地赚钱赢利，在信息化时代更是如此。那么从哪儿能赚到钱？唯一的答案是：客户。客户是真正的上帝，能控制市场并决定企业的生死。所以，他们以不变应万变，始终坚持自己的信念，毫不犹豫地把"倾听客户心声、掌握客户心态、做好客户服务"放在一切工作的首位。结果于 2000 年 3 月 24 日超过了微软，成为名副其实的世界头号公司。

2. 更加强调团队精神。在工业经济时代，企业内部人际关系文化的主流是个体竞争，为获得个人业绩的领先地位、有限的升迁机会，员工间经常出现不协调、不合作行为。而在信息经济时代，为适应快速变化的市场环境，企业的不同职能部门和业务部门日益融合，企业内部的层级界限和职能、业务界限日益模糊，网络结构成为企业组织结构的必然选择。在网络结构的组织（一般以项目组为单位）中，企业内部个人任务的界定和目标的实现，均依赖于组织集体的共同努力。为了完成项目小组的任务，小组成员必须弱化自身在职位和职能上的差别，强调企业和项目组共同任务的协作与配合，集体荣誉和成就成为员工追求的主要目标。代表这种企业内部人际关系的文化就是团队精神或者叫群体精神。因此，信息化使企业文化更加强调团队精神。青岛海信集团率先推进企业信息化，依靠信息网把员工个人的奋斗目标与企业奋斗目标融为一体，把企业文化体现在企业员工群体的意识和行动中，使不同专业、不同层次的各类人才都能够人尽其才、才尽其用，成为我国企业向信息经济进军的"排头兵"。

3. 更加强调以服务为中心的宗旨。企业文化的直接目的或存在意义，是采取各种措施，对内提高凝聚力，对外增强竞争力，使企业在日趋激烈的竞争中立于不败之地，获取最大限度的利润。在信息时代更是如此。信息传播全球化正在促使企业从以产品为中心向以服务为中心转变。企业必须始终把客户需求放在第一位，为客户提供更优质的服务，彻底转变经营管理的动机。企业信息化也为落实以服务为中心的宗旨提供了优越条件，Internet/Intranet 作为一种新的技术手段，使企业能够更好地为其他企业、为客户提供优质的服务。青岛海尔集团从 1995 年开始全面推行信息化和经营国际化战略，在海外设立了 10 个信息中心、6 个设计分部、62 家经销商、30000 多个营销网点。他们围绕世界各地客户的需求，利用互联网通过海外企业、分支机构、网点等为客户提供优质服务，产品打入欧美等发达国家的大型连锁超市，国外市场占有率不断提高，获取了巨额利润。

（四）信息化是企业全面创新的基础

信息经济，是以知识和信息为基础的经济。信息经济的发展将改变企业竞争力的内涵。决定企业竞争力的关键不再是资本，而是知识、信息和技术。创新，已成为企业的生命。它推动企业的发展，决定企业的命运。企业竞争力来源于坚持不懈的创新。谁的创新能力强、速度快、水平高，谁就会在竞争中获胜。

市场是企业创新的起点和归宿。市场的需求和技术的实现是企业创新的前提，市场实现程度是检验企业创新成功与否的客观标准。信息化为企业及时、准确、全面的捕捉市场信息，为企业高效益地开发利用信息资源创造了条件，从而使企业抓住机遇成功地进行创新成为可能。所以，信息化是企业创新的基础，并且服务于创新的全过程和各方面。

创新是全面创新，包括观念创新、制度创新、管理创新、技术创新、产品创新、市场创新等各方面。创新是一个完整的过程，包括市场信息的捕捉、筛选和加工处理，创新思想的产生，创新决策与目标的确定，新技术、新科研成果的引入与开发研究，新产品的研制与试验，产品生产的产业化与商品化，市场的开发与商品价值的实现，市场信息反馈等一系列环节，形成一个创新链。

剖析创新的各方面和全过程，创新实质上是以信息化为基础，利用现代信息技术广泛收集市场信息和竞争情报，在充分掌握信息资源的前提下，结合企业自身特点和优势，对信息资源进行分析、筛选、研究、考证、加工，产生创新思想，作出创新决策，规划创新方向与目标，确定创新的产品与技术，配置相应的人力、物力、财力和管理机制，集中力量对创新项目与技术进行研究开发，尽快完成市场需求的产品研制工作，并达到产品生产的规模化和商品化水平，把产品推向市场。在创新产品商品化的过程中，依据市场信息，采取机动灵活的战略和战术，开展创新商品的营销活动，提高市场占有率。同时，加强信息跟踪研究和服务，及时反馈市场反应和用户意见信息，以便进一步调整企业创新方向、营销策略，使企业创新步入良性循环，推动企业可持续发展。

国内外已有许多企业，以信息化为基础，大胆创新，取得了巨大成绩，积累了宝贵经验。美国著名经济学家、企业家唐纳德·K.克利福德曾肯定地说：“我们所调查的美国企业联合会的四分之三公司认为，公司之所以获得成功，是因为他们不断创新。”[①] 山东渤海活塞集团在强手如林的活塞生产企业中，已经连续 14 年产量、质量、增加值、出口创汇、利税及劳动生产率居全国第一。“渤海集团”靠什么创造了奇迹？集团董事长兼总经理杨本贞的回答是：“在信息化基础上创新，持久不断地创新！”在众多国有印染企业连续多年亏损的大背景中，山东滨州印染集团已经连续 14 年保持月月盈利、年年增长的高效持续发展，其根本原因就在于“在信息化和不断创新中争当市场竞争的强者”。但是，从总体上

---

① 唐纳德·K.克利福德：《管理成功的诀窍》，玄翠兰译，中国展望出版社 1998 年版，第 49 页。

看，我国企业特别是国有大中型企业的信息化水平不高，创新意识不强，创新措施不力，创新成效不明显。这是某些国有大中型企业应变能力弱，国际竞争力不强的根本原因。因此，必须采取有效措施，推进企业信息化和全面创新，增强企业竞争力，保证企业经营国际化战略的顺利实施。

（五）信息化是企业核心竞争力的培育和积聚过程

以上四个问题说明，在信息传播全球化和企业经营国际化的历史潮流中，企业竞争力主要表现为国际竞争力。企业竞争力已成为企业与其竞争对手相比运用信息技术等高新技术开发利用信息资源和获取、应用、创造知识的能力。所以，企业竞争力与企业信息化有着天然的内在联系。竞争优势源于信息优势，要提高企业竞争力就必须搞好信息化建设。

需要特别指出的是，信息传播全球化和企业经营国际化的发展，使企业间的竞争模式发生了深刻的变化，由一般意义上的竞争转化为核心竞争能力的竞争。所谓企业核心竞争能力简称核心竞争力，就是企业在个性化成长与发展过程中逐渐积累起来的企业特有的资源、资金、技术、知识、管理和运作机制的有机融合体，是能使整个企业保持长期稳定的竞争优势、获得稳定超额利润的竞争力。它决定企业的整体能力和发展前景，是企业获得、维持竞争优势的基础和源泉。为了说明这一关系，企业核心竞争力理论的创立者美国著名战略家普拉哈拉德（C. K. Prahalad）和哈默（Gary Hamel）引入了"树型企业"概念，指出：企业就像一棵大树，根系是企业核心竞争力，树干和主枝是核心产业，分支是业务单位，果实是最终产品。作为根系的核心竞争力起着提供养分、稳固树身的重要作用，它既将企业现有的纷繁复杂的业务有机地融合在一起，又为企业创新、发展新的业务奠定了坚实的基础，从而形象地描绘出了企业发展核心竞争力的重要性。

信息化实质是企业核心竞争力的培育和积聚过程，其建设全过程和各方面都直接或间接地影响着企业核心竞争力各构成要素的培育、积聚和提高，主要表现在三个方面。

1. 信息化通过引发生产经营方式的变革来提高企业的核心竞争力。制造业采用了新的生产方式，以彻底消除浪费严重的准时制生产（JIT）；以信息共享为基础，将柔性生产技术、管理、人力资源集成在一起，对迅速变化的市场需求作出快速响应的敏捷制造（Agile Manufacturing）；以建立高度灵活性、高效率生产系统为核心，同时谋求企业组织、人力资源利用等经营效率提高的精益生产（Lean Production）、无污染的清洁生产和绿色制造（Green Manufacturing）；基于网络对产品及其下游的生产和支持进行并行一体化设计的并行工程（Concurrent Engineering）。在管理信息系统（MIS）的基础上，采用计算机辅助设计与制造（CAD/CAM），建立计算机集成制造系统（CIMS）；在开发决策支持系统（DSS）的基础上，通过人机对话实施计划与控制，从物料资源规划（MRP）发展到制造资源规划（MRPⅡ）和企业资源规划（ERP）等。这些新的生产经营方式把信息技术革命和管理进步融为一体，提升了企业的核心技术能力、核心生产制造能力和组织协调能力。如：独霸电脑芯片市场10余年的英特尔公司，在利用企业信息化促进其核心竞争力与核心产品的形成方面可谓经典。20世纪80年代初，英特尔公司就敏锐地觉察到半导体将成为电子、计算机和通讯产业革命的基石，于是决定研制生产微处理器芯片。1985年开始供应386芯片，1986年386系列芯片全面上市，作为全球386芯片的唯一供应商，英特尔公司赚足了利润。然而，英特尔公司并未因此而冲昏头脑，而是加快了企业信息化建设的步伐，通过采用计算机辅助设计与制造（CAD/CAM），实施物料资源规划（MRP）、制造资源规划（MRPⅡ）和企业资源规划（ERP），大大提升了其核心技术能力和核心生产制造能力，使其芯片的设计和生产上的优势更加明显。1989年4月如期推出486系列。此后，英特尔公司推陈出新的速度越来越快，不久586系列诞生。1997年英特尔又推出Pentium系列芯片。英特尔公司依靠其微处理器技术方面的核心竞争力，加上核心产品的不断更新换代，带动了全球个人计算机市场的发展和变革，使竞争对手"望尘莫及"，疲于奔命，而自己则牢牢掌握了市场主动权，稳居芯片霸主地位。

2. 信息化通过创造新市场并改变营销方式来提高企业的核心竞争力。一方面，在瞬息万变的市场竞争中，信息技术改变着传统的营销方式，过去的生产商——分销商——零售商——顾客的营销模式，正在改变为取消零售商环节，由生产商提供元件给分销商，再由分销商组装成产品出售给顾客以满足其个性化需求。近年来，网上营销和网上银行在美国、日本、加拿大、西欧等国家发展很快，可以实现在办公室处理营销业务和国际贸易，尤其日用品的网上营销更为普遍。另一方面，信息技术创造新的市场满足顾客潜在需求，不仅要实现生产质量的"零缺陷"和服务质量的"零抱怨"，做到质量、服务一体化，还要通过对顾客服务和顾客跟踪，深入了解顾客的潜在需求，做到超前开发，在符合社会道德规范的前提下，合理引导顾客在更高层次和更深领域的消费。另外，正在形成使企业的内、外部顾客都满意的观念，经营者不仅要满足外部顾客的心理需求，还要满足公司内部职工的心理需求，实现职工的自身价值。

3. 信息化通过改造企业的组织模式、组织结构和业务流程来提高企业的核心竞争力。信息化改变着企业的组织结构和业务流程，使社会化大生产适应了快速、多样化、个性化的要求。一是公司组织结构从"橄榄型"向"哑铃型"变化，过去大型企业是多层次的管理机构，容易产生"公司内部的官僚主义"和管理低效率。随着经营与销售方式的改变，企业通过社会化协作和契约关系，外包非核心零部件生产和认证零部件质量的可靠性，使企业的中间管理组织设置变得简单，侧重向两头发展。管理组织的扁平化、信息化削减了中间层次，使决策层贴近执行层。二是业务流程再造（Reengineering）和信息系统集成基础上的企业经营过程重组（BPR）。企业在市场竞争压力下，对业务流程和经营过程从基本上重新思考和作出根本性的重新设计，在成本、质量、服务和速度方面达到重大改进。更进一步地，企业从学习型组织进入了知识网络化管理。随着进入以知识为基础的信息经济社会，人才成为真正紧缺的资源，这种人才不仅要从学校产生，更要从企业中产生。企业经营过程正成为领导和职工互动式教育的过程，从而形成全新的运行机制和企业文化氛围。新的企业管理哲学的基本原则是：①对等的知识网络；②集成的过程；③对话式的工作；④人类时间与计时；⑤建立虚拟企业和动态协作，从而在知识网络的基础上重建更有效率和更高社会化程度的经济。

三　典型模式评介

企业信息化是一项内涵丰富、巨大而复杂的系统工程。同时，又和政府的作用、经济社会的信息化程度、环境条件等关系密切。由于各国政府在信息化管理上的不同取向、经济社会信息化规模与结构的不同、环境条件的差异等，世界各国和地区的企业信息化模式又呈现出多样性。在企业经营国际化发展较快的国家和地区中，比较典型的企业信息化模式主要有民间主导型、政府主导型、多元型三类。

（一）民间主导型

在现代市场经济发达、机制灵活、制度完善、民间企业强大的美国、加拿大等发达国家，在企业经营国际化和信息传播全球化中企业起主导作用，逐渐形成了民间主导型企业信息化模式。

1. 企业信息化由企业自主决定

美国是世界上率先开展信息技术革命并取得巨大成绩的国家。依仗其发达的信息技术和雄厚的经济实力建立了多渠道、多层次、传播面广、量大、时效性强的信息传播传输体系，具有强大的信息资源、信息传播优势和信息控制优势，掌握着世界信息化的主导权，领导着世界信息化的新潮流。

美国是世界上企业经营国际化发展最快、规模最大、效益最高的国家。目前，美国跨国公司母公司数和销售收入额均占世界跨国公司总额的18%以上，位居世界第一。在美国《财富》杂志评出的 2000 年全球 500 家最大企业中，美国的跨国公司最多，占 179 家。其中，美国通用汽车公司以 1765 亿美元的营业额名列榜首；沃尔玛商店位居第二；埃克森石油名列第三，均系美国大型跨国公司。

在美国的信息化体系中，企业信息化处于核心和基础地位。而跨国公司的信息化建设发展最快、水平最高。它们的信息基础设施最雄厚、最稳固，结构也最优；它们掌握着世界上最大的信息网络，拥有最丰富的信息资源；能够自由、自主地充分调动人力资源信息潜能，为世界各国（地区）客户提供优质服务，从而取得最高的信息化综合效益。

美国经济，私营企业占绝大部分，而其中又以私人垄断资本企业为主。美国企业都是自主经营、自负盈亏、自我积累、自我发展的市场主体。美国信息化的决策，主要取决于企业，特别是私人垄断资本，国家政府的作用有限。企业信息化决策，完全由企业自己决定。企业信息化的战略思想、战略目标、战略重点、战略步骤、策略等都由企业自主确定，政府不加干预，因而企业信息化起步早、发展快、水平高。

从企业信息化技术来看，无论电子计算机、电话机、传真机、复印机，还是机器人、NC、DAD/CAM、EDI 等，都最早产生于美国企业，然后才逐渐扩散到其他国家。现在，这些现代信息技术已经在美国企业中得到广泛应用。

在企业信息化系统集成方面，美国企业最早进行了开拓性尝试。办公自动化（OA）的概念最早起源于美国，而且获得了迅猛发展，正朝着系统化、标准化、结构化和综合化方向发展。《计算机集成制造》一书由美国哈林顿博士独著，在美国出版后，指导着美国计算机集成制造业的发展和企业信息化系统的集成。

美国企业界还和学术界相结合，进行企业信息化管理思想和管理模式的研究和实践，创造了虚拟企业。虚拟企业的出现，企业流程再造以及学习型组织的提出和建设，集中反映了美国企业对信息化的远见卓识。这些管理思想的提出为美国及其他国家企业信息化提供了合理的、可供借鉴的组织模式、管理模式和机制模式，丰富和发展了企业信息化理论的宝库。

20 世纪 90 年代，美国国防部委托里海大学雅柯卡研究所主持，邀请国防部、工业界、学术界的代表，建立了以通用汽车公司、波音公司、IBM 公司、摩托罗拉等 13 家公司为核心的，有 100 多家公司参加的联合研究组，经过三年多的调查研究，写出了一份详细的、全面系统的研究报告——《21 世纪制造企业的战略》。报告设计了面向 21 世纪的企业信息化模式，即敏捷制造企业模式。

到 2000 年底，美国所有大企业都实现了企业信息化。

2. 政府通过政策法规支持和保护企业信息化

企业是美国企业信息化的主人，美国政府不直接干预企业信息化的具体事务。但是，为了加快信息化的进程，美国政府制定和实施了比较完善的政策法规体系支持和保护企业信息化。同时，不断增加研究开发和教育等方面的投资，以便利用信息技术水平的不断提高、信息人才的不断增加来促进企业信息化的实现。我们把这些方面的措施及手段称之为企业信息化支持系统。在企业信息化支持系统中，美国政府特别重视政策法规的制定和实施。

美国是世界上最早制定信息政策的国家。1958 年底，美国第一部专门的信息报告——"贝克报告"诞生。随后，在 20 世纪六七十年代，美

国出台了一系列信息研究报告，其中包括：1960 年的 Wenk 报告，1962
年的 Crawford 报告，1963 年的 Weinbeg 报告，1965 年的 Knox 报告，1965
年的 Licklider 报告，1969 年的科技交流委员会（SATCOM）报告，1972
年的 Geenberger 报告，1975 年的 Chartrand 报告，1976 年的 Becker 报告、
Rokefeller 报告和 Mitre 报告以及 1978 年的 Giuliano 报告等等。

　　进入 20 世纪 80 年代以后，美国的信息政策研究和制定进入高潮时
期，在这一领域仍保持领先地位。1982 年，卢森堡发表了《国家信息政
策》一文，全面评述了世界范围的信息政策，强调信息保密对国家和经
济的重要性。对于公共信息，美国政府的政策是最大限度地促进这类信息
的收集、保存、传播和利用。这方面的有关法律和规定有《信息自由法》
（FOLA）、《联邦法典 44 卷》、《纸张减少法》、《国家技术信息法》、《技
术创新法》、《联邦技术转移法》和 12591 号总统令以及白宫管理与预算
局 A—130 文件。美国对于保密信息，政府严加控制，其法规主要有：
10501，11652，12065，12356 号总统令，《国际安全援助和武器出口控制
法》。美国政府对于政府信息技术的采购也有相应的法律规定：《布鲁克
斯法及沃纳修正案》、《合同竞争法》（CICA）、《政府采购规定》（FAR）、
《联邦信息资源管理规定》（FIRMR）等。1995 年，美国国会制定的有关
新法案有：《个人隐私权保护》（代号 HR184）、《反托拉斯改革法》（代
号 HR411）、《暴力犯罪控制和司法改善法》（代号 S3）。1996 年 2 月 8
日，克林顿曾经签署批准了新的电信法案，它是美国实施信息高速公路计
划的一个重要保证，为美国以后的电信发展提供了一个框架，其基本目标
是创造平等竞争的环境，并鼓励竞争。

　　美国的信息政策与法规的主要出发点是适应日新月异的技术，谋求新
的经济和政治利益，其政策目标的基本考虑是在各种相互冲突中作出权衡
和选择。例如，1980 年，斯拉麦卡给官方提供的一份报告《国际科技信
息流的关税贸易》中，侧重从美国经济利益出发确立制定国家信息政策
的依据，焦点是权衡信息自由交流所产生的经济利益。该报告认为，美国
的国家信息政策（主要指科技信息政策）面对以下方面的风险：信息的
自由交流（所伴随的不利方面）；（依靠情报）外国公司竞争力的增强给
美国带来的亏损与失业；（从情报交流中）敌对国家获取美国的技术并用
于军事上；美国从其他国家获取情报不够。因此，与其他国家相比，美国

在信息政策领域的主要特点是：

（1）信息政策的政策研究和政策咨询比较广泛、活跃，产生了大量的研究文献和研究报告。

（2）在信息管理的大范畴中，信息政策与信息法律相比，美国更多地使用了信息法律的手段，颁布了较多的信息法令和法规。

（3）使用广义信息政策的范畴和概念，未专门分离出科技信息政策，很少单独提科技信息政策。

（4）强调信息自由流动和市场控制，注重协调信息活动中政府与私人机构的关系，从政策上明确"政府作为基础研究和应用研究的主要承担者，负责提供足够的资金、生产科学情报。……联邦政府不提供由私人机构更好提供的信息服务。"

（5）信息与经济紧密相连。美国信息政策的另一个出发点就是为美国谋求新的经济利益，通过立法推进信息的交流，促进科技成果商品化、产业化。

（6）信息管理分散性和多元制。政府除制定一系列与信息有关的法律法规之外，还成立了一些特定的政府组织，如在全国科学技术理事会内建立科学委员会，发挥其政策咨询和管理协调的职能。

纵观美国信息政策及法规的特点及其演变，可以看出，美国的政策紧紧确定在提高国际竞争力的领先优势的基点上。信息政策与法规是通过政策、法律手段来影响其信息化发展中的竞争环境，创造竞争优势。这一点对于我国建立企业信息化政策法规支持系统有很好的借鉴作用。

3. 民间主导型企业信息化模式的主要特点

以美国为代表的民间主导型企业信息化模式主要有以下三个特点。

①企业是企业信息化的主人，众多的跨国公司是企业信息化的主体；和强大的民间经济相适应，形成了民间主导型企业信息化体系。

②政府在整个企业信息化体系中不占主导地位，和国内经济以自由企业经营为主相适应，没有统一的官方机构直接管理企业信息化，政府很少直接参与企业信息化的具体事务。

③政府组织建立以政策法规为主的企业信息化支持系统，支持和保护企业信息化的发展。

（二）政府主导型

政府主导型企业信息化模式的国家和地区主要以日本、韩国、新加坡、中国香港为代表。这一类型的国家或地区大多以"贸易立国"，积极推行经济国际化。有的如新加坡或中国香港，经济国际化以中小企业为主，单个企业很难承担信息化建设的成本，使得政府必须在信息化建设中担负其主导作用。有的如日本和韩国等崇尚政府主导型的经济体制，主要依靠政府推行经济国际化和企业经营国际化，因而在企业信息化中也体现出政府的主导作用。下面着重评介日本的企业信息化模式，并在此基础上归纳政府主导型模式的主要特点。

1. 日本企业信息化模式

日本的企业信息化模式，既有企业自身管理的独到之处，又有政府的积极扶植。因此，企业信息化发展迅速，是亚洲率先进入信息化的国家，在某些方面可与欧美发达国家并驾齐驱。

①企业有健全的信息基础设施和管理机构。

日本企业的科学化管理起步较早，这和日本资源贫乏、必须在发展经济上另谋途径有直接关系。由于资源贫乏，靠消耗物质资源发展经济的做法是不可取的，必须善于挖掘信息资源，利用包括新知识、新技术、新管理方式的各种信息来发展自己。因此，在第二次世界大战后日本就着眼于各种信息的搜集，到20世纪80年代初，日本800人以上的工商企业都建立了信息处理中心和信息库。信息处理中心全面负责本企业的管理信息系统的开发设计、运行、维修等工作。对搜集的各种信息首先进行分类并适时地编排程序，分别存入信息库、数据库，作为企业了解社会经济技术发展状况、掌握社会经济发展进程的重要信息来源，从而为企业的战略决策提供了重要依据。20世纪80年代后期，日本大企业开始掀起设立信息主管的热潮。"信息主管"是与企业最高经营决策者直接进行联系的重要职务。随着市场竞争的日趋激烈，商品的生命周期缩短。例如在电子产品市场，新产品的更新已达到一年或不到一年。企业必须随时掌握市场动向，产品的开发向多品种小批量发展。因此，必须迅速掌握国内外市场的需求状况，把生产计划由年计划、季计划改为月计划、日计划，随时调整并制订新计划，及时改变企业的经营策略，实现产品结构的优化，抢占市场竞争的制高点。

日本大小商社都很注重信息的搜集、反馈，而且处理极快，充分发挥信息的作用。著名大商社的信息系统都已建立起全球网络。如三菱商事公司不惜重金建立起世界一流的信息搜集和传递系统，国内的与国外的分公司和办事处及子公司，都成为遍布国外的情报站，上万名职工都是情报员。每天搜集的国内外各种情报靠高速数字、电传、文传通讯网和数据网等通讯手段完成信息的传递和汇集，为企业及时掌握了解各种信息提供保证，为企业决策和发展提供重要情况。三井物产在世界 80 多个国家、130多个大城市建立了信息网，公司信息系统的规模与效率接近美国中央情报局。目前在日本，不仅在大企业中全方位地实施信息化战略，中小企业也认识到信息化的重要性，积极实施信息化战略，这对于改变中小企业传统的经营方式，提高整个社会信息化水平起着巨大的促进作用。

②信息搜集手段的多样化、科学化、现代化。

日本企业搜集情报信息的手段多种多样，并且特别重视对各种文献情报资料的搜集和筛选工作。每年在上千种科技文献、政府报告和报刊上，获得上万篇有价值的论文，内容几乎涉及所有的科技领域。日本企业还出资派人参加世界各国的研究机构和重大研究项目，系统地获取技术信息，尤其是核心技术情报。同时，日本还邀请各国的专家来日本研修教学，为他们提供优厚的条件，最后将他们的研究成果留在日本。国际情报公司的一位人士说："日本人搜集情报、信息，像梭子鱼一样，极其厉害，什么都不放过。"如饭店的菜单、商店的商品价格表都译出来。到工厂参观也要利用拍摄获取各种信息。日产公司雇员森木于 1996 年夏季在美国加州租房住了一个半月，对当地美国住户进行了市场调查，还拍了住房照片，对居民的生活方式都作了记录。其目的是搜集数据帮助日产公司制造出更适应美国人喜好的汽车。

第二次世界大战后，许多军事情报人员到企业工作，他们有较高的情报素质，利用军事间谍的技术手段搜集经济信息，既快捷又准确，对日本企业及社会经济的发展起到了巨大的推进作用。

③政府积极扶植企业的信息化。

日本信息化之所以卓有成效，主要是因为政府重视，投入巨资，积极扶植。据日本邮政省发表的白皮书提供的数据，从 1990 年到 1999 年，政府对信息产业的投资占整个民间企业总投资的比例上升了 1.7 个百分点，1999 年达到 15.1%。投入的增加推动了信息产业和信息化的发展。1993 年，日本政府决定从 1993 年财政年度开始的三年内，投入 500 亿日元，以后逐年增加，建设连接日本各个研究机构的超高速信息网。这个信息网被命名为"信息研究及流通新干线网"，亦称为"曼陀罗计划"，拟于 2015 年将光纤铺设到每个企业和每个家庭，使日本成为一流的信息大国。

日本还重视培养情报信息人才，把这作为一种新的教育投资。自 1995 年以来，日本关于信息化教育的投资一直居世界前列。政府和企业（包括最小的车间到大规模的联合企业）都非常重视信息化教育，对信息技术人才进行"终身"培训。政府官员和经理们认为，一个优秀的情报员，足以顶上十几个推销员。精通情报信息的人可以使工作效率成倍提高。因此，培养情报信息人才已成为日本各级政府和各公司的主要课题。

日本实行官民一体化搜集情报信息的体制，但也有适当分工。宏观的社会经济情报信息的搜集以政府部门为主，而微观的社会经济情报信息的搜集则以大企业及地方企业为主。政府为了帮助为数众多的中小企业，在通产省的指导下，在 20 世纪 80 年代初建立了日本中小企业事业团信息中心，并与中央及地方政府群众团体和有关单位、机构互相支援，密切合作，加强交流共同发展。据统计，1999 年日本信息服务业的事业单位总数为 8096 个，从业人员总数为 593278 人。众多的信息服务机构、全面而丰富的信息内容为企业的发展提供了充分的信息来源。日本的翻译业和出版业十分发达，凡是新鲜的情报信息他们都抢先翻译出版，力图让企业和国民尽快地接受最新的情报。日本政府还加强了情报信息的长远计划。早在 20 世纪 70 年代日本就在制定新经济发展计划时提出了向信息化社会过渡的政策方针，并逐渐加以实施。到 80 年代中期，政府拨巨款 650 亿美元用于发展信息社会全国纲要的实施。1994 年 5 月 31 日，日本电气通信审议会提出的题为《通向 21 世纪知识创造型社会政策方案——建立高性能信息通讯基础设施纲领》，实际上就是日本建设信息高速公路的基本纲领和宏伟计划。日本计划，到 2010 年实现高智能化媒体社会，使全国所有的机关、团体、学校、企业、研究机构及所有家庭，都能轻松驶上"信息高速公路"，进行语音、数据及视频交互通信。信息社会化的发展为企业内部建立信息管理机构创造了良好的外部条件。

　　总之，日本政府和企业都非常重视信息化建设，重视信息的搜集、利用和管理，在企业信息化方面积累了宝贵的经验，值得我国学习借鉴。

　　2. 政府主导型模式的主要特点

　　综合分析日本、中国香港、新加坡、韩国等的企业信息化，可以看出政府主导型模式主要有以下三个特点。

　　①政府主导。整个信息化体系中往往有一个官方性质的、有相当权威的全国性领导机构，如日本的通产省和贸易振兴会、新加坡和中国香港的贸发局等，统一进行信息收集和传播。由于政府的参与度相当高，使收集和传播的信息有相当的可靠性和权威性。中小企业也能以较低的成本获取较多的信息。

　　②服务对象比较明确。信息化体系的服务对象除大型公司外，多为中小企业。新加坡和中国香港区域范围较小，贸发局往往直接面对广大中小企业，信息传播速度非常迅捷，需求信息更具针对性。

　　③服务内容丰富多彩。由于官方领导和管理机构，不仅是信息的收集者和传播者，而且是国际化政策的制定者和执行者。因此，在信息化服务体系中，政府往往将信息收集与参展、出访、洽谈等对外宣传功能综合利用，使信息的时效性更强，综合效益更高。

　　（三）多元型

　　这一类国家大多是在市场经济的基础上辅以适当的政府干预的混合型经济体制。因此，在企业经营国际化的信息化服务中，不同于美国式民间主导型体系，各国往往拥有一个集中统一的信息化服务机构。但同时，这些国家内的行业商会、大型商社也发挥着积极的作用，在信息化体系中占有重要的地位。在这一点上又与中国香港和日本模式有所不同，我们称之为多元型企业信息化模式。法国、德国、澳大利亚等大多数国家属于这一类型。

　　1. 德国的企业信息化体系

　　德国是美国之后的世界第二大贸易强国，也是世界最大的资本输出输入国之一，经济国际化水平高。德国企业经营国际化信息服务体系可以分为三个层次：政府主管部门，商会、协会等中介部门和咨询部门。企业自身的信息化基础设施和管理机构也较完善。政府主管部门负责政策信息发布，商会协会等中介机构起上传下达的作用，将政策信息传递给企业，并把企业运行情况向政府主管部门反映，而商情信息由巨大的信息网络提供。在这其中，起重要作用的是位于科隆市的联邦外贸信息局（Bfai）。

Bfai 是属于联邦经济技术部的联邦机构，局长由联邦经济技术部委任，该部对 Bfai 运行情况进行监督。Bfai 的宗旨是对海外市场进行研究，协助德国企业，特别是中小企业进入海外市场。其主要任务是收集、加工海外市场信息并交企业使用。Bfai 的组织结构完全针对国际化业务而设立，下设四个司。目前，在德国境内有员工 170 人，在世界 40 个国家和地区设有分支机构。

Bfai 信息服务方式，首先是刊登在各类媒体上。Bfai 与《法兰克福汇报》等建立固定的合作关系，每星期在固定版面上刊登驻外记者发回的信息。其次是贮存到数据库中，供企业或协会商会查询。Bfai 的数据库中约有 10 万份文件，另外与经济信息公司、专业技术信息中心等著名数据库建立了合作关系，把其编辑的海外市场、海外求购、讯息、项目、海外招标等信息定期提供给这些数据库。企业可以根据自身需要订阅。最后是提供咨询。Bfai 针对海外业务设立了主管部门。这些主管部门成员均为国别专家，企业可随时咨询国际市场、行业情况、关税、贸易法规、联系地址等信息内容。

除了政府机构以外，德国的行业协会在企业信息化建设中也起着非常重要的作用。由于历史上的原因，德国行业协会组织程度相当高，企业主加入行业协会的比例达 90% 以上，远高于工会的入会率。德国的行业协会由三大系统组成，分别是"德国雇主协会联邦联合会"及其下属协会、各行业联合会以及工商会组织（法律规定每家企业都必须加入工商会），而一家企业通常可属好几个协会。

信息服务与咨询是行业协会的一项基本任务。各协会以定期或不定期方式发表报告和鉴定，并举办各种形式的讲座和报告会。对于成员企业来说，协会犹如一家咨询服务公司，只要按时缴纳少量的会费，就能得到服务。广大中小企业由于资金人力等方面的限制往往也需要行业协会的支持和帮助。

2. 法国的企业信息化体系

法国的企业经营国际化由法国财政、经济和工业部对外关系总司统一协调，其工作权限和职能类似于我国对外贸易经济合作部。法国的国际化信息服务体系中最主要的是法国外贸中心，负责收集、整理、传递有关各国的经贸信息，为法国企业特别是没有出口经验的中小企业进入国际市场提供服务。除法国外贸中心外，法国还有很多机构也提供国际化信息，如法国各地的工商会（包括法国海外工商会）、法国全国雇主委员会、法国境外出版发展委员会。

法国外贸中心（CFCE）隶属于法国财政、经济和工商部对外关系总司，业务上受总司中小企业局的领导，其中心任务是收集、整理、传递有关国外经济贸易信息，为法国企业提供有关国际业务发展信息和信息咨询服务。法国外贸中心是法国最大的国际化咨询机构，知名度很高。法国外贸中心的信息网络主要是分布在全球的驻外财政经济机构。法国财政、经济和工业部对外关系总司在世界130多个国家设有近200个财政经济处，其主要任务是为法国企业，尤其是中小企业提供信息服务，主要目的是促进法国出口。法国驻外财政经济处及时向法国外贸中心提供驻在国的各种经济商务信息，同时法国外贸中心还充分利用有关国际组织、跨国银行等机构的研究报告和互联网等信息资源，并和各国驻法国的经济商务机构和代表处保持密切联系，搜集信息。

3. 德国、法国的企业信息化体系的特点

①政府设有专门的官方半官方机构（如Bfai、CFCE），为国内的中小企业提供信息咨询的专业服务，信息集中，地位明确，在整个信息化体系中占有相当重要的地位。同时，官方也积极与其他民间组织之间进行信息沟通与协作工作，与他们共同组成完整的信息服务体系。

②Bfai、CFCE这类政府国际化服务机构的职能比较单一，仅仅进行信息的收集与加工；并不是政府制定整个经济国际化政策的机构，除信息服务外还提供人才培训、展览、推广等综合性服务。

③企业的信息化基础设施和管理机构比较健全，信息技术人才较丰富，企业CIMS战略目标明确，措施得力。实施CIMS所达到的目标可分为市场目标、创新目标、赢利目标三大类；旨在通过信息化的全面创新来实现。

第十一章 电子商务

在信息传播全球化的历史潮流中，产生了一种全新的商务模式——电子商务。电子商务是在互联网上进行的商务活动。发展电子商务可促进企业经营管理模式的深刻变革，使企业迅速获得全球性广阔的商务空间和时间，创造新的国际竞争优势，最大限度地提高经营效益，实现企业经营国际化的战略目标。因此，电子商务是实现经营国际化战略目标的最佳途径，实施经营国际化战略必须发展电子商务。企业发展电子商务宜选择科学模式。政府应顺其自然，为所应为，有效推动电子商务的发展。

一 内涵和特点

（一）什么是电子商务

信息技术和互联网的发展，产生了一种全新的商务模式，这就是电子商务。电子商务，顾名思义是指在互联网上进行的商务活动。实际做法通常是，买方访问卖方的网络，在那里签订合同，完成交易。

电子商务的定义有广义和狭义之分。《联合国国际贸易法委员会电子商务示范法》对电子商务作了广义解释，指出：电子商务是指利用数据信息进行的商业活动，而数据信息是指由电子的、光学的或其他类似方式所产生、传播并存贮的信息。简言之，由电话、电传、传真、EDI、ATM、EFTPOS、开放或封闭式网络所实现的交易都可视为电子商务。从狭义上看，电子商务也就是电子交易。国际商会指出：电子商务是指基于互联网这个平台实现的整个商业贸易过程的电子化，交易各方以电子交易方式而不是通过当面交换或直接面谈方式进行的商业交易。由此可见，电子商务强调的是在网络环境下实现的贸易过程的电子化，是计算机技术和网络通信技术与现代商业有机结合的产物，它涵盖了从信息检索、售前售后服务、签订合同、支付、到配送的一系列交易过程。电子商务中的"电子"只是手段或前提，而"商务"则是目的和本质。

虽然电子商务有广义和狭义的定义，但在实践中人们往往将其具体化、直观化，并且有许多种不同的表述。例如：IBM 公司认为：电子商务＝网络（Web）；Intel 公司认为：电子商务＝电子商务＋电子服务；而更多公司则把电子商务局限在一个网站，介绍自己的产品，或在网上建立虚拟的展览交易会，在这样的网站上贸易活动大多是网上交流信息，网下交易，或网上订货网下支付。其实，任何电子商务都必须解决好三大环节，亦即产品（在网上卖什么东西）、结算（消费者如何付款或企业如何收到钱）以及配送（如何将消费者购买的产品迅速送到消费者手里并提供相应的售后服务）。

国外的电子商务起源于 20 世纪 80 年代，90 年代蓬勃发展，有很多成功的范例：Anazon、Dell、eBay、AOL 等。中国相关产业在客观上还有待完善，某些地方可以借鉴国外的经验，但很大程度上特别是信息基础设施、网上支付系统和传递设施，还要依赖中国根据自身状况创立适合自己的模式。完全套用外国模式不行，必须"建立有中国特色的电子商务"。不管怎样，在中国发展电子商务，是完成与世界商业接轨的必然一步。

（二）电子商务的主要交易方式

电子商务的主体主要是消费者和企业。根据参与主体的不同，电子商务可分为四种不同类型的交易方式：企业对消费者（BtoC 或 B2C）、消费者对企业（CtoB 或 C2B）、消费者对消费者（CtoC 或 C2C）和企业对企业（BtoB 或 B2B）。其中，企业对消费者和企业对企业两种类型的电子商务活动最广泛。而 BtoB 在电子商务交易总量中所占的份额最大，影响也最为突出。企业对消费者的商务活动主要发生在传统的零售业，例如亚马逊网上书店。消费者对企业则是指消费者率先要价，由企业最终决定是否接受要约，当前在一些网站，消费者可以通过这种方式购买机票。消费者之间进行的电子商务主要是一些拍卖活动，是一种新兴的网上交易形式。企业之间进行的网上交易主要是一些大型企业的采购活动，美国的两大汽车业巨子通用和福特在近几年内把所有的采购业务都通过电子商务来进行。下面，我们就其中两种最主要的电子商务活动对不同主体的收益进行探讨。

1. 企业对企业（BtoB）

这种形式的电子商务经历了三个不同的发展阶段：第一，企业实现了采购和销售活动的网络化，降低了成本，提高了生产效率，增加了企业的供给能力。这个阶段始于 1996 年前，如今已比较普遍；第二，一些独立的公司组成一个网上市场，进行第三方交易。这种交易形式有一定的发展潜力，但很难形成规模效应；第三，行业巨头进行联营，在最大规模上创造了一个网上市场。

总的来看，BtoB 电子商务在三个方面降低了公司的成本：第一，减少了采购成本，企业通过互联网能够比较容易地找到价格最低的原材料供应商，从而降低交易成本；第二，有利于较好地实现供应连锁化管理；第三，有利于实现精确的存货控制，企业从而可以减少库存或消灭库存。这样，通过提高效率或挤占供应商的利润，降低企业的生产成本。

值得一提的是，从长期看，企业的利润不仅仅会因为成本的下降而增加，也许采用新技术之初，效率的提高会使企业利润有所增加。但是，随着越来越多的企业受到丰厚的回报的诱惑而不断加入该行业，竞争程度的加剧会使利润减少。由于网络化降低了行业进入的门槛，无疑会使竞争程度更为激烈。与网络公司相比，传统的制造业如果能在充分利用网络优势的基础上进行重组，其收益会更多。企业的总体利润率也许不会发生变化，但必定会重新分配。

2. 企业对消费者（BtoC）

在网络时代，消费者是最大的受益者。人们能够从网上购物消费，甚至寻医问药，而不受地区或国界的限制。人们可以最大限度地拥有信息，享受到最价廉物美的商品或服务。随着网络化时代信息的大量流动，权力逐渐从生产者一边转移到消费者一边，企业最终也不得不把一部分利润让渡给消费者。

网上零售业的发展，使企业既面临着更大发展的机遇，也遭到了更多的挑战。与传统的零售业相比，BtoC 电子商务一方面为企业节约了开店成本，减少了企业与消费者之间的中间环节，从而降低了销售成本；另一方面也减少了对大量流动资本的需求。但是，企业也不得不负担其他的一些费用，诸如网站运行和维护的费用，后勤和送货的费用以及其他一些营销支出。目前，网上零售业很少能够赢利，即使有，利润率也极低。投资者，尤其是风险投资家对此也渐渐失去了耐心，开始把投资的重点转向 BtoB 电子商务。与此同时，网上交易后送货的不及时以及后续服务的不完善惹恼了消费者，其网上购物的热情不断下降。面对如此严峻的形势，一些规模较大、资金雄厚的网上零售企业还可以吸取教训，改善服务，而其他一些规模较小的企业只好裁减人员，境况更差的则只有关门了。

即使如此，作为网络化时代应运而生的一种经营方式，BtoC 电子商务仍有着广阔的发展前景。波士顿咨询集团的经济学家 Philip Evans 和 Thomas Wurter 提供了一种解析网络零售经济效应的办法。它包括三个方面的内容：触角（reach），即拥有客户的规模；内涵（richness），即所提供商品或服务的种类及个性化的能力；附属（affiliation），即满足客户利益的程度。在传统经济条件下，这三项无疑构成了"三难选择"，很难同时满足。而网络化使这一难题迎刃而解，为网络零售企业的发展提供了良好的技术基础和技术条件。

（三）电子商务给传统贸易带来的挑战

1. 传统的企业经营理念与经营方式受到冲击

电子商务发展到今天，人们已可以通过其实现从原材料的查询、采购到产品的展示、定购以及电子支付等一系列贸易活动。电子商务的优点会使客户自然转向采用这种全新经营方式的企业，原有市场结构和经营环境将发生重大变化，这是迄今在传统贸易中经营成功的企业不能掉以轻心的。因此，对于企业来讲，电子商务不仅是一种新技术，更是一种新的经营方式与经营理念。毫无疑问，如果企业不能及时转换观念并采取行动，那将在未来的竞争中处于不利地位。

2. 传统的外贸经营管理体制受到挑战

电子商务以 EDI 取代纸面文件，以网上交易取代传统的信息传递与贸易方式，其在世界范围内的推行，一方面提高了贸易效率、简化了贸易程序、增加了贸易机会；另一方面也向基于传统贸易方式而建立的外贸经营管理体制提出了挑战。比如，电子单证、电子支付等工具的运用，就对电子报关、货物监管及关税征收工作提出了新要求。我国外贸运输船舶在一些欧美国家港口因不能采用电子报关而屡屡被压港等候，有时拖延1—2周，每天每艘船船期损失数万美元；一些外贸公司不能接受电子订单和出具电子单证，越来越多的客户对此表示不满。要扭转这种被动局面，必须改革传统的外贸经营管理体制。

3. 旧的法律框架受到挑战

现行的许多贸易法律、法规是基于传统的有纸贸易而制定的，电子商务的推行向有关法律、法规建设提出挑战。其中，主要涉及以下几方面的法律问题：（1）关于证据的问题；（2）关于书面形式的要求；（3）关于签字与认证的要求；（4）关于电脑网络订立合同的有效性及合同成立的时间与地点的问题；（5）其他问题，如通知错误和未通知的风险与责任问题、安全问题等。为了建立与电子商务相适应的法律制度，联合国国际贸易法委员会第29届年会于1996年6月14日通过了《电子商务示范法》，允许贸易双方通过电子手段传递信息、签订买卖合同和进行货物所有权的转让。美国、欧盟等国家和地区也推出了一些规定，以促进本国或本地区的电子商务发展。但总的讲，由于电子商务的快速发展，各国均缺少相应配套的法规和管理制度，旧的法律框架不适应电子商务发展的要求。因此，有必要加快立法步伐，修订有关贸易法规，为电子商务的交易各方提供行为规范和利益保障。

4. 迫使不同国家在21世纪贸易的发展中要站在同一起跑线上

电子商务是信息技术革命的产物，它改变了人们的思维方式，建立了全新的经营方式与经营理念，它对贸易方式的影响是创新性的。据世贸组织预计，到2002年电子商务贸易可占到世界贸易总额的10%—15%，一个全新的电子商务时代正展现在我们面前。面对21世纪这个全新的贸易时代，只有在发展电子商务的竞争中取胜，才能占据21世纪经济发展的制高点。

（四）电子商务给贸易发展带来的机遇

电子商务在对传统贸易带来挑战的同时，也为促进贸易的发展提供了良好机遇。它对贸易发展的影响非同一般，是一场真正的革命。

1. 跨国生产时空界限被打破

在传统的贸易方式下，由于信息传递的限制，企业只能通过在国外设立生产、销售的分支机构或委托国外代理商开拓国外市场，企业进入国外市场的障碍重重。电子商务打破了信息传递的限制，使得信息集中而且公开，各种信息以一种全开放的形式存在于网络中。通过网络，企业可以介绍自己的产品、宣传企业的形象，各种关于企业和产品的信息以一种非常直观的方式展现在国内外消费者面前。消费者在家中、在公司里或其他任何地方都可利用网络终端检索商品的详细资料，也可随时向企业提出问题，与企业进行交互式对话。互联网的使用使企业与消费者之间不必见面即可进行信息传递与交流，高度的网络连接使这种传递与交流的成本微乎其微，跨国生产时空界限被打破，贸易壁垒被降低，电子商务为企业开拓国际市场创造了有利条件。

2. 营销链的缩短使贸易成本下降

在传统的贸易方式下，产品需经过国内代理商、国外代理商、批发商、零售商等诸多中间环节，才能实现从生产厂商到国外消费者的转移，营销链长，营销费用高。电子商务改变了传统的贸易方式，借助于一只鼠标，消费者可反复上线浏览查询，享受全年全天候的销售服务，营销环节缩短，贸易成本下降。

EDI 取代纸面文件是促成贸易成本下降的另一个原因。在传统的贸易方式下，需耗费大量的人力、物力和时间来形成、修改、传递纸面文件。统计资料表明，一笔国际贸易业务中至少有 46 种不同的单证，连同正副本共有 360 份以上的单证资料，每年国际贸易产生的纸面文件要以"亿"计。EDI 使贸易双方的交流更为便捷，大大降低了双方的通信和来往费用，简化了业务流程，提高了经营效率，从而降低了贸易成本。事实上，EDI 应用以来已经产生了显著的经济效益，使文件传递速度提高了 81%，文件处理成本降低了 38%，因差错造成的损失减少了 40%。新加坡自1989 年成功运用 EDI 贸易交流网（Tradenet）以来，节省了大量资金和时间。目前，该国 95% 以上的关税申报由 EDI 系统处理，所有申报均可在半小时内完成。现在，这一系统正在进一步升级，做到即时处理报表，5分钟内完成交易。据统计，贸易网每年可为新加坡政府节省开支约 7 亿美元。

3. 电子商务为中小企业开拓国际市场创造了良好条件

在传统的贸易方式下，相对于实力雄厚的大企业，中小企业受资金、人力等资源条件的限制，开拓海外市场的难度更大。许多中小企业，在产品上虽有优势，但苦于无实力开拓市场，只能维持小规模经营。电子商务为中小企业的发展创造了良好条件。通过互联网络的信息资源共享，中小企业不仅能获得自身以常规方式无力收集的市场信息，而且可以像大企业一样上网拓销，为其开拓国际市场创造了机会。例如，以提供网络浏览器软件包 Navigator 而闻名全球的 Netscape 公司，在 1995 年创立时规模并不大，但它充分利用电子商务所提供的机会而得以迅速发展。在不到两年的时间里，Netscape 公司已占据世界浏览器市场的 2/3，公司股票市值迅速升到 50 多亿美元，成为美国历史上成长最快的公司。

4. 创建了新型企业——电子虚拟企业

电子商务不仅创造了全新企业信息传递方式，而且创造了全新的企业组织方式，即电子虚拟企业。这种企业并不存在物理上的实体，但它却可以集中一批独立的中小公司的采购或销售权限，提供比任何公司多得多的产品或服务。从企业应具备的功能方面来看，电子虚拟企业已完全达到要求，因而是一种全新的企业组织形式。

（五）目前全球电子商务发展的特点

1. 电子商务迅猛发展，网络经营潜力巨大

据国际商会统计，1999 年世界在网上购物的人数从 1996 年的 630 万增到 5030 万。目前全球电子商务额约 6000 亿美元，到 2003 年将达 12400 亿美元，2004 年将攀升至 22900 亿美元。近年来，美国的电子商务发展迅猛异常，从 1995 年约 50 亿美元增加到 1998 年的 3014 亿美元，2000 年增加到 4000 亿美元，平均每年增长 22%。据估计，到 2005 年将达 1.5 万亿美元。

2. 美国处于领先地位，但其优势将逐渐削弱

近年来，美国网民中约 47% 在网上购物；而西欧和澳大利亚的这一比重分别为 11% 和 7%。据美国福雷斯特公司估计，在西方 7 国中，美领先其他 6 国 2—4 年进入电子商务"快速增长阶段"。这主要与美国在全球拥有的信息资源的绝对优势相关。据一家美国互联网战略公司 NUA 统计，1999 年 5 月，全球使用互联网人数为 1.71 亿，美国占 57%；"上网"人数占人口比重，美国为 37%，英国为 15%，德国为 10%，日本为

10%，法国为 8%。美国与发展中国家的差距更大。然而，美国企业也面临激烈的竞争。美国以外的公司提供许多新产品服务。日本建立世界第一个信用卡与现金卡合一的网站。北欧国家设立首家无线电子市场。不少亚洲和拉美国家的电子商务也在"起飞"。另外，美国在全球互联网使用者中所占比率已下降（从 1997 年的 62% 降到 1999 年的 57%）；据 NUA 估计，到 2005 年，美国这一比率将降至 30%。

3. 公司之间的商务占主导，信息、服务业电子商务发展较快

电子商务主要发生在企业之间，近年来公司对公司的业务比公司对顾客的交易增长快 5 倍。目前，电子商务总额的 80% 是在公司间进行的。从部门电子商务情况看，信息和服务业名列前茅，其他依次为航天、防务、公用事业、汽车、石化和制药业等。企业对顾客的电子商务也主要发生在信息与服务业。

二　最佳途径

电子商务是一种全新的商务模式。发展电子商务可以促进企业经营管理组织模式的深刻变革，使企业迅速获得全球性广阔的商务空间和时间，创造新的国际竞争优势，最大限度地提高生产效率和经营效益，全面实现企业经营国际化战略的目标。因此，电子商务是实现经营国际化战略目标的最佳途径，企业实施经营国际化战略必须发展电子商务，这已为国内外的无数事实所证明。

（一）促进企业管理组织模式的深刻变革

21 世纪，信息技术及其产业蓬勃发展，市场将瞬息万变。实施经营国际化战略的企业必须适应形势发展和市场变化，不断进行管理创新，在市场竞争中探索并创建新型管理组织模式。以互联网为基础的电子商务将以革命的方式改变企业管理组织各相关方面之间的关系，促进企业管理组织的深刻变革，从而涌现出一些新型管理组织模式。典型代表将是学习型组织和网络型组织。

1. 学习型组织

电子商务的理论和实践告诉我们，知识和信息是信息经济增长的基

础，是企业发展电子商务的根本要素，是电子商务运行不可缺少的资源。但是，在信息时代，知识更新的速度不断加快，信息的变化日新月异。因此，企业要顺利发展电子商务，就必须坚持不懈地学习。学习，不仅对于企业员工个人来说是重要的，而且对于企业团体也是重要的。要搞好个人和团体的学习，就必须创建学习型组织性质的企业。

所谓学习型组织，就是指精于知识创新和学习，能够运用新知识修正行为的有机组织，亦即具有知识创新——普及——积累——淘汰落后能力的组织。学习型组织性质的企业，有持续学习的精神，能使企业始终具有竞争优势，实现经营国际化的战略目标。

电子商务，依托互联网进行商务活动。在开展电子商务的过程中，企业员工可以通过互联网看到世界各地的新变化、新人、新事、新发明、新创造、新经验，很自然地进行学习，从而为建立学习型组织创造了条件。同时，还可以利用互联网进行对话，开展思想交流和问题讨论，发扬成绩，纠正错误，从而产生新思路、新方法和新措施，保证企业经营国际化的健康发展。

2. 网络型组织

组织结构是企业的灵魂，组织结构的优劣直接决定着企业的运作效率。良好的组织结构能够灵活、有效地把员工组织起来，促进个人目标与企业目标的趋同，使广大员工为实现企业的目标而共同努力。电子商务，通过纵横交错、四通八达的互联网使与信息传递方式紧密相依的企业管理组织结构，由原来的垂直式金字塔型结构向扁平化、开放式的网络型组织结构转变。所谓网络型组织，就是指在信息时代，建立在扁平化组织结构基础上，利用信息网络创建的可以灵活适应所有变化环境的有机组织形态。网络型组织的企业，需建立内部网络和外部网络。内部网络是企业管理者加强管理的最好工具，外部网络是企业与外部联系的最好工具。

在电子商务下企业内部各部门、各分公司每天的经营情况，包括财务、物资报表等（例如出库单，入库单等）通过网络准确、自动地汇总到总公司的数据库中，实现企业内部数据汇总的自动化。各部门、各分公司也可通过网络随时查询总公司的相应数据库（例如了解产品的生产、销售和库存等情况），便于企业领导层迅速把有关指示和工作安排下发到下属各部门、各分公司，从而可以提高整个企业的经营效率。实施经营国际化战略的企业利用网络上的"虚拟现实"技术对分散在世界各国的不同厂家（包括分公司）进行管理、指导和协调，在网上进行原材料、资金、技术、人员等生产要素的调度控制，让世界各国的不同厂家（包括分公司）尽展所长，充分发挥其生产能力、资源和人才的优势，其情形接近于在同一工厂内不同车间之间的协作。由此可见，电子商务在企业经营管理上的应用，也同时正在建立一种新的商务秩序。

综上所述可知，学习型组织以员工的自觉学习和团队的学习为基础；网络型组织以计算机的配备和对网络技术的高度运用为基础。两种组织模式关系密切，网络型组织也是便于学习的组织，学习型组织也是运用信息网络技术的组织。它们都有利于电子商务的发展和企业经营国际化战略的实施。

（二）帮助企业进行业务流程再造

电子商务帮助企业改革业务流程管理，可形成新的业务流程管理模式，提高企业管理的效益。对企业业务流程进行彻底的、全面的改革，称之为"业务流程再造"。业务流程再造（Business Process Reengineering BPR），最初是由美国经济学家迈克尔·哈默教授刊登在《哈佛商业评论》中的一篇文章中提出的，在这篇文章中哈默利用福特公司通过再造减少了 75% 人员成本的事例论证自己的观点。文中有关"再造"（Re-engineering，或译"改革"）的中心思想后来经迈克尔·哈默教授和詹姆斯·钱辟教授补充后于 1993 年正式出版，书名为《改革公司》。根据哈默和钱辟的定义，所谓业务流程再造是指针对企业业务流程的基本问题进行反思，并对它进行彻底的重新设计，以便在成本、质量、服务和速度等当前衡量企业业绩的这些重要的尺度上取得显著的进展从而提高效益。与传统的流程改善不同，业务流程再造假设现有的流程是不存在的——它不起作用，不连续。这种假设能使企业流程的设计者抛开与现有流程的联系，把注意力放在新流程的设计上。换句话说，就是将自己置身于未来，从零开始而不是从现有的企业流程开始，设计新的流程。

目前，电子商务帮助业务流程再造主要表现在企业交易流程管理创新的两个方面。第一，电子商务采用数字化电子方式进行交易活动，代替了过去以贸易单据（纸面文件）流转为主的企业交易流程和交易方式，实现企业交易流程和交易方式的全面创新。第二，电子商务的核心内容是信息的互相沟通和交流。企业商品交易的前期是交易双方通过互联网进行交流、洽谈确认，后期是电子付款和货物运输及跟踪。这些交易过程都可以依托电子商务，实现企业交易流程管理的电子化、信息化、自动化、实时化和规模化。

（三）促进企业开展营销管理创新

电子商务可有力地促进企业开展营销管理创新，主要表现在以下四个方面：

1. 网络互动式营销管理

电子商务的最显著特点是网络互动式营销。在这种网络互动式营销中，卖方和买方可以随时随地进行互动式双向（而非传统企业营销中的单向）交流。通过双方交流，帮助企业同时考虑客户需求和企业利润，寻找能实现企业利润的最大化和满足客户需求最大化的营销决策，从而取得最高效益。

2. 网络整合营销管理

在电子商务中，企业和客户之间的关系非常紧密，可谓牢不可破，从而形成了"一对一"的营销关系（One - to - one - Marketing）。这种营销关系是通过网络整合而成的，故称为网络整合营销。它始终体现了以客户为出发点及企业和客户不断交互的特点，其营销管理决策过程是一个双向的链。

3. 网络定制营销管理

电子商务的发展趋势是将由大量促进销售转向定制销售。一些大跨国公司通过建立企业内部网（Intranet）提供这一服务，使企业能够准确地按需求进行生产，从而把库存降到最低，大大降低了营销成本。通用汽车公司别克牌汽车制造厂，让客户在汽车销售商的陈列厅里的计算机终端前自己设计所喜欢的汽车结构。现在大约有5%的新车买主真正地填写自己设计的汽车订单。从费用上看，按客户要求定制的汽车，其单价不一定比批量生产的标准汽车贵。对整个汽车行业来说，在客户提出要求后再制造和在客户提出要求前制造，可减少世界各地价值500多亿美元的成品库存。青岛海尔集团2000年初率先在中国推出"网上定制"，短短三个月就获得 108 万台的定制电冰箱订单，赢得了市场先机。

4. 网络"软营销"管理

电子商务的营销是一种"软营销"。与软营销相对的是工业化大规模生产时代的"强势营销"。传统营销中最能体现强势营销特征的是两种促销手段，即传统广告和人员推销。在网络上这种以企业为主动方的强势营销（无论是有直接商业利润目的的推销行为还是没有直接商业目的的主动服务）是难以发挥作用的。软营销和强势营销的一个根本区别就在于：软营销的主动方是客户而强势营销的主动方是企业。显然，以客户为主动方的软营销，可以大大减少交易成本，从而提高营销效益。网上企业"软"营销的特征主要体现在遵守"网络礼仪"的同时而获得良好的营销效果。

（四）有利于企业获得全球性广阔的商务空间和时间

在当今世界，电子商务蓬勃发展，互联网迅速延伸和扩展，一个全新的"网络社会"正在形成，使硕大的地球变成了一个小小的"地球村"。跨国公司遍布全球，开始进入原来的穷乡僻壤，世界金融市场的资金以"光的速度"从地球的一个地方转到另一个地方，小小的厂商也能利用"网络"为遥远的市场提供商品和服务。山东省寿光蔬菜集团建立互联网并与日本、韩国及东南亚诸国联网，扩大了蔬菜市场，年收入增加 2 倍。可见，互联网可给企业提供超越地区条件限制扩大经营的机会。越来越多的经济活动正进入互联网，电子商务将成为 21 世纪全球经济的一个主角。

互联网的迅速延伸和扩展，在丰富和发展传统市场及其运行机制的同时，又创造了一个巨大市场。这一市场突破了国界和疆界，正在地球上形成一个"新大陆"，即第七洲——"虚拟洲"。企业可在这个"虚拟洲"上构筑覆盖全球的商业营销网，从而获得全球性、无限的商务空间。目前，全球互联网用户已超过 3.8 亿，并仍在不断增长。据测算，今后 3 年内全球上网人数将增至 12 亿，2001 年电子商务市场规模可达 6000 亿美元，2010 年可突破 6 万亿美元。未来 10 年 33% 的全球国际贸易将以电子商务的形式完成。巨大的市场和无限的商业机遇，展现出这一市场现实和潜在的丰厚商业利润。

同时，互联网特别是企业的互联网网站、网页每时每刻都在工作，随时都可为企业提供或获取商业信息。它打破了每天 8 小时工作的限制，成为永不闭幕的交易场所，使企业的商业机会大大增加。进入 1999 年以来，青岛海信集团利用网上信息，把自己的家电销往全国各地及美国、欧盟、日本、东南亚各国的大中城市，销售额成倍增加，利润不断翻番。胶东半岛一个生产中药材的专业户，利用互联网上的信息，将大量中药材销往日本，仅第一笔生意就收入 40 万元。

电子商务的发展和应用消除了时空界限，使价格更加透明；缩短了企业在传统市场中所形成的距离感，使消费者有了更多的选择余地，也使企业间的竞争变得更加激烈。许多企业在竞争中发展壮大，经济实力日益增强。在美国《财富》周刊近两年的全球 500 强排名中，遥遥领先的都是新兴的信息技术企业或利用信息网络开展经营国际化的企业。许多企业跳跃式前进，业绩惊人。2000 年排名 315 位的英国大东电报局赢利猛增 288%，达到 58 亿美元。这一业绩使其在全球 500 强中仅次于微软，列利润率第二位。大东电报局的对手，排名 390 位的沃达丰公司业务也很繁忙。在好战的首席执行官克里斯·金特的领导下，公司兼并了空中联系通信公司，并以此雄风打赢了另一场激烈的兼并战，收购了排名 159 位的德国曼内斯曼公司。对曼内斯曼总值 1810 亿美元的并购并未在排名中得到体现，不过即便如此，沃达丰公司的收入也增加了 128%。其他电信集团也捷报频传，排名 79 位的美国世界通信公司销售额增长了一倍多，排名 42 位的 SBC 通信公司销售额增长了 72%。

（五）许多国家已把发展电子商务作为企业经营国际化的战略重点来抓

电子商务在企业经营国际化中的地位和作用，引起了许多国际组织和国家政府的关注和支持。1996 年 12 月联合国国际贸易法委员会制定通过了《电子商务示范法》，为各国电子商务立法提供了一个范本；1996 年底，世贸组织达成了便于电子商务发展的第一个国际协议——《信息技术协议》；1997 年 4 月欧盟出台了《欧洲电子商务动议》，同年 7 月美国公布了其精心构思的《全球电子商务框架》，联合国贸发组织召开了全球电子商务专家会议；1998 年 5 月世贸组织 132 个成员国签署《关于电子商务的宣言》。西方八国首脑日本冲绳会议于 2000 年 7 月 22 日通过《关于全球化信息社会的冲绳宪章》。许多国家认真贯彻这些法规、协议、商务框架、宣言、宪章，把发展电子商务作为企业经营国际化的战略重点来抓，其目的主要在于以下四个方面。

1. 着眼于 21 世纪，寻找实现经济持续增长的推动力

美国政府认为：电子商务的发展是未来 1/4 世纪世界经济发展的一个重要推动力，甚至可以与 200 年前工业革命对经济发展的促进相比。目前，美国电子商务的应用领域与规模远远超过其他国家，1998 年其网上交易额达 170 亿美元，是世界网上交易总额的 1/3。照此趋势发展，2002 年全美网上销售和服务的营业额将达 3270 亿美元，网上电子交易 4 年内将为美国民收入净增 100 亿—200 亿美元，节约 5%—15% 的成本。从 1999 年 1 月 1 日起，美国要求联邦政府所有对外采购均采用电子商务方式，这一举措被认为是"将美国电子商务推上了高速列车"。日本在 1996 年投入 3.2 亿日元推动电子商务有关计划，1998 年企业对消费者的电子商务市场为 650 亿日元（5.46 亿美元），约是美国的 3%，2003 年可达到 3.16 万亿日元，即在 5 年内增长 50 倍。英国政府 1998 年 10 月发表的"电子商务——英国的税收政策"报告，将电子商务及其加强有关税收管理当作向知识经济发展的一项重要战略任务。该政策规定：2000—2001 年实现 90% 的日常货物采购电子化，2001 年将 25% 的政府业务网络化。

2. 未雨绸缪，谋求 21 世纪国际规则的主导权

1997 年 7 月美国出台的《全球电子商务框架》，既标志着美国政府系统化电子商务发展政策的形成，又展现出其谋求国际规则主导权的企图。该"框架"提出了发展全球电子商务的基本指导原则与国际协作领域。至此，美国政府形成一种战略部署，即通过与其他国家讨论的方式来达成对美国电子商务框架的共识。这一框架得到发达国家的普遍支持，已经成为各国商讨全球电子商务政策法规问题的准则。1997 年 12 月欧盟与美国发表了有关电子商务的联合宣言，与美国就全球电子商务指导原则达成协议，承诺建立"无关税电子空间"。1999 年 2 月欧盟又提出建立一个旨在协调全球通讯，特别是电子商务的国际宪章的提议。1998 年 5 月日本与美国签约，条约内容基本上是《全球电子商务框架》的翻版，1999 年 5 月日美两国发表联合声明，对关税、税收、隐私权、身份确认等问题提出了一些原则看法，强调了两个经济大国在电子商务方面进行磋商与合作的重要性，表明两国意欲通过他们在世界经济中的地位与影响，联手制定电

子商务全球框架，以保持和增强两国的领先地位。

3. 在 21 世纪全球经济一体化进程中，获得战略性竞争优势

目前，发达国家在电子商务技术水平和应用程度上都明显超过发展中国家，因而在电子商务领域具有很大优势。为了巩固在这一领域的现有优势，并将其转化为永久优势，发达国家不遗余力地推动电子商务在全球的发展，主要体现在加快信息技术的发展并保持在这一领域的领先地位，和及早着手国际规则的制定并迫使他国按此行事。

4. 借助这一方式，为 21 世纪更好进入别国市场创造条件

发达国家认定许多国家的政策限制及市场垄断有碍先进数字网络的发展，于是，他们力图通过制定国际规则和国际协作，打破这种政策限制和市场垄断。1996 年 12 月，占全球信息产品贸易额 83% 的世贸组织 28 个签约方签署了便于电子商务发展的第一个国际协议——《信息技术协议》，要求各方“在 2000 年前取消 200 种信息技术产品关税”；1997 年 2 月，占全球电信服务收入 95% 的世贸组织 68 个成员国达成《全球基础电信协议》，承诺从 1998 年 1 月 1 日起，取消对电信部门的垄断，在所有电信服务领域实行自由化，并遵守由世贸组织主持下确定的竞争规则。发达国家的努力初见成效。1998 年 4 月美国商务部发布了《数字经济》报告，呼吁尽快建立电子商务法律框架，要求各国免除税收和管制给电子商务造成的负面影响；1998 年 5 月美国总统亲赴世贸组织部长级会议，敦促各国支持美国关于电子商务完全永久免税的建议。尽管发展中国家存在种种担心，但 132 个成员国还是签署了《关于电子商务的宣言》，规定至少 1 年内免征互联网上所有贸易活动关税。

在发达国家的积极倡导下，1999 年又成为其推动电子商务发展战略意图的重要一年。5 月 17 日的世界电信日以“电子商务”为主题，9 月在新西兰召开的 APEC 会议上，电子商务成为与会领导人讨论的议题之一，10 月首届世界电子商务大会在澳大利亚召开，全球电子商务发展趋势及其对人类社会的影响成为大会主要议题。2000 年 7 月西方八国首脑聚会日本冲绳，把发展信息技术和电子商务作为主要议题，并达成协议，于 2000 年 7 月 22 日通过了《关于全球化信息社会的冲绳宪章》。《宪章》把信息技术定位为“世界经济发展不可缺少的引擎”，把发展电子商务定位为经济全球化和国际化发展的重要途径。

三 对物流的影响

(一) 物流的内涵

物流这个用语，大约 20 世纪 30 年代起源于美国，原意为物资分配（PhysicalDistribution），简称 PD。美国除使用 PD 这个术语以外，还有物资流通管理、物资供应、物资管理、市场供应、后勤分配以及流通学、物流学等等。

20 世纪 50 年代中期，日本通产省派代表团赴美国考察。在回国后的考察报告中直接引用了 PD，日文译为"物的流通"。

60 年代，美国华盛顿大学教授布尔娃首次使用 Rhochrematics。其含义是企业内部物资生产流通管理，物资流通科学包含着物资管理和物资配送的全部领域。

70 年代以后，在日本"物流"一词逐渐替代了"物的流通"。

80 年代至今，美国和日本逐步建立和发展物流信息网络，加强物流全面质量管理，实现物流高效率化。于是，现代物流出现了。在这种情况下，合同物流、现代物流、集成化的高级物流新概念也相继出现。

在物流发展的各个历史时期，人们给予它的定义和内涵都有所不同；即使在同一时期，不同学派的观点也不同。综合古今中外各种观点，笔者认为：物流是指"物"在一定的时间内的空间移动以及在物的移动过程中动态及静态的管理。"物流"概念中的"物"，是指所有的物质资料，包括一切积累的社会劳动产品和用于社会生产和社会消费的各种自然资源。它们既包括用于生产性消费的劳动资料、劳动对象，也包括用于人们最终消费的生活资料（即消费资料）。在市场经济条件下，用于社会生产和社会消费的物质资料体现为各种各样的商品，是社会财富的主要构成部分。

从广义上来说，商流、物流、资金流、信息流四流合一，因此，物质从生产的起点到其消亡的终点的过程中所产生的一切活动，都属于物流工作范畴。从四流合一的角度分析，商流包括供应商、制造商、批发商、代理商、零售商和物流公司等；物流包括水（海、河、湖）路、铁路、公路、航空、管道等运输及其代理，特别是各种运输方式组合的国际多式联运以及货物的包装、储存、检验、保险、加工和其前后的管理、再包装配送等；资金流包括信用证、汇票、现金通过银行在各层次的买方与卖方及其代理人之间的流动，与此有关的银行和外汇管理部门是必不可少的；信息流包括商流与物资、资金流信息的连接，企业内部与社会信息的连接、国内与国际信息的沟通。上述工作都是物流这个系统的要素，在一定条件下，它们会成为物流供应链上的一节链条。

上面已经说过，在不同的历史时期，物流的内涵都有所不同。从物流发展的历史进程来看，可分为传统物流、综合物流和现代物流。

第一种是传统物流概念，即常规物流。它的作用是连接由时间和地域产生的差异。也就是说，它把主要精力集中在仓储和库存的管理及派送上，有时候又把主要精力放在仓储和运输方面，以弥补在时间和空间上的差异。当然也包括国际间的分拨业务。

第二种是综合物流概念。它的含义更为复杂，是指不仅提供运输服务，还包括许多协调工作，对整个供应链的管理。还包括订单处理、采购等内容。很多精力放在供应链管理上，责任更多了，管理也复杂了，这是其与常规物流的区别。关于生产计划这一重要功能，一个综合物流服务提供者应当能够掌握其客户生产计划程序，例如在汽车行业，我们每天、每周或每月获得我们顾客生产计划的报告，我们得知道顾客定期需要多少不同种类的零配件，我们要负责整个供应链的管理，有时还参与采购的安排。

第三种是现代物流的概念。最近，联合国物流委员会对物流作了新的界定："物流是为了满足消费者需要而进行的从起点到终点的原材料、中间过程库存、最终产品和相关信息有效流动和储存计划、实现和控制管理的过程。"

这个定义由联合国物流委员会作出，说明了联合国对物流的重视。不言而喻，联合国物流委员会要求各国按统一的定义去规范物流的发展，以免对物流炒得过热，用得过滥。

这个定义强调了从起点到终点的过程，有别于常规物流和综合物流。

这个定义提高了物流的标准和要求，是各国物流发展的方向。辛克等大的国际物流公司认为，现代物流有两个重要功能：(1)能够管理不同货物、物资的流通质量；(2)开发信息和通讯系统，通过互联网建立商务联系，直接从客户处获得订单。

现代物流的运作，力求最大限度地减少环节（或者说要素）间的重复劳动，实现最大限度的"缩短"原材料供应者、产品生产者、商品消费者之间的距离和时间。

从服务的对象来看，物流可分为社会物流和生产企业内部物流。社会物流或叫第三方物流，它的含义是各生产点和需求点之间各种物资流动构成一个紧密的、不可分割的物流网络整体，这种企业间的物流叫社会物流。企业内部物流是指一个生产企业，从原料进厂后，经过多道工序加工成零件，然后零件组装成部件，最后组装成成品出厂，自始至终都离不开物资流动，这种企业内部物资流动称为企业内部物流。

（二）电子商务对物流的影响

1. 对物流理念的影响

把电子商务作为商业竞争环境时，它对物流理念的影响，可以从以下几个方面来理解：一是物流系统中的信息变成了整个供应链运营的环境基础。网络是平台，供应链是主体，电子商务是手段。信息环境对供应链的一体化起着控制和主导的作用。二是企业的市场竞争将更多地表现为以外联网所代表的企业联盟的竞争。换句话说，网上竞争的直接参与者将逐步减少。更多的企业将以其商品或服务的专业化比较优势，参加到以核心企业——或有品牌优势，或有知识管理优势为龙头的分工协作的物流体系中去，在更大的范围内建成一体化的供应链，并作为核心企业组织机构虚拟化的实体支持系统。供应链体系有纵向和横向的无限扩张的可能性，将对企业提出要么是更广泛的联盟化，要么就是更深度的专业化。显然，在电子商务的框架内，联盟化和专业化是互为表里并统一在物流一体化的体系之中的。三是市场竞争的优势将不再是企业拥有的物质资源有多少，而在于它能调动、协调、最后是能整合多少社会资源来增强自己的市场竞争力。因此，企业的竞争将是以物流系统为依托的信息联盟或知识联盟竞争。物流系统的管理也从对有形资产存货的管理转为对无形资产信息或知识的管理。四是物流系统面临的基本技术经济问题，是如何在供应链成员企业之间有效地分配信息资源使得全系统的客户服务水平最高，即在追求物流总成本最低的同时为客户提供个性化的服务。五是物流系统由供给推动变为需求拉动，当物流系统内所有方面都得到网络技术的支持时，产品对客户的可得性将极大地提高。同时，将在物流系统的各个功能环节上极大地降低成本，如降低采购成本、减少库存成本、缩短产品开发周期、为客户提供有效的服务、降低销售和营销成本以及增加销售的机会等。

2. 对物流系统结构的影响

电子商务对物流系统结构的影响，主要表现在以下几个方面：一是由于网上客户可以直接面对制造商并可获得个性化服务，故传统物流渠道中的批发商和零售商等中介将逐步淡化，但是区域销售代理将受制造商委托逐步加强其在渠道和地区性市场中的地位，作为制造商产品营销和服务功能的直接延伸。二是由于网上时空的"零距离"特点与现实世界的反差增大，客户对产品的可得性的心理预期加大，以致企业交货速度的压力变大。因此，物流系统中的港、站、库、配送中心、运输线路等设施的布局、结构和任务将面临较大的调整。如尤尼西斯公司在 1988 年采用了 EDI 的 MRP 系统后，将其欧洲区的 5 个配送中心和 14 个辅助仓库缩减为 1 个配送中心。在企业保留若干地区性仓库以后，更多的仓库将改造为配送中心。由于存货的控制能力变强，物流系统中仓库的总数将减少。随着运管政策的逐步放宽，更多的独立承运人将为企业提供更加专业化的配送服务。配送的服务半径也将加大。三是由于信息共享的即时性，使制造商在全球范围内进行资源配置成为可能，故其组织结构将趋于分散并逐步虚拟化。当然，这主要是那些拥有品牌的产品在技术上已经实现功能模块化和质量标准化的企业。四是大规模的电讯基础设施建设，将使那些能够在网上直接传输的有形产品的物流系统隐形化。这类产品主要包括书报、音乐、软件等，即已经数字化的产品的物流系统将逐步与网络系统重合，并最终被网络系统取代。

3. 对客户服务的影响

一是要求在客户咨询服务的界面上，能保证企业与客户间的即时互动。网站主页的设计不仅要宣传企业和介绍产品，而且能够与客户一起就产品的设计、质量、包装、改装、交付条件、售后服务等进行一对一的交流，帮助客户拟定产品的可得性解决方案，帮助客户下订单。这就要求得到物流系统中每一个功能环节的即时的信息支持。二是要求客户服务的个性化。只有当企业对客户需求的响应实现了某种程度的个性化对称时，企业才能获得更多的商机。因此，第一，要求企业网站的主页设计个性化。
除了视觉感官的个性化特点外，最主要的是网站主页的结构设计应当是针
对特定客户群的。这里要把握一个原则即"并不是把所有的新衣服都穿
上身就一定漂亮"。所以，传统市场营销学的对客户细分和对市场细分的
一般性原则和方法仍然是企业设计和变换网站主页的基本依据。第二，要
求企业经营的产品或服务个性化。专业化经营仍然是企业在网络经济环境
下竞争发展的第一要义。企业只有专业化经营，方能突出其资源配置的比
较优势所在，为向客户提供更细致、更全面、更为个性化的服务提供保
证。同样，按照供应链增值服务的一般性原则，把物流服务分成基本的和
增值的两类，并根据客户需求的变化进行不同的服务营销组合将是适用
的。第三，要求企业对客户追踪服务的个性化。网络时代客户需求的个性
化增大了市场预测的离散度，故发现客户个性化服务需求的统计特征将主
要依赖对客户资料的收集、统计、分析和追踪。虽然从技术层面讲并没有
什么困难，但是要涉及到文化的、心理的、法律的等诸多方面，因此建立
客户档案并追踪服务本身，就是一项极富挑战性的工作。

4. 对物料采购的影响

企业在网上寻找合适供应商，从理论上讲具有无限的选择性。这种无
限选择的可能性将导致市场竞争的加剧，并带来供货价格降低的好处。但
是，所有的企业都知道频繁的更换供应商，将增加资质认证的成本支出，
并面临较大的采购风险。所以，从供应商的立场来看，作为应对竞争的必
然对策，是积极地寻求与制造商建成稳定的渠道关系，并在技术或管理服
务等方面与制造商结成更深度的战略联盟。同样，制造商也会从物流的理
念出发来寻求与合格的供应商建立一体化供应链。作为利益交换条件，制
造商和供应商之间将在更大的范围内和更深的层次上实现信息资源共享。
如 LOF 公司在建立信息共享机制后，将其产品承运人的数目从 534 位减
少为 2 位。一个物流服务公司为其安排所有的货运事项；另一家物流公司
则为其提供第三方付款服务，负责用电子手段处理账单信息。这不仅可以
减少运费 50 万美元，而且消除了 7 万件文案工作。事实上，电子商务对
物料采购成本的降低，主要体现在诸如缩短订货周期、减少文案和单证、
减少差错和降低价格等方面。因此，虚拟空间的无限选择性将被现实市场
的有限物流系统即一体化供应链所覆盖。

5. 对存货的影响

一般认为，由于电子商务增加了物流系统各环节对市场变化反应的灵敏度，可以减少库存，节约成本。相应的技术手段也由看板管理(JIT)和物料需求计划(MRP)等，转向配送需求计划（DPR）、重新订货计划(ROP)和自动补货计划(ARP)等基于对需求信息作出快速反应的决策系统。但从物流的观点来看，这实际是借助于信息分配对存货在供应链中进行重新安排。存货在供应链中总量是减少的，但结构上将沿供应链向下游企业移动。即经销商的库存向制造商转移，制造商的库存向供应商转移，成品的库存变成零部件的库存，而零部件的库存将变成原材料的库存等。因存货的价值沿供应链向下游是逐步递减的，所以将引发一个新的问题：上游企业由于减少存货而带来的相对较大的经济利益如何与下游企业一起来分享。供应链的一体化不仅要分享信息，而且要分享利益。比如，最著名的虚拟企业耐克公司，从 2000 年开始改用电子数据交换（EDI）方式与其供应商联系，直接将成衣的款式、颜色和数量等条件以 EDI 方式下单，并将交货期缩短至 3—4 个月。它同时要求供应布料的织布厂先到美国总公司上报新开发的布样，由设计师选择合适的布料设计为成衣款式后，再下单给成衣厂商生产；而且成衣厂商所使用的布料也必须是耐克公司认可的织布厂生产的。这样一来，织布厂必须提早规划新产品供耐克公司选购。但由于布料是买主指定，买主给予成衣厂商订布的时间缩短，成衣厂商的交货期也就越来越短，从以往的 180 天缩短为 120 天甚至 90 天。显然，耐克公司的库存压力减轻了，但成衣厂商为了提高产品的可得性就必须对织布厂提出快速交货的要求。这时织布厂将面临要么增加基本原材料的存货，要么投资扩大其新产品的开发能力的选择。

6. 对运输的影响

在电子商务条件下，速度已上升为最主要的竞争手段。物流系统要提高客户对产品的可得性水平，在仓库等设施布局确定的情况下，运输将是决定性的。由于运输活动的复杂性，运输信息共享的基本要求就是运输单证的格式标准化和传输电子化。由于基本的 EDI 标准难以适应各种不同的运输服务要求，且容易被仿效，以至不能作为物流的竞争优势所在，所以在物流体系内必须发展专用的 EDI 能力才能获取整合的战略优势。专用的 EDI 能力实际上是要在供应链的基础上发展增值网（VAN），相当于在供应链内部使用的标准密码，通过管理交易、翻译通信标准和减少通信连接数目来使供应链增值，从而在物流联盟企业之间建立稳定的制度化渠道关系。为了实现运输单证，主要是货运提单、运费清单和货运清单的EDI一票通，实现货运全程的跟踪监控和回程货运的统筹安排，将要求物流系统在相关通信设施和信息处理系统方面进行先期的开发投资，如电子通关、条形码技术、在线货运信息系统、卫星跟踪系统等。

四　模式及政府的作用

（一）企业开展电子商务的模式

电子商务活动从简单到复杂有多种模式，企业可遵循"高度重视、积极参与、把握时机、循序渐进、提高效益"的原则，从自身实际出发，选择最合适的模式。

1. 简单上网、收集信息

这种方法简单易行，硬件只需要一台性能较好的微机、一台调制解调器。软件需要配置 Windows 9x 或 WindowsNT，外加一个浏览器软件，如 IE 或 Netscape。通过电话线或 ISDN 连入 Internet。上网后可以使用 WWW 收集商业信息，通过 E - mail 可以与客户、厂商沟通信息。

2. 建立主页、宣传自己

这种方法是在商业网站租用一块空间，建立企业自己的主页。企业可以在自己的主页上发布各种信息，树立形象，宣传产品，也可以进行简单的网上购物或网上销售。

3. 建立网站、销售产品

这种方法需要一定投资，首先要申请注册一个域名，使自己在网上有一个固定的地址。第二，要购买自己的 Web 服务器，在自己的服务器上，企业可以发布更多的信息。第三，要建立自己的数据库，将企业信息分门别类地存放在数据库中，并根据企业的生产、经营情况，及时对数据库的内容进行更新，使用户了解到企业的最新信息。在自己的网站上还可以建立自己的电子交易柜台，通过声音、文字、图片、动画、表单等形式，形象、生动地展示自己的商品，给用户提供一个生动、有趣的购物环境，并通过信用卡、电子货币、电子支票或其他支付方式实现商品的销售。

4. 建设 Intranet, 全面开展电子商务

Intranet 是基于 Internet 技术的企业内部网, 它通过防火墙与 Internet 相连接。企业内部信息分成两类, 即: 企业内部的保密信息和向 Internet 上公开发布的信息。由于 Intranet 支持 Internet 的 WWW、E - mail 等技术, 所以企业不仅可以利用 Intranet 向社会公众开展电子商务活动, 而且还可以在企业内部开展电子商务活动。对于大型企业, 特别是那些跨地区、跨国经营的企业, 企业内部之间要进行大量的信息共享和交流, 使用 Intranet 可以使企业内部交流简单化, 使企业内部各部门之间能够更好地协作, 实现无纸化办公, 降低办公成本, 提高办公的效率。

（二）政府在电子商务中的地位和作用

不论选择哪种电子商务模式, 政府都必须制定规则, 规范和促进电子商务的发展。随着电子商务的发展, 政府的地位越来越重要, 政府的角色越来越清晰, 政府的作用越来越突出。如何顺其自然为所应为, 既不拔苗助长, 又不人为设置障碍, 是摆在各国政府面前艰难而急需研究解决的课题。下面简要介绍部分国家政府及一些世界组织推动本国电子商务发展所采取的一些政策法规措施。

1. 做电子商务的 "示范用户"

这是加拿大政府在其 "电子商务战略" 中率先提出的概念, 其做法已被众多国家的政府接受并加以运用。这包含以下几个方面的内容:

①直接运用最先进的电子商务技术及相关的规则, 为企业的运用起示范作用。

②政府服务的电子化, 如信息发布, 办事指南, 交税, 申领执照等。我国政府的 "金关工程" 就是这种形式。经合组织的一个电子商务特别小组的报告指出: 在电子商务发展的初期, 政府部门的网上信息发布以及部分业务的网上进行, 对企业开展电子商务的激励是不可估量的。而在这一阶段, 财政、海关、税务等部门往往是最先提供这种服务的部门。

③政府采购的网上进行。1997 年, 美国国会通过法案: 从 1998 年起, 联邦政府的经费开支实行电子化付款, 政府采购全部在网上进行。

我国电子商务发展是遵循 "以政府上网带动企业上网, 以国际电子商务带动国内电子商务" 的发展轨道, 这使政府通过互联网发布信息、

实施部分政府职能显得尤为重要。

2. 制定有关电子商务的政策框架

这是一国发展电子商务的纲领性文件，说它是电子商务的"宪法"也不为过。制定这一框架绝非易事，联合国贸易发展组织 2000 年年初发表的题为《创建信心》的报告指出："（电子商务的）各相关政府部门应有机地加以联合，并在一个明确的权威下为各种努力提供意见和指导。"关于此专题，不可不提美国政府 1997 年发表的"全球电子商务政策框架"。美国这一框架中的观点明确地代表了美国政府的立场和原则及美国企业的利益，对其他国家，特别是发展中国家不见得全部适用。但该框架提出的核心问题：关税和税务、电子支付、"统一商业法规"、隐私权、安全性、电讯基础设施建设和技术应用、技术标准等几乎涵盖了电子商务发展中所面临的所有困难和挑战。无论是基础设施、上网人数、ISP、ICP 和从事电子商务的公司数量，美国均位居世界首位，而美国又是最早提出电子商务政策框架的国家，因此该框架的结构对其他国家制定自己的电子商务政策框架时是有极大的参考价值的。

3. 制定有关电子商务的法律法规

首先应该指出的是，电子商务作为新生事物，并非与传统行业不共戴天。相反，电子商务只有与传统行业有机地结合，为传统行业插上一对有力的翅膀，才能得到长足的发展。在这一前提下，我们可以理解针对电子商务的立法，并不是要创建全新的法律体系，而是对现行法律中对电子商务中的问题没有规定或规定模糊的部分进行修订与补充。国际上进行电子商务立法的方式通常有两种：一是先确立根本法，一般为"电子商务法"，后在此根本法之下对具体问题分别出台管理细则；二是先分别对电子商务中的独立现象立法，如电子合同的规范和效力、安全保护、知识产权、税收等，然后再在各个法规的基础上制定根本大法即"电子商务法"。联合国国际贸易法委员会在 EDI 规则研究与发展的基础上，于 1996 年 6 月通过了《联合国国际贸易法委员会电子商务示范法》。该法为逐步解决电子商务的法律问题奠定了基础，为各国制定本国电子商务法规提供了框架和示范文本。值得提出的是，该文本具有"边制定边完善"的特点。该法于 1996 年通过后不久，其第一部分内容即于 1998 年 6 月由联合国国际贸易法委员会作了补充。所以，这是一部名副其实的"示范法"，

"开口"处颇多，虽然是以往国际经贸立法中十分罕见的，但却与电子商务发展的特点相吻合。另一重要的文件是国际商会 1997 年 1 月 6 日通过的《国际数字保证商务通则》，该通则试图平衡不同法律体系的原则，为电子商务提供指导性政策，并统一有关术语。

4. 积极参加国际合作

电子商务的特点是高速、无疆界，电子商务的发展必将导致全球性的合作。全球性组织和区域性组织是各国交流经验、寻求支援、发表立场和主张的最佳场所。发展中国家应利用这一舞台，将本国的做法向世界范围推行，力图取得行动的一致，并为本国先进的技术在世界范围内的应用打下基础；并通过这一渠道，保护本国有可能在今后电子商务发展过程中受到侵害的领域。虽然发展中国家在技术、法规、商业操作等各方面水平落后，但也应根据现有水平就某一专题提出自己的主张。联合国贸发组织《创建信心》的报告曾指出："迄今为止，尚未听到发展中国家在此问题的讨论中的声音。"发展中国家应在电子商务国际浪潮中由被动应付，转为主动参与，争取做到参与而不受控制，开放而又防范风险，保证电子商务安全、健康、快速发展。

第十二章　对中国企业经营国际化的影响

随着信息技术革命的迅猛发展，信息传播全球化对中国企业经营国际化的影响日益深刻和广泛。有利于改变经营国际化的传统观念和格局，实施"走出去"战略；促进了经营国际化战略管理的变革，有利于实现管理信息化和现代化；有利于创造新的竞争优势，提高企业综合实力；激发了企业全面创新，提高了经济效益，是实施经营国际化战略的强大动力。同时，也会带来风险和负面影响，必须高度警惕，采取有效措施，防范和化解，保证经营国际化战略的顺利实施。

一　改变传统观念和格局

（一）促使经营国际化的观念和格局发生变化

信息技术的发展和国际互联网的普及，使硕大的地球真正变成了小小的"地球村"，它突破了信息沟通的时空障碍和技术障碍，使得全球任何一个地方的任何企业或个人，不管企业规模大小，也不管是企业还是消费者，都可以平等、自由、随时随地利用互联网与世界上其他任何一个地方的企业或人进行沟通。在全球范围内更快捷地优化配置资源，在全球范围内寻找和建立合作伙伴关系，在全球范围内生产和销售产品，从而更好地实施经营国际化战略。这种网络的开放互联性使"时间"的连续性加强，并缩短了空间距离，从而全球经济活动越来越摆脱国界的限制，鼠标的点击使企业不需走出厂门、国门就可以进入国际市场。已在国际贸易中得到普遍应用的 EDI 电子数据交换系统，通过连接交易双方的计算机、电子数据交换网络、翻译器，可以实现从询价、报价、交货、提货等全过程的"无纸"交易；EDI 网络除联结交易双方以外，还可直接联络与进出口有关的其他部门，如保险公司、运输公司、海关、银行等，全面实现贸易进出口的计算机控制，既可提高货物和资金周转速度，也可以简化货物在报关、保险等方面的管理手续，同时减少行政费用，增加利润。这就使企业经营国际化的国界观念发生着根本变化。山东省在提出建设"海上山东"之后，又提出"构筑网上山东"正是这种变化的具体体现。"网上山东"战略提出后，广大企业纷纷响应，全省上网工程于 2000 年 7 月 14 日启动，计划到 2003 年全省 80% 的企业上网，2005 年所有企业全部上网。

信息传播全球化的发展使经济全球化和各国市场一体化发展步伐加快。我国经济正在加速融入世界经济体系，一方面，各国企业，特别是跨国公司正在通过传统的方式，凭借其资金、技术、品牌、销售、管理等优势抢滩我国国内市场；另一方面，信息技术的发展使信息资源的作用日益重要，企业网上冲浪通过抢滩电子空间实现"网上圈地"，开拓国际市场已成为时尚和趋势。国内竞争国际化、国际竞争国内化，这使得以国界、区界划分国际、国内市场基础上的企业经营国际化观念正趋于淡化，而以顾客全球化、资源全球化、市场全球化为基础的全新的经营国际化观念和经营国际化格局正在形成。

信息传播全球化在改变我国企业经营国际化传统的"时空观念"和国界观念的同时，还直接改变着其传统的市场需求观念和格局。在传统的企业经营国际化中，企业与用户之间信息不对称，难以进行信息的及时沟通，企业生产是建立在以满足大众需求为主的市场需求观念基础上。厂家提供什么样的产品，商场卖什么产品，消费者只能根据大众化的需求进行购买、消费、处于被动地位。进入 21 世纪，网络逐渐成为人们生活的一部分，人们的需求观念正在发生根本变化。互联网的发展，信息资源的共享，构筑了大企业与小企业、企业与用户之间平等的关系。由于互联网的快速、便捷、广域，使企业之间的竞争关系瞬息之间便可直接展现在世界各地的用户面前，用户可及时获得作为供给方的各厂家的各种信息，而且顾客可通过网络与厂商的互动在线系统联系，从一系列的性能、零件、款式、价格和送货方式中进行选择。由此，一方面，使信息的流通达到了"零距离和零时间"；另一方面，网络的交互界面与可选择性，使"追求个性、没有距离"成为新时代需求的新时尚。这种全新的消费需求观念的产生和发展，正改变着以适应大众需求为主的企业经营国际化的市场需求观念。按照新的市场需求观念，谁能满足消费者的多样化选择、个性化需求，谁就能成为网络时代的赢家。海尔集团正是这方面的典型。他们敏锐地认识到了这一问题，并及早采取了对策。海尔集团首席执行官张瑞敏讲"电子商务和其他商务最大的不同就是个性化。"海尔集团关于产品定制开发的创新性模式，一改以往生产厂家提供什么样的产品，商家卖什么样的产品的旧有模式，而是由商家根据自己的需求以签订定制产品协议的方式要求生产厂家生产，从而满足消费者的个性化需求，实现与用户的零距离。如在海尔产品定制系统中仅冰箱就有众多选择，容积从 36 升到500 升、价格从 1000 元到 10000 元，至于门把手、储物抽屉、颜色更是多种多样，任由你随心所欲选择，完全满足消费者的个性化需求。而且无论何时何地，只要用户点击 www.ehaier.com，就可以使用海尔提供的在线设计平台，实现自我设计的梦想。这使海尔的经营国际化迈出了新的步伐，2000 年出口创汇比上一年翻一番，不仅销量上去了，四面八方涌来的信息、观念，还带动了海尔技术、市场的创新。

（二）为企业"走出去"创造良好条件

信息传播全球化大大加快了我国对外开放的速度，扩大了我国对外开放的空间，国界对国际竞争的屏障作用越来越小，国内竞争国际化，国际竞争白热化。面对更加激烈的竞争，国内企业一方面发挥本土作战优势，改善管理，大胆创新，不断提高竞争力；另一方面制定和实施"走出去"战略，走向广阔的国际市场，开拓新的生存和发展空间。

信息传播全球化在催促企业"走出去"的同时，也为企业"走出去"提供了良好条件。首先，信息传播全球化使企业能够利用互联网及时而准确地获取世界各地的信息，据此可科学确定"走出去"的方向、目标、领域和地点。其次，信息传播全球化可为企业"走出去"发展提供至少三方面的有利影响：一是有利于企业知识积累，让企业的知识积累呈连续性、继承性，进而有助于学习型组织的建立和发展；二是有助于企业业务流程控制、再造和管理创新；三是可以带来新的商业机会。因此，企业信息化的工作做得越早，越有可能使企业在市场竞争中走在前面。世界级的大跨国公司无一不是很早就开始着手企业的信息化建设。如果没有电脑、网络和企业管理信息系统，简直想象不到这些大的跨国公司如何对全球各地的企业实施有效的控制和进行科学的决策。实际上，世界经济国际化和一体化的蓬勃发展，企业信息化是主要的动力之一。

我国许多企业认识到了企业信息化和经营国际化的关系，大搞信息化建设，依靠信息技术的支持，有效实施"走出去"战略，成效显著。据统计，2000 年山东全省新批境外企业、机构 54 家，总投资额 8278 万美元，其中中方投资 5440.9 万美元。至 2000 年底，全省境外企业、机构已达 553 家，总投资 3.734 亿美元，其中中方投资 2.726 亿美元。全省境外企业累计举办境外加工贸易项目 50 个，占全国批准总数的 18.6%，在全国各省市自治区中居首位。仅海尔集团就获批 17 个项目，而且已有 8 个项目建成投产。[①] 值得庆幸的是，许多中小企业和乡镇企业也借助互联网的国际贸易网络拓展市场，对外投资，实施"走出去"战略。在众多的国际贸易网络中，有一家以成效而久负盛名，这就是蜚声中外的龙媒国际贸易网，他们通过国际贸易网络、贸易杂志、展览三位一体的服务，为国内生产商和国际买家提供有效、到位的增值服务，为国内中小企业走出国门服务，影响广泛而深远。

二　促进战略管理的变革

信息技术和信息传播全球化的蓬勃发展，促使世界各国企业进行一系列的变革。改革战略管理，进一步发展经营国际化成为越来越多的企业追求的现实目标。我国企业必须顺应时代潮流，参与划时代的大变革。通过大变革，向互联网这个"虚拟的第七大洲"进军，向国际大市场进军，并力争从中争得更多的市场份额。事实上，我国许多企业已经并正在进行着一系列的变革，其中对企业经营国际化战略管理的变革主要表现在以下几个方面。

（一）管理手段现代化

信息技术和信息传播全球化使计算机和互联网逐渐成为我国企业进行经营国际化战略管理的主要手段，给我国企业带来了许多现代化管理模式

---

① 《国际商报》2001 年 2 月 24 日第 6 版。

和管理技术，主要如物料资源计划管理（MRP）、制造资源管理信息系统
（MRPⅡ）和企业资源计划管理模式（ERP）、适时生产管理模式（JIT）、
计算机集成制造系（CIMS）、企业业务流程再造（BPR）等。现代化管理
模式和先进信息技术相结合，使企业产生了巨大的生机和活力。它不但大
大提高了企业经营国际化战略管理的效率，而且还促进了管理的科学化和
民主化，全面增强了管理的功能。通过计算机和互联网，企业管理者可以
在任何时间、任何地点利用专用的信息处理技术对任何信息进行收集、筛
选、处理和加工，达到对信息资源的及时、准确、充分利用，进而搞好企
业管理。

（二）管理组织结构日趋优化

在信息技术革命蓬勃发展的历史大潮中，纵横交错的信息网络改变了
信息传递方式，使其由阶层（等级）型变为水平（自由）型。与信息传
递方式紧密相依的企业管理组织结构也就逐渐从尖顶的"金字塔"形向
扁平的"矩阵"形转变，原来起上传下达重要作用的中层组织被削弱或
走向消失。高层决策者可以与基层执行者直接联系，基层执行者也可根据
实际情况及时进行决策并和高层决策者沟通。分工细化的管理组织已不适
应信息传播全球化和企业经营国际化发展需要，相反把相互关联的管理组
织加以整合，成了大势所趋。可以断言，随着信息传播全球化的发展，我
国企业经营国际化的管理组织结构会日趋优化。这种优化的管理组织结
构，能灵活适应国内外市场的变化，迅速把不同国家、不同地区的资源实
行合理配置，推出高质量、低成本的产品和服务，获取最高的经济效益。

（三）管理过程信息化、智能化

现代信息技术使我国企业从战略决策、资源的开发利用、市场分析、
产品设计、生产计划与加工、质量保证与监测、产品营销和服务等全过程
逐步实现信息化和智能化。首先，能够把来自各方面的、杂乱无章的信息
进行筛选、加工和处理，使其系统化、科学化，企业高层管理者依据这些
信息进行正确决策。正确决策确立后，再通过管理信息系统，使管理的各
项职能如计划、组织、指挥、协调、控制等科学有效地发挥作用，充分挖
掘人力资源潜能，合理利用各种资源，提高企业的经济效益和竞争力。管

理的方式也越来越趋向智能化。目前，世界上最先进的商业智能技术已经引入我国。商业智能是一门关于提取收集到的数据，包括产品、客户、销售和其他许多业务信息，并用先进的分析方法开发智能化的、基于事实依据的业务决策和业务策略的技术。商业智能能够帮助企业发现更具价值的客户；帮助举办更有效的促销活动；帮助扩大市场份额等等。因此，商业智能这一先进的信息技术可将企业所拥有的枯燥的数字转化为对企业的经营决策有用的信息，从而为企业的经营管理创新提供巨大的推动力，为企业在激烈的市场竞争中把握主动权发挥着巨大的作用。

（四）拓展新的经营管理方式

信息技术的发展为我国企业拓展新的经营管理方式奠定了物质技术基础。尤其是随着国际互联网在全球范围内的迅速发展和普及，计算机硬件、软件价格的不断下调以及通讯资费的日渐低廉，目前互联网已成为大多数企业用于拓展经营管理方式的优先选择。企业可以利用互联网直接与供应商、销售商以及网上潜在的层出不穷的客户打交道。它们既可将这一网络用作广告宣传，又可用作市场推销、销售和售后服务的支持工具，还可以把网络作为取代电话、传真、通信、快递等通信手段的一种廉价替代品。此外，配合相应的客户信息数据库，企业还可利用网络随时与客户群保持联系，从中获取由客户反馈回来的建议和意见，并利用这些有用的信息改善自己的经营管理方式。在信息技术和信息传播全球化飞速发展的今天，电子商务、网上购物、虚拟企业、虚拟银行等新生事物的出现导致了许多新型商业运作方式和新型企业的诞生，从而为企业经营国际化的蓬勃发展创造了新的良好条件。

（五）物流管理日趋信息化

信息传播全球化把先进国家成功的物流管理经验带到了中国。经过消化、吸收、推广和创新，许多企业建立了自己的物流信息管理体系，大步向"零库存"迈进。上海中远国际货运有限公司与上海通用汽车有限公司 2000 年底实现强强联合后，在信息技术领域实现了突破，建立了一套完整的物流信息管理体系，实现了下列目标：成本下降——与国内大部分厂家不同，通用汽车不设仓库，只需维持八个小时的零件供应；供应链紧凑——上海中货生产用料供应的反应速度稳定保持在 12 小时以内；客户亲和力增强——依靠深层物流能力，上海中货从最初力挫群雄夺标发展成为通用汽车指定的物流商。2001 年 3 月 31 日，青岛海尔国际物流中心正式启用，建立了"一流三网"的现代物流管理机制："一流"是以订单信息流为中心；"三网"分别是全球供应链资源网络、全球用户资源网络和计算机信息网络，"三网"同步运动，为订单信息流的增值提供支持。海尔集团首席执行官张瑞敏说，物流帮助海尔实现了"三个零"的目标和能够在市场竞争取胜的核心竞争力。这里提到的"三个零"就是零库存、零距离、零营运资本。零库存就是没有库存。零距离，就是根据用户的需求设计定做，拿到用户订单后，再以最快的速度满足用户的需求；零营运资本，就是零流动资金占用，做到现款现货。"一流三网"与"三个零"，使海尔一只手抓住了用户的需求，另一只手抓住了满足用户需求的全球性供应链，自然增强了其核心竞争力。

三 有利于创造新的竞争优势

（一）你追我赶，争创新竞争优势

随着世界经济国际化的发展，国际市场的竞争越来越激烈。要想在竞争日趋激烈的国际市场上永远立于不败之地，实施经营国际化战略的企业就必须在巩固和发展原有优势的同时，不断创造新的竞争优势。毫无疑问，现代信息技术已成为产生经营国际化新竞争优势的不竭源泉，成为企业竞争力的主要表现。谁掌握了现代最新最高的信息技术，并利用信息技术对企业进行有效的管理，谁就会创造出新的竞争优势，从而抢占新的竞争制高点。基于这种认识，我国一些城市的诸多企业采取一系列有效措施，运用信息技术培植新的竞争优势，争当中国的"硅谷"，带动了国民经济和社会的信息化。

在中国信息技术革命的发源地中关村，2000 多家高科技企业，利用信息技术武装自己，率先进入"新经济"的前沿。然而，它们并没有居功骄傲，而是不断用现代信息技术创造新的竞争优势，不断攀登新高峰。进入 21 世纪，诸多企业又提出了"再造中关村，把中关村建设成为中国硅谷"的战略设想，并认真组织实施。

上海也不示弱。1996 年，"上海信息港工程"正式启动，1999 年，上海信息港基本框架建成。许多企业利用信息技术培植新优势，促进了信息产业的发展，信息产业产值达到 598 亿元，超过了北京的 567 亿元。接着，它们又从一大批信息化建设项目中筛选出 7 项基础性、标志性、关键性工程，统称"上海信息港主体工程"。这一工程 2000 年被列为上海市重大工程建设的"一号工程"。"一号工程"建成之后，上海将成为国内网络资源综合利用程度较高、信息传输较快、业务开放度较大、使用便携、资费合理的城市，从而为上海"十五"期间的高速发展打下坚实的基础，争取在 10—15 年内基本实现城市信息化。"十五"期间，上海市把建立信息技术创新体系作为主要任务，重点发展微电子、软件、通信、数字音视频产品等信息产业项目，使信息产业增加值占全市 GDP 的比重从 1999 年的 6.1% 提高到 2005 年的 12% 至 15%，信息产品制造业产值实现翻两番，信息服务业营业额从 1990 年的 126.8 亿元提高到 2005 年的 800 亿元至 1000 亿元。信息产业将继续保持作为上海主导型支柱产业的地位，形成以进入世界 500 强的企业集团为龙头、国内电子百强企业为中坚、各种所有制科技企业共同发展的产业群体。

深圳、广州、天津、沈阳等城市，也纷纷参加了争当中国的"硅谷"的竞争。深圳已经成为全国信息技术产品最大的生产基地。广州是目前全国上网率最高的城市，已被列为全国信息化建设试点城市，其战略目标是建设国际化区域性信息中心。天津信息港工程第一阶段的目标已全面实现，其目标是把天津建设成环渤海区域信息港，国内重要的信息装备制造基地和信息化水平较高的国际性大都市。沈阳市重点培植和发挥软件开发、系统集成、硬件制造业优势，发展具有自主知识产权的名牌产品、优势企业，建立竞争力强的信息产业，带动传统产业的技术跨越和产业层次的提升和优化。

在一些城市争当中国"硅谷"的伟大实践中，诸多企业你追我赶，争创新竞争优势，发挥了基础、细胞和重要主体的作用。许多企业，运用信息技术部分或全部地取代以人工方式进行的活动和业务职能，促进生产、经营和管理过程的自动化，用以提高效率和降低成本。如工资核算电脑化、会计电算化、报表生成自动化、商业和服务业结账 POS 化等。随着自动化程度的提高，企业经营国际化的运作过程更加合理化。无论是企业运作过程的自动化还是合理化，都是在原有的生产、经营和管理过程基础上进行的。然而，对这些过程的重新研究和设计，将会在更高的层次上形成企业的竞争优势，提高市场竞争能力，这就是上文我们已阐述过的企业界普遍关注的一个方向——企业业务流程再造即 BPR。我国不少企业灵活运用 BPR 模式，立足于从企业的经营目标出发，从根本上重新分析和设计企业生产、经营管理的职能与过程，简化或省略重复性、非增值过程，应用信息技术彻底而全面地改造和重构职能运作方式、业务工作流程，使企业的生产、经营管理能力和水平产生了一个质的飞跃。例如，将原来非规范的业务处理过程规范化，建立以数据库为基础的信息系统支持业务的处理过程；应用基于网络通信的数据库共享技术将原来串行的业务环节改为并行处理，提高响应速度；将原来周期性的批处理业务活动方式改为基于网络数据库的在线实时处理方式，以改善业务信息的及时性；利用 Internet 技术将传统的低效、高成本会议、电话等人际沟通方式改变成为高效、廉价而有效的电子通信方式等。

（二）积累了宝贵的经验

在利用信息技术创造新的竞争优势的实践中，我国企业积累了许多宝贵的经验。主要有以下几个方面。

第一，从实际出发，因企而异

企业在选择利用信息技术创造新竞争优势方案时，要从实际出发，根据自身的需求、能力、条件和可行性，对现有技术和解决方案进行调查和评估，并在对风险、技术实施前景、投入产出比等因素进行综合衡量的基础上进行战略抉择。

从战略角度考虑，有四种方案可供企业选择。

1. 战略性信息系统

信息基础设施好，经营国际化水平高，经济实力雄厚的企业，可选择战略性信息系统。将信息系统与企业整体运作和商业需求结合起来，全面提升企业的竞争优势。信息系统集中规划，各个价值链密切结合并相互依赖，系统的集成度高，具有灵活性和兼容性。这种选择的特点是效益大，但风险和投入成本也大。在实际应用中，这类系统可能从 Intranet、Extranet 和 Internet 互联的一揽子解决方案中体现出来。

2. 具有潜在价值的信息系统

企业采用的新技术尚不完全成熟，但具有潜在的开发价值，如果对新系统的研发或创新成功，可以开发新的市场和服务，使企业的市场疆界扩展，并可能带来新的商业模式。这种选择的特点是风险非常大，具有开拓性，但效益具有不可预见性。目前许多企业探索的 BtoB 商业模式可以属于这一类。

3. 关键部门的信息系统

企业利用有限的资源，将好钢用在刀刃上。在关键部门率先实施信息化，重点克服企业现有运作中的缺陷，以最有效的方式满足商业需求并保持已有的市场。企业通过借鉴他人的经验，对准备采用的技术和可能遇到的风险尽可能了如指掌。企业力求在风险和效益之间保持平衡，并尽可能避免浪费、信息失效和管理低效。这种方案的缺点是系统的集成度不高。我国很多企业的信息化进程是从关键部门开始的，如财会部门、营销部门、开发部门等，开发这类信息系统的关键是要逐步实现各个部门的互联和信息资源的共享，防止出现信息孤岛。

4. 辅助部门的信息系统

这是企业在资金匮乏和资源短缺的情况下所采取的战略。通过采用低成本技术，寻求解决企业辅助性部门生产率低下的问题。这类方案选择低风险和低成本技术，它的目的是通过利用技术来实现短期回报。

第二，企业应尽早进入状态

信息传播全球化推动着企业经营国际化的蓬勃发展，国际市场竞争越来越激烈。要想在日趋激烈的竞争中立于不败之地，就必须积极主动地利用信息技术创造新竞争优势。利用信息技术创造新竞争优势的过程是一个不断创新的过程。信息技术的创新和应用，虽然成本高、风险大，但由于技术创新所带来的高回报使很多企业依然趋之若鹜。企业通过技术上的领先可以很快获得较大的市场份额，构筑市场准入壁垒，并参与新的商业模式中规则的制定。不断的技术创新还可以提升企业的核心竞争力，以确保企业的可持续发展能力。但如果这种技术创新的高成本和高风险使企业望而却步，政府就要通过制定必要的激励政策和鼓励措施支持企业成为第一个敢于吃螃蟹的人。一旦企业尝试成功，追随者就会蜂拥而至，这会具有明显的示范效益。处于早期追随者的企业可以采用相对成熟的技术，降低风险和成本，并有可能形成后发优势。而在利用信息技术中总是采取迟疑态度的企业有可能要付出越来越高的代价，因为信息技术的应用就像是学生学习一样，要经历一个学习曲线，一步跟不上，步步跟不上。而信息技术的应用与企业管理、企业组织结构和企业文化的融合需要经历一个相对漫长的时间，这是学习和经验积累的过程。因此，企业应该在现有条件许可的情况下，尽早进入状态。

第三，走合作研究开发之路

我国有许多企业，经济技术基础薄弱，信息化人才缺乏。在利用信息技术创造新竞争优势的过程中，没有能力也没有必要完全依靠自身的力量研究开发信息技术，对信息资源特别是外部信息资源的开发利用更不能完全依靠自己。因此，企业在不断提高自主研究开发能力的同时，还应走合作研究开发之路，争取与政府有关部门、大专院校、科研院所、兄弟企业等共同组成研究开发系统。企业是这一系统中的重要成员，对系统功能和工具设计有发言权和决定权；开发商和企业在双向交流中提出解决企业特殊需求的方案；企业专业人员通过参与将通用软件为本企业所用而逐步掌握技术诀窍和专有知识，企业的核心竞争力在信息技术应用中得到加强。

第四，注意防范和化解风险

企业在利用信息技术创造新竞争优势的过程中，难免遭遇风险。风险的种类很多。主要包括技术风险（如选择不成熟技术、淘汰技术或高成本技术）；商业风险（无法满足市场需求）；金融风险（资金不到位或中断）；环境风险（与主流产品不兼容）和人员风险（计算机人才外流）。防范和化解风险的主要办法是在实施项目前，对市场进行最大限度的调查和技术监控；尽可能接近客户和供应商的技术标准；选择具有商业和金融价值的可转让技术；设置不同类型的一揽子项目以分担风险；利用企业内的强项和成功经验引进新技术等。

四　激发企业全面创新

信息技术和信息传播全球化的发展，加快了市场变化的频率。企业要适应瞬息万变的市场变化，就必须坚持不懈地创新。我国诸多企业顺应历史潮流，坚持全面创新，成效显著。"中国普天信息产业集团公司"依靠全面创新跃居 2001 年中国电子信息百强企业之首后，决定成立"中央研究院"，紧紧跟踪国际国内信息化的发展，继续坚持全面创新，到 2005 年底，经营规模力争在 2000 年的基础上再翻一番，整体实力争取进入世界 500 强，成为国际知名、国内一流的综合性企业集团。

（一）坚持技术创新

技术创新，是全面创新的核心。随着信息技术革命的迅猛发展，技术更新的速度大大加快，产品生命周期大大缩短。没有技术的不断创新，企业所生产的产品就不能及时更新换代，所提供的服务就难以适应市场需求结构的变化，企业的市场份额就会不断下降，最终被挤出市场。信息传播全球化潮流中的技术创新与传统意义上的科研活动不同，它强调自身与市场的紧密联系，其目的在于应用。技术创新活动从研究开发、试验实践、批量生产直至实现商品化的全过程都必须以企业为中心。离开了企业这个中心，技术成果的应用就缺少有效的载体，技术开发就失去不竭的动力，技术创新活动就成为无源之水，无本之木。正因为如此，发达国家和新兴工业化国家都把技术创新的中心放在经营国际化企业，放在跨国公司上。

美国"硅谷"的发展之所以大大超过其他国家和地区，主要是因为以企业为中心坚持不懈地进行技术创新。英特尔公司、苹果计算机公司、思科公司、太阳公司等都是通过技术创新而发展成为世界一流跨国公司的。受信息传播全球化和先进国家先进企业的影响，我国许多企业也把坚持技术创新作为促进企业经营国际化发展的根本出路。山东浪潮集团承担的国家 863 项目——小型机/服务器研制，从 1997 年起，年销量一直位居国产品牌第一名，主要是因为始终如一的贯彻了技术创新理念，跟踪新技术，研制新产品，并不断地进行技术升级换代。中创软件股份有限公司按照全新的思维方式，把重点放在技术创新上，先后有 40 多项自有知识产权应用软件服务于金融、交通、媒体网络、电子商务等多个领域，公司连续 9 年（1992—2000 年）销售收入年均增长 113％以上，成为我国软件的骨干企业。

（二）坚持管理创新

管理是企业的永恒课题，管理创新是全面创新的保障。在信息传播全

球化的当今世界，经济国际化蓬勃发展，市场竞争日趋激烈，经济发展的
不确定性和复杂性日益增加。在这种环境中，企业要求生存争发展，就必
须加强管理，并根据形势的变化不断进行管理创新。特别是高新技术企
业，只有不断地加强和规范管理并建立与之相配套的管理创新制度、机
制，才能有效地保障企业经营国际化战略的贯彻实施。美国"硅谷"的
经验告诉我们：科学的管理能够促进和激发技术创新能力，壮大企业技术
创新的实力。相反，如果管理搞不好，企业不仅没有创新能力，而且还留
不住人才，更谈不上发展了。正因为如此，人们把科学的管理比做企业的
"头脑"，把技术创新比做企业的"腿和脚"。没有"腿和脚"，企业就走
不出国门，走不上市场；没有"头脑"，即使出国门、走向市场，也难以
在日趋激烈的竞争中站稳脚跟。

美国惠普公司的管理者们，通过管理创新极大地调动了广大员工的积
极性和创新精神，激发了技术创新的能力，很快就赶上和超过了先期发展
起来的一些大公司，发展成为集计算机、打印机、网络、软件、服务等为
一体的最著名的跨国公司之一，成为"硅谷"管理创新的样板。受"硅
谷"企业特别是惠普公司经验的启发，我国济南二机床集团通过管理创
新促进和保证技术创新，发展成为全国机械行业实施经营国际化战略的佼
佼者。他们把深化基础管理和推行现代管理有机结合起来，建立了独具特
色的人本管理体系和先进的计算机辅助管理、CAD 辅助设计系统，先后
荣获山东省管理示范企业、全国管理成就奖、中国机械十大杰出企业等荣
誉称号。他们不间断地围绕产品开发抓技术创新，积极跟踪世界最新机床
制造技术，发展高技术产品，已经掌握并可广泛运用当今世界上压力机和
金切机床制造的全套最新技术。在全国几十家厂商参加的"大型数控机
床"生产招标竞争中，济南二机床集团一举夺魁。目前，全国所有大型
汽车制造厂都定购济南二机床的锻压设备。美国通用汽车公司，考查世界
许多国家的企业后，专门定购济南二机床的"大型压力机冲压线"。现
在，济南二机床集团已能生产大型多工位压力机和自动冲压生产线、压力
机机器人和其他各种辅机在内的全套系列产品，以及各种重型数控机床等
产品，成为全国机械行业向信息经济进军的排头兵，产品销往 40 多个国
家和地区。

（三）坚持环境创新

企业经营国际化是一项复杂的系统工程。它不仅包括企业的组织、计划、制度、协调、生产、销售、分配等内部环境条件，而且包括投资环境、社会信息基础设施、法规、政策等外部环境条件。外部环境的优劣直接关系到企业管理模式、运行机制的创新，内部环境的优势直接影响着企业员工创新能力的发挥。美国"硅谷"的发展，一方面依靠企业内部环境的创新，一方面依赖于良好的外部环境。美国政府不断追加投资，并相继出台了一些优惠政策，良好的投资环境促进了信息基础设施的建设和信息技术的发展，从而吸引了东部地区像 IBM、通用电器、西屋电器、洛克希德等大跨国公司的加盟，内外部环境都得到了改善。所以，"硅谷"发展成为举世瞩目的高科技特别是信息产业园地。

上海、深圳、北京、广州、山东等省市学习借鉴美国"硅谷"的经验，制定和执行了一系列有利于信息基础设施建设、信息资源开发、信息服务业发展等方面的法律法规和优惠政策，为企业利用信息传播全球化促经营国际化发展创造了良好的外部环境。政府对企业经营国际化的政策支持不断有新突破，宏观调控不断规范，服务指导不断有新思路，尤其是政府上网工程的实施，将为实现全社会信息共享创造条件。政府上网可迅速而准确地向企业提供政策、法规、经济、生态环境、税收、商务等信息。企业通过互联网既可以获得宏观环境方面的信息，又可获得本行业及有关利益相关者如用户、供应商、金融机构、社区等各方面的信息，从而对其所处的环境、行业吸引力、赢利水平等作出快速、准确地分析判断，进而及时地调整经营战略，掌握竞争的主动权。海尔、海信、康佳等企业集团，学习借鉴美国微软公司的经验，不仅将公司的创新活动寓于朝气、向上、合作、灵活、辛勤工作、娱乐和贴近市场之中，而且力求将企业办成一所学校，使全公司上下充满学习、探索和求新的气氛……为企业创新活动创造良好的环境基础。

（四）坚持研究创新

在利用信息传播全球化促企业经营国际化发展的伟大实践中，会不断出现新情况、新问题，要求人们进行研究探讨。只有不断坚持研究创新，才有可能控制尖端技术的制高点，把握竞争的主动权。美国"硅谷"的技术和产品之所以能够在全世界领先，主要是因为坚持不断地进行研究创新，并且把研究创新的重心放在企业。在"硅谷"，工业企业用于科学研究和技术开发的经费占全社会研究与开发经费总额的比重，1994年就超过75%，2000年超过85%；企业研究开发人员占全社会研究开发人员的比重，1994年达70%，2000年超过80%；企业科学家和工程师占全社会总数的比重，1994年为73%，2000年为82%；企业研究开发经费占当年销售额的比重，1994年超过12%，2000年超过16%。他们还非常重视研究开发的国际化，一方面吸引世界各地英才到美国从事研究开发；另一方面派人到世界各地进行研究开发。1994年底，世界上已有300多家跨国公司在美国建立645家研究开发机构。1999年底，英特尔和微软公司分别在我国上海和北京建立了研究开发机构；2000年3月，朗讯公司、惠普半导体公司、摩托罗拉公司等都在北京创建了研究开发机构。对一些国外的科研难题，美国还出钱、出人主动帮助研究开发。

近几年来，我国许多企业积极追赶国际浪潮，大力开展对信息化领域重大科研课题的研究探讨，成效显著。渤海活塞集团，组织精干力量研究和实施企业信息化管理，大大提高了经济效益，在强手如林的活塞生产企业中，连续14年产量、质量、产值、出口额、利税及劳动生产率居全国第一。威海北洋电气集团公司承担的国家高技术产业化项目"小型热转印/热升华打印机"，通过国家验收后，广泛应用于铁路、医院、商业等领域，打破了国外品牌的垄断。由潍坊华光集团和山东大学共同组建的山东华光光电子有限公司承担的国家高技术产业化前期关键技术研究项目"半导体发光器件外延工艺及管芯技术"已研制成功。烟台东方集团研制生产的电力自动化设备已成为国内电力行业的第一品牌……

五　风险和负面影响不可忽视

信息传播全球化在给我国企业经营国际化带来积极影响的同时，也会带来风险。而且，随着信息技术革命的深入，信息传播全球化的影响会越来越大，作用成效会越来越大，风险也会加大。从企业自身看，信息传播全球化带来的不仅是观念和格局的改善、战略管理的加强、新竞争优势的创造、企业的全面创新和效益的提高，同时也会带来业务流程再造及组织机构、权力布局、利益分配、人际关系等的深刻变化，企业的性能、结构、人员、机制等能否适应这些变化是很难把握和控制的。不同的企业适应变化的能力不同，有的会再创辉煌，有的会自掘坟墓。从企业外部看，信息传播全球化使市场变化无穷，竞争越来越激烈，而企业经营管理者由于自身的有限理性和信息的复杂性，认识能力是有限的，很难把握市场变化的规律和发展趋势。这样，在信息传播全球化的背景下，一个企业不仅要面对内部经济系统的风险，还要面对由外部经济系统传导而来的风险。风险和动荡到来之际，凡是经济实力雄厚、组织结构合理、决策正确、机制灵活、应变能力强的企业，就能防范和化解风险，在日趋激烈的竞争中不断发展壮大；而组织结构不合理、机制不活、应变能力弱的企业，往往经不起风险和冲击，遭受重大损失甚至破产倒闭。据此，我们可以毫不夸张地说，信息传播全球化是一个汹涌浪潮，如果你没有冲浪的本领，你就可能被淹没。无数企业在信息传播全球化浪潮中，破产倒闭的事实已经无可辩驳地证明了这一点。

　　需要特别说明的是，信息传播全球化在活跃金融市场，促进资本国际化的同时，也蕴含着极大的风险。特别是 20 世纪 80 年代以来，信息技术革命使世界范围内金融创新活动空前活跃，新的金融工具、金融产品不断出现，技术日益复杂，知识越来越专门化，单是金融衍生工具目前就有一百几十种，人们对它们的性质、功能的认识还处于非常模糊的阶段，从而使金融活动中人的有限理性和信息的不完备性更为突出。因此，金融风险的不确定性、扩散性、隐蔽性和突发性都增强了。在这种情况下，一个人出现的问题可能会影响到一个金融机构，一个金融机构出现的问题可能会影响到一国的经济运行，一个国家出现的金融风波就可能引发一场地区性、甚至全球性的金融危机，并危及国家的经济安全和社会稳定。东亚金融危机的事实已经说明了这一点。在金融危机中，首当其冲的是企业。东亚金融危机"入侵"韩国后，韩宝、起亚、三美、双龙、真露、汉舒等大企业集团纷纷破产，闻名全球的"大宇集团"被迫解体。破产风浪从生产企业、流通企业波及到金融、证券、保险等行业。1998 年 1 月，倒闭公司达 3323 家，创月破产最高纪录……受东亚金融危机影响，我国也有许多企业破产倒闭。时无今日，信息传播全球化蕴含的风险特别是金融风险依然潜在，我们不但不能无动于衷，而且需要高度警惕，谨慎从事。

　　信息传播全球化不但会给我国企业经营国际化带来风险，而且会带来直接的负面影响。主要是：第一，扩大了竞争范围，改变了竞争内容，使竞争更复杂、更激烈、企业的环境更严峻。第二，全球信息网络的无国界、管理主体模糊等特征使企业的信息化管理难以有效实施。第三，企业拥有的自主知识产权、涉及商业秘密的信息有时泄露或被篡改。第四，企业的信息安全受到威胁，主要威胁有：计算机病毒，网络"黑客"入侵，有组织犯罪，垃圾信息的侵入，有害信息的污染和破坏等。因为信息网络是信息传播全球化的载体，而且网络相互交织、相互联动，密不可分，任何一个环节出现问题都有可能对整个网络产生影响，任何一个链条断裂都可能影响全局或整个系统，酿成大的损失，甚至带来灾难，难以挽回。因此，必须采取综合配套的措施，消除负面影响，维护信息安全，确保经营国际化战略的顺利实施。

第 4 篇

中国利用信息传播全球化促企业经营国际化的战略设想

第十三章　战略模式和基本思路

"政府调控与企业为主"是我国利用信息传播全球化促企业经营国际化战略的最佳模式。在不同的历史阶段这一模式的内涵和基本思路也有所不同。21 世纪前 10 年，宜解放思想，更新观念，制定和实施科学合理的战略规划；遵循客观规律，初步建立规模宏大、先进高效的信息化基础设施，把企业经营国际化构筑在信息网络之上；培育核心竞争力，搞好跨文化管理，全面创新，提高企业整体素质；建立健全利用信息传播全球化促企业经营国际化的科学机制，采取有效措施，不断提高信息技术对企业经营国际化发展的贡献度。

一　基本情况

（一）发展快，成效显著

我国利用信息传播全球化促企业经营国际化，起步较晚，真正引起各方面重视，获得健康发展，还是在 1995 年《中共中央、国务院关于加速科学技术进步的决定》发布之后。

受世界新技术革命的影响，我国早就认识到了科学技术特别是高科技对经济和社会的巨大推动作用，采取一系列政策措施扶持和鼓励高科技的发展。党的十三大报告明确提出要"发展高科技产业"。之后，国家陆续制订和实施了许多高科技及其产业发展计划，如《科技攻关计划》、《863 计划》、《火炬计划》、《国家重点实验室计划》等。1995 年 5 月 6 日发布的《中共中央、国务院关于加速科学技术进步的决定》第一次要求我们："逐步建立现代化的信息网络，加快国民经济信息化的进程。扩大先进的电子信息技术在生产、管理、服务等领域的应用，努力解决交通、通信、商贸、财税、金融、保险、社会服务等领域的信息化、现代化的关键技术问题。大力推动与科技进步密切相关的信息、咨询等第三产业的发展。"① "继续推动技贸结合,扩大科研机构和科技企业外贸自主权。鼓励科研机构、高新技术产业开发区、高技术企业与外贸企业合作,大力推动我国高技术及其产品出口。""鼓励高技术企业和有实力的科研单位在国外、境外创办分支机构",② 发展经营国际化。举国上下认真贯彻落实《决定》精神,科技兴省、科技兴市、科技兴企、科技兴贸的热潮席卷全国,信息技术产业化、国际化、全球化的呼声响遍华夏大地,高科技产业特别是信息技术产业以旺盛的生命力茁壮成长,经营国际化企业以迅猛的势头纷纷崛起。各地区各部门对此都极其重视,不但争相投入"精兵强将",而且在资金投入、政策扶持等方面也都争相优惠,呈现出一派龙腾虎跃、你追我赶的竞争热潮,"战鼓声"此起彼伏,一阵紧过一阵,显示出信息传播全球化和经营国际化宏大的发展气魄和刻不容缓的催人声势。

在信息传播全球化促企业经营国际化发展的历史大潮中,在龙腾虎跃、你追我赶的竞争中,许多企业不断刷新历史最高纪录。联想集团走贸工技相结合的经营国际化道路,1994 年走到中国电子信息企业百强第一的位置,并保持到 1999 年。在 2000 年中国电子信息百强企业新排座次中,"中国普天信息产业集团公司"以年营业收入总额 465 亿元的佳绩,荣登百强之首,海尔集团公司位居第二,联想集团排名第三。

本届电子信息百强企业营业总收入达到了 4442 亿元,比上届增加 1402 亿元,增长 46%;入围标准从上届的 4.96 亿元提高到 7.08 亿元,经济增长规模是历届增长幅度最大的一届。本届百强企业中,首次出现了营业收入超过 400 亿元的中国普天信息产业集团公司、海尔集团公司两家大型企业集团,第三、四名的企业收入也超过了 200 亿元,营业收入超过 100 亿元的企业达到 13 家,比上一届增加 3 家。

本届百强企业利润总额达到 269 亿元,比上届增加 84 亿元,增长 45%,占全行业利润总额的 71%,百强企业的利润呈现出高速增长的局面。利润超过 1 亿元的达到 50 家,其中华为技术有限公司 2000 年实现利

---

① 《十四大以来重要文献选编》,人民出版社 1997 年版,第 1349 页。

② 同上书,第 1361 页。

润总额 29 亿元，名列百强之首。但是，相对于 4442 亿元的百强营业收入来说，百强企业的利润总体水平仍然偏低。

在产品主销方面，电子信息百强企业产品以彩电、彩管、手机、程控交换机、计算机、显示器、影碟机和电话为主。品牌效应日趋突出。从事软件开发、集成电路制造、计算机生产、通信产品和系统集成的企业占了近 75%。

本届电子信息百强企业评比名列第一的中国普天信息产业集团公司（PTIC）原隶属于邮电部和信息产业部，1999 年 8 月组建了普天信息产业集团。集团拥有北京邮电通信设备厂（首信集团）等 16 家直属工厂，东方通信、上海邮通、成都电缆和南京普天 4 家上市公司，北京爱立信、北京松下、深圳凌云和巨龙信息等 20 家总部直接投资的合资联营企业和 10 家全资子公司，跻身英国《电讯周刊》"全球 50 家最大的电信设备制造巨人"排行榜。

位居第二的海尔集团坚定地认为，企业要实现国际化，必须首先实现信息化。海尔制定和实施了利用信息化促经营国际化的战略和策略，投资近亿元建设信息化工程。这一工程主要包括：建设通往世界各地的信息高速公路，不断提高网络市场的占有率；建设 C3P 项目和 PDM 项目，全面提高产品竞争力；实现 ERP 工程，提高综合竞争力；建设信息公用平台，搞好信息收集、分析、处理、共享工程；实施 OA 项目工程，提高办公效率，节省办公费用；建设电话、网上服务中心，架起企业与用户的"心桥"……信息化工程进展顺利，效果良好，坚定了海尔集团全面实现信息化的信心，同时加快了海尔国际化的步伐，使海尔在竞争日趋激烈的国际市场上始终保持良好的战斗力。目前，海尔集团正在利用信息传播全球化坚定地向世界 500 强迈进。

（二）问题不少，前途光明

我国在利用信息传播全球化促企业经营国际化发展的伟大实践中，取得了显著成绩。但与国际先进水平比，还有较大差距，而且存在许多不容忽视的问题。

第一，观念陈旧，认识片面。2000 年 10 月我们曾对山东 15 家大中型企业的 300 名中层及中层以上管理干部进行问卷调查，中心问题是

"您认为利用信息传播全球化促企业经营国际化的最大难题是什么？"80%以上的经理和70%以上的中层干部的回答是"观念陈旧"或"认识片面"。他们认为，信息传播全球化正全方位地冲击着企业经营国际化的传统观念，如果我们的认识、观念跟不上信息时代的发展，企业的经营国际化就会落后于形势，无法立足国际市场。但是，许多人对信息技术和信息传播全球化的重大影响视而不见、认识片面，对信息化重视不够，对经营国际化支持不得力。这是比资金短缺还难解决的最大难题。

第二，资金短缺。信息技术及其产业化具有高投资、高风险、高智能等特点，没有一定规模的投资，就很难正常发展。信息技术及其产业不能正常发展，信息传播全球化就可能受阻，企业经营国际化也就难以正常发展。国外信息产业的兴起和企业经营国际化的发展与升级，都伴随着大量的资金投入。资金短缺，是我国信息技术和经营国际化发展面临的重大问题。一是21世纪百业待兴，财政对信息技术及其产业的投入只能有限的增长；二是信息技术及其产业的高风险性，使某些银行望而生畏，不敢对其大规模投资；三是企业和民间也难以筹集大量资金投向信息技术和经营国际化。这就使得许多企业信息技术进步慢，信息化水平低，经济效益差，经营国际化的能力不足，难以在竞争日趋激烈的国际市场上站稳脚跟。

第三，体制不够合理。我国科技体制和经济体制改革已经取得了巨大成就，但仍难适应信息技术事业和企业经营国际化发展的需要。其不合理表现主要有四个方面：一是科技与经济"两张皮"问题依然没有从根本上解决，科学技术与经济建设结合不紧密，信息技术与企业经营国际化结合不紧密。二是计划体制不够完善，难以实现经济社会计划与信息化计划的有机结合、企业信息化计划和企业经营国际化计划的有机结合。三是信息技术的基础研究、应用研究、开发研究和企业结合不紧密、和市场结合不紧密。四是军用部门和民用部门脱节，国防信息技术系统向民用转移的合理机制没有健全。

第四，信息技术研究成果向现实生产力转化的能力弱。我国还没有建立健全科研成果向现实生产力转化的良好机制，信息技术研究与信息技术产业化之间，缺少中间试验、成果推广、产品销售及咨询服务等中间环节，还没有充足的资金、人才和合理的政策、法规来保证这些中间环节的建立与健全，致使信息技术研究成果向现实生产力的转化过程中出现较大的"断层"，直接阻碍着转化的进行。因此，虽然我国每年都有大量的信息技术研究成果问世，许多成果荣获省、部级以上奖励，有的还居世界领先水平，但真正转化为大规模批量生产的不多。

第五，人才缺乏。当代国际市场的竞争，主要是科学技术的竞争，归根结底是人才的竞争。目前，我国既缺乏信息技术人才，又缺乏经营国际化人才，特别缺乏集信息技术专家与经营管理专家于一身，敢于面对风险，善于应付挑战，知识渊博，经验丰富，能力超群，有政治头脑，有创新精神的"国际型经理"。

对于存在的上述问题，党和政府正领导全国人民采取有效措施解决。更重要的是，我国的信息技术及其产业发展较快，成效显著；企业经营国际化发展迅猛，有些企业已经发展成为名副其实的跨国公司，并且不断发展壮大；在利用信息传播全球化促企业经营国际化的伟大实践中，已经取得了较大成绩，积累了宝贵的经验；因此，前途是光明的，未来是美好的，前景是广阔的。

二 战略模式和基本思路

理论和实践都说明，只有制定和实施科学合理的战略，才能充分利用信息传播全球化促进企业经营国际化的发展。我国应该认真总结经验教训，学习借鉴国外的成功经验，从实际出发，制定和实施既符合国际通行规则又具有中国特色的战略和策略。

（一）世界上的典型战略模式

利用信息传播全球化促企业经营国际化发展的战略模式有多种，具有代表性的典型模式主要有两种，即美国模式和日本模式。美国模式以宏观间接调控和自然发展为基本特征，可概括为"间接调控与自由发展"模式。日本模式以国家中观产业干预为基本特征，可概括为"政府干预"模式。

美国的"间接调控与自由发展"模式，是建立在信息技术相当发达、信息经济有一定规模和市场经济相当成熟基础上的自发型、高起点、高层次发展模式。其主要特点是：第一，模式的社会经济基础是成熟的市场经济和完善的市场机制。企业有很大的经营自主权，信息基础设施健全，经营国际化水平高；公众的信息意识较强，信息经济的生产投入与分配消费均由市场调节。第二，国家放任信息产业各部门、各企业自主经营、自由发展，通过经济手段间接调节信息产业发展的规模、速度与方向，控制信息产业的结构与总量。第三，国家通过宏观管理政策和完善的市场机制自动协调信息产业和其他产业的关系，协调企业信息化与经营国际化的关系；同时，从整体上规范信息传播全球化促企业经营国际化发展的秩序，为其创造良好的环境，保证其健康运行。第四，信息传播全球化与企业经营国际化在宏观间接调控和市场机制作用下，相互渗透、相互适应、相互协调、相互促进、共同发展。

日本的"政府干预"模式，是指国家政府直接控制调节信息产业运行和国际化的全过程，包括目标确定、技术政策选择、组织协调、布局调整、保护策略、国际化等的模式。日本的市场经济基本成熟，市场机制比较完善。但近十几年来，经济处于停滞状态，信息技术发展大大落后于美国，经济和社会的信息化水平远不及美国。企业虽能自主经营，但信息基础设施不够完善，对信息传播全球化和世界经济国际化的适应能力不强。政府从宏观上引导、控制国民经济信息化的条件和能力都不足，若政府直接干预企业的信息化和经营国际化，就会窒息企业的活力。因此，政府只有在宏观和微观的结合部——中观产业来有效地组织信息经济及其国际化，将国家政权高度凝聚的力量渗透到信息生产的全过程和各方面，同时充分利用市场机制的积极作用，来推动信息产业的发展。政府在金融、保险、税收、外汇、贸易管理等方面，制定和实施一系列优惠政策，支持和鼓励企业利用信息传播全球化促经营国际化。这一战略模式将调节力直接作用于信息产业本身，从量上增加信息产业在 GDP 中的比重，提高企业、经济、社会的信息化程度，从质上提高信息产业的技术含量和水平，具有作用周期短、见效快的特点。

（二）具有中国特色的战略模式

我国是发展中国家，还处在社会主义初级阶段，社会主义市场经济体制还在建设中，市场经济还很不成熟，市场机制还很不完善，国有企业改革正进入攻坚阶段，企业信息化才刚刚起步，经营国际化水平还不高，因而既不能照搬美国模式，也不能照搬日本模式。不能照搬并不是不能学习和借鉴，日本和美国模式的"合理内核"是客观规律的反映，我们应该吸取。从我国国情出发，学习借鉴国外模式的成功经验，我国利用信息传播全球化促企业经营国际化的战略模式可以是"政府调控与企业为主"模式。"政府调控"，主要是通过宏观政策法规和经济手段，调控信息基础设施的建设，促进信息传播体系的健康发展，为企业利用信息传播全球化促经营国际化发展创造良好的环境和条件。"企业为主"，是指企业是利用信息传播全球化促经营国际化的主要主体，政府不能直接干预企业的经营活动，要充分发挥企业的主体作用，依靠企业的主动性、积极性和创造性，自觉、自主的实施战略和策略。

"政府调控与企业为主"模式，既符合客观规律，又符合中国实际，是科学合理和切实可行的。理由主要是：

第一，顺应了历史潮流。信息传播全球化与经济国际化，是目前世界上滚滚向前的两股历史潮流。两股潮流相互依存、相互促进，关系密切，汇合为一股的趋势越来越明显。我国的信息化已逐步融入世界信息化，成为信息传播全球化的重要环节；我国企业的经营国际化已发展成为世界经济国际化的有机组成部分。"政府调控与企业为主"模式顺应了历史潮流，可为信息传播全球化和世界经济国际化做出积极贡献。

第二，符合我国经济信息化和企业改革方向。1996年春，八届全国人大四次会议把信息化纳入了《国民经济和社会发展"九五"计划和2010年远景目标纲要》，为正确制定信息化发展战略提供了科学指南。党的十五届五中全会通过的《中共中央关于制定国民经济和社会发展第十个五年计划的建议》号召全党和全国人民："加快国民经济和社会信息化"，"努力实现我国信息产业的跨越式发展"，并且要求各级政府"加强信息化法制建设和综合管理"，"企业生产经营要运用数字化、网络化技术，加快信息化步伐"。① 我国的改革开放已进入新的历史时期，"要坚持以市场为导向，以企业为主体，以技术进步为支撑"，不但要"引进来"，而且要"走出去"。企业经营国际化是深化改革，扩大开放，"引进来"

---

① 《人民日报》，2000年10月12日第1版。

和"走出去"的重要举措。可见,"政府调控与企业为主"的战略模式,既符合我国信息化的发展方向,又符合我国改革开放特别是企业改革开放的方向,具有客观必然性。

第三,吸收了外国各种模式的优点。"政府调控与企业为主"的战略模式,吸收了外国利用信息传播全球化促企业经营国际化成功模式的优点,集美国模式与日本模式的优点为一身,依靠政府和企业两个积极性把信息传播全球化与企业经营国际化有机地结合在一起,能够灵活适应国际市场的变化。它不仅能够通过庞大的全球性信息网络,及时收集、传递、筛选和处理各种信息,根据国际市场供求变化合理配置资源、确定经营方向,调整产品结构及花色品种,使产品适销对路;而且能够通过高放、面广、经营能力强的销售网络把商品销往世界各地,从而获得最佳的比较利益。

综上所述可知,"政府调控与企业为主"是我国利用信息传播全球化促企业经营国际化的最佳战略模式。

(三)基本思路

在不同的历史阶段,"政府调控与企业为主"战略模式的具体内涵和基本思路也有所不同。我国利用信息传播全球化促企业经营国际化的长期战略可以是:优先发展信息技术及其产业,带动国民经济和社会的全面信息化和现代化;利用市场调节、政府扶植、宏观引导、有序竞争等,推动企业积极主动地利用信息传播全球化促经营国际化,使信息化和国际化都产生质的飞跃,2050年前后达到世界中等发达国家的水平。2010年之前,以邓小平的对外开放思想和高科技理论为指导,认真学习贯彻党和国家关于发展信息产业和经济国际化的指示精神,更新观念,解放思想,制定和实施科学合理的战略规划;遵循客观规律,政府引导、企业为主、统筹规划、全面安排、市场牵引,初步建立规模宏大、先进高效的信息化基础设施,信息高速公路四通八达,把企业经营国际化构筑在信息网络之上;培育核心竞争力,搞好跨文化管理,提高企业整体素质;建立健全利用信息传播全球化促企业经营国际化的机制,采取有效措施,组织好战略规划的实施,不断提高信息技术对企业经营国际化发展的贡献度,为实现21世纪前10年的战略目标而努力。

三　战略措施

依据上述战略模式和基本思路，我国信息传播全球化促企业经营国际化的战略措施主要包括以下六项。

（一）解放思想，更新观念，做好规划

信息传播全球化正从多方面冲击着企业的经营国际化，而我国许多人包括部分领导干部却观念陈旧、思想保守、遇事迟疑、行动慢、措施不力，跟不上时代的发展。如不解放思想、更新观念，企业就无法立足国际市场。因此，必须以邓小平的对外开放思想和科技进步理论为指导，认真学习党和国家关于经济社会信息化和经济国际化的指示精神，学习借鉴国外的成功经验，打破陈旧观念的束缚，走出传统的思维模式，把握信息传播全球化的发展趋势和特点，深刻认识其对企业经营国际化的影响，牢固树立"科技兴企"的战略思想和依据信息决策的观念、尊重知识的观念、信息化观念、全球竞争观念、经营国际化观念、风险观念、效益观念、可持续发展观念等。青岛海尔集团、海信集团等，在实施经营国际化的实践中，不断学习，不断解放思想，不断创新，信息化水平不断提高，经济、社会、生态效益不断刷新纪录，取得了令人瞩目的成绩。

理论和实践都说明，只有制定和实施科学合理的规划，才能充分利用信息传播全球化促进企业经营国际化的发展。我国已经制定和实施了"信息产业发展规划"，但还没有制定利用信息传播全球化促企业经营国际化的规划。应该把"信息产业发展规划"和企业经营国际化战略规划结合起来，制定新的整体战略和"利用信息传播全球化促企业经营国际化规划"，并认真实施。这一规划应分宏观与微观两大部分。宏观规划应充分发挥政府的经济职能，调动各方面积极性，逐步建立健全与经济社会信息化和对外开放相适应的、全球性的国际化信息网络、筹资网络、营销网络、投资网络、经济技术合作网络等，科学运用经济手段、法律手段和必要的行政手段引导企业特别是大中型企业沿着内外良性循环、进出密切结合、综合效益不断提高的道路不断前进。每个企业，特别是大中型企

业，都应在宏观规划的指导下根据自己的实际情况和国际市场变化制定科学的微观规划和具体实施计划。不同企业的微观规划也应有所不同，但一般情况下都应该包括企业利用信息传播全球化促经营国际化的方向、目标及实现目标的措施等。

（二）搞好信息化建设，加快发展电子商务

信息化是企业经营国际化的基础和命脉，它包括国民经济和社会的信息化及企业信息化两层含义。我国非常重视国民经济和社会的信息化，集中必要人、财、物力进行建设，成效显著，为利用信息传播全球化促企业经营国际化创造了良好条件。然而，我国企业的信息化建设还是相对落后的，已成为影响企业经营国际化进一步发展的重大障碍，必须引起高度重视。各级政府的重视和推动是搞好企业信息化建设的保证，应尽快建立结构合理、运转灵活、工作高效的企业信息化建设领导和管理体制，针对不同企业、不同情况，抓紧搞好企业信息化建设。国有重点大型企业和企业集团，应借助国家经贸委的"企业信息化工程"，坚持高起点、高标准，突出现实性和应用性，又具有一定的超前性、开拓性。中小企业，要避开专业人才缺乏和实力单薄的短处，通过与大型企业或专业公司的分工与协作，提高信息化水平，加快经营国际化步伐。

电子商务代表着贸易国际化的未来。因此，世界电子商务以爆炸式速度增长，外贸电子商务已成为下一轮国际市场的新热点。发展国际电子商务，是利用信息传播全球化促进企业经营国际化的重要途径。中国的电子商务才刚刚起步，只有部分企业涉足，真正搞得好的企业不多。如不改变这种状况，不仅直接影响着我国在新兴的网上国际市场的占有率，而且还会影响到传统出口市场的巩固。因此，必须加强领导，分类指导，采取有效措施，加速发展电子商务。技术先进、势大财雄的大型企业或企业集团，可独自或联合开展国际电子商务业务。中小企业可充分利用国内的互联网网站，探索适合中国国情的在线加离线的混合型电子商务模式，逐渐增加在线交易的比重，最终实现全面在线电子商务。目前，一批外贸中小企业已经选择这一模式，并由此受益。山东"康巴丝集团"在"亚洲资源网站"建立网页，发展电子商务，开拓了国际市场，产品销售收入大增。

（三）培育基于信息化的核心竞争力

企业竞争力是一个庞大的系统，包括多种多样的竞争力，如由于掌握某种重要技术专利而具有技术方面的竞争力，由出色的市场营销经验和高效的市场分销网络形成的市场营销方面的竞争力等等。在庞大的竞争力系统中，不是每种竞争力都同等重要，有重要和次要之分，有核心和外围之分，最基本的起决定作用的是核心竞争力。所谓企业核心竞争力，就是企业在个性化成长与发展过程中逐渐积累起来的企业特有的资源、资金、技术、知识、管理和运作机制的有机融合体，是能使整个企业保持长期稳定的竞争优势、获得稳定超额利润的竞争力。它决定企业的整体能力和发展前景，是企业获得长期稳定竞争优势和超额利润的基础和源泉。

信息时代，企业核心竞争力和信息化关系密切。核心竞争力是建立在信息化基础之上的竞争力，企业信息化过程实质上是培育和提高企业核心竞争力的过程（第十章已有详细论述）。在信息传播全球化和企业经营国际化的大潮中，谁重视核心竞争力的培育，谁就能在日趋激烈的国际市场上立于不败之地。因此，我们应该采取有效措施，培育企业核心竞争力。当务之急是：第一，把科学研究和信息技术开发的重心放在经营国际化企业，加大对企业信息化建设的投入，培育完善的信息收集、筛选、处理、传递和反馈体系。第二，以信息技术为核心，促进企业管理由生产型向创新型、知识型转变。第三，以信息技术为基本平台，建立、完善企业组织管理体系，提高企业决策者的决策能力、组织协调和创新能力。第四，强化以人为本意识，搞好人才的培养、引进和使用，全面提高职工队伍的素质，依靠广大职工群众的积极性、主动性和创造精神，培育核心竞争力。

（四）求同存异，搞好跨文化管理

在信息传播全球化的历史潮流中，各种不同的文化也会迅速在全球传播。中国企业实施经营国际化战略，必将面临越来越多的陌生文化环境，既可能带来许多文化摩擦，又可能带来许多精神财富。在我国企业的经营国际化管理中，应该遵循"求同存异"和"洋为中用"的原则，搞好跨文化管理。

文化作为人类知识、信仰、伦理、法律、风俗习惯等的总和，对企业国际化的影响是全方位、全系统、全过程的。然而，不同国家（地区）的人有着不同的文化，从而存在着形形色色的文化差异。对我国企业影响最深、最广的是现代市场经济的管理文化，主要指西方发达国家的企业文化。西方企业文化与中方企业文化有着明显的差异，因而双方的企业管理也有显著的差别。比如，由于崇尚自我，强调独立意识，因而西方的企业决策主体偏重于个人，即依靠企业主要负责人进行决策；中国文化中的"群体至上"和重视"人和"的意识使企业决策强调，先征求大家意见求得共识再做出决策。西方文化的激进性使企业管理突出表现为鼓励创新、勇于拼搏、惯于竞争；中国传统文化的知足常乐、随遇而安、见好就收的价值观，使许多企业员工中存有求稳怕乱、不思变革、听天由命、因循守旧、墨守成规等思想和行为。

我国企业实施跨文化管理，应取众家之长，搞好各种文化的协调配合，为自己企业的经营国际化服务。具体做法可以是：第一，识别和区分不同文化，分析各种文化的异同。第二，对员工特别是骨干队伍进行敏感性训练，加强员工对不同文化环境的反应和适应能力，促进不同文化背景的人之间的沟通和理解。第三，取众家文化之精华，根据环境的要求和企业整体战略的需要，建立以共同经营观为核心的企业文化，使每个员工都把自己的思想与行为同公司的宗旨和经营目标融为一体，使子公司与母公司的关系更为密切；既能在国际市场上建立起良好的声誉和光辉形象，又能获得较高的经济效益。

（五）全面创新，提高企业的整体素质

信息技术革命和信息传播全球化的发展，使人类知识的总量迅速翻番。据有关部门估算，人类知识翻一番，在50年前大约需要50年，2000年前后只需3年，到2020年只需两个月左右。一个人、一个企业如果不能坚持不懈地创新，不能及时更新自己的知识，就会落后，就可能被时代淘汰。同时，信息传播全球化和经营国际化的发展，使国际市场变化的频率日益增大，可谓瞬息万变。要适应国际市场瞬息万变的要求，也必须不断创新。创新，是企业的生命，它推动企业的发展，决定企业的命运。企业竞争力来源于坚持不断地创新。谁的创新能力强、速度快、水平高，谁就能把握竞争的主动权。

从总体上看，我国企业特别是国有大中型企业的创新意识不够强，创新措施不力，创新成效不明显。这是国有大中型企业信息化进程慢，国际竞争力不高的重要原因。因此，必须采取有效措施，树立全面创新观念，建立和完善全面创新体系，提高企业的整体素质。观念创新是企业创新的先导，必须首先抓好，不断更新思想观念；制度创新是企业创新的基础，必须适应信息传播全球化和经营国际化的要求，通过创新建立现代企业制度；管理创新是企业创新的灵魂，必须通过组织管理创新实行科学的全面管理；技术创新是企业创新的动力，必须建立合理机制，促进技术创新，不断提高技术进步对企业发展的贡献率；产品创新是企业创新的载体，必须不断开发新产品，依靠"名牌打天下"；市场创新是企业创新的归宿，必须确立自身的创新模式，实现从适应市场到创造市场的转变。在利用信息传播全球化促企业经营国际化的系统工程中，企业是创新的主体，信息化是创新的基础，每个大中型企业都应建立自己的创新体系，做到机构到位、人员到位、经费到位，企业研究开发经费占销售额的比例逐步提高到4%以上。

（六）建立健全利用信息传播全球化促企业经营国际化发展的保证机制

利用信息传播全球化促进企业经营国际化发展，内涵丰富，涉及面广，情况复杂，只有建立健全科学的保证机制，才能取得可喜的成效。遵循客观规律，从我国实际出发，宜主要从以下几方面努力。

第一，各级政府负责人直接领导，建立利用信息传播全球化促进企业经营国际化的权威性领导机构和科学的决策机制，充分发挥经委、计委、信息产业、外经贸等职能部门和有关研究院（所）的作用，进行民主决策，科学决策。

第二，必要的资金是利用信息传播全球化促进企业经营国际化的基础。但是，刚刚迈入 21 世纪，我国经济进入高速增长期，百业待兴，需要巨额资金。资金短缺是我国利用信息传播全球化促企业经营国际化发展面临的最大难题，必须建立健全资金筹措机制，多层次、多渠道、多方式筹措资金，不断增加资金投入。

第三，法律法规和政策体系是利用信息传播全球化促进企业经营国际化发展的重要保证因素。我国已经建立了一些有关"信息技术及信息产业"发展的法规和政策、"企业经营国际化发展"的法规和政策，但是利用信息传播全球化促进企业经营国际化发展的法规和政策还很少很少。今后，应按照"注重配套，急用先立，体现特色"的原则，建立健全法规和政策体系，保证信息传播全球化有效地促进企业经营国际化发展。

第四，根据实施经营国际化战略的需要，建立健全信息技术的研究、开发、引进、应用、推广、消化、吸收、创新相互结合的科研机制，建立健全信息技术科研机构和经营国际化企业的联系机制，促进科研成果向现实生产力的转化，提高经济效益和科技进步的贡献率。

四　战略的实施

制定战略和规划，仅仅是利用信息传播全球化促企业经营国际化发展的开始，要把制定的战略和规划变为人们的行动，纸上的蓝图变为现实的物质，必须组织好实施，调动一切积极因素，共同努力，实现战略目标。

（一）遵循规律，分步实施

从长远看，利用信息传播全球化促企业经营国际化发展的战略，宜遵循客观规律和邓小平关于国民经济发展三步走的战略思想，将阶段的时间跨度同三步走战略、《国民经济和社会发展"九五"计划和 2010 年远景目标纲要》的阶段相协调起来进行划分。

第一阶段，2001 年之前，制定战略和起步。这一阶段的主要任务是：制定发展战略、总体规划和分阶段的计划，研究确定信息化、企业信息化及企业经营国际化的指标体系、衡量标准及测评方法，学习研究世界上利用信息传播全球化促企业经营国际化的典型模式、成功经验及其启示。实施的目标是：国民经济和社会信息化有一定进展，信息产业初具规模；重点企业的信息化建设取得一定成绩，经营国际化有较大发展，多数大中型企业开始利用信息传播全球化促经营国际化；多数企业的领导和骨干员工初步树立信息化观念、国际竞争观念、经营国际化观念、可持续发展观念等。

第二阶段，2001 年至 2010 年，信息化全面建设和企业经营国际化全面发展。这一时期的任务和目标是：初步建立覆盖全国、先进高效的信息基础设施，建立门类齐全的计算机应用系统、信息库及支持其运行的、能满足各种速率要求的平台；信息产业成为国民经济的支柱产业和出口主导产业，信息产业占 GDP 的比重不断提高，接近或达到 30%；企业信息化初具规模，大中型企业能灵活运用计算机网络进行管理，基本实现组织结构信息化、生产要素信息化、生产过程信息化、流通过程信息化、贸易手段信息化；利用信息传播全球化促企业经营国际化的机制基本健全，信息技术对企业经营国际化发展的贡献率超过 50%，经营国际化全面蓬勃发展。

第三阶段，2011 年至 2050 年，长远战略目标基本实现。到 2050 年，国民经济和社会全面实现信息化，全国企业的信息化和经营国际化平均水平达到世界中等发达国家的水平。

以上三个阶段的划分及主要任务和目标的确定，是就全国一般情况而言的。各地区各部门的企业应从自己的实际出发，制定不同的发展战略。

（二）近期的工作重点

近期，即国民经济和社会发展第十个五年计划期间，宜根据第一阶段和第二阶段初期的任务和目标，重点抓好以下几个方面。

第一，加快国民经济和社会信息化。认真贯彻落实党的十五届五中全会通过的《中共中央关于制定国民经济和社会发展第十个五年计划的建议》和全国人大九届四次全会通过的《中华人民共和国国民经济和社会发展第十个五年计划纲要》，把推进国民经济和社会信息化放在优先位置。加强现代信息基础设施建设，加速发展信息产业。重点支持建设高速宽带信息网络、关键集成电路、新型运载火箭等重大高技术工程，形成我国信息技术产业的群体优势和局部优势。在企业技术开发和生产营销、社会公共服务、政府行政管理等方面广泛应用数字化、网络化技术，把工业化和信息化更好地结合起来，从而为利用信息传播全球化促企业经营国际化创造良好的社会环境和稳固的物质技术基础。

第二，加强和改善宏观调控。正确发挥政府的经济职能，综合运用计划、财政、金融等手段，发挥价格、税收、利率、汇率等杠杆作用，引导信息传播全球化促进企业经营国际化，保证战略的顺利实施。组织结构合理、精干有力的宏观调控队伍，跟踪企业的运行，及时、准确地获取各方面变化的信息，发现问题及时解决，出现偏差及时纠正，保证战略的实施沿着正确的轨道前进。不直接干预企业的具体经营活动，不直接规定每个企业的短期行为，主要运用经济机制调节经济利益关系，使企业从对自身物质利益的关心上不断调整自己的行为，自觉服从政府的宏观调控。及时进行测评和检查总结，发现先进典型就认真抓好并给予合理的奖励，总结其成功经验，广泛宣传推广，带动面上企业为战略的全面实施而努力奋斗。

第三，充分发挥企业的主体作用。企业是利用信息传播全球化促经营国际化的主体。但在战略实施的实践中，许多企业的主体作用没有得到充分发挥。原因是多方面的，其根本原因是改革不彻底，政府与企业的关系处理不好，既存在政府干预过多企业主体作用难以发挥的问题，又存在企业过分依赖政府不想充分发挥主体作用的问题。因此，必须进一步深化改革。继续转变政府职能，把企业应有的权力真正归还给企业，实现彻底的政企分开。进一步深化国有企业改革，建立现代企业制度，健全企业法人治理结构，使企业成为市场竞争的主体。对境外企业进行调整、重组和改革，彻底解决布局分散、规模小、水平低、体制不合理、管理不善、效益低下等问题。设立企业信息主管，建立高素质的信息化队伍，充分挖掘人力资源的信息潜能，不断提高信息资源开发利用的深度和广度，积极为利用信息传播全球化促企业经营国际化创造有利的环境和条件。

第四，全员上阵，联合攻关。利用信息传播全球化促企业经营国际化是一种探索性的艰苦工作，也是一个系统工程，不能仅仅依靠少数人孤立进行。应该领导带头，全员上阵，合作攻关。企业主要负责人的领导和直接参与是战略顺利实施的关键。因此，利用信息传播全球化促企业经营国际化，必须第一把手挂帅，领导带头，亲自抓并参与战略实施。利用信息传播全球化促企业经营国际化，直接关系到企业的命运和全体员工的切身利益，必须放手发动群众，组织全体员工参加，依靠群体力量保证战略的顺利实施。遇到技术难关，应实行企业主管部门和研究开发机构相结合、研究开发人员和技术工人相结合，建立研究开发合作系统，联合攻关。必要时，还应争取政府、科研院（所）、大学、兄弟企业等有关方面的支持，内外结合，共同攻关。

　　第五，围绕战略实施的需要搞好配套改革。利用信息传播全球化促企业经营国际化发展的战略，是体现国家国民经济宏观调控和微观运行的综合体，是党和国家发展信息化和国际化方针的政策的具体化，涉及上下左右、方方面面。因此，必须以党的十五届五中全会精神和《中华人民共和国国民经济和社会发展第十个五年计划纲要》为指导，围绕战略实施的需要，在体制、制度、机制、法制等方面，继续深化财税、金融、科技、投资体制改革，为战略的实施创造全社会共同关心、相互支持、齐抓共管的良好氛围。

第十四章　中国的企业信息化战略

信息化，是信息时代企业经营国际化的命脉。按照"政府调控与企业为主"战略模式，利用信息传播全球化促企业经营国际化，就必须发展企业信息化。我国企业的信息化，自 20 世纪 70 年代起步，取得了显著成绩，涌现出了一批先进典型。但是，与先进国家相比，还有较大差距，面临着许多必须解决而又很难解决的问题。我们应该学习借鉴国外成功经验，从我国国情出发，制定和实施科学的企业信息化发展战略，创建既符合国际通行规则，又具有中国特色的企业信息化模式。所有企业都应从自身实际出发，采取积极可行的对策；国家政府应遵循客观规律，围绕为企业服务这个核心，制定和执行科学合理的宏观政策法规体系；上下左右、方方面面齐努力，共同促进企业信息化的健康发展。

一　现状分析

企业信息化是一个巨大的、复杂的社会系统工程，它涉及经济社会生活的各方面和社会再生产的全过程。一个国家的经济发展水平、信息基础设施建设水平、社会信息化及信息产业化程度等都会制约或推动企业信息化的发展。改革开放以来，我国经济以年均 8% 以上的速度发展，经济实力不断提高。随着经济实力的提高，我国逐步引进和研究开发信息技术并促使其产业化，进行以信息高速公路建设为重点的信息基础设施建设，发展信息服务业，取得了显著成绩。所有这些都为企业信息化发展提供了良好的物质基础。我国的企业信息化，自 20 世纪 70 年代起步，经过 20 多年的发展，已经全面展开，发展势头迅猛。

（一）发展历程

企业信息化是一个过程。这个过程，大体可分起步、全面发展和目标实现三个阶段。每个阶段，又可细分为许多小阶段。回顾我国企业信息化发展历程，已经走过了三个小阶段，从而基本结束起步阶段，进入全面发展阶段。与发展的不同小阶段相适应，分别尝试过几种有代表性的信息化模式。

1. 20世纪七八十年代中期，功能单一的"孤岛式"模式

从20世纪70年代中期起，我国便开始构建简单的、独立的企业MIS子系统应用，以及计算机辅助设计（CAD）和计算机辅助制造（CAM）。当时主要以单机操作为主，采用"孤岛"式或大型机/哑终端的结构进行单项业务的数据处理和辅助管理。

这种模式功能单一，对信息技术的应用比较简单，企业信息化的程度不高，按职能分部门的独立应用，对企业的整体产出的贡献较小。但当时在降低劳动强度，提高业务的准确度上仍取得了良好的社会效益和经济效益。

2. 20世纪八九十年代中期，面向企业的局域网络模式

从20世纪80年代中期开始，企业对企业内部业务数据共享、协同工作产生了需求，也更加重视企业业务流程的优化。我国企业开始采用局域网络连接企业各职能部门，发展功能更强大的企业MIS和办公自动化系统（OA）；生产制造行业在网络化的同时又采用面向企业过程的软件技术，实施制造资源系统（MPR/MRPⅡ）。这些均代表了一种面向企业过程的局域网络信息化模式。

该模式综合地利用了各种信息技术，用网络连接企业各部门，采用客户/服务器（C/S）结构管理公共软件和信息，采用分布式数据库以求得更多的信息数据共享，采用面向企业过程的软件技术以实现企业设计、生产、服务过程的自动化和信息化。例如MRPⅡ系统，用内部网络连接了库房、生产车间、计划部门和销售部门，采用面向过程的资源组织原则，以物料为核心形成了一个闭环生产管理系统，从而提高了生产计划、库存管理、制造控制和产品销售等企业业务过程的均衡性和可靠性。

面向企业过程的局域网络模式提高了企业的办公自动化和事务处理自

动化的程度，极大促进了经济效益和企业竞争力的增长。但这种模式仅限于企业内部物流、资金流和信息流的管理，对外部信息不够重视，缺乏灵活性，因而到了 20 世纪 90 年代，已难以适应企业发展战略的需要。

3. 20 世纪 90 年代后期，开放式集成化的广域网络模式

20 世纪 90 年代中后期，随着全球经济一体化和 Internet 应用迅速普及，新的信息技术和管理模式被应用于我国企业信息化建设之中，信息化进入一个飞速发展的时期。这段时期，企业发展了企业外部网（Extranet）、企业资源计划（ERP）和计算机集成制造/管理系统（CIMS）等多种形式的信息化，它们代表了一种开放式集成化的广域网络信息化模式。

选择开放性的系统结构是企业信息化的总趋势。开放式系统包括计算机硬件的开放性（如系统 I/O 总线、外设接口和网络通信接口都应采用国际标准或公认的工业标准）、软件开发环境的开放性（如符合工业标准的操作系统、标准的网络通信协议等），以及管理系统结构的开放性。开放式系统在一定程度上消除了信息交换类型的差异，使企业成为一个交流密切的整体。

而集成化则表现在该模式不仅是现代信息技术的集成，还表现在结合了新的经济形势下的管理思想。ERP 系统在传统的 MRP II 基础上引入了联机分析处理（OLAP）、电子商务、工作流等新的信息技术，同时吸收了供应链、适时生产（JID）和全面质量管理（TQC）等先进管理思想。CIMS 集成了 CAD、CAM、柔性制造（FMS）等生产层的信息技术；同时又结合了管理层的 MIS、OA 以及经营决策层的决策支持系统（DSS）等各个环节的信息技术和管理方法，促进了企业经济增长方式从粗放型向集约型转变。

开放式集成化的广域网络信息化模式，把企业自身、分销网络、客户、供应商的活动组成一个紧密联系的供应链，并通过广域信息网络促使供应链上的各个环节协同与平衡。因此，该模式在物流、资金流、人力资源流和业务流上能较好地实现企业整体优化运行，提高企业的竞争力。但随着全球信息经济的到来，这种信息化模式开始显现出自身的缺陷和不足。以结构、技术以及管理思想都较先进的 ERP 为例，自动优化企业流程有其局限性，企业各个环节必须按软件原有的固定模式运作，不利于企业灵活地实现企业重组。CIMS、ERP 的管理思想和模式基本上基于企业

业务的固定顺序逻辑进行线性管理，不能对无法预料的事件和变化作出快速的反映。并且，对于中小企业和特殊行业，该模式的应用效果不佳。因此，在新的经济条件下，企业信息化呼唤着新的企业信息化模式。

4. 2000 年之后，新型企业信息化模式

由国家经贸委、信息产业部、科技部主办的企业信息化推进大会于 2000 年 1 月 26 日在京举行，标志着新型企业信息化工程正式启动。企业信息化工程的指导方针是：加强政府引导，聚集市场资源，应用信息技术，提高管理水平，增强竞争力。企业信息化工程的目标是：增强企业对信息化重要性和紧迫性的认识，促进经营管理现代化，开发利用信息资源，加快产品升级换代，普及网络应用，推进电子商务发展，提高信息化整体水平。企业信息化工程的近期目标是：国家重点企业在网络建设、企业上网、资源管理、电子商务方面的信息化建设取得明显进展。建立以国家重点企业为核心的企业电子商务平台，探索以物资采购、产品营销、技术交易、人才培训为起点的电子商务。按照"管理年"的要求，通过国家重点企业的示范，带动全国企业加快信息化建设步伐。全国有 520 家企业被确定为国家企业信息化重点企业。

企业信息化工程的正式启动，标志着我国企业信息化建设已经全面展开，进入新阶段。新阶段，必然产生新的企业信息化模式。新的企业信息化模式可能有不同的类型，但都应是在现有模式的基础上，采用最先进的管理思想、模式、方法和信息技术进行改造、完善和创新的结晶，既具有实用性，又具有超前性。

（二）主要特点

分析我国企业信息化发展的现状，不难看出主要有八大特点。

1. 基本认识普遍提高，重视程度相差较大

对企业信息化的认识表现在两个方面，一是对信息内容的重要性的认识；二是对信息技术的重要性的认识。随着"两个转变"的深化，企业深切体会到了信息内容和信息技术的重要性，对信息化可以促进企业竞争力的增强也基本达成共识。总体上看，认识在不断提高，但在实际操作上的重视程度各个企业却相差很大。除客观原因外，认识上的不足是问题的关键所在。

2. 基础应用的普及面较宽，重大信息工程建设相对滞后

我们的调查表明，目前我国各种规模企业绝大部分都用上了微机，利用计算机技术进行信息处理和辅助管理。许多大中型企业拥有相当多的信息技术设备，也培养和储备了一些自己的信息化人才。但重大信息工程建设如管理信息系统（MIS）、制造资源计划系统（MRPⅡ）、企业资源计划系统（ERP）、计算机集成制造系统（CIMS）等普及率低、水平也相对落后，有些企业应用效果不好。

3. 新成长企业信息化建设起点高，老企业信息化基础相对薄弱

改革开放后新成长起来的企业由于技术装备智能化水平高、市场观念和现代管理意识强，其信息化建设基础较好，很多企业在创建时就把信息化建设考虑在内。这些企业无论在信息化水平，还是在信息化应用效果方面，都比传统老企业具有明显优势。传统老企业，特别是国有大中型工业企业，设备陈旧，更新能力差，很难拿出足额资金进行信息化建设，因而信息化基础相对薄弱。

4. 企业对信息化的需求相差太大

效益好的企业、外向型企业、具有国际市场开拓能力的大中型企业信息化需求较为强烈，效益不好、竞争领域相对狭窄以及小型企业信息化的需求相对不旺。企业竞争环境越复杂、竞争压力越大，越要求企业信息化达到较高水平，但企业经济效益的好坏往往决定了企业在信息化建设方面的投入保证程度及其实施效果。

5. 信息化水平的普及程度因行业、地区经济发展水平不同而存在差异

总的来看，技术含量高的行业和经济发展水平及市场化程度高的地区、企业管理水平高的企业，信息化水平和普及程度相对较高；技术含量低的行业和经济发展水平及市场化程度低的地区、企业管理落后的企业，信息化水平和普及程度相对较低。

6. 重大信息工程建设的模式各异

目前，我国大中型企业的大型信息化工程建设中，MIS、MRPⅡ、CIMS、Intranet/Extranet（企业内联网/企业外联网）等在我国不同类型企业中均有实施；从开发和利用的手段看，自主开发、联合开发、委托开发、全套引进等多种形式并存。

7. 信息化成效相差较大

由于存在认识水平、重视程度、管理基础、经济效益等方面差别，各种不同类型企业信息化建设尤其是大型信息化工程建设的成效存在很大区别，既有成功经验，也有失败教训。

8. 信息化发展势头良好

企业竞争环境的变化促使企业向信息化寻求出路，信息技术的成熟及成本的下降也使企业提高信息化水平的积极性进一步提高。我们的调查说明，许多大中型企业在制定中长期发展规划时都把信息化建设作为今后几年需要抓好的重点任务。与此同时，网络化的热潮为中小企业利用信息迅速崛起，创造了极为有利的条件，其信息化建设的热情与大中型企业相比并不逊色。

（三）先进典型选粹

我国企业在推行信息化的过程中，涌现出了联想、海尔、海信、浪潮、康佳、创维、中兴通讯等一批先进典型，创造了辉煌的业绩，积累了许多成功的经验。我们研究分析了这些先进典型的资料，受益匪浅。下面把《国际商报》2000 年 10 月 10 日第 7 版刊登的《海尔奠定"e 家庭"基础》（作者，何湘）一文全文转录如下，供研究阅读。

近日，海尔在与微软展开全面技术合作的签约仪式上发布了"e 家庭"战略。通过与海尔计算机事业部部长马国军的详谈，记者了解到"e 家庭"可以说是海尔确立的家电信息化发展的目标——网络时代的数字生活模式。马国军这样解释"e 家庭"："信息将无所不在"。无论何时、何地、何种设备，都可以通过网络进行信息控制和操作，电脑、电视、空调、冰箱、手机、洗衣机等，都将成为网络终端，随时随地你都能感受到"e 家庭"带来的方便和舒适。

提高源于变革

"e 家庭"的提出再次反映出了海尔今后产品的开发方向：" '信息产品家电化'和'家电产品信息化'将是大势所趋，未来的家电产品将越来越趋网络化、智能化和个性化，成为信息终端，提供网络服务，适应个人生活方式的需求。"

新经济带来了无限商机，给企业的发展带来非常大的空间，它同时将机遇和挑战摆在了每个人的面前，"e家庭"就是一个机遇和挑战。面对这样一个机遇和挑战，海尔会如何应对呢？马国军是这样看的："新经济就像是高速公路，新经济给传统的企业带来的不仅是机遇而且是更大的挑战，如果传统的企业在原来的组织体系上能够适应这种发展，在管理上能够适应这种发展，在产品的创新上、技术的创新上能够适应这种发展，那么就像赛车在高速公路上会跑得更快；但如果原来的企业在这些方面没有准备，特别是本身的管理就不成熟的话，就会像拖拉机一样，没有资格上高速公路，即使上了高速公路也要被远远地抛在后头。"

海尔不打无准备之仗，为了牢牢把握住新经济带来的机遇，推动"家电信息化"和"信息家电化"的进程，实现"e家庭"的构想，海尔提出了"三化"的战略，即在结构上实现网络化，业务上形成流程化，竞争上面向全球化。

首先在结构的网络化方面，海尔所做的工作是整合资源，搭建电子商务平台，不仅是对外的B2B、B2C商务平台，而且是在企业内部从物流、商流、资金流整个系统都在进行电子商务平台的搭建，商务平台的搭建则围绕"一名两网"的原则进行。"一名"是指要树立一个国际化的知名品牌。海尔相信在网络时代，竞争将更加直接，一个人们熟悉信任的名牌依然是成功的必要因素。

"两网"是指配送网络和支付网络的建立。海尔对自己的配送网络极有信心："马车能够通过的地方，就有海尔的物流网络。"同时，海尔和两大银行合作的支付网络已经可以覆盖各级城市和广大的农村地区，其中二级城市以上已经可以实施网上交易。

为了形成业务的流程化，海尔对业务的整个组织流程进行了再造，变职能组织式结构为流程化市场链的结构，所有的部门都面向市场、用户，减少了中间环节，加快了反应速度。

最后，在竞争全球化方面，海尔不仅是把市场打到国际上，在海外建厂，海外融资，而且要整合全球的市场资源。新经济时代，是全球化分工与合作的时代，自己拥有资源固然重要，但更重要的是要有能力组织到更多的资源来尽快满足用户的需求。马国军说，竞争全球化就是要"一头抓用户的需要，一头抓市场潜在的资源，用创新的手段来满足用户的需求，同时必须要有自己核心的竞争力、核心的创造力，这包括市场机制的创造、技术的创造、产品的创造以及组织体系的创新等"。

不变的只有发展

在问及海尔"e家庭"的进展情况时，马国军多了几分自豪："海尔在家电信息化方面实现了'一网打尽，八网相连'，有17类产品可以连入网络，而且和配送网、支付网、科技网、信息网等八个网连接。今年推出的一款网络彩电，上市后一直供不应求，当我们的竞争对手在彩电业纷纷打价格战跳水的时候，我们在技术上进行了调高。海尔Web手机也已经完成了开发工作。海尔推出的智能电脑，可以预设一些自动的功能来帮助你完成你需要完成的事，在信息产品的家电化方面又迈进了一步。海尔在家电信息化以及信息家电化方面取得的成果，初步实现了'e家庭'所设想的一些内容。"

海尔电脑是海尔进军IT业的第一款产品，也是"e家庭"的重要组成部分。以完善服务著称的海尔又把服务向前推进了一层，开始实施"210工程"。2是双向沟通；1是统一服务；0是要达到与用户之间的沟通达到零距离的目标。"统一服务是海尔区别于其他企业的特色，海尔电脑所有的服务都是由海尔来做，在由中国工业经济联合会和中国调查统计事务所联合举办的'1999—2000年中国名牌产品竞争力'调查中，海尔电脑获得了'服务满意度'和'2000年购物首选品牌'两项第一。海尔电脑今年的市场效果也非常好，从一月份开始，每个月环比增长都在30%以上。"

"发展不能靠打价格战，而是打价值战，要增强核心竞争力，开发核心技术。"谈到今后的发展策略，马国军很自然地引用了张瑞敏的理论。为确保"e家庭"以及海尔冲击世界500强企业的顺利实现，海尔除了成立北京海尔集团电路设计有限公司，在集成电路核心技术上进行研究外，还成立了海尔软件有限公司，海尔深圳信息有限公司，海尔科技开发有限公司，要在信息家电、PC、无线通讯、软件开发等领域深入发展；另外，海尔还将和更多的像微软这样的国际知名企业进行技术市场方面的深入合作，共同创造新的契机，创造超出用户期望值的满足，要实现用户、海尔以及海尔的合作伙伴三赢。

（四）面临的主要问题

虽然我国企业信息化建设取得了可喜的成绩，但与世界先进水平比，在整体上还处于落后状态，与我国经济快速发展的需要也很不适应。我国现有的 16000 家左右大中型企业，只有 10% 左右初步建设起了信息化网络的框架；约有 70% 的企业拥有一定的信息手段，并着手信息化建设；约 28% 左右的企业只有少量计算机，并仅仅使用于财务、打字等方面操作。目前，工商注册登记的约 1000 万家中小企业，大约只有 5% 左右有一定的现代信息手段，其他绝大多数企业在信息化方面基本上还处于空白。而美国企业在 20 世纪 90 年代基本上完成了信息化，欧盟和日本企业也将在 21 世纪初全部完成信息化。我国的企业与其形成很大反差，而且与韩国、新加坡等新兴工业国家甚至印度等发展中国家也有显著差距。所以，我们必须正视差距，找准问题，采取有效措施，大力推进我国企业的信息化建设。

我国发展企业信息化面临的主要问题有以下 5 个。

1. 资金短缺，投入不足

进入 21 世纪后，我国百业待兴，需要巨额资金，国家财政收入有限，很难满足各行各业的需要。发展企业信息化所涉及的方方面面都需要注入大量资金，大多数企业资金缺乏、筹集资金难度大，而国家短期内也难以抽出足额资金，资金短缺，投入不足是企业信息化面临的最大难题。

2. 技术相对落后

信息技术革命产生于美国。我国研究开发信息技术起步晚、发展慢。支撑信息化所需的关键技术及设备存在很大缺口，从国外引进所需外汇额巨大；信息产业发展滞后，产品档次、质量不高，技术设备国产化程度偏低，企业信息化成本高，许多企业难以承受。由于技术相对滞后，企业收集、储存、筛选、加工、传输信息的手段，有许多方面还较落后，不适应需要。

3. 管理体制不顺

经过多年改革，我国管理体制有了较大改善，但许多方面仍不适应经济国际化和信息传播全球化的需要。特别是部门之间、地区之间、企业之间，相互分割、自成体系，信息化建设存在较严重的分散、浪费、重复建设和效率低下的问题，企业要想及时获取全面、准确的国内外信息很难。

4. 信息政策与法规支持系统很不完善

我国政府虽然比较重视信息政策与法规的制定，但进展缓慢，有关企业信息化的政策法规还很少，很不健全，很不完善。现有的政策法规多属宏观性的和定性目标的阐述，具体针对企业信息化的不多，且存在有法不依、执法不严的问题，很不利于企业信息化的正常健康发展。

5. 人才缺乏

信息市场的竞争，归根到底是信息化人才的竞争。现在，西方世界已展开争夺信息化人才的大战。我国企业的信息化人才严重短缺，很难进行创造性工作，很不适应企业信息化发展的要求。同时，由于教育体制的某些缺陷，全国还没有一所"信息工程大学"，多数大学没有信息专业甚至没开信息专业课；成人教育特别是在职教育对信息化教育重视不够……还没形成学习发展企业信息化的文化氛围。

二 战略的总体构想

肯定成绩，正视差距，找准问题，加快企业信息化进程，必须高度重视对企业信息化发展战略的研究。国民经济信息化是企业信息化的主导和保障，企业信息化则是国民经济信息化的基础。党中央和国务院1993年就提出了加快国民经济信息化进程的战略任务，作为基础的企业信息化也日益受到重视。2000年10月11日，党的十五届五中全会通过的《中共中央关于制定国民经济和社会发展第十个五年计划的建议》在专门论述"加快国民经济和社会信息化"同时，号召"企业生产经营要运用数字化、网络技术，加快信息化步伐。面向消息者，提供多方位的信息产品和网络服务"。[①] 我们应该认真贯彻落实党的十五届五中全会精神，尽快研

---

① 《人民日报》2000年10月12日第1版。

究制定企业信息化发展战略，指导企业信息化的跨越式发展。我国企业众多，千差万别，不同企业应制定和实施不同的信息化战略。但是，只要是企业信息化战略，就具有企业信息化战略的一般特性即共性。本书无力也没有必要分门别类的研究各种具体企业的信息化战略，仅仅从一般意义（即一般特征）上研究分析我国企业信息化发展战略的总体构想。

我国企业信息化发展战略的总体框架可以是：以邓小平建设有中国特色的社会主义理论为指导，全面贯彻落实党中央和国务院关于信息化建设的重要指示，遵循正确的原则，学习借鉴国外成功经验，从我国国情出发，分步骤有重点地推进，创建既符合国际通行规则、又具有中国特色的企业信息化模式。21 世纪前 10 年，应顺应世界信息技术和信息传播全球化的发展潮流，努力学习，提高认识，更新观念，搞好信息基础设施建设，提高企业信息化的整体水平和经济效益。所有企业，都应从自身实际出发，采取积极有效的对策；各级政府，应遵循客观规律，制定和执行科学而完善、统一而灵活的宏观政策法规体系；上下左右、方方面面齐努力，共同促进企业信息化建设的健康发展。

（一）战略思想和战略目标

坚持以邓小平建设有中国特色的社会主义理论为指导，全面贯彻党中央和国务院关于信息化建设的重要指示，针对不同地区、不同行业的不同企业分别采用适当的信息化模式，通过国家重点企业的示范和带动，加快企业信息化外部支持系统和内部信息化建设，创建既符合国际通行规则、又具有中国特色的企业信息化体系。搞好信息设备与网络建设，努力开发利用信息资源，向消费者提供多方位的信息产品和信息技术服务，充分挖掘和调动人力信息潜能，建立完善的信息服务体系、健全的信息政策法规体系、科学合理的信息制度与标准，保证企业信息化建设高速、有序、高效地发展，为国民经济和社会的全面信息化奠定基础。21 世纪前 10 年，应顺应世界信息技术和信息传播全球化的发展潮流，努力学习，提高企业对信息化重要性和紧迫性的认识，搞好现代信息基础设施建设，促进全面创新和经营管理现代化，调动各方面的积极性，开发利用信息资源，加快产品升级换代，满足市场对各类信息产品和服务的需求，普及信息网络应用，推进电子商务的发展，提高企业信息化的整体水平和经济效益。

这一战略思想和战略目标可以分解为以下五项具体内容：（1）认真学习党中央和国务院关于信息化的指示，学习国外企业信息化的成功经验，研究分析世界信息技术和信息传播全球化的发展趋势，对照先进找差距，增强企业对信息化重要性和紧迫性的认识。（2）搞好现代信息基础设施建设。现代信息基础设施建设，是企业信息化的物质基础，必须搞好。当务之急，是提高企业邮政、电话、传真机、计算机、多媒体、电子信箱、网络和 Internet 等典型信息设备的综合装备率，提高信息化装备和系统集成能力。（3）促进全面创新和经营管理现代化。创新是企业信息化的生命，经营管理是企业信息化的灵魂。没有创新和经营管理现代化，就没有企业信息化。因此，必须深入开展观念、体制、制度、机制、管理、技术、产品、营销、市场等各方面的全面创新，深入开展人事、劳动、财务、资金、质量等制度的改革，促进经营管理现代化。（4）充分挖掘和调动人力信息潜能，合理开发和利用信息资源。信息资源是企业发展的战略性资源，它的合理开发利用是企业信息化的重要任务，是企业信息化取得成功的关键，必须搞好。信息人力是企业信息化的成功之本，只有充分挖掘和调动人力信息潜能，企业信息化才能有效运作。人力信息潜能的发挥以员工的知识为基础，所以必须建立终身学习制度，不断提高企业员工素质。（5）提高企业经济效益。从总体上看，我国企业特别是国有大中企业经济效益差，竞争力低。而信息技术具有附加值高、成本低的特点。我们应通过企业信息化，加快产品升级换代，降低成本费用，扩大市场占有率，提高企业经济效益和竞争力。

（二）遵循的基本原则

我国制定和实施企业信息化发展战略，除了确定科学的战略思想和战略目标外，还应遵循正确的原则，最基本的是以下 5 项。

1. 科学规划，小步快跑

科学规划、小步快跑是企业信息化积极稳妥发展的一项基本原则。科学规划，是指要从企业的全局和长远利益出发，从企业业务活动发展的实际需要出发，从企业物力、人力、财力、技术力量的可能性出发，考虑国家、地区、行业等企业信息化外部支持系统的发展水平，制定适应企业信息化发展的具有战略性、开拓性和前瞻性的规划。例如，对于已经达到规模效益的大企业，宜从全球的角度出发，制定一个适应在全球范围内进行产品设计与开发、创造、采购、销售及后勤服务，能够更有效地在全球范围内开展经营国际化，以国际网为基础的企业内外信息一体化的企业信息化规划。"小步快跑"则是从企业业务活动的急迫需要出发，分清应用项目的轻重缓急、优先程序，分步实施，采购一批、储备一批、研制一批、连续递进，以逐渐形成完整先进的企业信息化体系。从企业信息技术的应用来看，企业信息化是由电脑的单机应用发展到计算机信息系统，再发展到远程互联网络等。每个企业可以根据自己的实际情况，有选择、有计划地建立自己的信息化体系。

2. 从实际出发，突出重点

从实际出发是制定和实施企业信息化战略的一项基本原则。从实际出发，主要是指：企业信息化项目目标要与企业生产经营目标相一致，与企业解决实际问题密切结合。企业信息化建设必须与企业的效益挂钩，必须与企业的生产实际需求密切结合，最好能通过信息化建设帮助解决企业当前存在的问题和困难。需求是信息化建设发展的动力，离开了实际需求，信息化建设就无从谈起。若能解决当前困难，对计算机、网络等信息技术存在疑虑的人自然心服口服。

研究制定和实施企业信息化发展战略，全面推进信息化建设不等于让各方面齐头并进，也不是平均使用力量。从实际出发，抓住信息化建设的主要矛盾，找出影响全局的薄弱环节，恰如其分地突出重点，同时兼顾一般，也是进行信息化建设必须遵循的重要原则。重点项目、重点环节建设的成败，关系到全体员工的根本利益，关系到信息化建设的前途。因此，在制定和实施企业信息化发展战略时，必须分清轻重缓急，区别主要和次要、重点和一般，在人力、物力、财力的分配和使用上，首先保证重点企业、重点部门、重点项目的需要。不保证重点，就无法保证企业信息化建设的顺利进行。但是，在保证重点的同时，必须兼顾一般。企业信息化是一个有机整体，任何一个项目都不可能离开其他项目的配合而孤立发展。所以，重点和一般是相互依存、相互促进的，丢掉一般，重点就无法保证，最终将影响整个信息化的建设。因此，必须保证重点，兼顾一般。

3. 积极开拓，以人为本

随着信息技术的不断发展，企业信息化将面临日益复杂的技术应用格局，不仅包括计算机的硬件和软件，而且还包括区域网到广域网在内的数据通信技术，如何判断与评估这些技术，以寻求企业实现信息化的最佳方案，组织建设整个信息化系统，都成为相当复杂的专业化课题。企业独立进行这些课题的研究，需要耗费大量的时间、资金和人力。因此，企业应从自身力量出发，积极开拓外部信息服务资源，为信息化寻找多快好省的途径。基于这一原则，企业应综合比较内部研究开发成本与外部购买引进成本，找捷径，尽量降低企业信息化的投入成本，以较少的投入取得较大的经济效益和社会效益。

古人云："举大事者，必以人为本。"企业信息化过程，实质上是信息人的活动过程。所以，企业实施信息化战略，必须贯彻人本原则，使整个企业信息化建设过程贯穿人力资源开发与使用思想。信息化建设是企业战略的重要内容。根据国外企业的经验，应当专门设立"企业信息主管"职务。企业信息主管是既懂经营管理，又懂信息网络技术的复合型人才，他们负责制定信息化规划、决定信息化方案、协调信息化进程、安排信息化资金，是企业领导集体的重要成员。企业的其他员工也尽可能地要求有较高的综合素质。信息化的发展，在一定程度上决定于人力资源信息潜能的挖掘和发挥。因此，进行企业信息化建设必须坚持以人为本，实施人本管理，人力资源潜能的充分发挥是企业信息化的要求，实现人的全面发展是企业信息化的最终归宿。

4. 强化管理，选好伙伴

科学管理是企业的永恒课题，必须常抓不懈。从我国现实情况看，企业的人、财、物均有相应的管理部门（人事、供应、财务）依权限进行有效的管理；而对企业另一重要的资源——信息，大部分企业没有加强管理，特别是没有加强集中管理，这就容易带来信息管理的混乱，造成重大经济损失。因此，企业加强信息管理刻不容缓，而这是需要相应的管理机构来保证的。我们应该学习借鉴国外的成功经验，逐步建立健全信息管理机构——信息中心，强化信息管理。信息中心应该是一个集管理和技术于一体的部门，它必须拥有一定的、必要的管理权限，来管理和协调企业的信息资源。

除了设置信息管理机构外，还需要一位既懂技术又懂管理的权威人士来领导信息管理机构，那就是首席信息主管（Chief In formation Officer，

CIO），CIO 是对企业的信息技术和信息系统的所有方面负责的高级执行官员，他使用信息技术来支持战略目标的实现。信息管理涉及管理科学、计算机（包括网络和软件）、运筹学和系统科学等多门学科，因此 CIO 应具备多方面的知识。另外，CIO 更是管理者，拥有技术、商务知识，能够从多角度、多侧面、综合地看问题，能从厂商的战略角度安排技术设备，提供适时、准确的信息服务，从而帮助企业在激烈的市场竞争中站稳脚跟。由于信息的重要性和广泛存在性，对信息管理必将涉及企业的每一角落，并延伸到企业外部。因此，CIO 一般由副总经理兼任，在企业中的地位仅次于总经理。

另外，很重要的一点是要选好合作伙伴。这里的合作伙伴有两种：一是开发伙伴；二是产品的供应商。在企业自身资金有限、开发实力不足的情况下，找一个好的开发伙伴十分重要。我们调查发现，大概占三分之一强的企业很重视与高校、科研院所的合作。他们认为国内许多大学、研究院所人才济济，这些人才信息多、见识广、技术层次高、攻关能力强。结合企业实际，借助大专院校和科研院所的技术力量，走联合开发之路，既能为企业的信息化建设深入展开奠定技术基础和服务保障，又能为企业培养和造就一批信息化建设人才，可谓选好开发伙伴，就能获得一举数得的效果。在选择好开发伙伴的同时，还应选择好产品供应商。这是因为，设备选型是信息化建设不得不面对的最头疼的事情。说"不得不面对"是因为再好的规划、再好的技术、再好的项目也都要体现在所采用的设备上。单靠企业自身，很难选购到经济适用的设备。在这方面没吃过亏的企业大概不少。所以，在设备选型过程中，要特别重视对合作伙伴的选择。任何一家企业都不可能在所有技术上都是世界第一，但好的合作伙伴可以不断提高解决问题的能力，因此选择合作伙伴与选择技术本身同样重要。那么，是选择一个固定的伙伴还是对所有企业择优选择呢？从经济学意义上讲这要经过一个成本的比较过程，选择固定伙伴的成本是丧失选择拥有最优技术的其他伙伴的收益构成的机会成本；择优选择的成本是从一个伙伴转移到另一个伙伴的滑动成本，这个滑动成本由搜索的时间成本与费用成本构成，若机会成本大于滑动成本自然应该择优选择，反之则应找一个固定的盟友。

5. 联合建设，三化并举

企业信息化不仅仅是企业个体微观的运作，它的广度与深度还反映了整个国家信息化的发展水平。在企业信息化实践中，有许多问题不是企业自己能解决的，还需要政府、社会和其他企业的支持与帮助，为企业创造良好的外部发展环境。首先要加强国家信息基础设施的建设，使企业能够自由运用 Internet 寻求所需信息，完成产品的设计、生产与销售；国家还应加大信息产业、信息服务业的投资力度，扶持这类产业群的发展，以满足企业信息化的需要。信息化建设的核心是信息资源的开发利用，实现信息的交流与共享；因此，企业之间应遵循信息共享的原则，进行联合建设和正当竞争，以利于整个国家国民经济的信息化。财政、金融、工商及其他综合管理部门要对企业信息化建设提供相应的政策支持；信息技术研究与开发部门要从应用部门实际需求出发，为企业提供更多更经济的技术和信息服务内容；系统集成和软件开发机构要不断提供企业所需的应用软件及开发关键技术的本土化工作。各行业管理协会和中介服务机构应力争在促进企业信息化发展方面有所作为，要动员社会各方力量，为企业信息化建设提供有力支持，把企业信息化、国民经济信息化和社会信息化共同推进，协调发展，三化并举。

（三）战略步骤与战略重点

企业信息化是一个动态的、复杂的发展过程。要实现企业信息化必须根据企业发展战略总体规划，分步实施。由于我国的信息化发展水平较低，必须确定企业信息化建设的战略重点，以集中力量加速企业信息化的进程。

1. 战略步骤

按照邓小平同志建设有中国特色社会主义理论和国民经济三步走的战略思想，遵循企业信息化的发展规律，可以将企业信息化阶段的时间跨度与《国民经济和社会发展"九五"计划和 2010 年远景目标纲要》及《国民经济和社会发展第十个五年计划》的阶段结合起来。

显然，我国企业信息化建设早已起步，已经有了一个良好的开端。现在，研究划分企业信息化的发展阶段，分步实施，应该从起步阶段算起。我们将 2001 年以前的阶段划分为第一阶段，即起步阶段（起步阶段，如本章第一个问题所述，又可分为几个小阶段）。这一阶段企业信息化建设的主要目标是：全国部分企业实现计算机化，能够运用计算机进行日常生产、经营、管理活动；骨干大中型企业建立起自己的管理信息系统、MRPⅡ以及 CIMS，少数经营国际化龙头企业开始应用电子商务。此外，这一阶段企业信息化外部支持系统建设的主要项目应包括：初步建成全国省会以上城市和 50 多个中心城市的信息网络服务平台；完成全国双条光纤骨干网的全部建设；初步形成天地一体的卫星通信和移动通信网络；信息产业获得较大发展，占 GDP 的比例显著提高；搞好以"三金"工程为代表的重点领域信息化建设，初步建成一定规模的、较为完整的企业外部信息支持体系。这一阶段的目标，已基本实现。

从 2001—2010 年为第二阶段，是中国企业信息化全面建设和高速发展时期。这一阶段应实现的战略目标主要是：全部企业拥有计算机信息系统；大中型企业建成自己的局域网和国际网；大量中小企业基本形成客户/服务器分布式结构；众多企业拥有自己的信息技术的研究与开发机构。覆盖全国的"国家信息基础设施"已经建立，适应计算机应用系统要求的平台初步建成，信息产业在国民生产总值的比重明显提高，接近或超过30%。完善的信息化外部支持体系基本建立。

从 2011—2050 年为第三阶段，是中国企业信息化建设战略目标的实现阶段。这一阶段的总目标是：全国各类企业信息化水平接近或达到世界中等发达国家的水平，企业信息化为企业带来巨大的经济效益与社会效益，极大地提高企业的竞争力。

2. 战略重点

2001—2010 年，中国企业信息化建设的战略重点可以归纳为以下几个方面。

①抓改革促发展，为企业信息化建设创造物质基础和前提。

企业信息化与经济发展关系密切。我国应该通过改革的不断深化，促进经济的持续、稳定、高效发展。随着经济的发展和社会主义市场经济体制的建立和进一步完善，促使企业走向市场，在市场中求生存、谋发展。这样，企业对市场信息的需求会日益迫切，导致企业投入大量资金购买信息资源、设备及技术，信息产业将越来越成为整个经济结构的支柱产业，信息活动对经济增长的贡献越来越大。传统的主要靠增加投入、偏重追求增长速度的发展方式已经不能适应企业信息化的要求，企业应该充分利用现有基础，借助更新、改造、改组、优化产品结构和企业结构，发展规模经济和范围经济，开发和生产适销对路的、信息和知识密集型、附加价值较高的产品，用较少投入取得较多较好的产出，走集约化发展道路。

②努力发展信息产业，满足日益增长的信息产品的需求。

信息产业的发展水平直接影响着企业信息化的发展进程。改革开放以来，特别是 20 世纪 90 年代以来，我国信息产业发展迅速，为企业信息化建设创造了良好条件。展望未来，全国性信息基础设施的兴起，企业信息化建设的蓬勃发展，传统产业的信息化改造和新兴服务产业的崛起，电话通信和数据通信在全国的普及，以及出口国际市场急剧增长，这一切对信息产业的产品将产生空前的巨额需求。据预测，仅电子产品一项，到 2005 年的市场需求将超过 3 万亿元，到 2010 年，则可达到 6 万亿元。其中通信设备与产品市场规模，可超过 1800 亿元，年均递增 30% 左右；电子计算机与配套产品的市场规模，可超过 3500 亿元，年均递增 40% 以上。因此，必须努力发展信息产业，满足日益增长的信息产品的需求，保证企业信息化建设的正常进行。为了促进信息产业的发展，有必要扶持一批生产经营多元化、资产负债率低、技工贸一体化、具有独立投资融资能力和较强国际竞争力的大型信息企业集团，鼓励信息产品和服务出口，同时强化设备引进的审批管理，从海关和销售市场两方面打击走私，为本国信息产业的发展鸣锣开道和保驾护航。

③充分开发和利用信息资源。

信息资源的开发是信息化的基础，也是企业信息化建设的出发点和归宿。要发展企业信息化，就必须强化信息意识，从过去计划经济体制下的只注重实物生产转向重视信息资源的开发利用。在信息传播全球化与企业经营国际化的大趋势下，必须着力研究如何追踪当代世界最新信息，促进我国信息的生产经营和出口创汇。信息资源一方面可通过计算机网络获取；另一方面可建立各种专门的机构，运用必要的信息技术手段及时广泛地收集世界各地的信息。

充分开发和利用信息资源，还必须坚持需求导向和效益原则，要瞄准和扩大最终用户，满足政府、企业和公众的需求。随着信息化的推进，企业将成为最有活力的信息用户群，要重视信息的全面性、系统性、专业性、时效性和准确性，对信息进行深加工，以提高信息的质量。

④积极开展信息科技研究与开发。

研究与开发是新兴产业发展的源泉和动力。没有信息科技的发展，就没有信息产业和企业信息化的发展。我国的信息科学与技术与发达国家相比，落后且发展后劲不足。因此，我们应改革科研体制，不断增加科技投入，切实加强与信息机制的建立相关联的科学研究，如作为信息科学核心的计算机信息技术科学研究；为增强信息流的经济功能，合理选择信息流的最佳流量为主要内容的信息经济学研究等。

⑤注重信息人才队伍的培养与教育。

我国在20世纪50年代的工业化初期，曾大规模培养了工业化所需的人才。同样，在当今信息化发展初期，也要高瞻远瞩，培养和造就一大批新世纪企业信息化所需要的技术人才和管理人才，培养过硬的信息技术应用和现代化管理人才。在高等学校的专业设置上，应适当增加信息科技、信息工程、信息经济、信息管理专业。在企业实践中，应加强企业从业人员的信息化培训；同时，还应物色和造就一批具有信息主管素质的企业家。

⑥加快信息法制建设，确定信息标准规范。

我国企业信息化发展迅速，但法制建设滞后。应尽快建立健全信息化法规体系，加强法制建设，把我国的信息化建设纳入健康、透明的法制轨道，规范企业的社会信息行为。另外，还要开展对信息化基础标准、软件工程标准和信息系统工程应用标准等的研制，制定各类企业信息化和经营国际化建设技术标准规范、信息资源分类标准规范等，以实现企业与外界的信息交流与共享，并与国际信息标准体系相兼容，为企业信息化和经营国际化创造良好的环境。

（四）战略措施和策略

企业信息化的最终目标是提高企业的现代化管理水平、市场竞争力和经济效益。在坚持以提高效益为中心的前提下，企业信息化战略的实施应在经济、技术、整体规划和企业自身改革四个方面采取下列措施和策略。

1. 经济方面，要量体裁衣，讲究实效

企业信息化建设应充分考虑企业自身的性质、类别、规模、基础等实

际条件，有所取舍，有所侧重。在设计系统、选择产品、实施应用上考虑
直接经济效益和间接经济效益，确定可行的综合效益目标，重视系统性能
价格比和投入产出比。

2. 技术方面，企业信息化建设应在实用的前提下兼顾前瞻性和可扩
充性

所谓前瞻性是有一定的超前意识，尽力采用先进的设计思想、技术和
工具；可扩充性是在已建成的系统的基础上，将新技术、新功能扩充进
去，便于系统升级。

3. 整体规划方面，注重企业信息化的整体性和社会性

整体性就是以企业综合经营目标为方向，编制企业信息化中、长期发
展计划，区分改造项目、新建项目和重点项目，分步有序地实施。社会性
是指企业信息化建设要充分注意企业外部条件和社会环境，如国家信息网
络环境，公共的信息资源开发，以及相关法律、法规、标准等的制定和实
施情况。

4. 企业自身改革方面，企业应把企业体制改革、业务重组与资产重
组和信息化建设结合进行

发达国家的经验证明，企业信息化要以企业的系统变革为基础，并促
进企业生产经营管理的革命。当前，我国企业正在实施"三改一加强"，
这就使得我国企业有机会把企业信息化建设与企业的改制、改组、改造和
加强管理紧密结合、互相促进，在较短的时间内建立起既融入现代信息技
术又适应市场需求的体制与机制，实现企业的高效运营管理。

三　企业对策

在我国企业信息化建设的伟大实践中，许多企业增强了竞争力，提高
了经济效益，创造了许多宝贵经验，当然也有失败的教训。这些经验与教
训，都是我们制定和实施企业信息化发展战略的宝贵财富。我们到"中
国家电第一，世界家电一强"的海尔集团、国有企业向信息经济进军的
"排头兵"海信集团、世界大型压力机生产基地济南二机床集团、中国试
验机行业"排头兵"济南试金集团、全面进军互联网的浪潮集团等信息
化建设搞得好的企业进行了调查研究，翻阅了北京第一机床厂、思科公

司、微软公司等国内外先进企业信息化建设的典型资料，认为：制定中国企业信息化发展战略的企业对策，既要学习借鉴国外的先进理论与成功经验，又要吸取总结国内典型企业的经验教训，更要从企业实际出发，探索具有中国特色的企业信息化道路。据此，我国企业信息化发展战略的企业对策主要有以下十二项。

（一）不断更新观念，深化改革

企业信息化建设是一项庞大的系统工程，需要全面创新。其中观念创新是先导，必须首先抓好，不断更新观念，用先进的经营管理思想统率信息化建设。体制创新是基础，必须不断深化改革，建立健全与企业信息化建设相适应的组织机构、管理制度、运行机制等，对企业进行科学管理、全面管理，不断提高管理的水平和层次。

（二）搞好前期准备工作

企业信息化建设是一场硬仗，要想成功，必须搞好前期准备工作。不打无准备之仗，不打无把握之仗。首先要做好调查研究，弄清楚企业真正的需求，寻找到制约企业发展的瓶颈因素，汲取其他企业在信息化建设中的经验教训，并在此基础上进行整体规划。其次，要适应信息化建设需要，对部门组织、规章制度、信息交流方式等进行适当调整。最后，要做好信息的标准化、规范化工作，以科学的态度保证数据信息的完整性和准确性，为信息交流与共享打下基础。

（三）总体规划，分步实施

信息化建设是一项系统工程，做好总体规划可以保证各分系统的集成与协调发展；因此，必须组织精干力量，征求各方面意见，制定和实施科学合理、切实可行的总体规划。在总体规划下，从分系统实施入手，逐步扩大系统集成，边建设边见效，使规划实施形成良性循环。

（四）从企业实际出发

企业情况千差万别，信息化内容和模式也多种多样。每个企业都要根据自身实际，从综合能力和实际需要出发，确定要干什么，先干什么，怎么干法。不是技术越先进越好，也不是投资越多越好，关键看它是否经济适用，能够解决企业的实际问题。

（五）以效益驱动为原则，选择适当的信息化模式

企业实施信息化发展战略的目的是提高经济效益和竞争力。因此，企业信息化建设要以效益驱动为原则，从企业的实际需求出发，选择适当的信息化模式。要能通过信息化建设帮助企业解决存在的问题和困难，不盲目攀比，不盲目求新求高，不搞样子工程。在某些具体领域中传统信息技术能解决的问题，不一定非得用现代高新信息技术；现有成熟技术能解决的问题，尽量使用成熟技术，既可减少风险，又能迅速见效；国产设备和软件能解决的问题，不一定非得全套引进国外系统。

（六）一把手挂帅，全员上阵

理论和实践都说明，企业主要领导的主持和参与是信息化建设取得成功的首要条件。企业第一把手的决心、在工程关键点上的决策与亲自领导、组织、协调是重大信息化工程顺利实施并取得成效的先决条件。因此，实施企业信息化战略，必须第一把手挂帅，亲自抓。同时，企业信息化建设决不是少数领导的事，而是关系全体员工切身利益的重大事件，只有全员上阵，团结一致，共同努力，才能搞好。所以，必须放手发动群众，组织动员上下左右、方方面面，齐上阵。

（七）培养和使用好企业自己的信息化人才队伍

企业信息化建设可以走联合开发的道路，但不能指望所有的问题都依靠合作伙伴来解决。在信息化建设中，技术支持单位对企业需求了解不多，合作伙伴往往对信息技术能把问题解决到什么程度以及如何解决知之甚少。解决这个问题的最有效、最根本的办法就是企业培养自己的信息化人才特别是专业技术开发队伍。尤其是涉及企业运行核心技术的研究开发，往往涉及到企业的商业秘密，最好由自己的人员进行开发设计。系统运行、维护和升级，也必须要依靠自己的人员来完成。企业的信息化人才，不仅要懂技术，不断掌握新技术进展，还要不断了解企业运行情况，协助领导不断引发和深化改革，使信息系统发挥到最大功

效。这样一支过硬的信息化人才队伍，需要培养，更需要稳定和扩大。企业应制定和实施人才培养规划，采取在职培养、委托培养、代理培养、联合培养、国外培养等灵活多样的方式培养信息化人才。要稳定和扩大人才队伍，必须留住人才，用好人才，为人才特别是中青年人才的脱颖而出创造良好的环境，使不同层次的各类人才都能够人尽其才，才尽其用。

（八）企业"以我为主"，搞好公关

对于大多数企业尤其是中小企业来说，专业化信息人才的缺乏是现实问题。在信息化建设过程中，不可能也没有必要完全依靠自身力量进行设计、开发、实施，对信息资源尤其是外部信息资源的开发利用更不可能完全依赖自己。寻求外部支持不仅必要，而且往往可以节约成本，提高效率。因此，企业在坚持"以我为主"的同时，应搞好公关，协调处理好各方面的关系，争取政府、大学、科研院所、兄弟企业等各方面的支持，共同搞好企业信息化建设。

（九）注重企业内外部信息的交流与共享

企业信息化的核心是信息资源的开发利用，要组织力量，采取多种手段深入开发，广泛利用企业自身和客户、市场变化等各方面信息资源，实现生产、经营、管理各环节的资源共享，为企业决策提供信息支持。这既是企业信息化的出发点，也是企业信息化的归宿。

（十）技术改造与信息化建设相结合

信息化并不是离开企业原有经营活动另行发展一种新业务，而是利用信息技术对原有企业进行改造，使企业所有经济活动更加合理、畅通、高效。尤其是重大信息化工程建设，在很大程度上本身就是企业技术改造的内容，要使二者有机结合起来，力争取得事半功倍的效果。

（十一）必要的资金投入

必要的资金投入，是实施企业信息化战略的重要保证。但是，在资金投入方面存在两个误区，必须尽力避免进入。一是认为企业信息化需要巨

额资金投入，是个无底洞；二是认为企业信息化就是购买技术设备，不需多少投入，安装使用就行了。事实上，解决企业现存许多问题的信息化建设，往往并不需要太多的资金投入。许多成熟技术花钱不多又能有效解决问题，投入产出比相当高。即使是大型信息化工程建设，虽然牵涉到大量资金投入，但其中往往有很大一部分甚至主体部门是属于技术改造范畴，与可能带来的收益相比也是物有所值的。信息化的核心是信息资源的开发利用。企业活动不断，信息流动与产生不断，就要不断进行开发利用。紧跟信息技术发展，保持同步技术升级也很重要，而这一部分是需要不断进行必要资金投入以维护正常运行的。必要的资金投入，尤其是后续投入，是企业信息化不断取得成效的重要保证。

（十二）抓好企业信息化的若干重点工作

一些企业在信息化建设中，成功地贯彻了"有所为有所不为"的策略，重点抓了一些重要项目，实践证明是行之有效的。企业信息化建设的重点工作主要有以下几个方面。

1. 信息化基础设施建设。主要是指用于获取、传递、处理和利用信息的各种物理设施的设置，建成从信源、信道到信宿的完整信息传输系统。

2. 信息网络化。各种信息系统实现互联互通，形成网络体系。同时，要加强信息和网络标准、操作规范、传输编码的规范与管理。

3. 信息系统的建设。建立开发各种信息资源的应用系统与软件。

4. 重视信息的应用。加强各种信息源，如数据库的建立与应用，确保信息资源的丰富完整，满足企业经营发展的需要，实现信息价值。

5. 信息化方面的教育培训，保障信息的质量与安全。加强对信息系统的开发、管理和应用者的培训、教育，提高工作质量与效率，确保信息共享，实现信息资源的充分利用。

四　宏观政策法规体系

企业信息化建设，企业是根本，应用是方向。但是，企业信息化涉及经济社会的方方面面，需要政府的扶持和推动。政府应紧紧围绕为企业服务这个核心，制定和实施科学而完善、统一而灵活的宏观政策法规体系。据此，我国应学习借鉴先进国家的经验，从我国国情出发，制定既符合国际通行规则、又具有中国特色的宏观政策法规体系，促进企业信息化的健康发展。

（一）科技政策

信息技术是企业信息化的关键。对于大多数企业来讲，引进和直接利用发达国家的信息技术，费用相对较高，而且在适应性方面还可能存在诸多的问题。因此，研究开发我国自己具有独立知识产权的信息技术十分必要，这就需要制定合理科技政策来加以扶植与引导。

1. 加大企业信息化相关技术的科研投入

必要的科研投入是开发信息技术的前提条件。资金短缺、科研投入少是目前我国信息技术研究开发面临的最大难题。应该学习借鉴国外先进经验，多层次、多渠道、多形式聚集资金，不断增加在信息技术方面的科研投入。在有限的科研投入中应扩大其中信息技术研究投入所占的比重，这是由信息技术在高技术中的地位和其经济、社会效益决定的。针对企业信息技术科研经费不足的问题，可以考虑设立"企业信息化专项科研基金"或"风险投资基金"，或给予企业以减税、优惠贷款等政策，支持企业进行信息化相关技术的研究。

2. 建立企业自主创新机制

企业对信息技术的需求直接影响信息技术的进步和信息化的发展，只有从机制转变着手，建立企业自主创新机制，方可实现技术进步的良性循环。为促进企业信息化相关技术的发展，需要实现三个转变：科技管理方式由过去的以审批项目为主向以政策指导为主转变；信息技术开发投资由以政府为主转向以企业为主；技术管理覆盖面由单纯管理国有企业向以国有企业为主的社会管理转变。而这其中最关键的是企业投资主体的培育，要增强自我积累、自主创新的能力，建立健全企业技术开发机构。青岛海信集团建有十多个有关企业信息技术的研究开发机构，平均每个工作日诞生一项专利，每 2.5 天开发一种新产品，新产品贡献率高达 85%，具有较强的自主开发创新能力。其经验值得学习借鉴。

3. 建立"官产学研"合作机构

在世界各国的企业信息化建设中，应用研究成果大多是企业界、高等院校和研究机构之间合作研究开发的结果。这样既能充分发挥高校和研究机构的科研优势，又能保证这些技术向实际应用的迅速转化，是一条发展信息技术的有效途径。在我国开发企业信息化相关技术的过程中，应该建立"官产学研"合作机构，吸收政府、企业、大学、研究机构的代表参加，扬长补短，发挥优势，群策群力，搞好信息技术的研究、开发、推广和应用。

4. 扩大信息科技领域对外开放

我们应当承认我国企业在信息化建设中与发达国家间的差距。为尽快缩小差距，必须积极开展国际间信息科技交流，应当与国外高等院校、科研院所、信息产业商、成功实施信息化的公司，建立长期广泛的联系，积极引进先进适用的信息科技成果，并注意消化、吸收、推广、应用。另一方面，在引进外国资本的同时，要注意引进先进的信息技术，以及相关的人才和管理方式，并在此基础上实施创新，推动我国企业信息化技术的发展。

5. 发展信息教育，培训信息人才

信息教育落后，信息人才缺乏是阻碍我国信息技术发展的主要因素之一。发展企业信息化教育，培养信息人才会有力促进我国企业信息化的发展。电脑要从娃娃抓起，计算机、网络的使用应从中小学开始。在职业中学、中专、技校、大学等教学机构中开设如《信息经济学》、《信息管理》等以及有关的技术性课程。在各类职称考试中增加计算机技能考试，如在注册会计师考试中增加"会计电算化"；在工商管理培训课程中增设"信息管理"等课程。即使在普通的职业技能考核中，也应该把计算机操作作为一项重要的技能考核内容。

(二) 产业政策

根据产业演进的趋势，信息产业必将成为 21 世纪经济发展的支柱产业。信息产业政策已成为许多国家产业政策的重点，被纳入国家战略性经济与贸易政策的基本政策。时至今日，我国还没有明确而系统的国家信息产业政策体系，直接影响着信息产业及企业信息化的发展。因此，必须尽快制定系统、明确的信息产业政策，以扶植信息产业的发展。

1. 信息产业政策的制定应考虑国家的安全

世界信息市场正朝自由化的方向发展，特别是信息发达国家，如美国、日本等，为发挥自身优势，顺利进入发展中国家，一再倡导和促进世界信息市场的自由化。但是，这种自由化对像我国这样的发展中国家来说，在政治、经济、安全等方面都有一定的负面影响。因此，我国信息产业政策的制定应在较高的战略层次来考虑，而不单是从经济效益的角度考虑。要树立国家安全观念，通过制定和执行产业政策，支持和保护本国信息产业，对信息网络实施必要的管理，鼓励发展母语软件，保护国家安全。

2. 鼓励将信息技术应用于对传统产业的改造

我国经济发展水平整体上还处于工业化阶段。在大思路上应采取工业化与信息化并进的方针。在已有的工业化基础上，充分利用国内外信息技术和产业迅速发展的机遇，加快我国信息资源开发和信息化建设是我国的必然选择。从产业关联度看，信息产业的前向关联度，后向关联度都较大，必定存在一个前后衔接过渡的过程。因此，应用信息技术改造传统产业，可以加快我国工业化进程，提高企业整体劳动生产率、产品附加值和产品质量，增加我国企业产品在国际市场上的竞争力。而且，一旦形成信息技术改造传统产业的良性机制，必然产生对信息技术的大量需求，从而有力地促进信息产业的发展和经济社会的信息化。所以，我们必须制定和执行优惠政策，支持和鼓励将信息技术应用于对传统产业的改造。

3. 深化改革，适度保护

首先，要深化改革。目前，我国信息业在管理体制上存在着多头管理、各自为政的弊端。除公共网之外，还存在着不同部门的全国性专用网80多个，大型厂矿企业建立的地区网则有10000多个，而且由于分属不同部门，技术标准参差不齐等原因，使相互之间沟通困难，造成人、财、物的大量浪费。我们应该通过深化改革管理体制，打破部门界限、地区封锁，打破所有制的限制，促进相互交流和沟通。同时，我国电信业还存在着比较严重的垄断，应通过改革和制定执行统一而灵活的信息产业政策，鼓励投资主体多元化，打破垄断，促进竞争，提高电信业乃至整个信息产业的运行效率。

其次，要实行适度的保护主义政策。尽管西方经济学把自由竞争视作理想的市场状态，但现实中并不存在完全竞争的市场。在各国的经济发展史上，都在不同程度上实行着保护主义。我国的信息产业与企业信息化比较落后，国际竞争力相当弱，如果敞开市场大门，会受到发达国家实力雄厚的跨国公司的强力冲击，原本就很弱小的民族产业，就有覆没的危险。所以，我们必须制定和执行适度保护主义政策，保护信息产业的发展。当然，我们不是要消极地保护民族产业，而是为我们的民族信息产业保留国内市场，为信息产业的成长留出一定的时间与空间，经过在国内市场上一定时间的发展，当信息产业达到一定的生产规模和技术水平时，再逐步放开国内市场，促使国内信息产业的企业参与更加激烈的国际竞争，在竞争中发展壮大自己。

（三）发展信息市场政策

信息市场是指信息作为商品遵循价值规律所进行的交换关系的总和。信息通过信息市场交换，实现信息商品的使用价值和价值。我国发展信息市场的目的在于使经济发展信息、社会发展信息、国内外市场信息、生产信息、商业信息、财政金融信息、科技信息、环境信息、资源开发信息、人才提高和利用信息等通过市场得以广泛交流与传递，更好地发挥各种信息的作用，促进经济社会的发展和科学技术水平的提高。

1. 树立信息商品观念

受计划经济观念的影响，长期以来人们忽视了信息也是一种商品，信息被无偿地使用和转移，企业也很少对信息进行成本收益分析。随着市场经济体制的建立，人们逐步认识到信息商品的重要性。信息的收集、整理、分析、储存和传递，都要耗费劳动，同时形成信息商品的使用价值和价值。只有通过市场交换，商品的使用价值和价值才能得到实现。当信息的个别劳动时间低于社会必要劳动时间，生产者就能够获得利润。在利润的驱动下，生产者会提供更多的有效信息。因此，从这个意义上讲，信息商品化有利于促进信息商品观念的形成，从而促进信息市场的发展。我们应该通过学习、宣传引导人们树立信息商品观念，通过信息交换所带来的价值增值对人们产生利益诱导，巩固和增强人们的信息商品观念。

2. 深化分配制度和社会保障制度改革

完善的分配制度与健全的社会保障制度是发展信息市场的重要保证。党的十五大确立了坚持以按劳分配为主体，多种分配方式并存的制度；提出了把按劳分配和按生产要素分配结合起来，坚持效率优先，兼顾公平的原则。这种分配制度的确立，对于信息市场的发展有积极的促进作用。它承认了信息提供者凭借其对信息这种要素的所有权，合法地获得收益，保护了信息生产经营者的积极性。健全的社会保障制度可以帮助企业减轻社会负担。信息企业具有较高的风险性，完善的社会保障制度可以减轻企业的社会负担，减轻企业投资信息业的风险，降低企业进入信息市场的障碍，鼓励企业更多地进入信息市场。我们应该继续深化分配制度改革，进一步完善社会保障制度，为信息市场的发展创造良好条件。

3. 坚持以公有制为主体、多种所有制共同发展

公有制是社会主义经济制度的基础，发展信息市场必须坚持公有制的主体地位，一些关系国民经济命脉的信息企业必须实行国有制。而且实践也证明，国有企业在竞争性的行业能够经营得很好，不需要也没有必要让国有企业退出竞争性的信息产业。当然，我国目前还处于社会主义初级阶段，受生产力水平等限制，在坚持公有制主体地位的前提下还需发展多种所有制经济。经营信息业的企业与传统的商业企业、工业企业经营管理方式都有很大差异，只要是符合"三个有利于"的所有制形式都可以而且应该用来为发展社会主义信息市场服务。

此外，发展信息市场还须建立健全社会主义市场经济法制体系，充分发挥国家的宏观调控能力，将当前利益与长远利益、局部利益与整体利益结合起来，促进信息市场健康稳定地发展。

（四）加强信息化法制建设

信息化的发展，使社会信息行为日益频繁和复杂，在客观上要求加强法制建设，为企业信息化营造良好的法律环境。建立完善的信息化法规体系是我国法制建设面临的一项光荣而艰巨的任务。要搞好我国的信息化法制建设，至少要抓好以下几点。

1. 明确信息化法制建设的指导思想

我国信息化法制建设，应当以马克思列宁主义、毛泽东思想、邓小平

理论为指导；以满足建立和完善社会主义市场经济体制的需要为方针；以促进信息化、企业信息化的发展，保护信息化条件下国家、企业、自然人的合法权益等为根本任务；以"三个有利于"作为总的出发点和检验标准。

2. 制定和实施信息化法制建设的总体规划

党的十五届五中全会号召："加强社会主义民主法制建设"，"建立和完善适应社会主义市场经济体制的法律体系"，要"加强信息化法制建设和综合管理"。① 可见，信息化法制建设是构成我国法制体系的重要组成部分，同时本身也自成一个体系。法制工作者应在科学预测的基础上，制定科学合理的信息化法制建设总体规划。制定好总体规划后，应立即实施，加快信息化法制建设步伐。我国目前已制定的有《计算机信息网络国际联网管理条例》、《计算机信息系统保护条例》、《计算机软件保护条例》等法规，还应进一步制定《信息法》、《信息资源法》、《信息安全法》、《电信法》、《广播电视法》、《电子信息产业法》等法规，逐步建立健全完整科学的信息化法规体系。

3. 信息化立法可从国内地方法规中提炼，也应借鉴国外信息立法的经验

信息化在我国才起步不久，各地发展水平不一致，有的地方发展快一些，其制定地方性的法制、法规就早一些。广东省、山东省、上海市是我国企业信息化发展最快的地区，可以由他们率先制定一些地方性的信息化法规，然后经过总结提高，再制定全国通行的法规。深圳市为发展高新技术产业，先后制定了《企业技术秘密保护条例》、《无形资产评估管理办法》等法规，在制定全国性有关信息化法规时可作参考。社会主义市场经济是面向世界市场的开放型经济，信息化建设也同样存在着与国际接轨的问题。而且西方发达国家信息化法制建设有较长的历史，积累了不少经验和教训，我国在进行信息化立法时应学习借鉴。

在有法可依之后，还应做到有法必依、执法必严、违法必究。这是促进我国信息产业和企业信息化顺利发展的内在要求。

---

① 《中共中央关于制定国民经济和社会发展第十个五年计划的建议》，《人民日报》2000 年 10 月 12 日第 1 版（新华社北京 10 月 11 日电）。

（五）积极发展信息服务业

社会化服务非常重要。我们应该认真贯彻落实党的十五届五中全会精神，积极发展信息服务业特别是网络服务业。这里仅就与企业信息化关系最直接的信息服务业提出有关政策建议。

1. 发展信息服务业的必要性

随着信息传播全球化和企业经营国际化的发展，企业所面临的问题日益频繁和复杂，许多问题单靠企业自身难以解决。因此，企业特别是实施信息化战略的企业，都必须借助于外部智力——信息服务业，来解决企业内部的问题。世界各国的发展实践表明，信息化的发展离不开信息服务业的发展，促进信息服务业发展，也是实现我国国民经济信息化、企业信息化的重要内容和内在要求。

信息服务业主要能从以下几方面帮助企业实现信息化。

（1）辅助决策。为企业制定信息化战略充当智囊团，为企业决策提供科学依据，促进企业决策的科学化，避免因决策失误而导致信息化的失败。

（2）提供科学的咨询服务。信息服务企业相对独立于其他企业，能够避免企业领导主观意志的限制，从而实事求是地开展研究，保证研究成果和提供决策的科学性、客观性。

（3）提供综合性的服务。企业信息化是一个综合性的课题，涉及技术、管理、经济、法律等多种学科，而信息服务企业有条件组成多学科的专家，提供综合性服务。

（4）提供实用性服务。信息服务企业提供给企业的是切实可行的方案，信息服务业的专家们既懂理论又有实践经验，能够运用理论切实地指导实践，而不是"空对空"的研究。

2. 发展企业诊断的政策

许多国家尤其是发达国家在信息服务业发展中积累了许多宝贵的经验，创建了一些成功的模式。日本的企业诊断就是这些成功模式的典型代表。我国可学习借鉴日本的经验，发展具有中国特色的企业诊断。

（1）制定相关法规

日本在发展企业诊断的过程中，制定有《中小企业诊断实施基本纲要》、《中小企业指导法》等政府法令。为鼓励企业诊断的发展，我国也应制定相关法律，发展诊断事务所，为企业信息化建设服务。

（2）健全企业诊断体制

企业诊断业可分为政府和民间两个系统。在从中央到县的各级政府中设立企业诊断的有关指导机构，作为制度上的保证，这些指导机构可由政府有关部门、有关企业团体、信息化研究机构、银行共同参与组成。民间系统是民间的企业诊断机构，它接受企业委托诊断，提供有偿服务。对这类企业应按服务行业注册，在发展初期可予以一定的优惠政策。同时，要制定相应的行业管理规范，成立企业诊断协会对企业诊断进行行业性管理。

（3）企业诊断人员必须持资格证书上岗

开设企业诊断师考试，考试合格后，再经过一年的见习期，实习成绩合格者取得企业诊断师资格证书，方可持证上岗，从事企业诊断工作。此后，每年还需参加由企业诊断协会组织的培训，重新注册资格证书。企业诊断机构中的人员应由经营管理专家和技术专家构成，其中必须有一定比例的信息技术专家，这样才能独立地承担难度较大的课题。

（4）运用经济手段支持企业诊断

企业诊断一般是有偿的信息服务，为鼓励企业特别是中小企业在信息化过程中接受企业诊断，可以由企业诊断协会设立一些基金，如"中小企业信息化基金"、"企业信息化基金"，对接受企业诊断的会员提供资金资助。

第十五章　具有中国特色的电子商务战略

电子商务代表着我国贸易发展的未来。发展电子商务，是按照"政府调控与企业为主"模式利用信息传播全球化促企业经营国际化的重要途径，是迎接加入 WTO 的重要举措。我们应该学习借鉴国外的成功经验，创建具有中国特色的电子商务战略。其基本思路可以是：认真学习贯彻党中央和国务院关于发展电子商务和经济国际化的指示精神，既要走自己的发展道路，又要同国际电子商务接轨；充分发挥政府的规划、指导和协调作用，支持和鼓励企业积极发展或应用电子商务；积极参与国际间的电子商务合作，构建国际社会普遍接受的电子商务国际框架；正确处理电子商务与传统商贸的关系，抓点带面、重点突破、多方位应用和全社会推广相结合，带动经济社会的全面信息化。

一　发展现状

我国政府敏锐地意识到电子商务对经济增长特别是经济国际化的巨大推动作用，1996 年 2 月成立"中国国际电子商务中心"；1997 年"国务院电子信息系统推广办公室"联合 8 个部委建立了"中国电子数据交换技术委员会"，电子商务开始在我国启动。2000 年 6 月，经国务院批准"中国电子商务协会"正式成立，架起了国内外电子商务发展联系的桥梁。总的来看，我国电子商务经历了认识电子商务、关注电子商务、发展应用电子商务三个阶段，基础设施和环境不断改善，电子商务发展较快，涌现出了一些成功典型。1998 年，我国互联网用户 210 万，电子商务网站 100 多家，电子商务交易额 1 亿元人民币。1999 年，互联网用户达 430 万，电子商务网站突破 300 家，网上交易额上升到 2 亿元人民币。2000

年中国互联网用户达到 1690 万户，上网计算机数为 650 万台，电子商务网站数量已达 1100 余家，ISP300 余家，ICP1000 余家，电子商务交易额达到人民币 4 亿元，增长态势强劲。①

（一）电子商务的基础设施和环境不断改善

20 世纪 90 年代以来，中国致力于加速国家信息化基础结构（China National Informatization Infrastructure，CINII）建设，已取得明显进展，信息基础设施（数据库、信息传输系统、信息应用系统）、信息技术及产业、信息人力资源、信息软环境（政策、法律、标准、规范）等信息化六大要素已有较大改善。特别是，由电子信息装备制造业及软件业、通信及通信服务业两大部分组成的信息产业取得了长足的发展。近几年，信息装备制造业的年均增长率达到 27% 以上，软件业达到 37% 以上，计算机达到 47% 以上。2000 年，中国拥有年产 3000 万台彩电、3000 万线程控交换机、4000 万台个人计算机的生产能力。1998 年，信息装备制造业和软件业总产值已超过 5000 亿元。2000 年，我国信息产业总规模已超过 14000 亿元。② 过去 5 年中，通信业务市场规模扩大了 7 倍多，业务总量年均增长达 48.4%。2000 年，中国公用网局用电话交换机达到 1.7 亿线，电话用户超过 1 亿户，其中移动电话约占五分之一，全国电话普及率达到 13% 以上，城市家庭平均每户一部住宅电话，农村基本实现村村通电话。全国长途光缆长度达到 20 万公里，加上本地光缆线路，总长约 100 万公里，在沿海和内地经济发达地区，光缆已到乡镇、到社区、到大楼。公用数据网已覆盖全国 90% 以上的县市，各类数据通信、图像通信用户已达到 300 万户以上。

经过改革开放 20 年来的高速发展，中国已初步建成一个覆盖全国的以光缆为主、以卫星和数字微波为辅的大容量、高速率的干线传输网络。以此为基础构建了电话通信网、移动通信网、数据通信网、图像通信网和多媒体通信网组成的"五网格局"，实现了从人工网向自动网、从模拟网向数字网，从单一业务网向多样化业务网的转变。

---

① 《国际商报》2001 年 3 月 31 日第 6 版。

② 同上。

由上述可见，CNII 已初具规模，为国民经济信息化和社会信息化奠定了基础。根据国家要求，CNII 的下一步建设目标之一，就是在商品流通和金融支付领域中推进电子商务。目前看来，有关电子商务的物理网络和其他基础设施已基本具备，全面发展电子商务的条件已经成熟。

（二）我国电子商务已经有了一定发展

目前，我国电子商务已经有了一定发展，交易规模虽然不大，但发展势头强劲。主要表现在以下几个方面。

1. "金字工程" 系列发展很快

我国先后推出 "金桥"、"金卡"、"金税"、"金关"、"金宏"、"金卫"、"金智"、"金企"、"金穗"、"金贸" 等系列 "金字工程"，已取得令人瞩目的成绩。如 "金桥" 网现已覆盖全国 30 个省（市），通信站点已由原来的 24 个扩大到 90 多个；"金卡" 工程第一批 12 个试点省（市）已全部实现跨行联网；"金税" 工程已覆盖全国 400 多个城市、3800 多个县（市）；一项旨在推动经济领域电子商务的大型应用项目——"金贸" 工程也已于 1998 年正式启动，运行良好。

2. 互联网用户增长迅猛

1996 年我国上网计算机只有 2.4 万台，上网人数只有 10 万人；1997年上网计算机增至 30 万台，上网人数达到 62 万，分别增长 11.5 倍和 5.2倍；1998 年上网计算机又猛增至 75 万，上网人数达到 210 万，分别增长1.5 倍和 3.4 倍；到 2001 年 6 月 30 日，上网计算机数猛增至 1002 万台，上网人数猛增至 2650 万。①

3. 我国电子商务示范工程效果显著

较成功的例子是外经贸部推出的 "虚拟广交会"。他们组织外贸企业上网，并围绕出口贸易进行网上商品浏览、洽谈、订货等活动，效果很好，影响很大。另一成功案例是首都电子商城北京图书大厦的网上书店，该书店于 1999 年 3 月 9 日开业后，出现了空前的火爆现象，每天点击连接上网访问者高达 30 多万人次，每天收到订单销售额 6000 多元，且大部分来自国（境）外和北京之外城市。英特尔集团、花旗银行、中国银行合

---

① 《国际商报》2001 年 7 月 27 日第 5 版。

作推出的 500 家星级饭店客房预订服务系统也付诸实施；联通实华公司于
1999 年 5 月 20 日开通的电子商务专用网站已开始营业，成效显著。

4. 电子商务应用发展迅速

（1）政府上网已超过60%。1999 年初国家 40 多个部委联合发起的政
府上网工程成绩显著，到 2000 年底，全部部委上网，省、市级政府已有
2/3 以上上网发布公开信息，政府网站达到 2800 多个，建成行业信息网
37 个。（2）国家经济部门纷纷上网。国家财税金贸网部分启动，对 20 世
纪 90 年代一系列"金"字工程起到推波助澜的作用。（3）部分企业上网
见成效。1999 年和 2000 年一批企业较成功地在网上开展销售和商务活动
取得成效。如：8848、北京西单书店等。（4）单品种市场上网初见端倪。
图书、服装、白糖等单品种市场上网引起人们的关注，反映良好。

总之，中国电子商务在技术环境、法规环境和市场环境几大方面已取
得明显进步，且由于国家政策出台和国际贸易大环境形成的内部动力和外
部压力的全力推动，中国电子商务应用已掀起了一个小高潮。其特征是：
商贸流通企业、生产企业将成为电子商务的主力军，而其上下左右分别是
政府管理、科技支持、IT 搭台、银行支付，从而逐步形成产、学、政、
商协调配合的电子商务应用新局面；政府上网将对流通、生产和消费发挥
指导、管理和示范作用；IT 子网将提供技术平台、安全技术和率先应用
作用；银行子网将发挥支付中介联行结算的作用；科技子网也将发挥人才
培养、知识传递和技能培训的作用；国企电子商务将有所突破，在政府的
引导和支持下，国企在 2001 年可能会大步迈进电子商务；民企电子商务
将再显身手，在我国"入世"的大背景下民企电子商务从量到质都会再
创佳绩；电子商务的多样性更将崭露头角，过去人们主要谈的是 BtoB 和
BtoC，而新的发展趋势还会增加 G（政府）toB、GtoC 和 U（大学）toB、
UtoC 等，产品、行业上网星火燎原，汽车、钢铁、煤炭、家具、建材等
一大批单品种、行业性网站正在积极准备之中，并将逐步开展网上营销和
贸易。

（三）我国电子商务发展还存在一些制约因素

目前，电子商务的优越性在我国还没有充分发挥，也没有被多数企业
和消费者所接受。因此，我国电子商务发展还存在一些制约因素，主要表

现在以下 7 个方面。

1. 购物观念和方式陈旧。中国传统的购物习惯是"眼看、手摸、耳听、口尝"，公众普遍感到网上购物不直观、不安全。据最新的调查显示：86% 的人表示不会以任何形式进行网上交易；88% 的人表示不打算在网上购物。

2. 缺乏电子商务的商业大环境。目前，中国的商业活动，基本上仍是手工作业，公众对商家的交易频率高但每笔交易额都很小，好像没必要在网上交易。因此，还需要大力宣传电子商务的意义，改善电子商务的内外部环境，比如电子货币、银行转账、局域网、广域网建设，互联网和内部网的改造升级等。

3. 网络基础设施不够完备。电子商务的基础是商业电子化和金融电子化。目前，全国性的金融网还未形成，金融业自身的电子化还未实现，商业电子化又落后于金融电子化，制约了电子商务的生存、发展空间。

4. 互联网质量有待提高。推广电子商务的技术障碍，主要表现在网络传输速度和可靠性上。目前，中国互联网的传输速度还较低，常常出现网络阻塞现象，同时还存在多种不可靠因素，包括软件、线路、系统的不可靠。

5. 网上安全和保密亟待完善。在网上进行电子商务的询价、成交、签约，涉及许多商业秘密和公众隐私。既要保证电子商务方便快捷和资源共享，又要保证电子商务的安全和保密，必须强化认证程序，完善网上安全体制。

6. 管理体制和运行机制不顺。现行的信息产业管理体制，计划经济烙印依然严重，过度集中和垄断制约了市场竞争，有碍电子商务在全社会的推广应用。资费过高仍然是广大公众使用电子商务的拦路虎，发展电子商务必须进行体制、机制和与合理价格的重建。

7. 公众缺乏电子商务知识和技能。中国是个发展中国家，多数公众文化素质不高。现代通信和网络技术日新月异，多数公众难以跟上知识和技术的发展步伐，必须在各个层次上普及上网技能和电子商务知识，才有可能在中国大规模推进电子商务应用。

二　加入 WTO 的影响

加入 WTO，会对中国经济、社会、文化、科技带来整体性影响，既会带来严峻挑战，又会带来良好机遇，可说是机遇与挑战并存，机遇大于挑战。其中，影响最深远、冲击最隐蔽的领域之一很可能是电子商务领域。

（一）在电子商务形式上：网上商店，百花齐放

中国加入 WTO，将允许外国网络公司直接拥有 49% 甚至更多的中国网络公司股份，并允许银行、运输、保险等大范围的开放，这势必极大地刺激全球各类网上商店、网上 CD、网上礼品店涌入中国。同时，长期困扰中国电子商务网上商店发展的网上支付、网下运输、网中平台、网络成本将迅速融入世界标准，大批具有全球战略眼光的中国企业也将利用网上商店推销。因此，网上商店将会出现百花齐放、中西争妍的局面。

（二）在电子商务行为上：网上购物，人头攒动

中国加入 WTO 后，将允许外国银行开展本币业务，也允许中国百姓用人民币兑换美元，加之一大批持巨额资金和先进技术、拥有全球用户的网络公司的低成本甚至亏本促销，中国将掀起百万人头齐攒动、网上争相购物忙的局面。

（三）在电子商务文化上：网上社区，万家灯火通明

WTO 将中国与世界互融在大世界小社区的新家族中，中国人与外国人之间、民族企业与国外企业之间、国内团体与国外团体之间的交流与沟通急剧加大，网上社区将在 24 小时全天候开放。届时，全球几万里昼夜灯火通明。

（四）在电子商务内容上：网上信息，百家争鸣

中国加入 WTO，将 ICP 的开放作为最优先考虑的行业，拥有全球最多"眼球"和最先进技术的信息提供商将与中国 ICP 展开一场文化较量的新"世界大战"，呈现出百花齐放、百家争鸣的良好文化氛围。

（五）在电子商务用户上：网络接入，网民倍增

中国加入 WTO 后，ISP 接入服务进入半开放到开放领域，全球最大

的 ISP 厂家将会蜂拥而至。AOL 参股"中华网",在中美达成有关中国入世的双边协议的当天,美国在线的股票曾每股暴涨 74 美元,超过日平均成交额 15 倍,创下美国纳斯达克涨幅最大的个股之一,从中可看出世界级 ISP 出击前的信号。

(六) 在电子商务骨干设施上:网下电信,竞争大战

中国加入 WTO 后,中国电信行业 49%～50% 的股权与运营权将对外开放。这将意味着,已经觊觎中国电信市场多年的世界电信公司终于可以由"非法同居"变为"明媒正娶"了。

(七) 在电子商务跨国联盟上:网络投资,大量涌入

加入 WTO 后,中国 13 亿人口的巨大市场的更加对外开放,使一大批国外网络公司将以收购与兼并,或直接投资的方式进入中国,这将有利于迅速遏制亚洲金融危机冲击下的中国外资投入减少。全球资金最充裕、投资速度最迅捷、对中国市场最饥渴的行业莫过于信息技术、网络行业。

(八) 在电子商务国际贸易上:网上出口,掀起狂潮

中国加入 WTO 后,中国服装、纺织、机电等商品,永久性不再受"不给最惠国"待遇、"反倾销"之类的惊吓,将借助最新网络技术迅速介入全球传统买家与网络买家的网上出口。届时,约 2000 亿美元的出口额将会有相当一部分转到网上来。

(九) 在电子商务就业上:网络经济,提供就业机会

由于 WTO 将使世界对中国劳动力密集型产品的需求激增,再加上中国出口行业的带动(据国务院发展中心预测)将有上千万新的就业机会出现。

(十) 在电子商务对民族产业升级上:网络经济,财富创生

中国加入 WTO 后,将使全世界最富有生命力的朝阳行业及全球最有竞争力的跨国公司,利用中国市场完成他们的全球主导地位。同时,也将从体制、资源、资金、管理、人才上激活国有及民营经济。以网络经济为

主流的社会财富创生要素，将在全球互动中创造出兆亿 GNP 的产值。

值得庆幸的是，我国诸多企业特别是电信企业，认真研究加入 WTO 的影响，积极探索迎接"入世"的对策，纷纷上网，发展国际电子商务，成效显著。据此，《国际商报》2000 年 8 月 11 日第 1 版发表了一篇题为《网上先"入世"，竞推"中国造"》的文章，特全文转载如下，供研究参考。

随着中国加入世界贸易组织步伐的加快，互联网已成为中国拓展国际贸易的第二战场。叫响"中国造"的海尔集团 1999 年实现销售收入 215 亿元，出口创汇 1.38 亿美元，其海尔网站亦在 2000 年 7 月与海信网站等被中国互联网络信息中心（CNNIC）评为"中国最有影响力网站"；连续多年业绩卓著的春兰集团，也准备在今后两三年内"投入 12 亿打造春兰网"。与此同时，政府机构支持建立的"中国商品交易市场"等综合性贸易平台和行业性贸易站点日趋活跃，网络公司纷纷开通为外贸服务的电子商务网站。众多外贸企业也表现出极大的热情，一个月内就有两万多产品信息登录到直接打出"中国制造"旗号的 Made－in－China.com（中国制造网）。网上先"入世"，竞推"中国造"，已经成为对外贸易活动中的一个热点。

21 世纪是网络的时代。网络正改变着传统的区域经济，有力地推动着国际贸易的发展，使所有企业无一例外地可在全球市场中获得平等的商机。早一步上网推销企业及其产品，就会早一步获益。大型电子商务网站注重便捷和效率；并且，中国外贸的传统方式是"走出去、请进来"，政府通过广交会等为中国企业和外商之间牵线搭桥，如今互联网的蓬勃发展已使交易会可以同时在网上进行。外经贸部长石广生形象地将网上贸易平台称为"永不落幕的商品交易会"。Made－in－China.com 营造了网上"入世"的良好环境，使企业在处理对外贸易的业务中更加得心应手。

"入世"后的市场竞争必与网络紧密相关，那时的竞争已不仅仅限于产品和技术，还要看企业能否适应电子商务的发展。"中国造"的产品通过外贸站点汇集在一起，也将形成一种集体优势，使中国产品在全球市场上更具竞争实力。中国企业只有抓住这一机遇，早日接触网络，才能在"入世"后更加熟练地运用电子商务，大胆地走出国门，让中国产品在国际市场上畅行。

三　战略的总体设想

（一）战略思想和基本思路

全球经济发展正在进入信息经济时代，电子商务作为 21 世纪的主要经济贸易方式之一，将给世界各国的经济增长方式带来巨大的变革，有力地促进经济国际化特别是企业经营国际化的发展。电子商务以其交易成本低、贸易机会多、贸易流程简化、贸易效率高而得到世界各国政府的高度重视。在我国开展电子商务是推进国民经济和企业经营国际化进而促进国民经济和社会信息化的重要组成部分，对改变社会经济的运行模式和推动信息产业的发展，提供新的经济发展机遇，具有重要意义。信息传播全球化的时代，电子商务对世界各国和地区都是良好的机遇，又是严峻的挑战。我国上海市、广东省、山东省等省市都率先进行研究，制定和实施了电子商务战略。我国应认真学习借鉴国外的成功经验，在研究总结有关省市经验教训的基础上，制定和实施具有中国特色的电子商务的总体战略。

具有中国特色的电子商务总体战略的指导思想和基本思路可以是：以邓小平的对外开放思想和高科技理论为指导，认真学习贯彻党中央和国务院关于发展电子商务和经济国际化的指示精神；既要走自己的发展道路，又要同国际电子商务接轨；坚持国家利益、集体利益、个人利益的协调统一，坚持国营、集体、私营经济协调发展；充分发挥政府的规划、指导和协调作用，支持和鼓励企业积极主动地发展或应用电子商务；大力宣传发展电子商务的必要性和紧迫性，尽快普及电子商务知识和技能；加强电子商务的基础设施建设，重点抓好商业电子化和金融电子化；积极参与国际间的电子商务合作，构建国际社会普遍接受的电子商务国际框架，促进企业经营国际化的发展；正确认识和处理电子商务与传统商贸的关系，抓点带面、重点突破、多方位应用和全社会推广相结合，依托大中城市，辐射全国，带动经济社会的全面信息化。

（二）主要战略措施

1. 充分发挥政府的作用

发达国家和其他电子商务搞得好的国家的实践证明，在电子商务发展初期，没有政府的支持是难以顺利推进的。但政府的支持要适度，做到顺其自然为所应为，既不拔苗助长，又不人为设置障碍。一般情况下，应做电子商务的"示范用户"，制定有关支持和规范电子商务发展的政策法规体系，积极参加双边或多边国际合作，为电子商务创造宽松的国内国际环境。

与发达国家比，我国企业规模偏小，信息技术落后，资金不足，发展电子商务需要政府的直接参与和支持。没有政府的积极参与和支持，电子商务将很难快速发展。因此，政府在推动我国电子商务发展中扮演着重要的、不可替代的角色，发挥着宏观规划、指导和协调作用。当务之急，是制定宏观规划即"21 世纪前 10 年电子商务发展规划"。这一规划应与"21 世纪前 10 年国民经济和社会发展规划"及"'十五'计划"密切结合，并纳入其重要组成部分；规划的实施应与落实全国产业结构调整和优化的战略措施相结合，提高信息技术对经济社会发展的贡献度；推广应用电子商务应与全国市场体系建设、流通领域现代化和国际化相结合，利用信息网络实现以商务信息流为导向，沟通国际国内两大市场的信息流、资金流、物流、商品流的"四流结合"，提高企业特别是国有大中型企业的信息化程度和经营效益。

为了充分发挥政府的作用，保证全国电子商务的健康发展，需要一个工作高效、坚强有力、运转灵活、有权威性的组织协调机构，建议建立由国务院总理亲自挂帅、一名副总理直接领导的"中国电子商务促进委员会"及其办事机构，吸收国务院有关部门领导、企业和消费者社团有关负责人、信息技术专家等有关方面人士参加，各省市自治区也成立对应组织机构，负责电子商务的业务、技术、政策、法规、国际合作等总体框架的协调和规划的制定。

2. 支持和鼓励企业积极参与

企业是电子商务活动的最重要主体，企业的积极参与是发展电子商务的必要条件。但是，我国企业特别是国有大中型企业正处于改革的攻坚阶段，许多深层次矛盾日益突出，还没有真正实现"两个转变"。经济效益不佳，追求发展电子商务的内在动力不足，主动性和积极性不高。据统计，在我国 1000 家国有大型企业中，虽有 50% 已建立内部网（Intranet），但与互联网连接的不足 10%。在 1.5 万家国有大中型企业中，只有 10% 的企业基本实现信息化或运用信息技术比较好；还有 20% 的企业只有少量计算机，并且仅用于财务和文字处理工作；有进出口权的企业中，只有一少部分能开展国际电子商务。小企业势单力薄，离电子商务特别是国际电子商务的距离更远，从而也减少了所有国有企业之间的贸易机会。我国电子商务的总体发展水平仅为美国的 0.23%。① 用长远的观点看，只有上网企业不断增加，企业间的电子交流与合作才能与日俱增，电子商务也才能高速发展。所以，一方面，应制定和执行优惠政策，支持和鼓励企业发展电子商务，带动网上购物发展，从而提高网络普及率，尽快普及电子商务知识和技能；另一方面，加强对国际国内市场的调研，根据市场需求变化，适时制定推进电子商务应用普及的政策。这些政策主要包括信贷和税收优惠政策，资源、能源、技术、人才倾斜保证政策，物质鼓励和精神鼓励相结合的激励政策等。还应建立健全资金筹措机制，多层次、多渠道、多方式筹措资金，不断增加对电子商务的投入。鼓励企业建立健全内部网络，使之成为企业领导与员工联系的纽带。同时，密切注视、跟踪研究国际组织关于全球电子商务发展规则、框架、规划的讨论和谈判，根据国际通行规则构建企业国际电子商务的框架，利用信息传播全球化促进企业经营国际化。

3. 抓好示范工程，重点突破，稳步推广

电子商务涉及的领域众多，形式多样。我国各地区、各行业差别较大，企业综合素质有高有低，对电子商务的认识很不一致。因此，宜遵循国家急需、可行性强、效果显著的原则，抓好重点地区、行业、企业的电子商务示范工程；在信息基础设施建设、支付认证、政策法规等方面总结经验教训，寻求重点突破，稳步推广。

我国东部沿海地区经济技术基础好，综合实力强，推行电子商务的积极性高，深圳、广东、山东、上海、北京、天津等信息化先导省市，电子

---

① 《国际商报》2001 年 3 月 31 日第 6 版。

商务已经起步，宜在这些省市抓电子商务示范工程，努力发掘经验教训，稳步地向其他省市推广。对致力于发展电子商务的行业和企业，可选择那些在物流、支付、信用和政策环境相对较好的行业和业务领域，作为电子商务发展的突破口，抓出成效、经验，向面上推广。对于示范项目的选择，宜学习、借鉴国外的成功经验，坚持消费服务项目优先于商品零售，展示与批发交易优先于零售，部分工业品优先于消费品。据此，我们建议：（1）在上海，利用信息技术基础较好、人才密集、设备先进的优势，努力促进"电脑、电视、电话三合一"，使之与新技术、新产品组合，创建一个集中性的"电子交易商城"，作为样板示范工程切实抓紧抓好。（2）在东部沿海省市的大城市，利用 EDI 系统，引进国外成熟技术，培育一批 BtoB 的应用样板，以会员制形式和相对统一的标准，创建若干电子商务的展示、批发交易市场，创出经验，向面上推广。抓示范工程和示范项目，都必须把良好的服务放在第一位，采用实施简单、操作灵活、容易为广大企业和消费者接受并与传统商务活动方式相结合的具有中国特色的电子商务应用方式，真正从实际运用的角度出发，让广大企业和消费者通过亲自尝试电子商务过程，看到电子商务带来的实际效果，认识到电子商务能给其带来利益，从而吸引其运用电子商务手段从事商务活动，真正培养和形成中国的电子商务市场，实现中国互联网和电子商务事业的健康发展。

4. 尽快建立健全保证电子商务健康发展的法规体系

法律、法规和安全管理对电子商务发展至关重要。我国政府一方面应加强立法，尽快建立健全保证电子商务健康发展的法律、法规体系；另一方面要求电子商务发展应遵守有关法律法规和安全管理制度，做到有法可依，有法必依，执法严格，依法规范电子商务的发展。

联合国国际贸易法委员会在 EDI 规则研究与发展基础上，于 1996 年 6 月通过了《联合国国际贸易法委员会电子商务示范法》，简称《电子商务示范法》。该法为各国制定本国电子商务法规提供了框架和示范文本，为逐步解决全球电子商务的法律问题奠定了基础。我国可参照《电子商务示范法》制定本国的《电子商务法》，在坚持我国国家利益的前提下与该法保持一致，并尽可能地参与到解决电子商务争端的国际立法和实施法律的方式和负责部门的工作中，以维护我国的合法权益。以此为基础，逐步建立健全各部门、各省市、各行业有关电子商务的法律法规。

鉴于保护知识产权及防范网络犯罪的重要性，目前一个迫切需要解决的问题是建立保护知识产权的协议，包括保证版权、专利与商标等，制定一些相关的电子商务法律，以解决电子商务上发生的各种纠纷，防止诈骗等案件的发生。另外，还要制定相关的电子支付制度、电子商务规约，以规范贸易的顺利进行，同时也要制定相关的进出口关税的法律制度。这些制度中应包含金融监管的内容，禁止利用 Internet 进行过度投机。只有出台地方、国家和国际法律当局所认可的、明确的、共同的法律原则，也只有当客户、政府和公司认为电子商务与其目前进行的面对面的或纸上的交易具有同样的确定性时，全球电子商务才能发挥出其全部潜能，中国参与全球电子商务也才有其意义。

5. 积极参与国际间电子商务的合作

电子商务打破了时空界限，加快了全球经济一体化进程。面对电子商务带来的诸如关税与税收、统一商业代码、知识产权保护等一系列新问题，许多国家经常进行对话和谈判，加强协调和合作，而且积极谋求制定电子商务国际规则的主导权，以便将其在该领域的现有优势转化为永久优势。目前，电子商务国际谈判主要集中在少数国家之间，这样的国际磋商机制与互联网的基本原则是不符的，不利于国际框架的形成。因此，我们要积极参与国际对话并逐步起到主导作用，努力建立一个国际社会普遍接受的电子商务国际框架。

美国、欧洲等发达国家在电子商务活动中，已在 BtoB 电子商务和 BtoC 电子商务方面有一些比较成功的经验，可供借鉴。中国企业的电子商务还处于起步阶段，政府可以鼓励国内企业与有诚意的国际机构和跨国公司开展互利的双边或多边合作。

（三）发展电子商务必须解决的若干问题

1. 关税和税收

对于通过信息网络订购，由地面或空间运输的交易，可以采用当前的关税制度进行管理。对于通过信息网络传递的产品和服务现行制度不适应，必须进行专门研究。发达国家特别是美国，极力鼓动零关税；但是，零关税对发展中国家的经济会带来不利影响。我们必须深入研究，制定相关的政策法规。

税收制度必须具有法律的明确性（纳税义务公开、明确及可预见性）和纳税的公平性（避免不同国家由于税制不同而造成税赋不公和双重征税）。

国家税收最根本的前提是保证国家利益。目前，大多数国家对税收征管施行居民管辖权与收入来源地管辖权的原则，而电子商务的特点是不能很准确地界定服务发生的场所，为确定纳税义务增加了难度。

如何保证税收系统的法律确定性和纳税中立性，既要坚持居民管辖权和地域管辖权并重的原则，又要争取在这个问题上与各国取得一致，这是我们要认真研究的课题。

必须加强国际间的关税合作，在合作中，充分考虑本国和广大发展中国家的利益，坚持我们的基本立场。

2. 电子支付和外汇管理

发展电子商务必须有一个方便广大消费者的、安全有效的、适应电子货币的支付工具、支付网关和资金支付结算系统及相关的法律法规、标准规范。这个问题仅靠市场和企业是不能解决的，政府必须承担起这个责任。政府制定的规则还应有足够的灵活性，以适应市场变化的需求。

鉴于电子商务与传统的商务不同，国际电子商务将涉及跨境支付问题，从而引出一系列诸如经常项目外汇收入真实性审核、外汇实时监管等问题，需要相关部门深入细致研究，采取适当的金融监管手段和政策。既要符合国家外汇管理要求，又能促进电子商务发展。

3. 版权、专利、商标、域名等知识产权的保护

世界知识产权组织和我国政府都明确了对电子著作的保护方法；但是，尚未提到网上服务提供者对网上版权的保护责任问题。政府应研究、修订与版权有关的法规，特别对网上的信息库提供保护。

网上交易必须对专利提供充分、有效的保护。这就要求依据我国现行的专利法，为电子商务中涉及的专利提供保护，并确定专利申报的有效性。要求政府对电子化的专利申请、专利持有人的合法权益保护等提供解决措施。

在电子化市场中，商标仍然起重要作用。在开放的网络环境中，商标所有者要保护自己的权利；同样，政府也要建立新的规则。

还应指出，网络域名虽然不能作为知识产权受到法律保护，但是它的错误使用，会使商标权受到侵犯、干扰和削弱。因此，域名管理除政府管理顶级域名外，一般域名也必须由政府授权，保证电子商务顺利进行。

政府应制定相应的法律法规，来规范这些信息的使用方法。

4. 个人隐私权的保护

电子商务活动中必然会涉及个人的信息收集和使用，这些信息与通常的个人隐私有所不同，既要保护其竞争价值，又要保证信息的自由流动。政府应完善我国的个人隐私保护的法律规范。

5. 保证国家安全

电子商务要保证国家经济安全。这就要求，在网络安全、信息安全、密码技术及安全管理等方面，应当遵循国家有关管理制度，同时考虑与国际标准兼容。必须采取有效的技术和设备，保证信息系统和网络安全运行。必须采用有效的安全认证技术，保证电子数据的完整性、保密性、有效性和抗抵赖性。建立完善的信息系统建设、管理、使用制度。加强信息系统管理操作和使用人员的安全技术和安全意识的培训。

为确保电子商务的安全、可靠，确保个人、企业和国家的经济利益，政府主管部门对电子商务的密码实行分级授权管理。对核心安全技术实行国家统一管理，鼓励开发具有自主版权的实用性安全技术产品。电子商务的安全认证和运营，主要是企业行为，政府只需统筹规划，实行授权管理，为电子商务运营创造一个公开公正、平等竞争的市场环境。

电子商务的安全认证，是实现电子商务的关键，必须统筹规划认证体系的建设，由政府有关主管部门实行授权管理。各行业、各地区需要建立安全认证中心的，要报请主管部门批准。安全认证中心是最高级别的认证中心，必须由政府主管部门批准建设、授权运行和监督管理；认证中心按级别对其他认证中心进行认证、授权和监督。

对于国际贸易，为保证安全，交易国之间应签订认证协议。

还必须指出，要打击电子商务中的犯罪行为，开发应用网上犯罪取证和侦破的技术手段。

6. 加强信息基础设施建设

建立高效的信息基础设施是实施电子商务的必要条件，从而保证公平合理的接人、低成本运行和获得良好的服务，特别是使中小企业和欠发达

地区也能参与电子商务。我国政府反复强调，电子商务重在应用。对电子
商务网络平台建设，要进行统筹规划，要引入竞争机制，鼓励有序和公平
竞争。制定有利于电子商务发展的通信资费标准，提供有效的技术和服
务，减少地区性差异。信息基础设施的建设和运营部门应为电子商务企业
和增值服务提供商创造一个公平、合理、无歧视的市场环境。

（四）近期我国发展电子商务的工作重点

1. 政府示范引导，外贸行业先行

考虑到我国电子商务发展的现状，我国电子商务的发展，应当首先从
同政府有关的环节入手，稳步推进。加强政府的示范和引导，通过实施政
府信息化，促进政府和企业的沟通。发展政府部门之间的非支付性电子商
务；促进有关部门在电子商务实施中的关系协调，推动管理部门联网，实
现商务管理电子化。对电子商务的网络平台建设进行统筹规划。

鉴于我国外贸行业信息基础较好，正在建立和完善外经贸信息服务体
系，发展电子商务，外贸行业可先行一步，通过外贸、海关、商检、银
行、外汇管理、税务以及运输等部门的联网，推动国际电子商务应用，加
快经济和企业经营国际化进程。

发展企业与企业间的电子商务，鼓励企业应用和发展电子商务，逐步
提高企业的管理水平，改善业务流程，增加贸易机会，提高企业经济效益
和竞争力。

发展企业与消费者间的电子商务，提高消费者网上购物的意识和
激情。

2. 打破电信垄断，尽快引入竞争机制

我国基础电信资费标准过高，极大地限制了互联网在我国的应用。我
国电信行业的长期垄断使其效率低下，如中国电信的用户为德国电信的
1.4倍，但单位效益仅为德国的1/3。基础电信资费标准和网络用户规模
已成为限制我国电子商务发展的最大瓶颈。因此，必须尽快打破电信垄
断，引入竞争机制，促进网络应用的普及，有利于促进信息产业的发展和
以电子商务为代表的信息社会的建设。

3. 加强标准制定和关键技术研究

"统筹规划，国家指导；统一标准，联合建设；互联互通，资源共

享"是我国信息化建设的方针。其中"统一标准"确立了标准化工作在政府实施信息化领域职责中的重要位置，同时表明标准化是信息化建设的重要技术支持和保障体系。而安全是广大商家和消费者最为关心的问题，是电子商务的核心问题。所以，电子商务要适应市场全球化的新形势，为中国企业参与国际市场竞争提供现代化的信息手段，并且得到广泛的普及应用，标准和安全非常重要。为此，必须组织精干力量进行标准制定和安全技术研究，尽快拿出方案并付诸实施。同时，还应从战略高度重视电子商务对未来经济发展的重要推动作用，制定和完善电子商务应用技术发展框架与战略，包括发展方向与突破点、关键技术与关键产品、资金投入与人才配置、产业与应用衔接、政府与企业结合、自主开发与技术引进等。

4. 加速商业和金融电子化进程

电子商务的基础设施是商业电子化和金融电子化。只有金融网与商业网互通，才有电子货币流通的可能。在电子商务环境下，电子货币有着替代现金流通的重要作用，但电子商务的特点决定了电子货币必须有灵活性、安全性、保密性和国际化达到一定水平后，才能在电子商务中广泛地应用。因此，对于数字化电子货币的发行、支付和管理是我国金融业必须探索和解决的问题。然而，这些基础设施，有的我国还没有建设，金融业自身有的没有实现电子化，全国性的金融网络还没有形成，商业电子化水平又落后于金融电子化，有的甚至还没有起步。只有加快金融机构的电子化步伐并提供高质、高效、安全的金融服务，加快商业电子化和金融电子化网络形成，才能确保电子商务的支付和结算的顺利进行。

我国的金融电子化工作要配合国家对金融机构的监管和金融体制的改革，服务于提高资金的使用效率，确立方便企业和个人用户的目标，在跨银行、跨地区的贸易结算、资金划拨等方面有所突破，以适应信息时代要求，使企业和个人都能够通过信息化手段，随时随地享受到高质量的金融服务。

5. 总结推广典型经验

目前，我国投资电子商务的高潮正在兴起，涌现出了一批成功的典型。有些公司，如中国电信公司、联想集团、中国国际电子商务中心等大型信息企业集团在发展信息产业和电子商务中做出了显著成绩，积累了宝贵的经验。青岛海尔集团于1999年3月10日成立"海尔电子商务有限公司"，这是国内第一家家电企业的电子商务公司。接着青岛海信、广东美的、科龙公司等也都先后成立电子商务公司。它们基于自身的实力、结合原有的优势，积极发展电子商务，并用电子商务改造原有业务，使企业素质全面提高，销售额以 80% 左右的幅度增长。

在祖国南粤大地，有一家名不见经传的中型公司。这家公司就是 Chinarnedia，龙媒国际贸易网（www. chinamedia. org）。从 1996 年起，龙媒公司就默默耕耘，每年的销售额和赢利都呈倍数的增长。龙媒瞄准全球服装、鞋、玩具、眼镜、家具等轻工产品市场，以适应中国国情的市场战略，以"市场缔造者"（Market Maker）的身份，成为中国生产厂商和国际买家之间不可或缺的贸易中枢，通过龙媒国际贸易网，为活跃于中外贸易领域的商贸人士，提供各种高附加值的贸易促进服务，创出了惊人的奇迹，为中小企业树立了榜样。为此，《国际商报》2000 年 9 月 8 日，以《创造中国网站赢利的神话——记龙媒国际贸易网》为题，描绘了龙媒公司的发展历程，介绍了龙媒的成绩和经验，读后深受启发。

"榜样的力量是无穷的"。建议有关部门组织精干力量，研究总结我国发展电子商务成功典型的经验，广泛宣传推广，推动全国电子商务的发展。

6. 搞好电子商务知识的宣传普及和人才开发

目前，许多人的电子商务意识还很淡薄，对计算机和互联网知识掌握不够。因此，必须尽快宣传普及电子商务知识，加强相关人才的开发。面向大众的宣传要通俗易懂，增强趣味性和说服力。宣传要恰如其分，实事求是，分别情况，区别对待。有条件的地方，应开展面向不同阶层和不同需要的计算机、网络知识和技能以及电子商务知识的教育，逐步启动"全民电脑普及工程"，以构建推进电子商务应用普及的社会环境。

目前，我国广泛开展电子商务活动缺乏计算机和网络人才，尤其是缺乏具备国际电子商务专业知识和专业技术的人才，绝大多数企业还不了解电子商务处理方式，不懂得如何应用电子手段发展经营国际化。为此，必须充分利用各种途径和手段，培养、引进并合理使用好素质较高、层次合理、专业配套的网络、计算机及经营管理等方面的专业人才，为电子商务应用普及提供人才保障。

四 开展网上物流

（一）什么是网上物流

贸易中商流是物流的前提，物流是商流的保证。整个过程中商流、物流、支付紧密结合，相关单位和当事人很多，关系复杂。当前，电子商务发展较快，买卖双方可以通过网上工具（Email，网络视频、基于 Web 的订货系统）达成贸易协议，通过电子报关、电子支付完成贸易的商流部分，但缺乏网上物流与这些系统相配套，完成整个贸易中单证、信息的传递。可以说，"网上物流"实质上是一个基于 Internet 平台的管理信息系统，完成收货、发货、组织运输等信息的采集、传递、存储，以及维护客户信息数据库。同以往的物流管理信息系统相比较最大的区别在于使用 Internet 平台、安全数据交换技术，且通过 Intenet 与广泛厂商的系统相互支持。

（二）我国网上物流发展现状

1. 当前政府、企业上网速度迅猛。Internet 网建设步伐很快，带宽增加迅速，政府、银行、海关、贸易组织上网为企业上网提供协同支撑。许多企业利用先进的 Internet 技术发布信息，利用先进的电子商务系统拓展自己的业务。许多 ISP、GSP 纷纷提供各种解决方案，为企业建立系统，提供服务，帮助企业实现电子商务。

2. 中国邮政具有全方位的信息接入平台、信息处理系统和可提供资金结算的绿卡网，全国已有 30 个省、区、市 50 个城市中心主机联入全国绿卡金融网，异地通存通取业务联网覆盖 975 个县、市，联网网点 11710 个，连通自动柜员机 3271 台。中国邮政也因此拥有国内最具优势的物流配送网，是电子商务物流配送的最佳选择。

3. 贸易中的许多环节，如产品订购、库存管理、付款等可以在网上实现，但实现这些的上网企业仅是上网企业的一小部分。多数企业停留在发布信息或简单的订货系统。国内网上支付方案也是在近期刚刚推出。

4. 从事物流活动的企业上网的较少，仅限于介绍企业状况、业务范围、业务流程等，个别企业提供报价系统。目前，支持运输协议签订、运费支付、在途货物查询等功能的网页还不多。

5. 在国际贸易中已经实现电子报关，纳税也已经实现网络化管理，正准备实现基于 Internet、Web 电子支付的管理系统。

6. 从发展趋势看，网上贸易、网上物流是必由之路。网上物流必将成为一种迫切需要。1999 年 11 月媒体透露电子支付、网上物流有待填补，不到半个月工商银行就推出基于 Internet 的电子支付方案，11 月底中国邮政总局正式宣布介入网上物流，充分发挥其网点分布广、信息技术先进等特长，开拓其物流业务。

（三）企业网上物流的程序

企业物流，由采购供应阶段和产品销售阶段的外部物流与生产阶段的内部物流构成。采购供应物流涉及以选择合适的供应单位为中心的供应方式、物流组织和降低库存等。销售物流涉及供货期限、批量、方式，运输手段、产品包装、配送等。生产、销售、物流企业都采用基于 Internet 的 Web 提供服务，整个过程将简化。

1. 寻找供货方网页。Internet 信息在组织时把相关信息放在一起，你可以打开很多供应商的网页，查看产品、价格、公司状况、技术支持，很轻松地做完市场调查，获取的信息内容全面、范围广，时间、经费极大节省。网上填写一张订货单，发送即可。

2. 打开运输相关企业的网站，选中一个运输伙伴，网上填写托运申请，签订运输合同。

3. 利用本企业的网页宣传企业及产品，提供网上订货功能。营销费用少、地域覆盖面极大、争取潜在消费者能力强。

4. 分析统计订单、选择合适的运输。

上述几方在一个网上虚拟社会中完成贸易，实现商流、物流。各方均通过自己的 Web 网页收集订单，把数据存入企业的数据库。没有数据库很难实现订货系统、查询系统等。该数据库与我们传统的物流管理信息系统的数据库有相似之处。

（四）企业怎样构建"网上物流系统"

假设我们使用微软的产品，整个系统构造如下：

硬件：133MHz Pentium 处理器（建议 200 以上）；64M 内存（建议 128M 以上）；2G 硬盘（建议使用磁盘阵列）。

软件系统：NT 4.0 Servlce Pack3（当前版本 Pack5）；Windows NT Option Pack 提供 Web 应用、电子邮件、新闻等；IE（Microsoft Internet Explorer 4.01）Web 浏览器。

数据库系统：SQL6.5（建议使用新版本 7.0）。

物流信息系统：接受托运单，进行库存管理、运输资源管理、客户信息管理，与电子支付系统的接口，实行内部财务管理等。

在不同具体环境下，使用的方案、软件不同，但层次结构相同。有些企业把硬件、软件系统、数据库系统委托 ISP、GSP 提供，减少维护工作量。许多企业原有的管理系统可以通过改造或升级达到要求。关于改造和升级有一些成功的报道，但目前提供这种技术服务的公司不多。

借助上述系统，企业可以很方便地发布自己的信息，如：公司简介、业务范围、报价、运输能力、运输设备状况、仓储能力，物流相关知识、法律的介绍，业务导向（介绍如何使用本系统办理托运、如何支付运费、如何查询在途货物等）。详尽丰富的信息、合理的价格、优质的服务使你更容易在网上赢得客户，尤其是潜在客户。借助 Internet，你可能把运输发展到天涯海角，大大突破以往的地域。

接受托运单，合理调度运输、库存资源，做好合理运输，开展配送，将极大提高利润。客户信息的收集与整理有利于企业抓住客户，针对客户情况提供相应的业务。但收集客户信息并整理加工是当前企业的薄弱环节。

随着 Internet 的发展，网上物流必将迅速发展，实力强大、走在前沿的企业必将获得更大的经济利益。

第十六章 信息安全的战略和策略

信息传播全球化在给企业经营国际化带来良好机遇的同时，也带来了激烈的信息战，严重威胁着信息的安全，成为企业实施经营国际化战略的重大障碍。因此，必须制定和实施既符合国际通行规则又具有中国特色的信息安全战略和策略。其总体框架可以是：加强领导，抓好学习，提高认识，解放思想，培育和树立信息安全意识；遵循客观规律，从中国实际出发，建立健全信息风险预警机制、信息安全防范机制、信息安全管理机制、信息安全法规体系，确保信息的安全性，为企业实施经营国际化战略创造良好的安全环境。

一 激烈的信息战

信息技术革命，使计算机与通信两大信息技术在兼容共存的基础上有机结合在一起，产生了网络技术。互联网的迅猛发展及广泛应用，有力地促进了信息传播全球化的发展。但信息传播全球化在给企业经营国际化带来良好机遇的同时，也带来了激烈的信息战，成为企业实施经营国际化战略的重大障碍。

（一）信息战概述

随着信息传播全球化的迅猛发展，信息共享程度日益提高，使世界各国的政治、经济、国防、交通、能源等对信息的依赖性空前增强，企业的生产经营、人民群众的社会生活、国民经济和社会的发展等都离不开信息系统，信息资源已经成为人类社会赖以生存和发展的战略性资源，信息网络已经成为企业的命脉、国家的命脉，由此也产生了一种争夺信息的战争——信息战。因为信息战主要表现为通过网络攻击，破坏信息传播系统或窃取信息，迅速而激烈，故有人称之为"网络闪击战"。

网络攻击的形式主要有：（1）进入公众信息网络，篡改公众信息和数据等，扰乱社会秩序；进入企业信息网络，篡改企业信息和扰乱企业生产经营秩序。（2）非法进入银行系统或证券交易系统，获取用户账号和密码，修改用户的证券交易记录或银行存款账目，实施直接的电子窃取行为。（3）窃取企业或国家机密文件、敏感数据、要害部门的网络口令，为敌对势力提供可靠情报；或者直接侵入保密信息的存放地址，销毁或修改网络上的机密信息资源，达到破坏信息资源和扰乱指挥系统的目的。

网络闪击战的出现没有任何时间上的约束，任何一个国家和地区在任何时刻都有可能会遭受一场突然的战争，而事先却没有任何明显的标志；由于网络的开放性与拓扑性，对战场形势的影响并不取决于你在地球上的什么地方，遭受攻击的一方很难确定敌人到底是谁，攻击来自何方；而且交战双方殊死搏斗将在一个全新的时空里展开，侵略一方不是靠武器使对方屈服，而是坐在舒适的办公室或家中通过智力、键盘和信息因子，在几秒钟甚至更短的时间内造成一次不亚于"核爆炸"产生的破坏。网络闪击战无须投入大规模的财务或由国家为传统的武器技术提供所需的资助，而只需"信息网络知识和打入重要信息网络的能力"，入侵方的工具和手段的成本很低，但要防止这种入侵所要耗费的经费将大得惊人。因此，英国、法国、德国、日本、以色列等国都将经济信息安全工作例为对外情报工作的重点。美国政府则把搜集科技和经济信息、保证信息安全作为信息情报工作的重中之重。但是，即使像美国这样率先开展信息技术革命、在信息战中起主导作用的国家，也难免遭受信息战的袭击。

2000年2月8日起，"黑客"接连3天攻击了美国的至少7家大网站，迫使声称从来没有出现过问题的 Yahoo 网站关闭数小时；2月12日，欧洲最受欢迎的欧洲卫星电视台网站遭受黑客攻击，网站瘫痪3个多小时；在南美洲，从哥伦比亚的新闻网站到秘鲁的政府竞选网站，无一幸免；后来，我国及拉丁美洲的一些网站也受到攻击。在2月18日，"黑客"甚至闯入了美国一家生物技术公司的网站，在网页上宣告假合并的消息，股民纷纷买进有关两家公司股票，结果大蚀血本；一名俄罗斯

"黑客"通过安装在地下室的简单设备入侵层层设防的美国花旗银行，使其损失 1600 万美元现金；"黑客"入侵美国中央情报局主页，将中央情报局更名为中央笨蛋局；"黑客"入侵美国司法部主页，增加纳粹标记等。以上事件均造成重大影响。据美国著名的研究和咨询公司杨基集团报告，这次黑客事件给美国造成的经济损失在 12 亿美元以上。

（二）信息战的内涵

信息战是一个新概念。在世界各国，包括信息技术最发达的美国，对信息战的解释也众说纷纭，很不一致。综合国内外的主要观念，笔者认为：所谓信息战，就是以计算机为主要武器，以覆盖全球的计算机网络为主战场，以攻击敌方的信息系统为主要手段，运用高精尖的信息技术，破坏敌方的信息系统造成敌方的混乱、恐慌和失败，达到以极小的代价夺取战争胜利的目的。美国五角大楼把信息战定义为在一场冲突中控制电子信息系统的行动。他们认为，信息战攻击的目标可以包括军事指挥和武装控制系统、通信系统、金融系统、股票交易所、税务系统、保险系统、银行、企业和企业集团、研究开发机构、交通管制系统、高技术数据库等，只要暂时控制敌方的部分信息流就足以使敌人变成瞎子、聋子，受骗上当，乱作一团，直至失败。

早在 1991 年海湾战争时期，美国军方就已经开始在实战中运用信息战来征服对方。据美国报刊报道，海湾战争爆发前，美国获悉伊拉克将从法国购买一批用于防空系统的新型计算机打印机，并且获悉该批设备将经由约旦首都安曼运抵伊拉克。于是美国派遣潜伏在安曼的特工人员偷偷地把一套带有计算机病毒的芯片换装到这批打印机中去。这样，当伊拉克军方安装使用这批打印机后，计算机病毒就顺利侵入了伊拉克防空指挥中心的主计算机。当海湾战争爆发、美国空军开始空袭伊拉克时，美国用无线遥控装置将隐藏在计算机中的病毒激活，致使伊拉克的防空系统陷入瘫痪，从而使美军长达 40 天的空袭行动大获成功。之后，美国又在国际经济技术竞争中运用"信息战"攻击竞争对手的银行、交通、商业、工业、医疗、通信、电子等信息系统，破坏许多国家、企业的信息系统，使许多国家的经济受到了重大损失，许多企业陷入混乱和瘫痪状态。其他许多国家，包括部分发展中国家也都纷纷效仿美国，运用"信息战"参与国际竞争。在亚洲，印度的"黑客"比率高居首位，发动或参与信息战的频率最高。

信息战是以计算机网络为战场的。因此，这类战争没有国界之分、前后方之别。遍及世界各地的计算机网络（包括美国的计算机网络）随时随地都可能成为被攻击的目标。攻击者可以在世界上任何一个网络入口处对任何一个计算机网络发动进攻。例如，一个携带一台"便携式计算机"的伊拉克特工人员可以从容地在墨西哥一家豪华旅馆里向美国军事信息中心或经济信息中心发起攻击。据此，从这个角度看，高度依赖于计算机网络的美国军队和美国经济也具有一定的脆弱性，对它的攻击已经不再受时间、空间、甚至经济实力的限制，而且一旦攻击得手，它的损失也远远大于其对手。据报道美国每年因信息战而造成的经济损失达 75 亿美元；美国企业电脑安全受到侵犯的比例从 1996 年的 42% 上升到 1997 年的 48%，2000 年又上升到 50% 以上。

信息战不是一种单独的作战形式，而是多种作战形式的综合。它包括指挥与控制战、情报战、电子战、心理战、黑客战、经济信息战、电脑战等，其中对企业经营国际化影响最大的是黑客战、经济信息战、信息干扰和信息防护。

二　信息战对信息安全的威胁

（一）信息安全的内涵

信息安全包含两层含义，第一层是指运行系统安全，它包括：法律、政策的保护，如用户是否有合法权利，政策是否允许等；物理控制安全，如机房加锁等；硬件运行安全；操作系统安全，如数据文件是否加保护等；灾害、故障恢复；死锁的避免和解除；防止电磁信息泄露等。第二层是指系统信息安全，它包括：用户口令鉴别；用户存取权限控制；数据存取权限、方式控制；审计跟踪；数据加密等。

要确保信息安全，就必须研究并把握信息安全的特性，简称信息安全性。根据国际标准化组织（ISO）的规范和美国政府有关国家信息安全问题的最新文件的概括，信息安全性的内涵主要指：信息的完整性、可用性、保密性和可靠性。

1. 完整性

完整性是指信息在存储或传输过程中保持不被修改、不被破坏和不丢失的特性。保证信息的完整性是信息安全的基本要求，而破坏信息的完整性则是对信息安全发动攻击的目的之一。因此，应该防范对信息的随意生成、修改和删除；同时要防止数据传送过程中信息的丢失和重复，并保证信息传送次序的统一。

2. 可用性

可用性是指信息可被合法用户访问并按要求的特性使用，即指当需要时能否存取所需信息。对可用性的攻击则是阻断信息的可用性。例如在网络环境下破坏网络和有关系统的正常运行就属于这种类型的攻击。

3. 保密性

保密性是指信息不泄露给非授权的个人和实体，或供其利用的特性。这是信息安全最重要的要求。例如，在网上进行电子商务的询价、成交、签约，涉及许多商业的秘密和公众隐私。如果信用卡里的账号和用户名被人知悉，就可能被盗用；如果订货和付款的信息被竞争对手获悉，就可能丧失商机。因此，要保证电子商务的安全，就必须预防非法的信息存取和信息在传输过程中泄密而被非法窃取。

4. 可靠性

可靠性是指保证信息系统能以被人们所接受的质量水准持续地运行。

信息处理的完整性、可用性、保密性、可靠性不仅对于军事部门是极其重要的，而且对企业从事经营特别是经营国际化也是极其重要的。在竞争日趋激烈的国际市场上，营销信息的传送必须保持完整性、可用性、保密性和可靠性。如果营销信息被竞争对手修改、删除或窃取，就不可能在竞争中获胜。

（二）信息战对信息安全的威胁

信息战对信息安全的威胁是多种多样的，并且随着时间的变化而不断变化。从现实情况看，最主要的威胁有以下六种类型：

第一，计算机病毒

计算机病毒是一种特殊编制的计算机程序，能搅乱、改变或摧毁计算机中的软件，轻则给计算机用户"开个玩笑"，重则使整个计算机网络瘫痪，将用户们的心血付诸东流。计算机病毒通过磁盘、网络、电子邮件等途径传播。利用电子邮件传播计算机病毒隐蔽性强，经常令人防不胜防。计算机病毒的传染性极强，只要你的计算机同其他计算机联网，或者使用新的软件，计算机病毒就可能不知不觉地到你的计算机中安家落户，等待时机捣乱一场。

一旦病毒发作，它能冲击内存、影响性能、修改数据或删除文件。一些病毒甚至能擦除硬盘或使硬盘不可访问。病毒造成的直接危害是降低网络的运行效率，因为一旦出现病毒，网络管理员和 PC 机用户必须停止所有其他的工作，以便查找病毒。查出病毒后，必须立即将它们清除，已经感染的计算机、磁盘和程序都必须进行消毒，需花费相当长的时间。

随着计算机网络的迅速发展和普及，计算机病毒也像瘟疫一样袭击着世界许多国家的信息网络系统，恶性病毒给信息产业和企业经营国际化造成了巨大的危害。进入 1999 年以来，计算机病毒的爆发有了许多新特点，主要是：爆发频率加快，Happy99、梅莉莎、CIH 等恶性病毒相继发作；危害面扩大迅速，可在短时间内遍及全球；破坏性严重，可在瞬间造成成千上万台电脑瘫痪。绰号为"切尔诺贝利病毒"的 CIH 计算机病毒 1999 年 4 月 26 日在全世界范围内大发作，至少使 70 多万台电脑受到破坏。这是迄今为止范围最广、破坏性最大的一次计算机病毒发作，全世界因此而遭受损失近 10 亿美元。

近一两年来，越来越多的计算机病毒制造者开始将目标对准了包含在一些大型应用软件中的指令说明程序（即"宏"）。这些程序的易破坏性，给病毒制造者们提供了可乘之机。据介绍，在微软公司的字处理和表格处理（Excel）等流行办公软件中，宏病毒迅速增加，是目前新病毒中发展最快的种类。国际计算机安全协会介绍说，目前在美国最流行的 10 种计算机病毒中，有 4 种属于此类，而在两年前根本没有类似病毒。

计算机病毒这一世界新公害，已经引起诸多国家的高度重视。科学家们强烈呼吁各国政府和国际社会采取强有力措施防止计算机病毒蔓延，严厉打击计算机杀手。目前，美国已成立了电脑紧急反应小组，德国、法国、英国、日本、印度等国也成立专门机构，负责防范和治理计算机病毒，打击计算机杀手。

第二，网络"黑客"

对信息安全构成威胁的不仅有计算机病毒，而且还有臭名昭著的网络"黑客"。"黑客"原意为热衷于电脑程序的设计者。但这些人不同于普通的电脑迷。他们掌握了高科技，专门用来窥视别人在网络上的秘密，如政府和军队的核心秘密，企业的商业秘密及个人隐私等全都在他们的窥视之列。"黑客"中有的截取银行账号，盗取巨额资金；有的盗用电话号码，使得电话公司和客户蒙受巨大损失。

网络"黑客"主要有两种类型。一是恶作剧型。此种"黑客"喜爱进入他人网址中，以增加一些文字来突显自己高超网络侵掠技巧，然而这种"黑客"侵入多为通过增添一些"笑话"，制造恶作剧，使人虚惊。二是蓄意破坏型。这种"黑客"盗取或修改其中的数据，使对方的计算机系统无法正常工作。更有甚者，还会将电脑病毒载入他人网络网址中，使其网络无法顺利运行。

网络"黑客"主要利用网络的以下主要漏洞实施攻击：①利用人的无意失误进行攻击。如操作员安全配置不当造成的安全漏洞；用户安全意识不强，口令选择不慎，将自己的账号随意转借他人共享等。这些都会成为黑客攻击的入口。②人为的恶意攻击。这是计算机网络所面临的最大的威胁，敌手的攻击和计算机犯罪就属于这一类。此类攻击又可分为以下两种：一种是主动攻击，它以各种方式有选择地破坏信息的有效性和完整性；另一类是被动攻击，它是在"不影响"网络正常工作的情况下，进行截获、窃取、破译，以获得重要机密数据的泄露。③利用网络软件的漏洞和"后门"实施攻击。网络软件不可能是百分之百的无缺陷和无漏洞的，这些漏洞和缺陷恰恰是"黑客"进行攻击的首选目标。曾经发生的"黑客"攻入网络内部的事件，绝大部分就是因为安全措施不完善所致。另外，软件的"后门"都是软件公司的设计编程人员为了自便而设置的，一般不为外人所知，但一旦"后门"洞开，其造成的后果不堪设想。

第三，蓄意入侵

网络"黑客"们虽然很危险，但最大的威胁来自有组织的犯罪，即蓄意入侵。现在，经济社会竞争越来越激烈，竞争对手通过网络非法访问、窃取内部信息的事件屡见不鲜。对一个国家来说，这些人可能是敌对国家或敌军的情报人员；对一个企业来说，这些人可能是竞争对手的情报人员。这些人有很高的技术水平和技术手段，远非十多岁学生的恶作剧可比。他们会系统地查询某家企业的信息系统以寻找漏洞，然后就通过漏洞谋利，甚至通过截获、篡改数据来非法获取巨额利润。

据法国《费加罗报》1999 年 2 月 18 日报道，世界范围内有组织犯罪所涉及的总金额高达 1 万亿美元。在各国政府的努力下，有组织的犯罪受到了一定程度的打击。但据塞尔日·勒多朗以及菲利普·罗塞合著的《电脑犯罪》一书介绍，犯罪分子的势力仍然十分强大，犯罪分子利用信息技术包括移动电话、个人电脑以及互联网等来进行的犯罪活动还十分猖獗。

信息网络，尤其是互联网的发展为犯罪分子洗黑钱提供了巨大的便利。世界各地开设的网上银行几乎完全逃避了各国的监管。《电脑犯罪》一书的作者们还解释了犯罪分子喜爱电子货币的原因。这些电子货币可以用"筹码"的形式储存在电脑中。这样，它们可以十分方便地转移到世界各地去。需要特别指出的是，电子货币在未来将越来越广泛的应用。

借助于网络，犯罪分子可以通过破坏银行信息系统来进行盗窃，再也无须采用传统的方式来抢劫银行了。据统计分析，采用传统方式抢劫银行，平均每次获得的赃款只有 3551 美元，而且行抢者入狱的可能性高达82％；使用电子方式盗窃，犯罪分子平均每次可得赃款 25 万美元，而且被抓获的可能性只有 2％。

一些企业的商业秘密（如价格、计划以及客户名单等）也通过网络被剽窃。美国联邦调查局 1999 年进行的一次调查表明，42％的被调查企业承认在过去 12 个月里自己的信息被人剽窃过。其中一半的企业认为，剽窃者就是自己的竞争对手。在法国，信息剽窃造成的损失估计在 80 亿法郎左右。

面对这些威胁，有关当局被迫行动起来进行反击。他们购买设备，培训专业人才并制定了一些规章制度（尤其是在互联网的加密技术方面）。但这将是一场艰难的战斗。塞尔日·勒多朗和菲利普·罗塞认为，犯罪分子的"技术手段远远超过了各国的警察"。而且他们认为，各国政府在这方面"越来越落后了"。

第四，来自内部的威胁

内部工作人员特别是计算机操作人员能较多地接触内部信息，工作中的任何失误都可能给信息安全带来威胁。在企业经营国际化活动特别是电子商务活动中，企业内部职工的网络不良操作习性是越来越多的安全隐患产生的重要原因之一。据香港 Symantec 公司网络安全专家对亚洲信息安全状况的调查，公司雇员工作时，其上网时间的 1/3 用于处理私人事务——发 E - mail、浏览娱乐网络或进入聊天室。专家认为，在上网接收邮件及文件下载的过程中，都会给公司内部计算机系统带来极大的风险。"黑客"及形形色色的病毒可能乘机而入，窥探或毁坏公司数据库系统，破坏性极大。因此，亚洲一些公司都在寻求限制雇员私用互联网的方法，并随机检查雇员的 E - mail 信箱及所浏览的网页。

堡垒最容易从内部攻破。如果某一个内部职员将企业的机密文件或信用卡信息透露给竞争对手，将会给企业带来致命的打击；如果把企业的用户名单或其他商业秘密泄露，必将给企业带来不可估量的损失。在现实经济活动中，随着经济竞争的日趋激烈，许多竞争对手纷纷高价收买信息情报。少数内部工作人员为了获取暴利，向竞争对手或敌方出卖信息情报的案件屡屡发生。据统计，60% 以上的信息安全事件牵涉到组织内部的人，而不是陌生的外部力量。在印度"黑客"中，74% 是公司的前雇员或对公司心怀恶意的现有雇员。这就使得信息安全问题越来越复杂。

第五，垃圾信息的侵入

另一类威胁信息安全的行为，是利用网络传播违反社会公德及所在国法律的信息。这类信息人们称之为垃圾信息。垃圾信息入侵问题越来越严重，让网民们头昏眼花，无所适从。例如：虚假信息、冗余过时信息、黄色淫秽信息、政治反动信息、种族歧视信息等在网上随意流动，相互渗透。由于全球信息系统的贯通，任何一个系统、任何一个环节的污染都将给整个信息社会带来难以估量的破坏和损失，也对国家安全、企业安全、社会稳定造成极大的危害。

第六，侵权问题

网络的发展也给知识产权和隐私权的保护提出了严峻的挑战。用户的程序及数据受到侵犯的事例已屡见不鲜，对数据的侵犯还包括对在线数据库及非在线数据库中的数据的滥用。联网计算机的个人数据有可能遭到来自网络的攻击，某些时候这会为敲诈者提供机会，从而导致产生社会的不稳定因素。

三　信息安全的战略和策略

信息战对信息安全的威胁告诉人们，要想打赢信息战，必须制定和实施科学的信息安全战略和策略，有效保证自己信息系统的安全性。

美国政府早在20世纪80年代末就把信息安全问题提上议事日程，1987年颁布了《计算机安全法》，并以此为依据陆续出台了一系列信息安全政策法规。2000年初，美国政府又制订了"信息安全发展战略和发展计划"，旨在加强和保护关键信息基础设施、计算机系统和网络的安全。日本信息技术战略本部及信息安全会议于2000年7月中旬拟定出了信息安全指导方针，政府有关机构、有关企业根据指导方针纷纷制定了适合本单位特点的《信息安全基本方针》和《信息安全对策基准》。俄罗斯总统普京于2000年9月12日批准了《国家信息安全构想》，规定了确保信息安全应采取的措施。英、法、意等发达国家及印度、韩国等发展中国家也都制定和实施了本国信息安全发展战略和策略。

中国的信息技术及信息产业起步较晚，但发展迅速，信息产业以30%左右的幅度增长，已发展成为国民经济的支柱产业。但中国的信息技术水平仍很落后，处于"组装式生存状态"，许多关键技术还依赖进口，一些基础性的安全技术我们还无法把握，处于受控于人的状态，信息安全隐患较多。从最近几年发生的计算机犯罪案件来看，一些罪犯并不具备多么专门的计算机知识就能轻而易举得手，说明有些部门、企业的信息网络抵御攻击的能力很低。对于防范和打击犯罪，保证信息安全还没有引起有关领导和信息产业部门、企业的足够重视。所以，中国用户最关心的是信息安全问题。中国互联网络信息中心于2001年7月27日发布的《中国互联网络发展状况统计报告》指出，47.1%的用户最近1年内计算机被入侵过，52.26%的商务用户最关心的问题是网络信息的安全可靠性。① 因此，应提高认识，解放思想，树立信息安全意识，制定和实施既符合国际通行规则，又具有中国特色的信息安全战略和策略，确保信息的安全性。

---

① 《国际商报》2001年7月27日第5版。

我国信息安全战略和策略的总体框架可以是：以邓小平的安全理论为指导，认真学习党和国家有关信息化和信息安全的指示精神，解放思想，提高认识，加强领导，成立专门机构，搞好研究、学习、宣传和教育，培育和树立信息安全意识；遵循客观规律，建立健全信息风险预警机制，开展预警性研究，及时准确地发布风险预警；根据风险的类型与成因，建立健全信息安全防范机制，并从政策、体制上加以保障；建立健全信息安全管理机制，搞好信息安全业务工作，特别要强化对人的管理；加强安全立法，建立健全信息安全法律体系，依法维护信息安全，规范信息网络的运行。

根据上述总体框架，宜主要采取以下战略措施：

（一）加强领导，培育信息安全意识

目前，世界各国都非常重视信息安全工作，各国政府和有关企业都组建了信息安全保密工作机构，加强对信息安全工作的领导。组织精干力量研究开发信息安全和保密技术，制订信息安全对策方案。为了打击网络犯罪活动，美国政府决定成立一个由联邦调查局、中央情报局、司法部和商务部联合组成的特别小组，来保护美国的重要电脑系统不受攻击。还组建国家安全信息情报交流机构，组织大型通信公司、信息技术企业、信息研究机构、安全情报部门的有关人士参加，研究开发攻击性和防御性的电脑程序，定期研究信息安全的对策。

我国应学习借鉴先进国家的成功经验，在共产党的领导下，各级政府和有关企业、事业单位，成立专门信息安全领导机构，加强对信息安全工作的领导。在积极发展信息技术事业和信息产业的同时，研究开发信息安全技术，制定和实施信息安全战略和策略，确保经济、社会和企业信息化的顺利推进。要进一步加强信息安全的培训工作，举办不同类型的培训班，对领导干部、系统管理人员、企业主管和部门经理、计算机操作人员、网络管理人员、大中专学生等，分别进行针对性的培训，提高全民的信息安全意识和安全工作素质。只有全民信息安全意识和素质提高了，我国的信息安全事业才会有可靠的保证。

（二）建立健全信息风险预警机制

信息战和信息安全的发展是有规律的。要保证信息安全，夺取信息战

的胜利，就必须遵循客观规律，建立健全信息风险预警机制，进行预警性研究，及时准确地发布警示，提前采取措施，防患于未然，确保信息安全。预警机制是指由能灵敏、准确地昭示风险前兆，并能及时提供警示的机构、制度、网络、举措等所构成的预警系统及其功能，其作用在于超前反馈，及时布置，防风险于未然，打信息安全的主动仗。建立信息风险预警机制需要从以下几个方面着手：

第一，建设国际化的信息网络

风险预警的正确性主要来源于对经济国际化和企业经营国际化有关信息、资讯、数据的及时反馈和综合分析，从中发现风险存在和发生的可能性，将风险控制和消灭于萌芽之中。因此，风险预警首先要建立一个能灵敏、及时、可靠、快捷、全面反映经济活动和变化的信息网络。

中国的信息网络应该与国际信息网络全面对接，从而建立布局合理、覆盖全球的信息网络。这就要求我们在网络建设中，要与国外有关信息机构实行有机的联结，采取信息互换的方式，将中国网络融入国际性网络之中，以降低信息网络建设成本，迅速扩充网络容量。为此，我们要认真考察联通对象的网络建设状况、信息更新速度、信息的可用性以及信用程度等，在此基础上建立起良好的信息合作关系。

第二，建立信息风险分析的专业队伍

信息的收集与反馈仅是风险预警的初级阶段，真正发挥其提醒和警示的作用还需进行信息的深加工，即在对信息资料分析研究的基础上去粗取精、去伪存真、由表及里地寻找风险发生的潜在因素与可能性，以提出具有前瞻与预见性的科学结论。这就要求建立信息风险预警机制，必须有一批具有风险分析专长的人力资源，建立一支知识渊博、精明强干、敢于面对风险、善于应付挑战的风险分析专业队伍。

风险分析人才，既是专才又是全才，含金量与稀缺度比一般专业人才要高，因而成为世界各国（地区）人才争夺战中的首要目标。为此，我国建立信息风险分析专业队伍，关键是建立健全科学、灵活、完善的人事体制，搞好人才的培养、引进和使用，保证人才引得进、留得住、用得活。

第三，建立健全企业内部风险分析机制

建立灵活、高效、完善的预警机制，不仅应抓好国家宏观预警网络建设和地区中观预警网络建设，还须重视企业预警网络建设，构筑宏观、中观、微观三层防护网。

企业是经营国际化的行为主体，是经济长链上的基本环节。信息风险无论是国际性的，还是国内性的、地区性的，对企业的影响和危害都是最直接最深重的。因此，必须重视企业内部风险预警机制的营造，修筑企业坚固的风险屏障。对于内部风险，能及时察觉、控制，从细微之处斩断苗头；对于外部风险，能有效弱化冲击力，尽可能降低风险损失，夯实信息风险防护网络的基座。为此：

首先，要增强企业抗风险意识。加入 WTO 后，企业经营国际化的发展越来越迅猛，中国企业无论大小都将无一例外地被卷入经济全球化潮流中。这就要求我国企业尽早树立风险意识，未雨绸缪，接受中外一些企业因漠视风险而招致失败的教训，抓好企业内部风险教育，不仅要重视决策层、管理层的风险教育，还要重视员工层风险教育，树立广泛而深入的风险意识，形成风险监视的强大阵容。

其次，要利用计算机技术和设施，建立企业内部风险预警网络，针对企业财物指标的可预测强度，设计能迅速传导企业经营风险、信用风险、信息风险等信息的企业指标体系，并给予密切关注和及时分析，增强微观基础的经济风险快速反应力。

最后，实现企业网络与地区、国家网络的联通与互用。由于力量所限，企业网络不可能多方布点，全球监测，且其微观基础的地位也决定了其不可能以更高的角度面对更宽的视野。对国际经济大的环境、大的形势变化的数据信息收集相对困难，因此需借助国家与地区网络的信息传递，实现政府、企业信息网络一体化，建立宏观、中观、微观有机联结，互通互用的风险信息预警格局。

（三）建立健全信息安全防范机制

在预警机制发出危机可能发生的警示信号后，接下来就是危机的有效防范与控制。危机的防范与控制应根据风险的类型与成因，建立相应的防范机制，并从政策、体制上加以保障，最终达到保证信息安全之目的。信息安全防范机制是一个庞大的系统，其核心是技术防范机制。没有技术防范机制，信息安全只能是纸上谈兵。所谓信息安全技术防范机制，就是在计算机和网络技术的开发与创新中，运用先进的信息安全技术建造一道道安全屏障阻隔敌方或竞争对手的入侵，化解信息战的威胁，确保信息的安全。信息安全技术主要包括密码技术、安全控制技术、安全防护技术等。

第一，密码技术。密码技术由明文、密文、算法和密钥组成，即利用该技术将原始的明文信息按照设定算法的变换法则转换成必须由密钥方能解析的密文信息，以避免信息的失窃和被篡改。这一技术的关键在于密钥设置的强度和层次，技术强度越高，密钥设层越多，信息破译的难度越大。

第二，安全控制技术，主要包括访问控制，口令控制等。访问控制是确定用户的合法性和对计算机系统资源享有哪些访问权，并通过特定的技术设置访问路径，防止非法用户进入系统以及合法用户对系统资源的非法使用；口令控制技术是运用口令设置技术来判断用户的身份和用户享有使用资源的权限，防止黑客随意入侵。

第三，安全防护技术，主要包括防火墙、病毒防治、信息泄露防护、薄弱环节检测等技术。防火墙是设置在被保护网络和外部网之间的一道安全保护屏障。它通过监测、限制、更改跨越防火墙的数据流，尽可能对外封锁网络的信息、结构及运作状况，以保护网络信息不遭破坏和干扰。它的主要技术有数据包过滤技术、应用网关技术和代理服务技术。病毒防治技术主要是通过对软硬件实体的完善和缺陷的修补来防止非系统程序对网络薄弱环节的攻击和网络资源的破坏，主要包括工作站防护技术、服务器防护技术等。信息防泄漏技术，即防止信息在传导发射和辐射发射过程中泄露的技术，主要采取包容与抑源两种方法，通过屏蔽、隔离、接地和滤波等，将有用信息限制在安全区内流动。安全薄弱环节检测技术，即能对系统中异常现象及时准确测出的有关技术，以防止黑客设置特洛伊木马或冒充其他用户或突破系统安全防线。

信息安全技术种类多，层次高，要有所突破和创新较为困难。要提高我国网络信息的安全系数，必须加大上述技术研究的智力与财力投入。一方面，建立健全多渠道、多领域、多层次、多方位的筹资机制，形成政府、社会、企业、个人积极投资格局，不断加大资金投入；另一方面，要鼓励国内优秀的计算机人才和高新技术企业在网络安全技术的研发上下功夫，组织优秀的、具有实力的反黑队伍，争取多出中国自主创新的成果，以独到的技术结织黑客难以破解进入的安全网；围绕"黑客工具"的特点，围绕有针对性的反黑技术集中攻关，争取及时应对，快出成果；关注国际信息安全技术的最新研究动态，并积极借鉴合理成分，提高中国技术开发起点，使信息安全技术既能超前又有中国特色。2000 年 8 月 21 日青岛海信集团向社会推出自行研制的网络安全产品——"8341 防火墙"，并且在北京开展"8341 防火墙诚邀全球黑客高手检测"，以 50 万元悬赏鼓励黑客高手攻击防火墙以检验产品的先进性和可靠性。来自北美洲、欧洲、亚洲、非洲、澳洲等世界各地的网络高手在 10 天内对"8341 防火墙"发起二百多万次攻击，防火墙安然无恙。对于这一举动虽然众说纷纭，褒贬不一，但此事无可辩驳地证明："8341 防火墙"弥补了前代防火墙的种种缺陷和隐患，达到和超过了世界先进水平，为伟大的中华人民共和国争了光。

（四）建立健全信息安全管理机制

安全管理是信息安全的关键。只抓技术不抓管理，信息安全就失去保证。事实上，许多安全事件的发生，都是由于管理不善而造成的。要搞好安全管理，就必须建立健全信息安全管理机制。所谓信息安全管理机制，就是根据信息网络的性质、运行规律、业务需求和国家有关规定，以一定的制度为基础，由相应的管理机构组织、协调、保障信息安全的活动。企业信息安全管理机制是信息安全管理机制的基础和细胞，只要企业安全管理井然有序，防范滴水不漏，就能有效地化解内部风险，抵御外部入侵，确保网络信息的安全。建立健全信息安全管理机制，主要应从以下三个方面努力：

第一，建立健全管理机构。任何一个计算机系统和网络都应建立专职或兼职的安全管理机构。全国性、全省性的计算机信息网络系统应建专职的安全管理机构，市、地、县域的计算机信息网络系统可根据情况分别设立专职或兼职的安全管理机构，大中型信息企业都应建立专职的安全管理机构。上下左右的管理机构互相联系、相互依存，形成信息安全管理体系。这一管理体系具有相对独立性和一定的权威性。

第二，强化对人的管理。管理的关键在于管好人。因为，一方面，各种安全措施要靠人实施；另一方面，有相当多的威胁信息安全的行为出自内部人员。因此，必须强化对人的管理，全面提高计算机技术人员、管理人员，特别是安全机构人员的素质。对网络信息人员，除了技术层次的要求（如学历、技能、经验等）外，还应有安全性要求，保证从事网络信息工作的人员都有良好的品质和可靠的工作动机，不能有任何犯罪记录和不良嗜好。对其管理要有严密而完整的管理措施，主要包括：①制定科学的用人政策，筛选录用德才兼备的优秀人才；②实行多人负责制，重要业务工作由两人或多人相互配合，互相制约；③坚持职责隔离原则，任何人都不得打听、了解或参与本人职责以外的与安全有关的活动；④坚持离职控制原则，制定并严格执行人员离职后不得侵入原企业网络中之规定，若违犯除依法追究刑事责任外，还将追缴高额民事损害赔偿金；⑤定期和不定期地进行安全教育和培训，经常进行安全检查。

第三，搞好安全业务工作。主要是：①制定安全目标。根据本系统的工作性质为网络或网络的各个部分划分安全等级，制定具体的安全目标。②建立安全管理制度。根据本系统的实际情况，结合国家的有关规定，建立安全管理的规章制度，作为日常安全工作应遵循的行为规范。③制定安全规划与应急方案。在风险和威胁分析的基础上，采取主动和被动相结合的防治措施。在网络规划、设计、建设与应用过程中，要有网络安全的规划，避免网络安全上的先天不足，并有计划地不断地加强安全措施。对意外事故和人为攻击造成损失的事件提出应急方案，一旦发生，立即实施，最大限度地减少损失，尽快恢复系统正常工作。④制定信息保护策略。确定需要保护的数据的范畴、密级或保护等级，根据需要和客观条件确定存取控制方法和加密手段。⑤其他业务。比如加强计算机系统的安全警卫；定期检查安全技术设备状况；对保存敏感信息介质的管理及废弃的这类介质的处理；根据计算机提供的审计数据进行安全审计，以便及时发现非法活动等。

（五）建立健全信息安全法律体系

信息网络世界是人类现实世界的延伸，是对现实社会的虚拟。因此，现实社会中大多数法律都适用于信息网络，任何信息网络领域的违法行为都应受到法律的制裁。但是，信息网络有它自身的特点，信息安全除了具有一般安全的共性外，还有其个性。信息安全内在地要求进行信息安全立法。信息安全立法的重要作用突出表现在以下几个方面：①规范信息主体的信息活动。这是信息安全立法的规范作用的直接体现。信息活动是信息安全立法直接的作用对象，信息安全立法通过规范信息活动，产生相应的影响，实现信息安全立法的各项具体目标。②保护信息主体的信息权利。这是信息安全立法的核心内容。由于公民个人的信息权利与基本人权的实现密切相关，国家和其他组织体的信息权利直接关系到国家安全、经济与社会的发展等；因此，保护信息主体的信息权利十分重要，它是信息立法最直接、最基础的目标。一般说来，信息安全立法是通过规定相关主体的法律义务和法律责任，来强化对信息权利的法律保护的。③协调和解决信息矛盾。信息安全通过规范信息活动，使之适度、有序，并从而保护信息主体的信息权利，来协调和解决各类信息矛盾，兼顾效率与公平。通过解决某些信息过多、过滥，信息质量低劣、虚假信息弥漫、信息污染严重等问题，对政治、经济、社会、文化等产生积极影响。④保护国家利益和社会公共利益。这是信息安全立法中的强行法律规定，也是其重要的调整目标。通过信息安全立法，使国家利益、社会公共利益不受威胁，得到积极的保护。这种保护作用，同保护各类信息主体的信息权利，保障基本人权，在根本上是一致的，它是充分保护信息权利的必然要求。

我国政府比较重视信息安全立法。自 1998 年以来，先后颁布了《中华人民共和国计算机信息网络国际联网管理暂行规定》、《计算机信息网络国际联网安全保护管理办法》、《全国人民代表大会常务委员会关于维护互联网安全的决定》等信息安全法规，对于维护和规范信息网络运行秩序，保证信息安全起了巨大作用。但是，和先进国家相比，我国的信息安全法律、法规还很不健全、很不完善、很不适应信息网络发展和维护信息安全的需要。因此，必须加强信息立法，尽快建立健全信息安全法律法规体系。

中国的信息法律法规体系应既符合国际通行规则又具有中国特色，体现促进经济发展的原则、保障安全的原则、严格执法的原则、与国家现行法律法规体系相一致的原则。综合考虑信息网络系统安全立法的整体结构，尽快建成相对地自成一体、门类齐全、结构严谨、层次分明、内在和谐、功能合理、统一规范的信息安全法律法规体系，使之成为我国法律体系中的一个重要分支。

　　建立健全信息安全法律体系需要从以下几个方面努力：①大胆借鉴和移植发达国家、新兴工业化国家、有关发展中国家制定和实施信息安全法规的成功经验，从我国实际出发，构造自己的法律体系；②建立健全相对独立的信息安全法律体系，主要包括《信息系统安全保护法》、《国际联网安全管理条例》、《计算机软件保护法》、《电子出版物管理规定》、《电子商务法》等；③修改完善《保密法》、《知识产权保护法》、《公平交易法》、《税法》、《广告法》等，充实有关信息安全的法律条款；④全面清理最高人民法院所作的司法解释，剔除不利于信息安全的结论，充实保证信息安全的内容；⑤充分发挥现有信息法规和相关法规的作用，维护信息安全，规范信息网络的运行。

第十七章　信息化人才资源的开发与管理

人才是企业生存和发展之本，是企业的第一资源。利用信息传播全球化促企业经营国际化发展，能否取得令人瞩目的成效，关键取决于企业信息化人才的数量、质量和发挥潜能的程度，特别取决于企业家的素质和才能的发挥。因此，我们必须明确信息化人才应有的素质，学习借鉴外国开发和管理信息化人才的成功经验，从实际出发，制定和实施正确的信息化人才资源开发与管理战略和策略，培养造就又多又好的信息化人才，重点培养高素质的知识型企业家，依靠他们组织带领广大职工群众，走向世界，参与国际竞争与合作，为伟大祖国争日益提高的国际地位。

一　信息化人才应有的素质

（一）人才是企业生存和发展之本

利用信息传播全球化促进经营国际化发展的企业，都是现代化企业。如果没有足够的掌握科学技术和信息化知识的人才，现代化企业就很难生存和发展。一个企业，要想在实施经营国际化战略中不断发展壮大，在日趋激烈的国际市场竞争中立于不败之地，就必须造就一支高素质的人才队伍。因此，人才是现代企业生存和发展之本，是企业兴盛之根本。青岛海信集团形象地说：人才战略和技术创新是企业实现大步跨越的基石，人才是企业的第一资源。

利用信息传播全球化促进企业经营国际化的理论和实践都说明，现代化企业一般具有五个重要特征。第一，现代化企业是一个信息化企业，能够利用信息网络获取和传送各种信息；第二，现代化企业是系统化企业，拥有系统而合理的管理制度，体制科学，机制灵活；第三，现代化企业是科学化企业，讲究科学，按客观规律办事；第四，现代化企业是国际化企业，在多国甚至全球范围内从事生产经营活动；第五，现代化企业是一个人才化企业，需要一大批高素质的知识型人才。在这五个特征中，造就和培养出高素质的知识型人才是最基本的特征，没有这一特征就无从实现信息化、系统化、科学化和国际化。可以说，一个企业能否生存和发展，能否兴旺发达，关键取决于这个企业的人才是否兴旺发达。因此，人才的开发和培养是一项带有根本性的战略任务。

进入 21 世纪后，信息技术革命蓬勃发展，经济国际化潮流滚滚向前，世界经济进入结构性大调整的新时期。我国企业要走向世界，发展经营国际化，就必须有一批能纵横国际市场的优秀人才，既需要有一批高素质、高水平的专业技术人才，又需要有一批善经营、会管理的信息化人才，更需要一批能力超群的企业家。有了这样一批专业化人才和企业家队伍，我国的企业就会充满生机和活力，实施经营国际化战略就有了真正的实力。

（二）信息化人才应有的素质

我们把适应信息传播全球化的经营国际化人才简称为信息化人才。由于信息经济错综复杂，市场竞争日趋激烈，因而对于实施经营国际化战略的信息化人才的要求很高。一般来说，至少应具备如下几个方面的素质。

第一，较高的政治素质

作为信息化人才，只有具备较高的政治水平，才能在国际经济活动中不迷失方向，才能做到头脑清醒，思想纯洁，经济上清廉，作风上严谨。实践证明，在国际经济活动中，只有政治水平高、原则性强，才能使工作卓有成效。反之，如果政治水平低，工作人员就有可能出现腐化堕落，蜕化变质问题。因此，在当前风云变幻的国际形势下，信息化人才能否保持清醒的政治头脑，能否自觉地贯彻执行党的路线、方针、政策，是衡量其政治素质高低的重要标志。

第二，胸怀全球的战略思想

企业战略所要研究的都是属于全局性、整体性和长远性的问题。进行战略管理的目的，就是要使企业自身敏锐地分析形势，观察时机，以寻求更多更好的发展机会来发展自己。因而对企业战略的重要性，已为人们所普遍接受。众所周知，经营国际化战略可以开拓企业的未来，是企业取得成功所不可缺少的法宝。而作为一个信息化人才，就更需要具有战略头脑和眼光，这一点对于国际化经理来说又特别重要。《美国新闻与世界报道》曾经载文认为"21世纪的高级管理人员"应具备最重要素质，即：胸怀全球战略。他们认为，21世纪的企业家应该是一个视野广阔有全球观念的战略家。这意味着企业家要面向世界，面向未来，方能取得优异成绩。

第三，掌握并能灵活运用信息化的知识

适应信息传播全球化的经营国际化人才，必须掌握并能灵活运用信息化知识，积极参与生产经营。对不同岗位的信息化人才，应有不同的要求。在企业信息化建设和管理岗位上的人才，应能熟练操作计算机，利用信息网络组织生产经营；并能根据形势的发展和企业的需要，进行改革和创新。在市场营销岗位上的人才，应能利用互联网构筑覆盖全球的市场网络，积极开展电子商务，努力获取尽可能高的国际比较利益。企业信息主管（CIO），不但懂信息技术和信息管理，而且应有审视信息的穿透力，多向思维的感召力，善于沟通的亲和力，洞察市场的分析力，搏击市场的拓展力。

第四，敏锐的经济头脑和扎实的经济理论知识

具备了这样一个素质，就有可能对经营国际化活动中出现的各种问题作出科学而正确的决策判断，从而做到圆满地解决问题。要想有敏锐的经济头脑，就必须掌握最新的经济、科技动态，还要系统地掌握对外经贸知识，必须懂得国际市场调研、国际营销，进出口业务的基本知识，以及公司理财、经济核算等必须掌握的经济管理基础知识。就是说，信息化人才应当是懂生产经营、懂技术、懂外经贸又懂核算的人才。

第五，对文化差异的敏感性和较强的文化适应性

不同的国家和地区都有其独特的民族文化，这种文化伴随信息传播全球化从社会生活的方方面面表现出来。如某国（地区）的宗教信仰、生活习俗、社会价值观念、行政和经济管理风格等。在实施企业经营国际化战略的实践中，经营管理人员应能对这种文化上的细微差异具有敏感性和较强的文化适应性，从而减少甚至避免这种差异带来的误解和冲突，为企业开展经营国际化创造良好的文化氛围和客观环境。

第六，开拓创新精神

所谓创新，包括观念创新、制度创新、技术创新、产品创新、管理创新、市场创新等。只有具备坚忍不拔的进取精神和不怕挫折的顽强毅力，才能登上创新的高峰；敢于创新，才能无止境地去开拓，并创造出一个崭新局面。因此，作为信息化人才，要想在市场竞争中求得生存与发展，求得经营国际化的成功，就必须不断进取，不断创新。

第七，敢冒风险的胆略

国际市场本身就是竞争十分激烈的场所，既然有竞争，就必然伴随着风险，竞争越激烈，风险也越大，但也存在着很大的成功希望。敢冒风险，绝不意味着瞎干、蛮干。敢冒风险的胆略应建立在科学的市场预测和科学决策的基础上，要善于研究新情况，解决新问题，总结新经验，自觉地掌握和运用客观规律。能提出崭新的创意，独到的见解，既能博采众长，也能力排众议。有胆略才能敢决断冒风险。常言道：胆大而无真知灼见，就可能冒险蛮干；有识而无相应的胆略，则易流于空谈。只有胆大心细，有胆有识，才能在实施经营国际化战略中建立功业。

第八，敢于竞争、善于竞争的精神

信息化人才的各种素质要求，比较集中地表现在敢于竞争同时又善于竞争上。竞争既是胆略又是艺术，不敢竞争，是成不了信息化人才的。欧洲管理论坛基金主席努克斯·施瓦教授说：在任何地方，我们都应该喜欢竞争。竞争是艰苦的，有时是很不舒服的，甚至是麻烦的；但是最后，竞争是把事情办得更好的推动力量。优秀的信息化人才必定都是善于竞争的人才，从某种意义上说，竞争是企业的生命，也是企业的活力之源，更是锻造人才的熔炉。

（三）企业信息化人才的结构

企业利用信息传播全球化促进企业经营国际化发展，需要各种各样的信息化人才。这些人才不是互相孤立的，毫无联系地存在和起作用，而是以有机联系的群体形式存在。各种人才在群体中相互联系，相互影响，共同发挥作用。那么，作为实施经营国际化战略的企业，其信息化人才的最佳组合是什么呢？应该说，就是人才个体的最大效能及其总和恰好与一个企业所需要的最大效能相一致。因此，企业能否在日趋激烈的竞争中站稳脚跟，能否适应多变的外部环境而求得迅速的发展，在很大程度上，取决于企业人才群体组合能否发挥出最大的效能。现实经济生活中，常有这种情形：一些具有许多个体素质很好的人才的企业，而其整体却发挥不出高效能，反而有互相抵消能量的现象；而一些企业就单个人素质而言，并不是最优秀的人才群体，却发挥出高效能。这里实际上是一个人才结构是否合理的问题。企业的人才结构是一个多维的、多层次的、多要素的动态综合体，其内部要素有着上下、纵横、交叉的联系。上至企业最高层，下至车间、科室、工段都有各自的人才结构和组合的要求。必须明确，一个小小的组合点的毛病，就可能给企业总体利益带来损失。一般来说，利用信息传播全球化促进企业经营国际化发展的人才最优结构应体现在以下五个方面。

第一，领导结构。领导结构是指企业领导班子、领导层次的人才比例构成。企业的领导班子和领导层次是领导结构的两个关键点，领导结构的合理化，就是要寻求一个最佳领导班子，一个最优领导层次及其人才的配置。就各个领导层次的人才配置来说，最高层领导人应属于开拓竞争型人才，由他统率企业，才能自始至终保持开拓竞争的姿态；中层领导人员应多属于经理型人才，由他们有效的组织，保证企业的稳定性，并由此产生规模效益；基层人员应多配置技工型人才，由他们尽心尽责完成本职工作，保证企业各项决策、计划和指令的有效贯彻执行。从领导班子看，为了形成一种开拓竞争气氛，各个层次的领导班子都应有开拓竞争型人才。中层、基层的领导人员，其特征主要应是经理人才和技工型人才，但他们又可以说是一种准竞争型人才。

第二，信息化结构。信息化结构，是指企业人员信息化的构成。调整和优化人员信息化结构主要应做到：（1）建立企业信息部门和信息主管。企业信息主管（CIO），是全面负责信息技术和系统的企业高级管理人员。其主要任务是：统一管理企业的信息资源；负责管理企业信息技术部门和信息服务部门，制定信息系统、建设发展规划；参与高层决策，从信息资源和信息技术的角度提出未来发展方向的建议，保证企业决策符合信息竞争的要求；负责协调信息系统部门与企业其他部门之间的信息沟通和任务协作。企业信息主管一般由懂得信息技术的高级情报人员担任。（2）建立一支专门从事信息工作的人才队伍。（3）提高全体员工的信息化技能和信息化意识，鼓励全体员工参与信息资源的管理和开发。（4）制定、实施企业信息化标准规范及规章制度。

第三，知识结构。知识结构是指企业人才群体中具有不同知识面和不同知识水平的人才组合，并按一定的比例所组成的立体结构。知识结构的合理化在本质上就是使企业人才群体结构中不同知识水平的人有一个比较合理的比例，形成一个适应企业生产和经营需要的比较完整的知识有机体。当前，利用信息传播全球化促进经营国际化发展的企业在建立管理层的知识结构时必须特别注意"知识爆炸"所带来的知识陈旧率提高的问题。因此，对于各类专业人才，特别是信息技术专业人才，其知识的更新就必须跟上时代的潮流；否则，前几年认为是合理的知识结构，现在可能已过时。对于企业领导人才来说，则更应注意这种变化，以便随时调整自己企业的战略战术。

第四，智能结构。智能是指人们的自学能力、研究能力、思维能力、表达能力和组织能力的总和；智能结构是指企业人才群体中不同智能类型和水平的人才的配置比例。智能结构的合理化就是指企业中具有不同智能类型和不同智能水平的人才有一个较佳的配合，也就是建立一种水平有层次、类型多方面的智能结构。

第五，年龄结构。年龄结构是指企业中人才群体年龄的比例构成，即老年人才、中年人才和青年人才的比例问题。一般来说，青年期的人才精力充沛，思想解放，勇于接受新事物和新知识、富于创新精神，但缺乏经验、处事尚欠深思熟虑；中年期人才，积累了一定经验，知识日趋丰富，各方面臻于成熟，处事老练周到，但家庭、单位和身心方面的负担较重；老年期的人才，久经考验、经验丰富，深谋远虑，办事老练稳定，有较高的威信，但是不易接受新事物和新知识、精力不如中青年。年龄结构的合理化，本质上就是建立一个老、中、青人才比例合理的综合体，并使之处于不断发展的动态平衡之中。合理的人才年龄结构，有利于发挥处于老、中、青各个年龄阶段人才的各自优势，取得较佳的合成效能。

必须指出，人才的结构组合是一个动态的概念，没有静止的、一成不变的最佳组合状态。有的人才因其发展方向有了变化需要加以调整，还有的人才也许会出现才能衰退的现象。所以，从人才结构的合理化出发就要不断地补充、更新企业的人才结构组合队伍，不断去寻找和开辟新的人才资源。

二　有关国家的成功经验

随着信息技术革命和信息化的发展，许多国家越来越重视信息化人才的开发和管理，并创出了宝贵的经验。对我国有重大借鉴意义的是美国、日本和韩国。

（一）美国的成功经验

美国之所以成为世界信息化和经济国际化强国，主要是因为它利用各种方式开发并管理好信息化人才。

美国非常重视教育，不断增加对教育的投入。美国历届政府都非常重视教育，每年都拨巨额资金支持教育事业。被誉为"教育总统"的布什上任后，加大措施抓教育，制订了"2000 年教育计划"，每年对教育的财政拨款增长幅度都大大高于国民生产总值和财政收入的增长幅度。克林顿上任后，不但继承布什的既定政策，而且明确提出，美国的教育目标是使用最先进的电子和信息技术来进行教育，使最多的人取得最多的知识和技能，使美国全民都有机会接受较高水平的教育和培训；同时要注意培养选拔高素质的信息化人才，大力发展信息技术及产业。从克林顿上任到 2000 年底，美国经济持续多年稳定增长，创造了 120 个月高增长率、低通货膨胀率和低失业率的奇迹，与重视教育、培育了一大批高素质的信息化人才密不可分。小布什上任后，虽然对克林顿时期的政策进行了重大修改，但却更加重视教育，制定和实施了培养信息化人才、发展信息产业的新规划。

美国还非常重视对在职职工的培训。美国工商企业每年用于职工培训的经费已达 2100 亿美元，分别超过中等教育和高等教育的经费。全美有 97% 的企业制订和实施了职工培训计划，每年还选送 5% 的青年职工接受正规的大学教育。美国对在职科技人员特别是信息技术人员的"继续教育"常抓不懈。据统计，美国 100 家最大的工业企业用于科技人员更新、拓宽及深化专业知识的经费每年增长 25%，其中信息化企业每年增长 40%。[①] 为了缓解

---

① 王道平等编著：《网络经济》，河北人民出版社 2000 年版，第 177 页。

信息技术人才的短缺问题，美国政府和企业界一方面鼓励年轻人从事与电脑相关的职业；另一方面对现有从业人员进行信息技术的再培训。美国商务部计划耗资 1700 亿美元用于包括人员培训的信息技术资源开发；信息技术部门也决定出资与学校及企业界联合开展培训工作。

美国还十分注意引进和吸收外国科技人才。首先，它通过立法为达此目的铺平了道路。美国曾多次修改 20 世纪 50 年代制定的《移民法》，对于有成就的科学家，不论其国籍、资历和年龄，一律优先进入美国。同时，鼓励和支持在美国各大学深造的外国留学生留居美国工作。据美国科学基金会的调查，在美国 50% 以上的高科技公司，90% 左右的科学家和工程师是外国人。进入 20 世纪 90 年代后，美国把在世界范围内争夺信息化人才定为国策，把电子计算机的奠基人冯·诺伊曼等世界著名科学家和一大批信息化人才吸入美国。在世界信息技术革命的基地——美国"硅谷"工作的高级工程师和科研人员有 33% 以上是外国人，从事高级科研工作的工程学博士后有 66% 是外国人。

（二）日本的成功经验

日本在开发与管理信息化人才实践中，除了重视正规教育、狠抓在职教育和积极引进海外人才外，还特别重视"激励"，即善于使员工人才化、团队化，形成高度的劳动热情、团队精神和敬业风气，发挥人力资源整体的竞争优势。

日本的"激励"机制是建立在特殊的劳动人事制度基础之上的，这种制度可以概括为"终身雇佣制"加"年功序列制"，与此相配套的还有"企业内工会"、"自主管理"、"集体决策"、"企业内教育培训制"和"企业办福利"等制度。

日本的大中企业，基本上都实行终身雇佣制，其人数约占全部日本职工的三分之一。它确保了支撑日本经济的这些骨干企业在人力资源上的超稳定和高素质。

终身雇佣制是在日本社会传统的家族主义观念和社会文化环境中，在特定的历史条件下形成的。第二次世界大战后，日本社会生活极度贫困和混乱，人们渴望过上安定的日子，终身雇佣制恰恰能满足人们的这一要求，因而得以延续和加强。

　　在信息传播全球化和企业经营国际化蓬勃发展的当今世界，日本终身雇佣制仍经久不衰，主要基于以下几个原因：

　　第一，日本社会固有的儒家文化传统保护了这一制度。家族式的团体意识、归属意识与终身雇佣制相得益彰。忠于企业大家庭成为一种道德风尚，中途跳槽的员工会被社会舆论斥责为"不忠于企业大家庭"，其他企业也不敢聘用。而对于企业而言，如果它轻易解雇职工，则其社会形象将受到严重损害；不能保护家族的成员，可见缺乏经营能力，优秀的应届毕业生也不愿向企业提出就职申请。这样，该企业在竞争中将处于十分不利的地位。所以，日本管理学家大前研一说："如果只需考虑到利润而不必顾及职工的饭碗，那就用不着要求经营者有这么高的素质了。"

　　第二，日本政府对大企业的优惠政策为大企业实行终身雇佣制创造了条件。日本政府的产业政策有利于大企业。在资金来源、人才来源、信息来源以及政府的咨询指导等方面，大企业都能优先得到保障。特别是当大企业遇到经营困难时，日本政府会大力予以扶持和帮助。这就使得日本的大型企业有足够的实力推行终身雇佣制。

　　第三，日本大企业与中小企业存在着"分包关系"。大企业通过这种"分包关系"，利用中小企业的低工资、低成本取得相对丰厚的利润。如果大企业遇到经营上的严重困难，它一般并不轻易采取裁减职工的措施，而是设法把风险和损失转嫁给分包企业。因而，即使在困难时期，大企业仍能维持与员工的终身雇佣关系。

　　第四，大企业通过雇佣非正式工人（非全日制的定时工、临时工、季节工和租赁工等），节约劳务费用，来保证骨干职工的终身雇佣。

　　第五，"年功序列工资制"为维持终身雇佣制创造了有利的条件。根据这种制度，应届毕业生作为新员工进入企业后，在相当长的一段时间内（一般5—10年），工资待遇只按资历逐年平稳上升，不产生明显的个人差异。在以后的职业生涯中，工资待遇也是随着工龄增加而持续上升。而且在干部提拔使用和晋升制度中都规定有必需的资历条件。因此，日本企业中各级管理人员的地位高低与年龄长幼之间呈现较为整齐的对应关系。"年功序列制"虽然保障职工待遇逐年提高，但是并不会造成待遇上的平均主义，因为工作能力和绩效上的差别将导致员工在提薪速度上的较大差异。由于有了年功序列制，员工明显感到在同一企业长期工作的好处，而一旦转入新企业，往往得从较低的岗位做起，经济上损失惨重，而转到中小企业，待遇也远远赶不上大企业。可以说，"年功序列制"是"终身雇佣制"的真正支柱。

作为日本人力资源开发管理主要特点的终身雇佣制，产生了一系列积极的后果：（1）企业与职工建立了长期稳定的关系，形成了"利益共同体"、"命运共同体"，这是"团队精神"产生的基础，而"团队精神"正是日本企业在竞争中取胜的法宝。（2）由于员工队伍的超稳定性，便于日本企业从长远需要出发，系统而有计划地对员工进行教育和培训，使人力资源的潜力得到较大程度的开发，员工队伍的整体素质较高。（3）终身雇佣制有利于企业内部形成大家庭格局，培育家族式的企业文化，造成"内和外争"的良好气氛。"内和外争"，内部团结，一致对外，并不会造成不思进取的局面。因为，"报效企业"的价值观和"敬业精神"促促使员工奋发努力。同时，工作绩效会明显地影响收入的多少和提拔的速度。因此，日本大企业内部也存在着一种长达几十年的、旷日持久的竞争，但由于"团队精神"和"共同体意识"的作用，这种竞争不是你死我活的恶性竞争，而是"争先恐后"的良性竞争，以不影响员工之间的协作和友情为前提。这种既团结又充满活力的局面，以及家族式的感情纽带，团队精神和敬业精神的驱动，使得日本企业具有强大的竞争优势。

（三）韩国的基本举措

韩国政府非常重视教育，韩国人被誉为世界上最崇尚教育的民族。20世纪 60 年代之后，韩国经济飞速发展，迅速实现工业化，这和其重视教育是分不开的。目前，韩国已普及中等教育，高等教育也进入大众化阶段。韩国成年人的平均学历已经达到了大学肄业的水平，成为世界上国民平均学历水平最高的国家之一。

韩国的教育取得了举世瞩目的成就，但在发展过程中也遇到了许多这样或那样的问题，而且伴随着经济技术的发展，对人才的需求类型、结构、素质、数量也不断变化。要解决发展过程中的问题，不断满足经济社会发展对人才的需求，就必须不断深化教育改革。韩国的教育就是在不断改革中发展壮大的。

教育改革，是韩国实现教育事业发展与经济社会发展需要协调一致的重要举措。在不同的历史时期，韩国总是针对当时存在的问题，进行不同内容的教育改革。21 世纪，世界将全面实现信息化和国际化。信息化时代是信息、知识、技术及文化主导的时代，而国际化时代则是跨国境的竞争和协作的时代。这一特点决定，21 世纪企业和国家生存和发展战略的基本问题是谁掌握新的知识和技术，谁主导文化创造，谁在教育质量的国际竞争中获胜，谁就将成为 21 世纪的胜利者。

韩国认真分析了本国教育与信息化和国际化要求的差距，制订和实施了新的教育改革方案，决心通过"新教育"培养"新韩国人形象"。"新韩国人形象"应该是具有很高的道德修养和集体精神的"与众共生的人"，创造新信息、知识及技术的"智慧的人"，主导国际化、全球化时代的"开明的人"，认识劳动价值而勤奋"劳动的人"。

为了培养"新韩国人形象"，韩国特别重视培养信息技术人才。韩国情报通信部 2000 年 9 月 23 日宣布，为解决信息技术产业人才紧缺的问题，政府决定制订和实施《培养信息通信人才综合计划》，在未来 5 年内，投资 5000 亿韩元，在美国东部等海外地区追加建立 IT（信息技术）商务中心，以培养 20 万信息技术专门人才。韩国副总理兼财政经济部长官陈稔先生 2001 年 3 月 19 日在"国会贵宾餐厅"举行的"国会知识经济研究会"邀请早餐恳谈会上所做的《迈向知识基盘经济社会的经济政策方向》的主题发言中又一次强调说："在知识基盘经济中，国家最重要的资产是创新性人才。最近，IT 人才流失海外问题突出说明了人才资源的重要性"。"韩国 IT 产业占实际国内生产总值的比重从 1997 年的 7.7%提升到去年 1—9 月的 16.1%。这说明韩国正在进入知识基盘经济时代"。"为此，计划在 2005 年之前培养 20 万名信息技术（IT）人才。"[①]

为了全面实现培养造就 20 万名信息技术人才的计划目标，韩国决定采取如下措施：第一，加强正规教育，重视培养信息化人才。首先，扩大教育投资，增加信息经济和信息技术专业的招生数量；同时，加强大学以上的培训，在一流大学设立信息技术研究中心，培养高层次的信息化人才。第二，政府和企业共同选派年轻有为的信息技术人员到国外学习深造，并大量外派留学生和进修生。对学成回国人员，均委以重任，让其充

---

① 《每周韩国》2001 年第 9 期，第 3 页。

分发挥才能。第三，以高薪和优厚的待遇聘请外国科学家来韩工作，聘请外国信息技术人才和信息化企业家到韩国企业兼职。第四，为使优秀的人才能够自觉献身于信息技术和信息化事业，韩国政府采取配套措施改善他们的工作环境和生活条件，并设立科技基金，为做出贡献的科技人员提供赞助和奖励。

三　中国的战略和策略

中国开发和管理企业信息化人才的战略的基本思路可以是：以邓小平的人才理论为指导，认真学习贯彻党和国家关于开发和管理人才的指示精神，树立人才是第一资源的观念，学习借鉴国外成功经验，从实际出发，实施教育优先发展战略，培养又多又好的信息化人才；采取有效措施，从市场、从高校、从国外聘用优秀人才，为企业服务；贯彻以人为本的思想，深化改革，建立充满生机和活力的用人机制，用好人才，留住人才；采取综合配套措施，培养造就高素质的知识型企业家，依靠他们带领广大职工群众，利用信息传播全球化促企业经营国际化，为伟大祖国争得日益提高的国际地位。

体现上述基本思路，宜主要采取以下战略措施：

（一）实施教育优先战略，搞好人才培养

信息时代也是教育大发展的时代，教育与社会将更加紧密结合，教育将更加注重质量和人才素质，教育将在时间和空间上进一步拓展。在时间的拓展上将呈现为终身化的趋势，在空间的拓展上将呈现为国际化的趋势。为此，对21世纪教育的使命和作用，必须站在未来发展的新的战略高度，应当有更加广阔的视野，更加辩证的思维，更加久远的设想。重新审视和选择教育发展的增长点和加深改革的突破点，实施教育优先发展战略，解决好持续发展的动力机制问题，走出一条具有中国特色和时代特征的教育发展新路子，培养又多又好的人才。

第一，抓好正规教育，培养高素质的信息化人才

能否及时通过正规教育主要是高等教育培养相当数量的高素质信息化人才，是影响我国企业顺利实施经营国际化战略的关键因素之一。培养高

素质的信息化人才，关键是正确认识和解决知识、能力、素质三者的关系。知识是形成能力和素质的基础，然而，知识并不等于能力和素质，知识只有通过内化才能转化为素质，能力是素质在一定条件下的外现。教育的根本目的不在于传授知识，而在于提高人的素质，但提高人的素质又必须通过知识的传授，两者的关系互相影响、互相促进，但不能互相代替。利用信息传播全球化促企业经营国际化发展，以人的整体素质为基础，表现为全体员工整体素质的提高。因此，正规教育应该把培养具有开拓创新素质的人才作为办学目标贯彻到教育实践中去。

要培养高素质的信息化人才，必须深化教育特别是高等教育改革。首先，要理顺高等教育系统与社会其他系统的关系，由"我办学，你来上"逐渐转变为"你需要，我办学"，解决人才培养与社会需要不协调的矛盾，并根据新经济结构的变化重新布局高等学校。同时，对教育观念、教育体制、教育结构、教育内容、教学方法、人才培养模式等进行全面改革，变传统的应试教育为以培养创新人才为根本的素质教育，培养 21 世纪现代化建设需要的创新人才。

第二，适应信息化需要，积极开展终身教育

信息化时代，科技发展迅猛，专业性教育或一次性学校教育学习已经无法适应社会的需要，使人一生都面临怎么生存和发展的挑战，终身教育正是在这样的时代背景下提出的。

终身教育是指对一个人一生都要不断进行教育，学前教育、学校教育、成人教育、继续教育等，都包含在终身教育的内涵之中。终身教育的目的是不断改善个人社会生活的质量，以适应社会急剧变化和科技的飞速发展。终身学习是终身教育的手段，它不是指自发的、日常生活本能的学习，而是指有计划的、贯彻一生的认真选择、目标明确的学习。终身学习已远远超出了学校式的学习，而是在所有时间与场所的学习。"学习即生活"、"生活学习化"，已经成为现代人的一种生活形态。人们对知识需要的水平和满足学习的程度是信息经济的主要标志。

职工在职培训，是终身教育的主要内容和重要环节。美国企业的在职培训，30％的经费用于信息技术培训。学习借鉴美国的经验，我国每个大中型企业都应集中必要资金进行人才培训，培训的重点逐步转向信息化人才。大型骨干企业可建立职工大学或培训中心，专门进行人才培训。青岛海信集团采取多种措施，构筑全方位、多层次的人才培训体系。他们每年用于教育培训的经费多达 1000 万元。他们建立了海信学院，包括博士后科研工作站、合作博士点、海信硕士班等教育机构。学院定期组织高级经理研修班、营销人员培训班、后备干部培训班和各类职工培训班。1999年 8 月，海信与北京航空航天大学共同培训的 19 名工程硕士研究生，顺利地通过论文答辩，并取得硕士学位。另外，他们每年还派出 100 人至200 人到国外学习……应该认真总结推广"海信"经验，使其在全国大中企业开花结果。

（二）采取有效措施，积极招聘人才

培养人才，周期较长，难以满足当前的急需。因此，在抓紧抓好人才培养的同时，还应积极招聘人才。所谓招聘人才，就是从市场、从高校、从国外聘用优秀人才，为企业服务。进入 21 世纪后，世界许多国家和地区，都竞相以高薪和优厚待遇，从世界各地招聘人才，特别是高素质的信息技术和信息化管理人才。有人非常形象地说："某种意义上，第三次世界大战已经开始了，只是战略目标从国土资源的争夺转移到人才资源的争夺。"[1] 我们国家也应采取综合配套的措施，积极招聘高层次人才。这是解决我国特别是大中企业人才缺乏的有效途径。从 1992 年开始，青岛海信集团每年都通过人才市场、全国大专院校和国外招收 200 名至 300 名大学及大学以上学历的各种专业技术人才。到 2000 年底，已拥有 42 名博士、300 名硕士、2000 多名本科生。海信倾力吸纳、招聘人才的经验是值得肯定和推广的。[2]

为吸引高层次的专业人才加盟海信，他们打破了国有企业的许许多多框框，规定凡到海信工作的博士、博士后，都享受 10 万～20 万元的"入门年薪"，提供三室一厅的住房，并配有空调、计算机、电话等，同时解决家属工作和子女就学入托问题。目前，在海信，有专业技术职称的技术人员的平均收入，是集团全体职工平均收入的 3 倍以上。

高薪和住房等条件固然是引入、留人的有效办法，然而，更多的人才

---

① 《国际商报》2001 年 7 月 6 日第 8 版。

② 详见《海信时代》2001 年 8 月 26 日第 1 版。

则是以个人价值、个人事业的目标得到充分展示和实现为最终要求。鉴于此，海信在内部又制定了课题招标制、项目承包制和导师制、个人入股等政策，其中个人技术入股比例可达 10% 至 25%，并允许每年有 30% 左右的科研项目"失败"。当然，还有另外一项制度，即每年也有 10% 的科技人员被"淘汰"。

灵活、刺激的人才机制，吸引了许多有才华、有抱负的年轻志士投身海信旗下，并取得了优异的成绩。

毕业于美国密执根大学电子工程系的张建平博士，到海信后积极参与海信高清晰度电视（即 HDTV）的开发和研制，负责设备数字发射、接收的研究。1999 年 10 月，他和同事们研制成功的海信数字高清晰度电视接收机及其高分辨率显示器，作为国家指定厂家参加了建国 50 周年大庆 HDTV 现场直播的接收工作，获得党和国家领导人的好评。

清华大学毕业的一位博士，曾在国际上发表和出版了 20 多篇（部）论文和专著，并拥有 10 多项专利。加盟海信之后，他用自己的知识为海信空调解决了"强制交换"的技术难题，大大提高了海信空调的制冷制热效率。

逆工程设计开发系统，是 1999 年国家经贸委重点技术创新项目，海信集团组织几位博士研究生牵头，于 2000 年上半年研制成功，填补了国内空白。由于该技术打破了国外技术垄断，每年可为国家节约外汇近亿元。

海信重视人才，但不唯学历使用人才。毕业于青岛广播电视大学电子专业的于晓波，是海信技术中心破格提拔的高级工程师，他先后主持开发了 20 多个品种，从 17 英寸电视到 34 英寸大背投电视，包括主持开发当今世界最为流行的环保纯平彩电。他能从一名普通工人到技术骨干，用他自己的话说："是海信给了我学习和施展才华的机会。"

（三）建立充满生机和活力的用人机制

比培养和招聘人才更重要的是用人问题。应在党的领导下，学习借鉴国外先进经验，从实际出发，贯彻以人为本的指导思想，深化改革，强化竞争机制，健全激励机制，创造有利于人力资源全面发展的良好氛围，保证用好人才、留住人才。

第一，多种激励手段并用，激发人才资源的潜能。分析了解人才的需要，采用多种激励手段，激发和调动人才资源的积极性，是用好人才的关键。激励，既包括物质激励，又包括精神激励。物质激励包括工资、奖金、各种津贴、住房分配（销售）及其他福利等；精神激励方式主要有：建立明确的目标，激发员工的工作热情，实现目标后给予肯定和表彰，再制定新的更高的目标；有计划地进行工作轮换，使员工工作不断丰富化、扩大化、优化；适当授权和激励员工参与企业管理等。

第二，创造有利于人才资源发展的良好环境。企业除了满足员工的合理需要、激发员工的积极性之外，还应为人才资源的充分发展塑造良好的企业环境。首先，应塑造尊重知识、尊重人才的环境，员工处在这样的环境中会深感知识技能的可贵，进而会努力学习，不断丰富知识、提高技能。在尊重知识、尊重人才的环境中，企业用人的原则是"任人唯贤"而不是"任人唯亲"，使企业内部真正有才能的员工能在企业中得到信任，担当重任，从而在工作实践中具有成就感，在接受重任的挑战中不断成长。其次，在企业中塑造适度竞争的环境，竞争能给人以压力，激励员工不断进取、不断成长。企业通过建立适度的竞争机制，使用科学的评价标准，公正、合理地对员工进行综合评价，根据评价结果奖优罚劣，优胜劣汰，形成既有动力、又有压力的适度竞争机制。这既有利于员工奋发向上，积极进取，不断提高素质，同时也为青年优秀员工脱颖而出创造条件。

第三，塑造面向信息经济时代的企业文化。企业文化的建设有利于在企业中形成一种和谐进取、学习创新、品格高尚、团结协作的环境与氛围，使得员工在这样的环境与氛围中可以充分发挥自己的聪明才智，在完善自我的过程中，实现自身的价值，同时也促进企业的不断发展。面向信息经济时代的企业文化首先应该是团队精神，在实现整体目标的同时能融合各种不同文化的差异，以信任和自责取代监督，追求合作中共同受益；其次是良好的学习氛围，通过不断的学习和内部交流提高员工的素质，因为只有较高的知识水平才能在信息经济条件下充分沟通信息，减少因知识层次差异导致的交流障碍；最后是勇于创新精神，要不拘于常规，勇于冒险进行创造性的活动，充分发挥企业成员知识结构的整体优势。

在建立充满生机和活力的用人机制方面，青岛海尔集团已经创造了宝贵经验。他们认为，在市场经济条件下，依靠少数"伯乐相马"来选用人才，难以做到公开、公正和公平，难以使优秀人才脱颖而出。因此，他们"变伯乐相马为赛马"，通过"赛马"，不拘一格选拔人才，使用人才。具体做法：一是实行试用员工、合格员工、优秀员工"三工转换"制度。全体员工根据工作实绩分为试用、合格、优秀三个等级，不同等级享受不同待遇，领取不同工资。做出优异成绩者可晋升等级，不能保持原有工作水平者被相应降级，直至退出员工队伍，基本做到了劳动、分配、用工全面市场化。二是实行"在位要受控，升迁靠竞争，届满要轮流"制度，强化对企业管理人员的激励和约束，实现了干部队伍的优胜劣汰、动态管理。通过"三工转换"、"优胜劣汰"，调动了广大干部群众的积极性、主动性和创造性，使"海尔集团"的竞争力不断增强。"青岛海信"、"济南二机床"、"青岛双星"、"山东水泥"、"山东亚视纺织"、"滨州印染"等企业集团在用人方面也有一些成功经验。应该认真总结推广先进企业的经验，尽快在全国大中企业建立充满生机和活力的用人机制，使各类人才走向施展才华的合适岗位。

（四）培养造就高素质的知识型企业家

在适应信息传播全球化的经营国际化各类人才中，最重要的莫过于这类企业的领头人——企业家了。21 世纪，我国需要高素质的知识型企业家。高素质的企业家群体既是信息化企业的生命和灵魂，又是国家经济发展的栋梁。企业之间的竞争、国家之间的竞争，在很大程度上是企业家群体的竞争。如果没有一批高素质的知识型企业家，就不可能在竞争日趋激烈的国际市场上求得生存和发展。因此，我们必须采取有效措施，培养造就高素质的知识型企业家。

第一，高素质知识型企业家的特质

高素质的知识型企业家，是指与信息传播全球化和企业经营国际化相适应，知识渊博、经验丰富、能力超群；敢于面对风险，善于应付挑战；品格高尚，善经营、会管理、能驾驭技术；有政治头脑，有战略意识，有文化修养，有开拓创新精神；对推动企业乃至社会经济发展做出重大贡献的人才。

21 世纪高素质的知识型企业家应该具备以下特质：①知识渊博，有丰富的想象力，善于创新；②是全球战略家，善于在复杂的国际国内环境中实行战略经营；③有创新企业的先见之明、踏实的经营作风和在国外工作的经验；④有挑战国际市场的崇高志向、英雄气魄和夺取竞争胜利的能力；⑤品格高尚，具有民族性与东西文明的兼容性；⑥是杰出的政治活动家和宣传鼓动家，能够在金融界、企业界和政界之间应付自如；⑦能熟练掌握一门或多门外语，能熟练操作电脑。

第二，高素质知识型企业家的培养和塑造

党组织和人民政府应制定和实施高素质知识型企业家的培养规划，采取委托培养、代理培养、联合培养、挂职锻炼、国外深造等灵活多样的方式进行培养；还应建立知识型企业家培训基地，选择有一定理论水平和实践经验、身体健康、有作为、有前途的中青年骨干到基地进行特殊培训，然后把优秀者放在关键岗位进行锻炼提高……

现有的大中型企业负责人，应该根据高素质知识型企业家的内涵和特质，把握时机，不断锤炼自身，以适应信息传播全球化和企业经营国际化发展的要求。①坚持不懈地学习，不断解放思想，更新观念，牢固树立全球化意识、信息化意识、国际化意识，树立人与自然、人与生态相互协调、可持续发展的综合效益观念。②加强自身管理能力的培养，不断增强自身的开拓创新与决策能力、内部协调控制能力、外部公关能力、企业文化建设能力、知人善任能力等。③塑造高尚的人格，严于律己、乐于学习、体恤下属、廉洁勤政，做品格高尚的人。④锤炼身心素质，力争做到身心健康，信念坚定，有胆有识，意志顽强，谦虚谨慎。

主要参考文献

[1] [美] 汤姆·斯托尼尔：《信息财富——简论后工业经济》，吴建民、刘钟仁译，中国对外翻译出版公司1987年版。

[2] [日] 日本科学技术与经济协会编：《信息产业的前景》，蔡振扬、蔡林海译，上海人民出版社1988年版。

[3] 李京文、郑友敬：《科技进步与产业结构》，经济科学出版社1988年版。

[4] 钟义信：《信息经济学》，光明日报出版社1988年版。

[5] [美] 唐纳德·K·克利福德：《管理成功的诀窍》，玄翠兰译，中国展望出版社1988年版。

[6] 葛伟民：《信息经济学》，上海人民出版社1989年版。

[7] [美] 肯尼思·阿罗：《信息经济学》，何宝玉、姜忠效、刘永强译，北京经济学院出版社1989年版。

[8] 张宗一：《信息经济学》，辽宁人民出版社1991年版。

[9] [美] 塞缪尔·阿尔伯特·沃尔珀特等：《信息经济学》，李秉平译，吉林大学出版社1991年版。

[10] 张远：《信息与信息经济学的基本问题》，清华大学出版社1992年版。

[11] 卢泰宏：《信息分析方法》，中山大学出版社1992年版；《国家信息政策》，科学技术出版社1993年版。

[12] 乌家培：《信息经济学》，清华大学出版社1993年版。

[13] [美] 彼得·巴克利：《企业的国际化——一个读者》，学术出版社1993年版。

[14] 李京文、郑友敬，[日] 小松崎清介等：《信息化与经济发

展》，社会科学文献出版社 1994 年版。

　　［15］刘满强：《技术进步系统论》，社会科学文献出版社 1994 年版。

　　［16］林珏：《美国市场经济体制》，兰州大学出版社 1994 年版。

　　［17］左中海：《日本市场经济体制》，兰州大学出版社 1995 年版。

　　［18］郑友敬：《跨世纪：技术进步与产业发展》，社会科学文献出版社 1995 年版。

　　［19］胡继武：《信息科学与信息产业》，中山大学出版社 1995 年版。

　　［20］陈景艳：《信息经济学》，中国铁道出版社 1995 年版。

　　［21］谢康：《微观信息经济学》，中山大学出版社 1995 年版。

　　［22］张正德：《美国信息技术的发展及其经济影响》，武汉大学出版社 1995 年版。

　　［23］董小英、张海华：《信息高速公路与社会发展》，中国经济出版社 1995 年版。

　　［24］陈太一、陈常喜：《信息高速公路——国家信息基础结构》，人民邮电出版社 1995 年版。

　　［25］赵旻：《国际化战略——理论、模式与中国的抉择》，南开大学出版社 1996 年版。

　　［26］［美］迈克尔·科索马洛、理查德·塞比尔：《微软的秘密》，北京大学出版社 1996 年版。

　　［27］张维迎：《博弈论与信息经济学》，上海三联书店、上海人民出版社 1996 年版。

　　［28］雷德森、黄敬前：《高技术产业化道路探索》，人民出版社 1996 年版。

　　［29］乌家培：《经济、信息、信息化》，东北财经大学出版社 1996 年版。

　　［30］易丹：《我在美国信息高速公路上》，兵器工业出版社 1997 年版。

　　［31］金键：《当代信息技术产业化与技术进步》，经济管理出版社 1997 年版。

　　［32］颜波等：《国际化经营：流通企业的战略性选择》，中国商业出版社 1997 年版。

［33］江向东：《信息化：中国 21 世纪的选择》，社会科学文献出版社 1998 年版。

［34］丁一凡：《大潮流——经济全球化与中国面临的挑战》，中国发展出版社 1998 年版。

［35］［美］理查德·罗宾逊：《企业国际化导论》，对外贸易教育出版社 1998 年版。

［36］张宇燕、马杰：《共享繁荣——世界经济现状和未来》，上海远东出版社 1998 年版。

［37］罗肇鸿：《高科技与产业结构升级》，上海远东出版社 1998 年版。

［38］张燕飞等：《信息产业概论》，武汉大学出版社 1998 年版。

［39］陈禹：《信息经济学教程》，清华大学出版社 1998 年版。

［40］李富强：《知识经济与信息化》，社会科学文献出版社 1998 年版。

［41］萧琛：《全球网络经济》，华夏出版社 1998 年版。

［42］佐克杰：《信息技术导论》，宇航出版社 1998 年版。

［43］吴季松：《知识经济》，北京科学技术出版社 1998 年版。

［44］陶德言：《知识经济浪潮》，中国城市出版社 1998 年版。

［45］张守一：《知识经济讲座》，人民出版社 1998 年版。

［46］龚建华：《知识经济时代》，广东经济出版社 1998 年版。

［47］谢康、陈禹：《知识经济思想由来与发展》，《知识经济测度理论与方法》，中国人民大学出版社 1998 年版。

［48］李京文：《迎接知识经济新时代》，上海远东出版社 1999 年版。

［49］伍贻康、张幼文等：《全球村落：一体化进程中的世界经济》，上海社会科学院出版社、高等教育出版社 1999 年版。

［50］联合国科技促进发展委员会：《知识社会——信息技术促进可持续发展》，国家科技部国际合作司翻译，机械工业出版社 1999 年版。

［51］姜作培、章新华等：《知识经济与沿海经济》，海天出版社 1999 年版。

［52］赵景华等：《企业管理国际比较》，山东人民出版社 1999 年版。

［53］山东大学企业发展研究中心：《大跨越——中国企业发展探索

与创新》，山东人民出版社 1999 年版。

　　［54］矫云起、张锋等：《电子商务》，中国铁道出版社 1999 年版。

　　［55］［美］沈鸿：《电子商务——基础篇》，电子工业出版社 1999 年版。

　　［56］关翔、秦琼：《中国电子商务与实践》，清华大学出版社 1999 年版。

　　［57］李琪：《网络贸易》，长春出版社 2000 年版。

　　［58］胡正明：《市场营销》，山东大学出版社 2000 年版。

　　［59］卢泰宏、杨晓燕：《互联网营销教程》，广东经济出版社 2000 年版。

　　［60］李琪：《网络营销》，长春出版社 2000 年版。

　　［61］曾强：《电子商务的理论与实践》，中国经济出版社 2000 年版。

　　［62］屈云波：《电子商务》，企业管理出版社 2000 年版。

　　［63］李琪：《电子商务通览》，中国商业出版社 2000 年版。

　　［64］张廷茂：《网络营销》，河北人民出版社 2000 年版。

　　［65］赵立平：《电子商务概论》，复旦大学出版社 2000 年版。

　　［66］祁明：《电子商务教程》，高等教育出版社 2000 年版。

　　［67］黄海龙：《电子商务帝国》，经济日报出版社 2000 年版。

　　［68］汪致远、李常蔚、姜岩：《决战信息时代》，新华出版社 2000 年版。

　　［69］王道平等：《网络经济》，河北人民出版社 2000 年版。

　　［70］王春和等：《网络贸易》，河北人民出版社 2000 年版。

　　［71］李涛：《再造中关村》，中信出版社 2000 年版。

　　［72］左美云、张昊：《网络企业》，长春出版社 2000 年版。

　　［73］张坤望、刘重力：《经济全球化：过程、趋势与对策》，经济科学出版社 2000 年版。

　　［74］赵景华：《全球竞争与企业战略》，黄河出版社 2000 年版。

　　［75］鲁桐：《WTO 与中国企业国际化》，中共中央党校出版社 2000 年版。

　　［76］芮廷先、钟伟春、郑燕华：《电子商务安全与社会环境》，上海财经大学出版社 2000 年版。

［77］［德］格拉德·博克斯贝格等：《全球化的十大谎言》（中译本），新华出版社 2000 年版。

［78］《网络与信息》，2000 年第 1 期至第 12 期，2001 年第 1 期至第 9 期。

［79］《网络世界》，2000 年第 1 期至第 12 期，2001 年第 1 期至第 9 期。

［80］《IT 经理世界》，2000 年第 1 期至第 12 期，2001 年第 1 期至第 9 期。

［81］《互联网周刊》，2000 年 1 月至 12 月，2001 年 1 月至 9 月。

［82］《海信时代》，2000 年 1 月至 12 月，2001 年 1 月至 9 月。

［83］《中国计算机报》，2000 年 1 月至 12 月，2001 年 1 月至 9 月。

［84］《中国科技报》，2000 年 1 月至 12 月，2001 年 1 月至 9 月。

［85］《中国统计年鉴》，中国统计出版社，1998—2000 年。

［86］《中国电子工业年鉴》，电子工业出版社，1998—2000 年。

［87］《世界华商经济年鉴》，世界知识出版社，1998—2000 年。

［88］《山东统计年鉴》，中国统计出版社，1998—2001 年。

［89］张伍纲：《论世界经济的全球化》，《黄河科技大学学报》2000 年第 2 期。

［90］隆国强、张小济：《经济全球化背景下中国对外开放新战略》，《国际贸易》2000 年第 4 期。

［91］吴迎春：《如何面对经济全球化》，《人民论坛》2000 年第 7 期。

［92］滕佳东、姜春荣：《电子商务与企业竞争力》，《财经问题研究》2000 年第 6 期。

［93］马璐、黎志成：《企业信息化与企业竞争力》，《经济管理》2000 年第 7 期。

［94］远山：《经济全球化趋势及利弊》，《中国矿业报》2000 年 7 月 4 日。

［95］王爱先：《全面进军互联网，做中国网络原动力》，《中国外资》2000 年第 8 期。

［96］唐任伍：《经济全球化的实质与中国的对策》，《世界经济》

2000 年第 10 期。

［97］倪顺发：《漫谈网络安全》，《中国信息导报》2000 年第 12 期。

［98］矢林：《中国 IT 业遭遇资本双刃剑》，《发现》2000 年第 12 期。

［99］李志石：《上海以信息化带动工业化》，《国际商报》2001 年 2 月 14 日。

［100］段洙晶：《今后五年信息产业将怎样》，《国际商报》2001 年 3 月 24 日。

［101］谭智：《电子商务的"第三次浪潮"》，《中国信息导报》2001 年第 1 期。

［102］董礼智：《"网上山东"新世纪工程全面启动》，《走向世界》2001 年第 3 期。

［103］陈佳贵：《中国企业与网络经济》，《中国信息导报》2001 年第 5 期。

［104］CNNIC 专题报告：《中国互联网逐步走向成熟》，《国际商报》"E 时代周刊"2001 年 7 月 27 日。

［105］驻大阪总领馆商务室：《中国工业品世界占有率迅速扩大》，《国际商报》2001 年 7 月 30 日。

［106］周庆：《上半年我国电子信息产业经济运行分析》，《国际商报》2001 年 8 月 1 日。

［107］于品海：《中国企业信息化的道路》，《国际商报》2001 年 8 月 4 日。

［108］冯昭奎：《工业化、信息化、新产业文明：技术进步对世界经济的影响》，《世界经济》2001 年第 5 期。

［109］曾梅、赵群华：《知识经济环境下中国企业发展的对策》，《中国信息导报》2001 年第 6 期。

［110］曾培炎：《发展网络经济，加快信息化进程》，《中国信息导报》2001 年第 5 期。

［111］张宏等：《跨国公司发展战略新趋势与中国企业跨国经营》，《发展论坛》2001 年第 5 期。

［112］朱稼兴：《新世纪的两大发展趋势——全球化与信息化》，《北

京航空航天大学学报（社科版）》2000年第4期。

　　［113］张锐：《解读"新经济"》，《中国信息导报》2001年第2期。

　　［114］魏振刚：《为打造"国企航母"而努力的中国普天》，《中国信息导报》2001年第7期。

　　［115］王汝林：《我国电子商务发展的主要特点》，《国际商报》2001年2月2日。

　　［116］周南：《电子商务成功的十大必备条件》，《国际商报》2001年3月2日和3月9日。

　　［117］张颖：《2000年全球外国直接投资综述》，《环球商务》2001年5月6日。

　　［118］荣泰生：《一日抵千年——电子商务十大趋势引领的数字生活》，《国际经贸消息》2001年7月26日。

　　［119］黄骁俭：《企业信息化十大解决方案》，《国际商报》2001年8月2日。

　　［120］于品海：《中国企业信息化的道路》，《国际商报》2001年8月4日。

　　［121］计育青：《信息技术人才大家谈》，《国际商报》2001年7月6日。

　　［122］厉宝骏：《2000年中国出口200强和进出口500强企业排名揭晓》，《国际商报》2001年8月17日。

　　［123］张家瑾：《制约我国电子商务发展的物流瓶颈及对策》，《国际贸易问题》2001年第5期。

　　［124］邓小清：《培育核心竞争力是企业应对经济全球化的关键》，《国际商报》2001年8月28日。

　　［125］C. K. Prahalad & Cary Hamel, "The core competence of thecorporation", *Harvard Business Review*, May – June, 1990.

　　［126］R. P. Rumet, "How much does industry matter?", *Strategic Management Journal*, Vol. 12, 1991.

　　［127］Leonard – Barton, "Core capabilities and core rigidities: aparadox in managing new product development", *Strategic Management Jorenal*, Vol. 13, 1992.

〔128〕 Don Lamberton，"The information revolution in the Asian – Pacific region"，*Asian – Pacific Economic Literature*，Vol. 8 No. 2，31，1994.

〔129〕 Kenneth L. Kraemer，Jason Dedrich，"International trends and policy issues in information services,"*The Symposium on The Information Market and International Cooperation*，Oct. 1994，Beijing.

〔130〕 Ruby R. Doholahia，Bari Harlam，"Telecommunications and e-conomic development—ecomonic analysis of the US experience"，*Telecommunications Policy*，1994，18（6）.

〔131〕 Richard Schroth，Chunka Mui，"Ten major trends in strategic networking"，*Telecommunications*，Oct. 1995.

〔132〕 Colin Blackmam，Martin Caveand Paul A. David，"The new international telecommunications environment"，*Telecommunications Policy*，Vol. 20，No. 10，1996.

〔133〕 Paul A. David，W. Edward Steinmueller，"Standards，trade and competition in the emerging global information infrastructure environment"，*Telecommunications Policy*，Vol. 20，No. 10，1996.

〔134〕 Claudio，F. Andreu，"Organizational learning and core capabilities development：the role of IT"，John Wley&Sons，1998.

〔135〕 Robert Gordon，Has the "new economy" rendered the productivity slowdown obsolete? Northwestern University，July 1999.

〔136〕 Amir Hartman，John Sifonis，Net Ready，机械工业出版社 2000 年版。

〔137〕 Patricia B. Seybold，Customers. com，中国对外翻译出版社 2000 年版。